'유구' 변증설

타이완과 오키나와

'유구' 변증설

타이완과 오키나와

박세욱

경북대학교출판부

박세욱(朴世旭)

중국 고전문학과 예술, 특히 동서양 문물교류를 중심으로 공부하는 강사이다. 2022년부터 경북대학교 퇴계연구소에서 조선의 세계 인식을 연구하고 있다. 본서와 관련하여 『실크로드: 문명의 중심』, 『바다의 왕국들: 제번지역주』, 『8세기 말 중국에서 인도로 가는 두 갈래 여정』, 『파리에서 둔황까지』, 『앙코르 캄보디아: 진랍풍토기역주』, 『바다와 문명: 도이지략역주』, 『영애승람역주』, 『서양으로 간 명나라 사신들의 기록: 성사승람역주』 등을 번역하고 주석하였다.

경북대학교 학술총서 12

'유구' 변증설 타이완과 오키나와

찍은 날 2024년 2월 6일 • **펴낸 날** 2024년 2월 20일
지은이 박세욱 • **펴낸이** 홍원화 • **펴낸 곳** 경북대학교출판부
출판등록 1973년 10월 10일 ㉑97호 • **주소** 대구광역시 북구 대학로 80 • **전화** 053-950-3830
팩스 053-953-4692 • **이메일** press@knu.ac.kr • **홈페이지** www.knupress.com
ISBN 978-89-7180-624-1 93910

정가는 뒤표지에 있습니다. 파본은 바꾸어 드립니다.

이 저서는 〈2023년 경북대학교 학술총서 집필 및 출간지원사업〉의 재원으로 출간되었습니다.

머리말

누군가는 나와 같은 생각을 했었고, 하고 있을 것이다. 그 설렘 때문에, 우리는 독서를 하는지 모른다. 답을 내리지 못하고 지루하게 끌어온 문제에는 그러한 이유가 있다. 여기 다룰 중국 자료의 '유구'는 19세기 말부터 우리를 괴롭혀온 문제이다. 타이완 유구냐? 오키나와 유구냐? 사실, 이 문제를 해결할 사람은 한국의 학자들뿐이다.

이 작업이 끝나면 다른 지혜를 찾아 나서야지 하면서도, 2019년 『바다의 왕국들: 제번지역주』를 낸 뒤로 '해양'에서 여전히 벗어나지 못하고 있다. 바다에 빠졌다가 겨우 목만 내고 가까운 섬을 찾고 있는 모습이다. 복습은 많은 허점을 드러내면서 한편으로는 또 다른 예습 거리를 자꾸만 만들어 내었다. 여러 차례 받아들었지만, 그때마다 피해 다녔던 해묵은 문제를 더는 풀지 않을 수가 없게 되었다. 회피했던 문제는 언젠간 외나무다리에서 마주칠 수밖에 없었던 것인지도 모르겠다.

본 연구는 지금까지도 우리를 혼란스럽게 하는 '유구'란 나라를 추적하여 그곳이 타이완인지, 오키나와인지를 판가름할 것이다. '유구'는 7세기 『수서』에 처음으로 언급되었고, 유일하다. 유일한 것은 검증을 허용하지 않으므로, 이후 자료를 통해 거꾸로 검증해 갈 수밖에 없다. 『수서』의 '유구'를 고증할 수 있는 자료는 13세기 이후의 자료들이다. 7세기와 13세기의 시간적 차이는 크다. 이것은 이것이요, 저것은 저것이라고 주장하더라도 시간적 차이를 어떻게 극복할 것인가라고 반문한다면, 할 말이 없다. 그러나 아니라는 근거는 더더욱 없으므로 이것은 이것이고, 저것은 저것이라고 주장한다.

본서에서는 선행학자들의 연구를 하나하나 검토하지 않을 것이다. 관련 논문이나 저술이 너무 많기 때문이다. 물론 다 읽어 볼 수 없을 정도로 많은 것은 아니지만, 나는 선행연구자들이 다루거나 놓친 1차 자료들만 가지고, 원점에서 다시 시작하고자 한다. '유구'에 관한 연구는 중국, 타이완, 일본 그리고 유럽 학자들이 각기 관점이 다르고, 중국이 현재 하나의 나라로 주장하고 있는 터라, 객관적인 원자료의 접근이 더욱 필요하기 때문이다.

'타이완(臺灣)'이란 글자 그대로 '돈대(墩臺) 같은 만'이란 뜻으로 별다른 의미가 없다. 문서상 기록된 어원은 빨라도 17세기 이전으로 거슬러 올라가지 않는다. 우리가 보게 될 것처럼, 17세기 이전 타이완은 오키나와와 함께 '유구'로 불렸고, 이후는 '계롱(雞籠)', '소유구(小琉球)' '동번(東番)' 등으로 불렸다. 동쪽의 오랑캐라는 의미의 '동번'을 제외하면 모두 음역 표기된 글자들이다.

타이완의 어원에 관하여 여러 설이 있지만, 만족스러운 설명은 없다. 나는 어원에 관하여 다음과 같이 생각한다. 진제(陳第, 1541~1617)는 1602년 『동번기(東番記)』에서 자신이 견문한 평포족(平埔族) 거주지 중 하나인 '대원(大員, 타이난 안핑항)'을 언급하고 있는데, 이곳이 바로 네덜란드인들이 1624년 젤란디아(Zeelandia) 요새를 세우고 중국과의 교역을 시도했던 네덜란드인들의 교두보이다. 그 후 바로 이곳에 청나라가 1684년부터 1895년까지 '대만부(臺灣府)'를 설치하여 통치했다. 여기 대원(大員)은 '대원(臺員)'이라고도 표기하는데, 이 명칭이 '대만(臺灣)'으로 옮겨졌고, 타이완섬 전체를 지칭하는 말이 되었을 것으로 추측한다.

14세기 후반부터 명나라와 조선의 역사서에 등장하는 오키나와 유구는 1609년 사쓰마의 침공으로 사실상 독립성을 잃었지만, 왕조의 명맥을 이어가다가 1879년 충승현(沖繩縣)으로 편입되었다. 16세기부터 타이완 유구와 오키나와 유구는 구분되었지만, 조선에서는 오로지 오키나와 유구로 일관적이었다. 하지만 18~19세기에도 의고성 짙은 자료에서는 두 곳을 하나로 통합한 정보를 여전히 찾을 수 있다.

사실 이규경(李圭景, 1788~1856)은 '유구 변증설'을 써야 했다. 이제 선현들의 뜻을 헤아리고 계승한다는 명목으로 그의 표제 형식을 빌려 서명을 '유구 변증설'로 지었다.

나는 줄곧 중국 자료의 '해외'를 수년 동안 돌아다녔다. 지난해부터 '조선의 서남아시아와 아랍 세계 인식'이라는 주제로 프로젝트를 진행 중이다. 우리의 자료이기 때문에, 많은 연구가 진행되었을 테니 작업은 무난하리라 생각했다. 오산이었다. 이상하게도 조선의 자료는 주목받지 못했고, 연구는 지금까지 미흡한 부분이 너무도 많았다. 여기 오키나와 유구 인식은 조선이 명나라 사람들보다 훨씬 더 빨리, 더 정확하게 알고 있었다. 그러나 이 자료들은 일본, 오키나와 유구, 타이완, 명나라 남부, 베트남 전역, 그리고 필리핀 루손섬과의 종합적인 분석 속에서 그 가치와 의미를 읽어낼 수 있었건만, 그 접근은 관련 나라들 중심으로만 단편적으로 연구되며 큰 진전을 보이지 못했다. 여기에선 맞고 틀리느냐는 문젯거리가 되지 않는다. 디디고 나아갈 수 있는 토대작업들이 필요하기 때문이다.

이 작업을 시작할 당시 고민이 많았다. 우리의 중요한 자료들을 서양 언어로 소개하고 싶었기 때문이다. 그러나 곧바로 마음을 다잡았다. 중국과 일본의 자료에 매몰되어 있는 서양 학자들이, 조금이라도 우리 자료의 '이점'을 알고 있는 학자라면, 그들의 필요에 따라 그들이 나의 작업을 번역해야 할 것이다. 나는 이 작업을 위해 그들의 소위 '논문'들을 모자람 없이 읽었다. 이제 그들의 차례일 것이다. 그것이 학문의 교류이며 사랑이다. 당신들에게 주는 선물은 나의 학위논문으로 족할 것이다.

이렇게 '호기'를 한번 부려보았지만, 늘 그랬던 것처럼, 조심스럽다. 더 독서를 하다 돌아보면 미흡한 점이 많을 것이다. 다행히 나의 이 작업은 중간 기항지이므로, 언제든 다시 들릴 기회가 남아 있다. 이로써 위안하며, 새로운 지혜를 위해 머리말을 붙인다.

2024년 1월

박세욱

차례

주요 참고 문헌 약칭 일람표

『수서』	『隋書』, 中華書局, 1973.
『송사』	『宋史』, 中華書局, 1977.
『원사』	『元史』, 中華書局, 1976.
『명사』	『明史』, 中華書局, 1974.
『통전』	杜佑 著, 『通典』, 四庫全書本; 中華書局, 1988.
『태평환우기』	樂史 著, 『太平寰宇記』, 四庫全書本.
『통지』	鄭樵 著, 『通志』, 四庫全書本.
『제번지교주』	趙汝适 著, 馮承鈞 校注, 『諸蕃志校注』, 商務印書館, 1940.
『제번지교석』	趙汝适 著, 楊博文 校釋, 『諸蕃志校釋』, 『中華書局』, 1996.
『제번지역주』	박세욱 역주, 『바다의 왕국들: 제번지역주』, 영남대출판부, 2019.
『조여괄』	Friedrich Hirth and William Woodville Rockhill, 『CHAU JU-KUA: His Work on the Chinese and Arab Trade in the Twelfth and Thirteenth Centuries, entitled Chi-fan-chi』, St. Peterbourg, Printing Office of Imperial Academy of Sciences, 1911.
『문헌통고』	馬端臨 著, 『文獻通考』, 四庫全書本; 点校本, 中華書局, 2011.
『만서교주』	樊綽 著, 向達 校注, 『蠻書校注』, 中華書局, 1962.
『영외대답교주』	周去非 著, 楊武泉 校注, 『嶺外代答校注』, 中華書局, 1999.
『진랍풍토기교주』	周達觀 著, 夏鼐 等校注, 『眞臘風土記校注』, 中華書局, 2000.
『진랍풍토기역주』	박세욱 역주, 『앙코르 캄보디아: 진랍풍토기역주』, 역락, 2022.

『도이지략교주』	汪大淵 著, 藤田豊八 校注, 『島夷誌略校注』, 文殿閣書莊, 1936.
『도이지략교석』	汪大淵 著, 蘇繼廎 校釋, 『島夷志略校釋』, 中華書局, 1981.
『도이지략역주』	박세욱 역주, 『바다와 문명: 도이지략역주』, 영남대출판부, 2022.
『영애승람역주』	박세욱 역주, 『영애승람역주』, 세창출판사, 2023.
『성사승람교주』	費信 著, 馮承鈞 校注, 『星槎勝覽』, 中華書局, 1954.
『성사승람역주』	박세욱 역주, 『서양으로 간 명나라 사신들의 기록: 성사승람역주』, 영남대출판부, 2023.
『서양조공전록교주』	黃省曾 著, 謝方 校注, 『西洋朝貢典錄校注』, 中華書局, 2000.
『동서양고점교』	張燮 著, 謝方 点校, 『東西洋考』, 中華書局, 2000.
『양종해도침경교주』	向達 校注, 『兩種海道針經』, 中華書局, 2000.
『8세기 말 중국에서 인도로 가는 두 갈래 여정』	P. Pelliot, 「Deux itinéraires de Chine en Inde à la fin du VIIIe siècle」, 『BEFEO』, IV(1904), 131~413쪽; 박세욱 역주, 영남대출판부, 2020.
『중국과 이란』	Berthold Laufer, 『Sino-Iranica』, Chicago, 1919.

일러두기

○ 본서는 한·중 옛 자료에서 기술된 '유구'를 변증한 책으로, 인용된 원문이 많다. 원문을 옮길 때, 중국 자료는 대체로 '사고전서DB'를 활용했고, 조선 자료는 '한국고전번역원DB'를 이용했다. 모두 원문과 대조하여, 내용에 따라 간단한 표점을 붙이고 해석했다. 본서에서 인용한 텍스트 중에 기존 번역문이 있는 자료는 많지 않다. 있더라도 한결같이 독자적 번역과 주석을 붙였다. 특히 '조선왕조실록'의 원문은 'DB'의 표점본을 사용하되 약간의 교정과 함께 다시 번역했다.

○ 원문의 글자가 틀려, 저자가 교정한 글자에 대해서는 '교정글자원문글자' 방식으로 표기했다.

○ 원문에 표기한 기울임체는 저본과 다름을 표시한다.

○ 고음(古音) 표기가 필요한 경우, 칼그렌의 고음 표기를 따랐고, '한글음고음(한자)' 방식으로 표시했다.

○ 부여한 일련번호는 본서의 전후를 쉽게 대조하기 위해 편의상 붙인 번호이다. Ⅰ=『수서』, Ⅱ=『제번지』, Ⅲ=『도이지략』, Ⅳ=『원사』, Ⅴ=『사유구록』, Ⅵ=『해동제국기』이다. 상호 대조에 활용되지 않았는데도, 번호를 부여한 의도는 다음 작업에서 참조의 수월성을 도모하기 위해서이다.

○ 본문 해설에서 '리(里)'를 'km'로 환산한 값은 표준수치이다.

○ 원문의 원주는 '【 】'로, 책은 '『 』'로, 논문이나 편은 '「 」'로 표기했다.

○ 본문과 각주를 통해 출처를 빠짐없이 밝혔으므로 별도의 참고 문헌은 생략한다.

제1장

7세기~14세기의 '유구'

1. 『수서』의 유구

'유구'라는 명칭은 수나라 역사서인 『수서(隋書)』에 처음 등장한다. 「본기(本紀)」 5권, 「열전(列傳)」 50권, 「지(志)」 30권, 총 85권으로 구성된 『수서』는 621년 영호덕분(令狐德棻)의 건의에 따라 양(梁, 502~557), 진(陳, 557~589), 북제(北齊, 550~577), 북주(北周, 557~581) 그리고 수(隋, 581~619) 등 다섯 왕조의 역사[五代史] 중 하나로 기획되었다. 이후 629년 위징(魏徵)을 총무(總務)로, 안사고(顔師古), 공영달(孔穎達), 허경종(許敬宗) 등이 참여하여, 636년 『수서』의 「본기(本紀)」, 「열전(列傳)」과 나머지 네 왕조사가 완성되었다. 「지(志)」는 641년 우지녕(于志寧), 이순풍(李淳風), 위안인(韋安仁), 이연수(李延壽) 등이 「지」 편찬에 착수했다. 652년 장손무기(長孫無忌)의 감수 아래, 656년 「지」 30권을 완성했다. 이 「지」를 별도로 『오대사지(五代史志)』 또는 『수서십지(隋書十志)』로도 불렀다. 이로써 우리가 다룰 『수서』의 「유구전」은 636년에 완성되었다. 유구(流求)는 『수서(隋書)』(636년), 권3, 「양제(煬帝) 본기」(67쪽)에서 처음 언급되었다.

> 대업(大業) 3년(607) 3월 계축일에 무관(武官) 산직(散職)인 우기위(羽騎尉, 종9품) 주관(朱寬)을 '유구국(流求國)'에 사신으로 보냈다[遣羽騎尉朱寬使於流求國].

중국 자료에서 '유구(流求)'를 언급한 가장 이르면서, 「본기(本紀)」의 기술이므로, 가장 믿을 만한 기록이다. 그러나 이 기록은 '유구'란 명칭이 적어도 동시대나 그 이전, 즉 607년 이전에 이미 '유구'라는 나라에 대한 정보가 있었음을 암시한다. 어떻게 그곳이 '유구'라는 사실을 알았을까? 불행하게도 이전 자료에서 우리는 해당하는 정보를 찾을 수 없다. 하지만 중국 학자 쑤지칭(蘇繼廎, 1894~1973)은 『도이지략(島夷志略)』의 '유구(琉球)'를 주석하며, 『후한서』, 권85, 「동이·왜(倭)」(2822쪽)에 "회계(會稽)의 바다 밖에는 '동제(東鯷)'라는 사람들이 있는데, 나뉘어 20여 나라로 되었다. 또 [회계의 바다 밖에는] 이주(夷洲)와 단주(澶洲)가 있다(會稽海外有東鯷人, 分爲二十餘國. 又有夷洲及澶洲)"[1]라고 한 기록을 들어 이주(夷洲)가 바로 '유구'일 것으로 추정하며, '유구'의 이전 정보를 찾으려 했다.

이주(夷洲)를 설명하기 위해 이현(李賢, 654~684)은 심영(沈瑩)의 『임해수토지(臨海水土志)』를 인용했다. 이 책은 틀림없이 『수서(隋書)』, 권33, 「경적지(經籍志)」(984쪽)에 보이는 『임해수토이물지(臨海水土異物志)』[2]를 말한 것이다. 바이두 백과사전에 따르면, '『임해수토지(臨海水土志)』'는 230년 삼국시대 오나라 사람 심영(沈瑩)이 지은 책으로 대만을 기록한 최초의 기술이 들어 있다고 한다. 이 책의 원본은 전해지지 않고 현재 볼 수 있는 내용은 이 책을 인용한 단편의 기록들뿐이다. 게다가 심영이 오나라 사람이라는 것도 『삼국지·오서』, 권48, 천기(天紀) 4년(280) 단양태수(丹楊太守) 심영을 참수했다는 기록뿐이다(1174쪽). 따라서 심영이 죽은 해는 280년이므로 '230년'에 이 책을 지었다는 설은 성립하

1 『도이지략교석』, 18쪽.
2 『구당서』, 권46, 「경적지」(2015쪽), 『신당서』, 권58, 「예문지」(1505쪽)에도 모두 '임해수토이물지(臨海水土異物志)'로 되어 있다.

지 않는다. 어쨌든 이현(李賢)이 인용한 『임해수토지』의 내용은 다음과 같다(『후한서』, 권85, 「동이열전」, 2822쪽).

> 이주(夷洲)는 임해(臨海) 동남쪽, 군(郡)에서 2,000리(대략 785km 정도) 떨어져 있다. 그 땅에는 서리와 눈이 없어 초목이 죽지 않는다. 사방이 산과 계곡이다. 사람들은 머리를 깎고 귀를 뚫지만, 여인들은 귀를 뚫지 않는다. 토양은 풍요롭고 비옥하여 오곡이 자라며 물고기[魚肉]도 많다. 개는 꼬리가 노루 꼬리처럼 생겼다. 이 오랑캐들은 시부모, 아들과 며느리가 함께 하나의 큰 침상에서 쉬며, 그다지 서로 피하지 않는다. 땅에는 구리와 철[銅鐵]이 나지만, 다만 사슴 뼈로 창을 만들어 전투하며, 청석(青石)을 갈아 화살촉을 만든다. 물고기를 잡아 큰 옹기에 섞어 집어넣고 소금에 절였다가 수개월이 지나 먹는데 최상의 반찬으로 친다(夷洲在臨海東南, 去郡二千里. 土地無霜雪, 草木不死. 四面是山谿. 人皆髡髮穿耳, 女人不穿耳. 土地饒沃, 既生五穀, 又多魚肉. 有犬. 尾短如麕尾狀. 此夷舅姑子婦臥息共一大牀, 略不相避. 地有銅鐵, 唯用鹿格[骼]爲矛以戰鬪, 摩礪青石以作弓矢[鏃]. 取生魚肉雜貯大瓦器中, 以鹽鹵之, 歷月所日, 乃啖食之, 以爲上餚也).

여기서 말하는 '이주(夷洲)'가 바로 '유구(流求)' 즉 타이완이라는 설은 쑤지칭이 1980년 사후 출간된 책에서 처음으로 제기했다.[3] 그가 든 근거는 바로, 『후한서·동이열전』(2807쪽)에서 "[『예기』] 「왕제」에

3 『도이지략교석』, 18쪽.

이르기를 '동방을 이(夷)라 한다'라고 하였다. 이(夷)는 뿌리[柢]로, 어질어 [사물을] 잘 살리니 만물이 땅에 뿌리를 내리고 나오는 것을 말한다(王制云, 東方曰夷. 夷者, 柢也, 言仁而好生, 萬物柢地而出)"라고 한 문장이다. 여기서 '저(柢)'는 '이(夷)'자의 뜻을 설명하는 것인데도, '이(夷)'자의 다른 발음이라고 오해하고, '이'자에는 'i'와 'ti'라는 두 발음이 있었다고 추론했다. 이러한 두 발음은 수당 시기에도 여전히 존재했다고 주장하는데, 그에 따르면 『광운(廣韻)』에서 '이(夷)'자는 '이(以)'자와 '지(脂)'자의 반절로 발음하며, '이(洟)'자와 동음이라고 하였고, 이 '이(洟)'자를 다시 『광운』에서 찾아보면, '타[tʰɑ](他)'자와 '계[kiei](計)'자의 반절로 읽는다고 했으므로, '이(夷)'자는 'ti'라는 발음을 가진다는 것이다. 밑줄 친 정보는 현존하는 『광운』에 확인되지 않는다. 결국 쑤씨는 잘못된 전제로부터 '이(夷)'에 'ti'라는 발음이 있다고 확신하고, 무단하게 우리가 다음 살펴볼 『수서』「유구전」에 보이는 '이야구(夷邪久)'의 '구(久)'자를 '예(乂)'자의 잘못으로 추정한 결과, 그는 'Tayouan' 즉 대원(臺員)이 자신이 재구성한 'ti-ye-yi(夷邪乂)'와 음성적으로 근접하게 들린다는 비학문적 설명을 내놓았다. 바이두 백과사전의 근거는 이 잘못된 기술에서 비롯되었다.

내용적인 측면에서도 우리는 이주(夷洲)를 타이완에 끌어 붙일 어떤 단서도 찾을 수 없다. 그러한 정보는 섬이나 중국의 남부 이민족들 사이에서도 충분히 찾아볼 수 있다. 오히려 그 반대이다. 먼저 '임해(臨海)'는 현 저장 타이저우(台州)에 해당한다. 타이완섬은 타이저우 정남쪽이지, 동남쪽이 아니다. 타이베이까지는 400km 남짓이고, 타이난까지도 640km 남짓이다. 방향과 거리가 부합하지 않는다. 또한

"사방이 산과 계곡이다"라는 기술 또한 섬에 맞지 않는다. 마지막으로 귀를 뚫는다는 정보와 구리와 철[銅鐵]이 난다는 정보는 우리가 보게 될 『수서』「유구전」의 기술에 보이지 않는다. 이로써 이주(夷洲)=유구, 즉 타이완 설은 완전히 잘못되었다. 이제 중국 자료에서 가장 이른 '유구'를 살펴보자. 『수서』의 유구는 타이완섬이어야 한다. 만약 타이완섬이 아니라면, 중국 사람들은 하이난섬보다 큰 이곳을 13세기까지 모르고 있었다는 말이므로, 그곳이 더 멀리 있는 오키나와가 될 리는 더욱 희박하다.

> 3년 뒤(610년) 조청대부(朝請大夫) 장진주(張鎭周)가 동양(東陽, 현 저장 진화)의 군사 10,000여 명을 징발하여, 의안(義安)에서 바다로 나가 유구국을 치러 갔는데, 1달 남짓 만에 이르렀다. 유구 사람들은 함선을 보자 상인들로 생각하고 자주 군영으로 와서 교역했다. 진릉이 군사를 이끌고 뭍에 올라, 장진주를 보내 선봉으로 삼았다. 그곳 주인 환사갈랄두(歡斯渴剌兜)가 군대를 보내 항전했으나 장진주가 번번이 물리쳤다. 진릉이 저몰단동(低沒檀洞)으로 진격해 가자, 작은 왕[小王] 환사노모(歡斯老模)가 병사를 거느리고 항전했으나 진릉이 물리치고 노모(老模)를 참수했다. 그날 안개비가 내리고 날이 어두워 군사들이 모두 두려워하자 진릉은 백발을 베어 바다신에게 제사를 지냈다. 마침내 날이 개자, 군대를 다섯으로 나누어 도읍으로 나아갔다. 갈랄두가 수천의 병사를 거느리고 저항하자 진릉은 장진주를 선봉으로 보내 물리쳤다. 진릉이 승기를 타고 북쪽으로 추격하여 성책(城柵)에 이르자 갈랄두가 성

책으로 배수진을 폈다. 진시(辰時)에서 미시(未時)까지 예봉을 공격하며 고군분투했다. 갈랄두는 군대가 지쳤음을 알고 [군사들을] 이끌고 성책 안으로 들어갔다. 진릉은 마침내 참호를 메우고 성책을 부숴 갈랄두를 참수했다. 그의 아들 도추(島槌)를 잡고, 남녀 수천 명을 포로로 잡아 돌아왔다(大業三年, 拜武賁郎將. 後三歲, 與朝請大夫張鎭周發東陽兵萬餘人. 自義安汎海, 擊流求國, 月餘而至. 流求人初見船艦, 以爲商旅, 往往詣軍中貿易. 稜率衆登岸, 遣鎭周爲先鋒. 其主歡斯渴剌兜遣兵拒戰, 鎭周頻擊破之. 稜進至低沒檀洞. 其小王歡斯老模率兵拒戰, 稜擊敗之, 斬老模. 其日霧雨晦冥, 將士皆懼, 稜刑白馬以祭海神. 旣而開霽, 分爲五軍, 趣其都邑. 渴剌兜率衆數千逆拒, 稜遣鎭周又先鋒擊走之. 稜乘勝逐北, 至其柵, 渴剌兜背柵而陣. 稜盡銳擊之, 從辰至未, 苦鬬不息. 渴剌兜自以軍疲, 引入柵. 稜遂塡塹, 攻破其柵, 斬渴剌兜, 獲其子島槌, 虜男女數千而歸).

이상의 인용문은 당시 유구 원정에 관한 『수서』, 권64에 실린 「진릉전(陳稜傳)」(1519쪽)의 내용이다. 밑줄 친 기술은 '유구(流求)'라는 나라를 찾는 중요한 정보이다. 장진주(張鎭周)가 징발한 군사는 동양(東陽)의 사람들이다. 『수서』, 「지리지」에 따르면, 대업(大業) 초에 동양군(東陽郡)을 오늘날 저장성 진화(金華)에 설치했다고 한다.[4] 이곳에서 10,000여 명의 군사를 이끌고 출발한 곳은 '의안(義安)'이라는 곳이다. 아래 다시 언급하겠지만, 『수서』의 「유구전」을 따르고 있는 『통전』과 『문헌통고』에는 의안(義安)이 '조양(潮陽)'이라고 주석을 붙이고 있다.

4 『수서』, 권31, 「지리·양주(揚州)·동양군(東陽郡)」, 878쪽.

의안(義安)과 조양(潮陽)을 현 광둥성 '조주(潮州)' 산터우(汕头)로 설명하는 설이 많다.[5] 그러나 진화에서 산터우까지는 직선거리로만 700km에 가깝다. 바다로 나가려면, '유구'란 목적지가 타이완이든 오키나와든 서남쪽으로 직선거리로 170km 남짓 떨어진 타이저우(台州)나 156km 남짓 떨어진 원저우(溫州)가 가장 빠르다. 700km나 떨어진 항구까지 군대 1만이 육로로 이동했다는 설명은 상정하기 어렵다. 게다가 장진주의 군대는 1달 남짓[月餘] 만에 '유구'에 도착했다. 산터우 항구에서 그곳이 직선거리로 1,100km 이상 떨어져 있는 오키나와라고 할지라도 한 달을 항해할 거리는 분명 아니다. 두우(杜佑)와 마단림(馬端臨)이 말한 '조양(潮陽)'은 『수서』「지리지」(881쪽)에서 언급한 의안군(義安郡)의 다섯 현(縣) 중 하나이다. 이곳은 현 안후이 퉁링(铜陵) 지역으로 진화에서 11시 방향으로 270km 남짓 떨어진 곳이다. 현 진화를 관통하는 강물은 란(蘭)강으로 그 강을 따라, 북쪽으로 부춘강(富春江) - 전당강(錢塘江)을 통해 항저우만으로 진출할 수 있다. 이러한 내륙의 물길을 이용해 '유구'로 갔다면, 총 여정이 '한 달 남짓'이라는 기간을 이해할 수 있다. 참고로 상하이에서 타이베이까지는 직선거리로 680km이고, 오키나와까지는 대략 824km이다.

이제 수나라 시대 '유구'에 관한 전문 기술을 따져보자. 『수서』, 권 81, 「동이·유구국(流求國) 열전」(1823~1825쪽)의 이 최초의 별도 기록은 『북사(北史)』(643~659년)에서도 고스란히 채록되었다. 매우 이상하게도

5 增田修, 「『隋書』にみえる流求国」, 『市民の古代』, 15집(1993).

두 『당서(唐書)』의 「외국전」에 '유구'는 기술되지 않았다. 이는 당나라 시기의 '유구'는 수나라 시기의 유구와 큰 변화가 없었다고 이해할 수도 있고, 이 '유구'란 나라는 당나라와의 관계가 거의 없었다고 이해할 수도 있을 것이다. 두 『당서』에 별도의 기술이 부재한 '유구'는 『송사(宋史)』가 완성되기까지, 정사(正史) 이외의 사료들은 이 『수서』의 기록을 한결같이 채록했다. 이들이 얼마나 일관적으로 『수서』의 기술을 복제하고 있는지 보여주기 위해 표로 만들어 비교하고 참조토록 한다. 유난히 다른 정보에만 해석을 붙였다. 그 주요 사료들은 다음과 같다. 원문은 모두 사고전서본을 사용한다.

두우(杜佑, 735~813)의 『통전(通典)』(801년)

악사(樂史, 930~1007), 『태평환우기(太平寰宇記)』

정초(鄭樵, 1104~1162), 『통지(通志)』(1157년)

조여괄(趙汝适, 1170~1231), 『제번지(諸蕃志)』(1225년)

마단림(馬端臨, 1254~1323), 『문헌통고(文獻通考)』(1307년)

[I-1]유구국은 바다의 섬들[海島] 가운데 있으며, 건안군(建安郡)[6] 동

---

6 『수서』, 권31, 「지리·양주(揚州)·건안군(建安郡)」(879쪽)에 건안군에 대하여 "진(陳)나라가 민주(閩州)를 설치했다가 폐지하고 뒤에 다시 풍주(豐州)를 두었다. [수나라가] 진나라를 평정하고, [그곳을] 천주(泉州)로 고쳐 불렀다. 대업(大業) 초에 '민주(閩州)'로 고쳤다(陳置閩州, 仍廢, 後又置豐州. 平陳, 改曰泉州. 大業初改曰閩州)"라고 하였다. 다시 『구당서』, 권40, 「지리지·복주중도독부(福州中都督府)」(1598쪽)에서 "[복주중도독부는] 수나라 건안군(建安郡)의 민현(閩縣)이다. 정관(貞觀, 627~649) 초에 천주(泉州)를 설치했다. 경운(景雲) 2년(711), 민주(閩州)로 고치고, 도독부를 두고 민주, 천주, 건주, 장주, 호주 등 다섯 주를 관할하게 했다. 개원 13년(725), 복주(福州)로 고치고 옛 도독부에 따라 경략사(經略使)를 두었다(隋建安郡之閩縣. 貞觀初, 置泉州. 景雲二年, 改爲閩州, 置都督府, 督閩·泉·建·漳·湖五州.

쪽과 마주하고 있다. 물길로 5일을 가면 이른다. 땅에는 산과 동(洞)[7]이 많다(流求國, 居海島之中, 當建安郡東, 水行五日而至. 土多山洞).

『통전』	**유구는 수나라 때부터 알려졌다(琉球自隋聞焉).** 居海島之中, 當建安郡東【闘川之東】[8], 水行五日而至. 土多山洞.
『태평환우기』	琉求自隋聞焉. 居海島之中, 當建安郡之東, 水行五日而至. 土多山洞.
『통지』	流求隋時通焉. 其國居海島, 當建安郡東, 水行五日而至. 土多山洞.
『제번지』	유구국은 **천주**의 동쪽과 마주하고 있으며, 배로 가면 약 5~6일 가는 거리에 있다(流求國當泉州之東, 舟行約五六日程).
『문헌통고』	**유구국은 천주의 동쪽 바다 섬에 있다. 팽호라는 섬이 있는데, 연기와 불이 [양쪽에서] 서로 보인다(琉球國居海島, 在泉州之東. 有島曰彭湖, 煙火相望).** 水行五日而至, 土多山洞.

먼저 『수서』의 기록을 가장 먼저 채록한 두우는 '유구(琉球)'로 표기했다. 또 『수서』의 기술을 고스란히 따르고 있는 마단림 또한 '구(求)'가 아니라 '구(球)'자를 사용했다. 따라서 '구(求)'와 '구(球)'로부터 그 무엇도 구분해 낼 수는 없다. 『사고전서』 편수관들이 당시의 표기로 고쳤을 가능성이 있기 때문이다. 어쨌든 악사, 정초, 조여괄은 '유구

開元十三年, 改爲福州, 依舊都督府, 仍置經略使)"라고 하였다. 이로부터 수·당 시대 건안군은 민주, 천주, 복주를 지칭했음을 확인할 수 있다. 따라서 건안군은 현 푸저우와 취안저우 지역으로 추론할 수 있다. 특히 조여괄과 마단림은 취안저우로 특정하고 있는 점에 주목하시오.

7 전여성(田汝成)은 『염요기문(炎徼紀聞)』(사고전서본, 권4, 29a)에서 해남도의 여(黎)를 설명하며 사람들이 "모여 촌락을 이룬 것을 동(峒)이라 한다(聚而成村曰峒)"라고 하였다. 즉 '동(洞)'은 '동(峒)'으로, 중국 남부와 동남아 일대에서 사용하는 좡동어(壯侗語)에서는 같은 물줄기로 관개하는 작은 지역을 의미하는데, 바로 '촌(村)'과 같은 개념이라고 한다(『방언과 중국문화』, 230쪽). 이 의미를 취해야 할 것 같다.

8 두우(杜佑)는 건안군(建安郡)을 '투천(闘川)'으로 주석하고 있는데, 이 '투천'은 역사서에서 확인되지 않는다. 아마도 '민주(閩州)'의 오기일 것이다. 『태평어람』, 권784(사고전서본, 11b) 인용된 『수서』에 '투(闘)'자는 확실히 '민(閩)'자로 되어 있다.

(流求)'로 표기하고 있다.

『통전』과 『태평환우기』는 수나라 이전에 '유구'에 관한 언급이 없었음을 확인해 주고 있다. 이미 9~11세기의 저자들에게도 '유구'에 관한 정보가 『수서』뿐이었다는 말이다. 따라서 수나라 이전의 기록을 찾으려는 시도들은 무의미하다.

'유구'란 곳이 섬이라는 점은 분명하다. 『문헌통고』를 제외하고, 이 섬은 건안군(建安郡) 또는 천주(泉州)와 마주하고 있다[當]고 한다. 『설문해자(說文解字)』의 설명에 따르면, '당(當)'자는 밭과 밭이 서로 대립, 대치하고 있다[田相値也]는 의미이다. 이는 글자적 의미로만 놓고 볼 때, 양자의 사이가 그렇게 멀지 않다는 의미를 전제하고 있다.

'동쪽[東]'이라는 방향은 건안군(建安郡)의 영역이 취안저우와 푸저우를 포함하고 있으므로 정확히 어디에서 보느냐에 따라 달라지겠지만, 취안저우로 놓고 본다면 동쪽에 마주하고[當] 있는 섬은 타이완섬밖에 없다. 또한 마단림은 이 지리정보에 대해서만 『수서』와는 다른 추가 정보를 제시하고 있는데, 바로 천주의 동쪽 섬으로 '평후(澎湖)'라는 섬을 들고 있다는 점이다. 현재 지도에 따르면, 취안저우에서 평후섬은 동쪽이 아니라 동남쪽 5시 방향에 있다. 또한 평후섬의 가장 동쪽과 타이완섬 중부의 자이(嘉義)현 서단과의 최단 거리는 50km가 못된다. 따라서 두 지점에서 육안으로 충분히 연기나 불빛을 볼 수 있을 것이다. 결국 마단림의 '유구'는 타이완섬이 분명하다. 이상의 지리정보는 확실히 오키나와를 배제한다. 그러나 문제는 위의 기술들이 한결같이 기술하고 있는 항해 거리이다.

타이완섬은 크게 북부의 타이베이, 중부의 타이중, 남부의 타이난으로 구분한다. 취안저우에서 타이베이까지는 직선거리로 288km, 타이중까지는 200km, 타이난까지는 255km 정도이다. 푸젠성 인근의 섬에서 타이완섬까지 최단 거리는 130km 남짓의 거리이다. 바람의 힘을 빌리지 않고 노를 저어 항해한다고 할지라도 5일까지는 걸리지는 않았을 것 같다.

조여괄은 『제번지』 상권에서 나라와 나라 사이의 이동 거리를 '정(程)'으로 표기했다. 천주와 '유구'의 거리도 약 "5~6일 정(五六日程)"이라고 했다. '정(程)'에 관하여, 『송회요집고(宋會要輯稿)』 권198책, 「번이(蕃夷)」(5-12)에 "[지도(至道) 원년(995)에] 황제는 그 나라 사신을 불러 보고, 그 나라 지리와 풍속을 물었다. 역관이 대답하여 이르기를 '의주(宜州)에서 육로로 45정(程)입니다. 정(程)에는 리(里)나 이정표가 없지만, 새벽에 출발하여 밤까지를 1정(程)이라고 합니다'라고 하였다(帝召見其使, 詢其地理風俗, 譯對曰, 地去宜州陸待四十五程. 程無理堠, 但晨發至夜, 謂之一程)"라고 기술되어 있다. 또 『자치통감(資治通鑑)』(사고전서본, 권102, 14a)에 "[양] 침은 겸정(兼程)하여 나아갔다(琛兼程而進)"라고 하였는데, 호삼성(胡三省, 1230~1302)은 '겸정(兼程)'을 설명하며 "정(程)은 역참과 역참 사이의 거리[驛程]이다. 가는 사람들은 두 역참을 1정(程)이라 한다. '1정'하여, [총] 4역참을 갔다면 그것이 '겸정(兼程)'이다(程, 驛程也, 謂行者以二驛爲程. 若一程而行四驛是兼程也)"라고 하였다. 고염무(顧炎武, 1613~1682)는 남송 장여우(章如愚)의 『산당고색(山堂考索)』을 인용하여 당나라 시기의 조운(漕運) 제도를 다음과 같이 설명했다. "육로로 갈 때 정(程)은 말[馬]이면 하루 70리, 노보와 나귀[驢]면 [하루] 50리, 수레면 30리이다. 물길로 갈 때의 정(程)은 배가 무거우면 황하를 거슬러 하루 30리, 장강은 [하루] 40리, 나머지 물길은 [하루] 45리이고, 빈 배로 황하를 거슬러 [하루] 40리, 장강이면 [하루] 50리, 나머지 물길은 60리이다. 흐름을 따라가는 배는 가볍거나 무겁거나 같다. 황하는 하루 150리, 장강은 100리, 나머지 물길은 70리이다."[9] 이는 내륙의 육로와 수로의 이동 거리를 말하고 있지만, 결국 하루 최소 30리에서 최대 150리를 간다는 말이다.

바다의 상황은 어떠했는지 기록을 찾기 어렵다. 결국 조여괄이 『제번지』 상권에서 기록한 정보들로 추산할 수밖에 없는데, 정확한 출발점과 도착점이 확인되지 않고, 게다가 표기된 지명이나 나라 명칭이 정확하게 고증되지도 않았다. 다만 지점이 밝혀진 것으로만 따져보면, 먼저 조여괄은 천주에서 참파[占城]까지 '20여 정'이라고 했다(『제번지역주』, 44쪽). 참파 어느 항구를 말하는지는 모른다. 꾸이년(Quy Nhơn)으로 보면 천주에서의 직선거리는 1,584km이고, 더 북쪽인 후에(Huế)로 놓고 보면, 1,485km이다. 단순히 20일로 계산했을 때, 하루 이동 거리는 각각 대략 79, 74km이다. 둘째, 라무리(Lamuri), 즉 수마트라섬 서북단 반다아체[藍無里]에서 실론[細蘭國]까지 20여 일 걸린다고 했다(위의 책, 102쪽). 직선거리로 항구를 따지지 않고 가장 가까운 거리로만 1,530km 정도이므로, 하루 76km를 이동했다. 셋째, 천주에서 자바[闍婆]까지는 한 달 남짓[月餘] 걸린다고 했다(『제번지역주』,

9 『일지록(日知錄)』, 권10, 「조정(漕程)」, "凡陸行之程, 馬日七十里, 步及驢五十里, 車三十里. 水行之程, 舟之重者泝河日三十里, 江四十里, 餘水四十五里, 空舟泝河四十里, 江五十里, 餘水六十里. 沿流之舟, 則輕重同制, 河日一百五十里, 江一百里, 餘水七十里." 『일지록교주(日知錄校主)』, 휘주대학출판사, 2007, 602쪽.

108쪽). 자바의 도착점이 수라바야이든 자카르타이든 직선거리로 최소 3,600km 이상이다. 단순히 30일로 계산하면, 하루 이동 거리는 120km 이상이다. 넷째, 팔렘방[三佛齊]에서 인도 서남단까지 한 달 남짓[月餘] 걸린다고 했다(위의 책, 127쪽). 그곳까지의 거리는 직선거리로 최소 3,300km로, 하루 대략 110km를 이동했다.

이상으로부터 추론하자면, 조여괄이 기술한 바닷길에서의 하루 이동 거리[程]는 대략 70~120km 사이였다. 최소 하루 이동 거리를 70km로 놓고 본다면, 타이완섬까지 5~6일 '정'이라고 했으므로, 350~420km라는 계산이 나온다. 천주에서 타이완섬 가오슝까지 직선거리로 300km 남짓이므로 그렇게 틀린 셈법이라고 할 수 없다. 어쨌든 이러한 추산으로 볼 때, 『수서』의 '유구'가 천주에서 직선거리로 900km 이상 떨어져 있는 오키나와를 지칭하지 않는다는 점은 확실하다. 잠정적으로 소결하자면 마단림의 14세기까지 '유구'는 타이완섬이었다.

마지막으로 1501년 신숙주의 『해동제국기』에 추가 정보를 덧붙인 성희안(成希顔, 1461~1513)의 기술에 따르면, 오키나와 유구의 동남쪽 물길로 7~8일 정(程)에 소유구국(小琉球國)이 있다는 정보가 보이는데,[10] 여기 '소유구국'은 타이완, 정확히는 그 북부를 지칭한다. 따라서 『수서』의 유구는 7세기 이후 항해 기술이 더 발전했음을 감안하면, 오키나와가 될 수 없다.

10 자세한 설명은 뒤의 제5장 '조선의 유구', E-⑭를 참고하시오.

여기에서 말하는 '동(洞)'은 '동(峒)'으로, 중국 남부와 동남아 일대에서 사용하는 좡동어(壯侗語)에서는 같은 물줄기로 관개하는 작은 지역을 의미하는데, 바로 '촌(村)'과 같은 개념이라고 한다(『방언과 중국문화』, 230쪽). 또한 히어트(F. Hirth)의 설명에 따르면, '동(峒)'은 장시 렌핑(連平), 안남(安南, 베트남 북부) 경계에 있는 진저우, 하이난 내륙 전역에서처럼 고산 지역에 있는 관구(管區, parish)에 적용된다. 하이난에서 '여(黎)'라는 산간 사람들이 차지하고 있는 지역을 '여동(黎峒)'이라 부르고, 중국인이 차지한 지역을 '도(圖)' 또는 '도(都)'라고 부른다. 관구(管區) 명칭들의 접미사로 사용되는 글자로는, 도(都), 보(堡), 도(圖), 갑(甲), 포(舗), 사(社), 동(峒), 련(練), 향(鄉), 리(里), 방(坊), 약(約), 동(洞), 위(圍) 등이 있다. 이러한 하위 행정 단위들을 지칭하는 일반 명칭은 대향(大鄉)으로, '빌리지'로 번역될 수 없고 많은 '빌리지'를 포함하는 구역으로 설명했다.[11] 이들 설명에 따르면 '동(峒)'과 '동(洞)'은 하위 행정 구역 명칭은 맞지만, 다른 의미를 암시하고 있다. 예컨대, '동(洞)'이 같은 물줄기를 공유하는 지역이라면, '동(峒)'은 같은 산줄기에 모여 사는 촌락을 말하는 것 같다.

> [I-2] 그곳 왕의 성은 환사[xuɑn-sie̯](歡斯)이고, 이름은 갈랄두[gʰi̯ɛt-lat-tə̯u](渴剌兜)인데, 그 유래와 몇 세대를 걸친 나라인지 모른다. 그곳 주민들은 그를 가로양[kʰɑ-lɑu-0i̯aŋ](可老羊)으로, 그 부인을 다발도[tɑ-bʰuɑt-dʰuo](多拔荼)라 부른다. [왕이] 사는 곳은 파라단[puɑ-la-

11 히어트(F. Hirth), 「The Peninsula of Lei-chou」, 『China Review』, 1873, 157~159쪽.

d^{h}ɑn]동(波羅檀洞)이라 부르는데, 해자[塹]와 성책이 삼중이며, 흐르는 물을 둘렀고, 가시나무로 울타리를 만들었다. 왕이 사는 집은 16칸 규모이며 짐승 [문양을] 새겨 놓았다(其王姓歡斯氏, 名渴剌兜, 不知其由來有國代數也. 彼土人呼之爲可老羊, 妻曰多拔荼. 所居曰波羅檀洞, 塹柵三重, 環以流水, 樹棘爲藩. 王所居舍, 其大一十六間, 琱刻禽獸).

『통전』 其王姓歡斯, 名渴剌兜, 不知其由來有國代數也. 彼土人呼之爲可老羊, 妻曰多拔荼, 所居曰波羅檀洞, 塹柵三重, 環以流水, 樹棘爲藩. 王所居舍, 其大十六間, 彫禽刻獸.

『태평환우기』 其王姓歡斯, 名渴剌兜, 不知其由來有國代數也. 彼土人呼之爲可老羊, 妻曰多拔荼, 所居曰*波羅檀*, 塹柵三重, 環以流水, 樹*棗*爲藩. *王所其大*十六間, *彫刻禽獸*.

『통지』 其王姓歡斯氏, 名渴剌兜, 不知其由來有國數焉. 彼土人呼之爲可老羊, 妻曰多拔荼. 所居曰波羅檀洞, 塹柵三重, 環以流水, 樹棘爲藩. 王所居舍其大一十六間, 雕刻禽獸.

『제번지』 王姓歡斯, 土人呼爲可老, 王所居曰波羅檀洞. 塹柵三重, 環以流水, 植棘爲藩, **궁궐[殿宇]에는** 금수를 조각해 놓은 것이 많다(**殿宇多**彫刻禽獸).

『문헌통고』 其王姓歡斯氏, 名渴剌兜, 不知其由來有國*世*數也. 彼土人呼之爲可老羊, 妻曰多拔荼, 所居曰波羅檀洞. 塹柵三重, 環以流水, 樹棘爲藩, 王所居舍其大一十六間, 雕刻禽獸.

이상의 네 텍스트 모두 대동소이하다. 이 단락에 등장하는 고유 명칭들은 현재까지 만족스러운 고증은 없다. 다만 조여괄만 왕의 지칭인 가로양(可老羊)을 '가로(可老)'라고 옮기고 있고, 금수(禽獸)를 조각해 놓은 곳이 바로 궁전 또는 왕궁[殿宇]이라고 특정한 것 이외에는 일치하는 정보들이다.

이 단락에 제시된 고유 명사들을 어떻게 읽어야 하는지도 모른다.

다만 수나라 조정에서 파견한 원정대는 미지의 세계를 찾아가기 위해, 남방, 특히 취안저우나 장저우의 사람 중에서 항해 전문가나 통역관을 고용했다고 보는 것이 합리적이다. 따라서 위의 고유 명칭들은 민남(閩南, 푸젠 남부)의 방언으로 읽혔을 것이다.[12] 물론 추측일 뿐 확인된 점은 없다.

몇 가지 언급할 만한 것은, 주황(周煌)의 『유구국지략(琉球國志略)』(1757년), 권2에 따르면, 『수서』의 명칭들을 언급하며, “이는 바로 천손텐손씨(天孫氏)의 세상이 아니겠는가. 천만텐만(天滿)과 환사(歡斯)는 나라의 발음이 서로 섞여 와전된 것일 뿐이다(其即天孫氏之世歟. 天滿·歡斯, 國語音皆相混, 故訛耳)”라고 설명했다(대만문헌총간본, 38쪽). 여기 주황이 말하고 있는 유구는 바로 오키나와섬을 가리킨다. 결국 『수서』의 ‘유구’가 바로 오키나와라는 주장인데, 한마디로 이것이 18세기까지 중국 자료의 ‘유구’를 둘러싼 지속적인 혼동을 낳은 셈이다. 어쨌든 ‘천만’과 ‘환사’가 어떻게 음성적으로 혼동되었는지 이해하기 어렵다.

한편 중국인들이 외래어를 표기할 때는 사용하는 한자가 항상 다르지만, 여기의 명칭 표기는 이후 중국 문헌에서도 한결같다. 이는 『수서』의 자료가 유일한 근거 자료였다는 방증이다. 데르베이 드 생드니(d’Hervey de Saint-Denys)는 마단림(馬端臨)의 『문헌통고(文獻通考)』를 번역하며 갈랄두(渴剌兜)가 『자치통감강목(資治通鑑綱目)』에는 ‘알랄두(遏剌兜)’로 되어 있다고 했으나,[13] 사고전서본, 권2, 9a에는 정확히 ‘갈랄

12 Gustave Schlegel, 「Problèmes Géographiques: Les Peuples Étrangers chez les historiens Chinnois」, 『통보』, 1895, 175쪽.

13 『Ethnographie des peuples étrangers de la Chine』, I, Paris & London, 1876, 416쪽 주5.

두’로 되어 있다.

‘가로양’이란 표기는 이후 중국 자료에서 다른 표기가 보이지 않는다. 다만 조여괄만 ‘양(羊)’자 없이 ‘가로(可老)’라고 표기하고 있다. 조여괄은 ‘양(羊)’자를 ‘왕(王)’자로 읽은 것일까? 민남어로 ‘양’은 [iɔŋ], ‘왕’은 [ɔŋ]으로 음이 비슷하고, 자형상 혼동할 가능성도 충분하다. 그렇다면 ‘가로왕(可老王)’으로 읽어야 하지만, ‘왕’자를 뒤로 붙여 ‘왕이 사는 곳[王所居]’으로 읽어야 하는 것은 분명하다.

다발도(多拔荼)의 ‘도(荼)’자는 세 텍스트 모두 ‘다[ȡʰa](茶)’자로 표기하고 있다. 이 두 글자의 혼동은 흔하다. 『대당서역구법고승전』에서 일반적으로 말레이반도의 크다(Keda)를 지칭한다고 알려진 ‘갈도(羯荼)’와 ‘갈다(羯茶)’의 예가 대표적이다.[14] 민남어로 ‘도’는 [tɔu], ‘다’는 [ta|e]로 모음의 차이는 크다. 인도네시아어로 왕은 ‘다투(datu)’, 왕비는 ‘라투(ratu)’라고 한다.

‘파라단동’에 관하여, 슐레겔(Gustave Schlegel)은 ‘파라+단동’으로 읽을 것을 제시하고, ‘파라’는 말레이어로 ‘풀루(Poulou)’, 즉 섬을, ‘동(洞)’은 소굴이나 동굴을 의미하므로, ‘단동(檀洞)’은 마을이나 구역에 대한 고유 명사일 것이라고 설명한 바 있다.[15] 이 설명은 이미 ‘유구’라는 섬의 왕국을 지칭하고, 진릉(陳稜)의 군사들은 내륙으로 진격해 들어갔고, 그들의 공격 루트에 ‘저몰단동(低沒檀洞)’이란 곳이 언급되

14 왕방유(王邦維) 교주(校主), 『대당서역구법고승전(大唐西域求法高僧傳)』, 중화서국, 1988, 134, 152, 182, 206쪽; T.2066, 권2, 7a, 8a~b, 9b, 10a를 참고하시오.

15 「Problèmes Géographiques: Les Peuples Étrangers chez les historiens Chinnois」, 『통보』, 1895, 188쪽.

어 있으므로, 재론할 가치가 없다.

1534년 유구국(琉球國, 오키나와)의 국왕 쇼세이[尙淸]을 책봉하러 사신으로 갔다가, 이듬해 돌아와 『사유구록(使琉球錄)』 1권을 진상한[16] 진간(陳侃)은 "그곳 사람들은 왕을 '오나(敖那)', 왕비를 '찰라(札喇)'라고 불렀고, '가로양(可老羊)'이니 '다발도(多拔荼)'라는 호칭은 없었다(土人稱王曰敖那, 稱妃曰札喇, 無可老羊並多拔荼之稱也)"[17]라고 하였다. 진간이 본 책은 바로 두우의 『통전』(801년)이었다. 시간적 차이는 크지만, 16세기에도 이러한 『수서』의 명칭들을 확인하려 했다는 사실은 분명하다. 1602년 진제(陳第, 1541~1617)의 견문에 따르면, 평포족(平埔族)이 사는 지역으로 '가로만(加老灣)'이란 지역을 들고 있는데, 이곳은 타이난 서북쪽 해변 현 녹이문(鹿耳門) 북쪽에 있다.[18] 음성적으로 상당히 비슷하다. 지명을 호칭으로 사용했을 수도 있다는 점에서 이를 언급해 둔다.

이 단락에서 '유구'라는 나라에는 '환사갈랄두'라는 왕이 있으며, 왕과 그의 부인을 부르는 호칭이 있었고 왕이 사는 곳은 성책과 해자를 갖추고, 동물 문양으로 새겨 장식한 16칸 규모의 '왕궁'이 기록되었다는 정보에만 만족해야 할 것 같다. 『수서』의 이 정보가 유일하므로, 어떠한 추측도 입증될 수 없다. 왕이 사는 곳, 즉 왕성(王城)은 진랍(眞臘, 캄보디아)의 왕성이 그랬던 것처럼, 삼중의 구조로 된 것이 일반적이다. 이 삼중의 구조는 뒤에 보게 될 오키나와 유구의 슈리성도 마찬

---

16 『세종숙황제실록(世宗肅皇帝實錄)』, 권177, 가정(嘉靖) 14년(1535), 7월 27일 첫 번째 기사, "이에 앞서 좌급사중 진간이 유구에 사신으로 가서 그곳의 산천과 풍속을 탐방하여 『사유구록』 1책을 지어 헌상했다(先是左給事中陳侃奉使琉球, 因訪其山川·風俗, 撰使琉球錄一冊進呈)."

17 『사유구록』, 대만문헌자료총간, 31쪽. 이 자료에 대해서는 별도의 장으로 상술할 것이다.

18 진제(陳第)의 『동번기(東番記)』에 관해서는 아래 별도로 전문을 역주해 두었다.

가지이므로, 위치를 특정하는 데 도움을 주지 않는다.

> [I-3] 투루[tə̯u-lə̯u](鬪鏤)라는 나무가 많은데, 귤나무와 비슷하나 잎이 조밀하고, 가지는 머리털처럼 부드럽지만 아래로 드리운다(多鬪鏤樹, 似橘而葉密, 條纖如髮, 然下垂).

『통전』	多鬪鏤樹, 似橘而葉密, 條纖如髮, 紛然下垂.
『태평환우기』	
『통지』	
『제번지』	多鬪鏤樹, 似橘而葉密, 條纖如*髮之下垂*.
『문헌통고』	多鬪鏤樹, 似橘而葉密, 條纖如髮之下垂.

악사와 조여괄이 채록하지 않은 이 단락의 정보는 확실히 전후로 연결이 매끄럽지 않다. '왕궁'이 있는 곳에 '투루'라는 나무가 많다는 말인지, 왕궁을 장식한 짐승 문양의 나무들을 말하는지 분명하지 않다. 이 정보 다음에 하위 행정조직을 기술하고 있으므로 이 단락은 잘못 편집되었을 가능성이 있다. 의미의 전달은 『통전』이 가장 정확하다. 이로써 볼 때 『문헌통고』의 저본은 『통전』임을 확인할 수 있다.

투루목(鬪鏤木) 또는 투루수(鬪鏤樹)이 '투루'라는 음역 명칭은 『수서(隋書)』(636년)에서 처음으로 보인다. 이 나무의 소재는 '유구'가 타이완섬인지 오키나와섬인지를 구분할 수 있는 중요한 단서가 될 수 있다. 그러나 이 '투루'를 설명하는 설들은 현재까지 만족스럽지 못하다. 이 '투루'의 원음 추정을 처음으로 시도한 학사는 슐레겔(Gustave Schlegel, 1840~1903)이다. 당시의 연구 상황을 고려하자면, 그 어원을 파보를랑(Favorlang)어에서 찾으려 한 그의 시도는 참신했지만, 그다지 설득력이 있는 것은 아니다.

아쉽게도 스윈호(Robert Swinhoe, 1836~1877)는 포르모사(타이완)에 체류하면서도 이 나무를 규명하지 못했다. '투루(鬬鏤)'라는 명칭을 포르모사인들의 어휘에서 찾을 수 없었기 때문이었을 것이다. 하파트(Happart)는 파보를랑어의 어휘에서 아름다운 노란 껍질을 언급하면서 사람들이 그것을 가는 섬유와 엮어 자신들이 짠 옷에 장식으로 사용하는데 그 껍질을 '랄라스(Lallaas)'라고 한다고 했다. 그러나 이들 섬유가 어떤 나무에서 나오는지는 밝히지 않았다. 사람들은 포르모사에서 하파트가 말한 노란색을 생산하는 푸스테트(Fustet)를 수출한다.[19] '랄라스'라는 단어는 우리의 자작나무(Bouleau)와 비슷한 나무 이름에서 나왔음이 분명하고, 이는 파보를랑 방언으로 '달로레스(Dallolees)'라고 하는데[여기의 달로(Dallo)가 중국어 투루(鬬鏤)에 해당하는지 모르겠음], 이 달로레스는 동사로 '빛난다'는 의미인 마달로레스(Madallolees)에서 나왔다.[20] '투루'와 조금이라도 비슷한 유일한 나무는 한자어로 풍(楓)나무로 알려진 리키담바르 포르모사나(Liquidambar Formosana)이다. 『설문해자(說文解字)』에 따르면, 이 나무의 잎은 두껍고, 가지는 여리며 잘 흔들린다. 그래서 사람들은 '섭섭(欇欇)'이라 부른다[楓木厚葉, 弱枝善搖. 一名欇欇]. 중국인들은 이 나무가 중국에서도 자라므로 잘 알고 있었기 때문에 이 나무를 '투루'라는

---

19 『Formosa's wirtschaftliche Verhältnisse von Alwin Oppel』, Ausland, 1893, 327쪽.
20 Gilbertus Happart, 『Dictionary of the Favorlang dialect of the Formosan language』, Batavia, 1840, 107쪽.

나무와 혼동했을 수 있다. 오펠(Oppel) 씨에 따르면, 포르모사섬의 북부에서는 털가시나무(Yeuse)가, 내륙의 산간에서는 녹나무와 아주 희고 단단한 소나무의 일종인 사산(Sasan) 나무들 및 둥치가 15~20m에 달하는 차올람(Chaolam, Arbor vitae orientalis, 편백나무), 리키담바르 포르모사나, 옻나무(l'arbre à vernis, vernix vernicia)가 자란다고 한다.[21]

이처럼 '달로레스'로부터 풍나무(리키담바르 포르모사나)로 이어지는 슐레겔의 추정은 상당히 무리하다. 한편 근대 타이완 문인 롄헝(連橫, 1878~1936)은 자신의 문집인 『아당문집(雅堂文集)』(대만문헌총간본, 권3, 151쪽)에서 『수서』의 투루수(鬥鏤樹)에 관하여, "생각건대 [『수서』의] 유구는 현 타이완이고, 투루수의 모양으로 볼 때, 용수(榕樹)인 것 같다. 고원지대에는 용수가 많은데, 지금 있는 나무 중에는 수백 년 이전의 것들도 있다(按流求則今臺灣, 而鬥鏤樹以狀觀之, 似爲榕樹. 蓋以臺地多榕, 今其在者尙有數百年前物)"라고 하였다. 이는 『중수대만부지(重修臺灣府志)』(대만문헌총간본, 권18, 517쪽)에서 "용수는 민(閩), 월(粵) 두 성에서 난다. 이 나무는 아주 잘 자라, 키가 수십 아름[圍]에 달하며, 매 가지와 줄기는 실처럼 길고 가는 뿌리로, 드리워 땅에 닿는다(榕樹產於閩·粵二省. 木之最易滋長者, 其大可至數十圍, 每枝幹間即長細根如絲, 垂至地)"라고 한 정보에 근거를 둔 것 같다. 용수(榕樹)는 피쿠스 미크로카르파(Ficus microcarpa), 대만고무나무로, 『수서』에서의 설명과 비슷한 나무이지만, 뿌리와 말린 잎을 약용으로 사용할 뿐, 그 섬유질로 직조했다는

---

21 「Problèmes Géographiques: Les Peuples Étrangers chez les historiens Chinnois」, 『통보』, 1895, 186~187쪽.

정보는 찾을 수 없다.

또 타이완 역사학자 량자빈(梁嘉彬, 1910~1995)는 명나라 유중달(劉仲達)의 『유씨홍서(劉氏鴻書)』에 보이는 "'대유구'의 옷은 '벽루'로 만든다(大琉球之衣以闢鏤)"라고 한 문장을 인용하고, "이 '벽루'라는 나무는 유구에서 옷을 만드는 원료로, 유구에서 봉미초(鳳尾蕉) 혹은 포규(蒲葵)라고 하는 모시[紵]를 짜는 식물이다. 『수서』에서 '투루(鬪鏤)'로 잘못 판각되었다"라고 주장했다(「流求辨」(『中央日報』, 民國四十七年 一月二十一日 學人第六七期). 량자빈이 오히려 오독하고 있다. 베이징대학 도서관에 소장된 『유씨홍서(劉氏鴻書)』(1610년 서문이 있음), 권8, 11a에는 '벽(闢)'자가 아니라 분명히 '투(鬪)'자로 되어 있다. 량자빈이 인용한 문장은 『격치경원(格致鏡原)』(사고전서본, 15, 12a)에서 "『이사략(夷事略)』에 대유구의 옷은 투루로 [만든다](夷事略大琉球之衣以鬪鏤)"라고 한 문장에서 확인할 수 있다. 게다가 '벽루(闢鏤)'란 나무는 중국 자료 어디에도 기록되지 않았고, 유구 사람들의 복식을 언급하면서 '투루 나무의 껍질[鬪鏤皮]'로 직조한다고 하는 정보를 통해, 소철과인 봉미초, 야자수의 일종인 포규와는 부합하지 않음을 알 수 있다.

'투루수'에 관한 이전 학자들의 설에서는 수긍할 만한 해답을 찾을 수 없다. 다른 방향에서 추적하자면, 홍추(洪芻, ?~1126)의 『향보(香譜)』(사고전서본, 권상, 11a)에 "두루향(兜婁香)은 『이물지(異物志)』에 바닷가 나라에서 나는데 도량향(都梁香)과 같다(兜婁香, 異物志云, 出海邊國, 如都梁香)"라는 문장이 보인다. 이 정보는 서응추(徐應秋, 1616년 진사)의 『옥지당담회(玉芝堂談薈)』(사고전서본, 권28, 23a)에서 "『향보』에는 투루향이 있는데, 『이물지』에 두루향(兠婁香)은 바닷가의 나라에서 나며 도량(都梁)과 같다(香譜有鬭鏤香, 異物志兜婁香, 出海邊國如都梁)"라고 한 것으로 확인된다. 또한 청나라 진원룡(陳元龍, 1652~1736)의 『격치경원(格致鏡原)』(사고전서본, 권57, 27a)에서는 "『승엄외집·향보(升菴外集香譜)』에 투루향(鬭鏤香)이 보이는데, 지금은 두라향(兜羅香)으로 와전되었다. 삼박(三泊) 지역에 있다(升菴外集香譜有鬭鏤香, 今訛爲兜羅香, 三泊有之)"라고 하였다. 이로써 투루(鬭[鬪]鏤)=두루(兜婁)=두라(兜羅)=도량(都梁)임을 확인할 수 있다.

'도량(都梁)'이란 식물은 택란(澤蘭)이란 명칭으로 잘 알려져 있다. 진장기(陳藏器, 681~757)에 따르면, "난초는 습지 가에 자라며, 부인들이 기름과 섞어 머리를 윤기 나게 하므로 '난택(蘭澤)'이라 부른다. 성홍지(盛弘之)의 『형주기(荊州記)』에 따르면 도량(都梁)이라는 산 아래에는 맑고 얕은 물이 있는데, 그 속에 난초가 나므로 '도량향(都梁香)'이라 한다고 하였다(蘭草生澤畔, 婦人和油澤頭, 故云蘭澤. 盛弘之荊州記云, 都梁有山, 下有水淸淺, 其中生蘭草, 因名都梁香)." 이어서 이시진(李時珍)은 이 정보를 설명하며 "도량(都梁)은 현 무강주(武岡州)이다. 또 임회(臨淮) 우이현(盱眙縣)에도 도량산이 있는데, [그곳에서] 이 향이 난다(都梁卽今之武岡州也, 又臨淮盱眙縣亦有都梁山, 產此香)"라고 하였다.[22]

택란은 대체로 국화과(Asteraceae) 등골나무속(Eupatorium)의 패란(佩蘭, Eupatorium fortunei)과 꿀풀과(Lamiaceae) 쉽싸리속(Lycopus)의 지순(地筍, Lycopus lucidus)을 지칭하는 것이 일반적이다. 여기 도량향은 바로 패란(佩蘭), 등골나무속이다. 이 등골나무속에는 대마엽택란

22 『본초강목(本草綱目)』, 사고전서본, 권14, 81a.

(大麻葉澤蘭, Eupatorium cannabinum L.)도 들어 있다. 이는 대마 잎 모양을 한 택란 즉 등골나무속이라는 의미이다. 우리나라 삼베는 바로 대마(大麻, Cannabis sativa L.)의 줄기 껍질을 벗겨 만든 것이다.

잎과 줄기의 모양으로만 봤을 때, 도량향=패란=택란=대마로 유추해볼 가능성은 다분하지만, 이들은 결국 초본식물이다. 즉 투루수(鬥鏤樹)의 '수(樹)'를 말하지 않을 뿐더러, 『수서』의 설명과 부합하지 않는다. 우선 확인해 둘 점은 앞서 『향보』로부터 투루(鬬鏤)는 두루(兜婁), 두라(兜羅)와 혼용되었다는 점이다.

'두라(兜羅)'란 명칭은 이미 6세기 초의 문헌에도 보인다. 양(梁)나라 승민(僧旻)과 보창(寶唱)이 516년 한역한 『경율이상(經律異相)』, 권24(T.2121, 134b)에 "어느 날 왕의 정수리 위에 혹[肉皰]이 하나 생겨났는데, 그 혹은 물렁물렁하여 마치 두라면(兜羅綿)과 같았고, 가늘고 부드러운 겁패(劫貝)와도 같았다(時王頂上生一肉皰, 其皰柔軟, 如兜羅綿細軟劫貝)"라고 하였다.

또 혜림(慧琳, 737~820)의 『일체경음의(一切經音義)』, 권4(T.2128, 329b)에, "도라면(覩羅緜)은 산스크리트어로, 서국(西國)의 가는 면이다. 옛날에는 음역하여 두라면(兜羅綿)이라 했다(覩羅緜【梵語也, 西國細綿也. 古譯云, 兜羅綿】)"라고 하였고, 또 권11(T.2128, 371b)에서 "두라면의 '두'자는 '도[tuo](都)'와 '후[ɣə̯u](侯)'의 반절로 읽는다. 산스크리트어로 가늘고 부드러운 면으로, 바로 유화서(柳花絮), 초화서(草花絮)라는 것이 이것이다(兜羅綿【上都侯反. 梵語細耎綿也, 即柳花絮·草花絮等是也】)"라고 설명했다. 또 권26(T.2128, 473b)에서 "두라면, 이는 목면(木棉)을 말한다. 아주 가늘고 부드러운 모양은 양류(楊柳) 나무의 꽃과 비슷하다. 이 솜[綿]이 사람의 눈에 닿아도 눈물이 흐르지 않으므로 그 부드러움을 알 수 있다(兜羅綿【此云木綿也. 甚細耎狀似楊柳樹花若用此綿觸人眼, 睛淚不出, 故知耎】)" 라고 하였고, 또 권30(T.2128, 510b)에서는 "두라면(蠹羅綿)의 '두'는 '당[tɑŋ](當)'과 '고[kuo](固)'자의 반절로 읽는다. 혹 '투라면(妒羅綿)'으로 된 곳도 있다. 옛날에는 두라면(蠹羅綿)이라 했는데, 모두 같은 것이다(蠹羅綿【上當固反. 或作妒羅綿. 舊言兜羅綿, 皆一也】)"라고 하였으며, 마지막으로 권70(T.2128, 765c)에서는 "투라면(妬羅綿)의 '투'는 '정[ʈæŋ](丁)'과 '고[kuo](固)'자의 반절로 읽는다. 옛날에는 두라면이라 했다(妬羅綿【丁固反. 舊言兜羅綿也】)"라는 주석이 보인다.

이상으로부터 우리는 두라(兜羅)=도라(覩羅)=두라(蠹羅)=투라(妒妬羅) 등이 모두 같은 면(棉) 제품으로, 산스크리트어를 음역한 글임을 확인할 수 있다. 그 원음은 히어트와 록힐이 『조여괄』(219쪽)에서 '면(棉)'을 의미하는 툴라(tūla)로 복원한 이래, 별다른 이견 없이 인정되고 있다.

두라면의 실체에 관하여 우리는 시대순으로 다음과 같은 정보들을 찾아볼 수 있다. 홍매(洪邁, 1123~1202)는 『용재수필(容齋隨筆)』(1180년), 권66(사고전서본, 6a)에서 "도라면(堵羅綿)은 버들 솜[柳絮] 같은 것으로, 바로 두라면(兜羅綿)이다(堵羅綿, 柳絮之類, 即兠羅綿也)"라고 하였다.

법운(法雲, 1088~1158)의 『번역명의집(翻譯名義集)』(T.2131, 권7, 1172a)에서는 "두라(兜羅), 세향(細香)이라 한다. 혜원(慧苑)의 『일체경음의(一切經音義)』에서 그 뜻을 '얼음[氷]'으로 번역했다. 혹 두사(兜沙)라고도 하는데 이는 서리[霜]라고 한다.[23] 이들 모두 색(色)을 따라 이름한 것이다.

---

23 혜원(慧苑)의 『일체경음의(一切經音義)』(T.2128, 권23, 456c)에서 확인할 수 있다.

혹 투라면(妬羅綿)이라 하는데, '투라'는 나무 이름으로, 면(綿)이 나무에서 나므로 붙여진 이름으로, 버들 솜[柳絮]과 같다. '양화(楊華)'라고도 번역한다. 혹 '두라이(兜羅毦)'라고 하는 것은 조수(鳥獸)의 부드러운 솜털이다(兜羅, 此云細香. 苑音義翻氷, 或云兜沙, 此云霜. 斯皆從色爲名. 或名妬羅綿, 妬羅樹名, 綿從樹生, 因而立稱, 如柳絮也. 亦翻楊華. 或稱兜羅毦者, 毛毳也)"라고 하였다. 이 정보는 우리나라 『월인석보』 언해본(1459년)에 "'도라'는 얼음이라는 말이요, '면'은 솜이니, '도라면'은 얼음같이 흰 솜이요, '도라이'라고도 하는데 '이'는 보드라운 털이다"라고 풀이되었다.

1225년 조여괄(趙汝适)의 『제번지』 권하에 "'길패(吉貝)'라는 나무는 작은 뽕나무와 비슷하고, 꽃받침[萼]은 부용과 비슷하다. 솜은 ½촌(약 1.6cm)으로, 마치 거위 털 같다. 씨 수십 개가 들어 있는데, 남방 사람들은 그 수북한 솜을 채취하여 쇠젓가락으로 돌려 그 씨를 빼, 곧바로 손으로 솜을 잡고 실을 잣는데, 실을 꼬지 않는다. 그것으로 베를 만드는데, 가장 견고하고 두터운 것을 '두라면(兜羅綿)'이라 하고, 다음을 '번포(番布)'라고 하며, 그다음을 '목면(木棉)', 그다음을 '길포(吉布)'라고 한다. 혹 다양한 색으로 염색하고, 기이한 문양을 화려하게 넣어, 폭이 5~6척이나 넓은 것도 있다(吉貝樹類小桑, 萼類芙蓉. 絮長半寸許, 宛如鵝毳. 有子數十, 南人取其茸絮, 以鐵筋碾去其子, 卽以手握茸就紡, 不煩緝績. 以之爲布, 最堅厚者謂之兜羅綿, 次曰番布, 次曰木棉, 又次曰吉布. 或染以雜色, 異紋炳然, 幅有闊至五六尺者)"라고 하였다.[24]

조소(曹昭)의 『격고요론(格古要論)』(1388년), 권하(사고전서본, 8a)에 두

24 『제번지역주』, 381~382쪽.

라금(兜羅錦)은 "남번(南蕃), 서번(西蕃), 운남(雲南)에서 난다. 사라수(莎羅樹)의 열매 안에 있는 면(綿)으로 짠 것으로, 전융(剪狨)과 비슷하며, 폭은 너덧 척이다. 대부분 이불을 만들고 옷을 만들 수도 있다(出南蕃·西蕃·雲南. 莎羅樹子内綿織者, 與剪狨相似, 濶五六尺, 多作被, 亦可作衣服)"라고 하였다. 여기의 '전융(剪狨)'의 '융(狨)'자는 '융(絨)'자의 잘못일 것이다. 전융은 이미 중국인들에게는 화초 이름으로 알려져 있다. 사전적 해석으로 '전(剪)'='전(翦)'자는 갓 자란 깃털, 또는 가지런하게 자른다는 의미가 있었고, '융'자는 『옥편』에 처음 보이는데, 가는 베[細布]라고 설명했다. 이로써 우리는 '전융'이 '보풀이 가지런한 베'임을 추론해 낼 수 있다.

『영락대전(永樂大典)』(1409년), 권14563에는 '사라수(莎羅樹)' 표제 아래에 "나무의 키는 3~5장으로, 잎은 수근(水槿)과 같다. 꽃은 처음에는 노란색으로 피다가 열매를 맺으면 흰색으로 변한다. 1년 중, 1월과 4월에 두 차례 개화한다. 열매는 3월에 열리며, 8월에 채취하여 그 깍지를 벗기면, 버들 솜[柳綿]와 같아 길쌈하여 실을 만든다. 백전(白氈), 두라면(兜羅綿)은 모두 이것으로 만든다. 바로 중국 땅의 목면이다(樹大者高三五丈, 葉似水槿. 花初開黃色, 結子變白. 一年正月四月二次開花, 結子以三月, 八月採之, 破其殼, 如柳綿, 紡爲線. 白氈兜羅綿皆此爲之, 即漢地之木綿也)"라는 설명이 보인다. 여기 '백전(白氊)'의 '전(氊)'자는 '첩(氎)'자의 오기일 것이다.

1416~1451년 마환의 『영애승람(瀛涯勝覽)』, 방갈랄국(榜葛剌國, 벵골) 조목(『영애승람교주』, 61쪽)에 "하나는 그곳 말로 맥흑맥륵(驀黑驀勒)이라 하는데, 폭은 4척, 길이는 2상 남짓이며, 배면에는 온통 보풀이 니 있고, 두께는 너덧 푼가량으로 바로 두라금(兜羅錦)이다(有一様番名驀黑驀

勒, 濶四尺, 長二丈餘, 背面皆起絨頭, 厚四五分, 卽兜羅錦也)"라고 하였다.

이시진(李時珍)은 『본초강목(本草綱目)』(1578년), 권36(사고전서본, 75a)에서 목면(木棉)을 설명하면서 "또 『남월지(南越志)』에, '남조(南詔)의 여러 만(蠻)은 양잠하지 않고, 다만 사라목(娑羅木)의 열매 속에 흰 솜으로 이어 실을 만들고, [그 실로] 짜서 폭으로 짜는데, [그것을] 사라농단(娑羅籠段)이라 한다'라고 했다. 축목(祝穆)은 『방여지(方輿志)』에서 '평면(平緬)은 사라수(娑羅樹)에서 난다. 큰 것은 키가 3~5장으로, 그 열매에는 이어진 솜[紉綿]이 있다. [그것을] 짜서 백전(白氈)을 만드는데, 두라면(兜羅綿)이라 한다. 이 또한 반지화(斑枝花)의 일종으로 지역마다 호칭이 다를 뿐이다'라고 하였다(又南越志言, 南詔諸蠻不養蠶, 惟收娑羅木子中白絮, 紉爲絲, 織爲幅, 名娑羅籠段. 祝穆方輿志言, 平緬, 出娑羅樹, 大者高三五丈, 結子有紉綿, 織爲白氈, 名兜羅綿. 此亦斑枝花之類, 各方稱呼不同耳)"라는 주석을 붙였다. 이는 서광계(徐光啟, 1562~1633)의 『농정전서(農政全書)』, 권35(사고전서본, 권35, 2a)에도 그대로 인용되었다.

『동서양고(東西洋考)』(1617년), 권2에서 섬라(暹羅, 시암)의 산물에는 두라면(兜羅綿)이 보이는데, 그 주에 구구사(瞿九思, 1546~1617)의 설을 인용하여 "두라면(兜羅緜)은 칼과 화살도 들어가지 않는다(瞿睿夫曰, 兜羅緜, 刀矢不能入)"라고 하였고(셰팡, 점교본, 『동서양고』, 38쪽), 또 권4에서 마육갑(麻六甲, 말라카)의 산물로 두라면을 들고 있는데, 주에는 "[두라면은] 새나 짐승 털로도 짜서 만드는데, 긴 것은 한 필당 대여섯 장에 달하며, 지금은 '다라련(哆囉嗹)'이라 부른다(亦毛毳織成, 長者每疋至六七丈, 今呼爲哆囉嗹)"라고 설명했다(앞의 책, 75쪽).

방이지(方以智, 1611~1671)는 『통아(通雅)』, 권37(사고전서본, 24a)에서,

"서역(西域)의 세포(細布)를 '굴순(屈眴)', '섬파(睒婆)'라고 한다. 『영애승람』에 '방갈랄국(榜葛剌國, 벵골)에는 사탑아(沙榻兒)라는 베가 나는데, 폭은 3.5척, 길이는 5장으로 삼사(三梭)와 같다. 맥흑맥륵(驀黑驀勒)은 폭이 4척, 길이는 2장으로, 배면은 온통 보풀이며, 두께는 5푼가량으로, 바로 두라금(兜羅錦)이다'라고 하였다(西域細布謂之屈眴睒婆. 瀛涯勝覽云, 榜葛剌國出沙塌兒布, 濶三尺五, 長四丈, 若三梭. 有驀黑驀勒, 濶四尺, 長二丈, 背面皆毳絨, 厚可五分, 即兠羅錦也)."

이상의 정보들을 정리하자면, 목면(木棉)의 원료에는 초본식물과 나무 두 종이 있다. 두라면은 버들 솜[柳絮]과 비슷한 것이고, '길패(吉貝)' 나무 또는 '사라(莎娑羅)'라는 나무의 열매에 들어 있는 솜이다. 이 나무의 명칭은 지역마다 지칭하는 바가 다르다. 색깔은 얼음이나 서리처럼 희다. 대체로 중국의 남해와 서남쪽의 외국에서 나는 산물이다. '면(綿)'이냐 '금(錦)'이냐의 차이는 자형(字形)의 유사성과 직물의 외형(外形)으로 인한 혼동일 것이다. 결국 두라면은 목면(木棉, Bombax ceiba L.)으로 비사얀어로 '탈루투(Talutu)'라고 하고 필리핀 지역에선 '타록톡(Taroktok)'이라 한다는 보고가 있다(Multilingual Multiscripted Plant Name Database). 따라서 『수서』의 '투루(鬥鏤)'는 도라(兜羅)의 다른 음역 명칭에 지나지 않는다.

[I-4] 나라에는 너덧 명의 장수[帥]가 있어 여러 동(洞)을 다스리며, 동(洞)에는 작은 왕[小王]이 있다. 왕왕 촌락이 있는데, 그 촌락에는 조료[tieu-lieu]수(鳥了帥)가 있는데 모두 전두에 능한 자로 여기며, 지발적으로 [그를] 세워, 온 마을의 일을 처리한다(國有四五帥, 統諸洞,

洞有小王. 往往有村, 村有鳥了帥, 並以善戰者爲之, 自相樹立, 理一村之事).

『통전』	國有四五帥, 統諸洞, 洞有小王. 往往有村, 村有鳥了帥, 並以善戰者爲之, 自相立, 理一村之事.
『태평환우기』	國有四五帥, 統諸洞, 洞有小王. 往往有村, 村有鳥了帥, *帥*並以善戰者爲之, 自相*樹*立, 理一村之事.
『통지』	國有四五帥, 統諸洞, 洞有小王. 往往有村, 村有鳥了帥, 並以善戰者爲之, 自相樹立, 主一村之事.
『제번지』	
『문헌통고』	國有四五帥, 統諸洞, 洞有小王. 往往有村, 村有鳥了帥, 並以善戰者爲之, 自相樹立, *主*一村之事.

특이하게도 조여괄만 이 행정조직에 관한 설명을 채록하지 않았다. 『수서』의 정보는 상당히 체계적인 행정조직을 갖춘 나라였음을 짐작게 한다. 이상한 점은 중국에서 보통 책봉을 받은 왕자를 지칭하는 '소왕(小王)'이 서열상 '장수[帥]' 아래에 있는다는 점이다. 정리하자면, 왕-장수-소왕-조료 순이고, 동(洞)은 촌(村)보다 큰 행정구역이다.

『방치된 포르모사』(『't Verwaerloosde Formosa…』, Amsterdam, 1675, 5쪽)의 저자는 "이 나라에는 섬 전체를 다스리는 왕이나 추장은 없지만, 여러 마을로 나뉘어 있고, 각 마을은 독립되어 고유한 권한을 가지며 어떠한 다른 우위를 인정하지 않으며, 각각 그들을 지배하거나 명령하는 별도의 우두머리가 있는 것이 아니라, '까티(Quaty)'라는 12명으로 구성된 의회가 있는데, 이들은 2년마다 바뀐다"라고 설명했다.

사인즈(Sainz) 신부에 따르면, 평포족은 여러 마을에 분포하며, 중국인으로부터 완전히 독립된 고유한 관리들이 마을들을 다스린다고 한다(「Notes on the Ethnology of Formosa」, 5쪽). 조르지우스 캉디디우스

(Georgius Candidius, 1597~1647)는 "작은 마을은 각기 별개의 작은 사회로, 2년마다 새로 뽑히는 12명의 관리가 통치한다. 이 직책에 임명되려면 50세가 되어야 한다. 기간이 되면 권한이 있다는 표식인 지팡이를 빼앗는다. 관리들은 고유한 권한이 별로 없다. 왜냐하면 중요한 사안들은 토론으로 결정되며, 그 자리에서 각자 목소리를 내지만 관리들의 판단은 사람들에게 받아들여지기도 하고 거부되기도 하기 때문이다"라고 했다(「Notes on the Ethnology of Formosa」, 14쪽).

주황(周煌, 1714~1785)이 1756년 유구국(오키나와) 국왕 쇼보쿠(尙穆, 1739~1794)를 책봉하는 사신으로 다녀와 쓴 『유구국지략(琉球國志略)』, 권12에 "신이 생각건대, 『수서』에서 말하는 제동(諸洞)은 지금의 마기리(間切), 소왕(小王)은 아지(按司), 조료수(鳥了帥)는 비야(庇椰)의 같은 것으로 보입니다(臣按隋書所稱諸洞, 疑即今之間切, 小王, 疑即按司, 鳥了帥, 疑即庇椰之屬)"[25]라고 하였다. '제동(諸洞)'을 하나의 지명으로 설명하고 있는 점이 흥미롭다. 여기 '간절(間切)'은 오키나와현의 행정구역 중 하나이고, 안사(按司)는 '안지' 또는 '안즈'로 발음하는데, 류큐(오키나와)의 품계 중 하나이다. 앞서 본 것처럼 『수서』의 유구는 타이완섬을 지칭하는 것이었음에도 불구하고 주황은 같은 발음의 나라였기 때문에, 같은 나라로 보고 18세기의 상황에 맞추어 설명했을 것으로 보인다. 이는 18세기까지 『수서』의 용어들은 여전히 고증되지 않았음을 보여준다.

[I-5] (1) 남녀 모두 흰 모시 끈[白紵繩]으로 머리털을 싸매는데,

---

25 『유구국지략(琉球國志略)』, 고베대학(神戸大学) 도서관 소장본, 권12, 2b.

(2) 목[項] 뒤에서 이마까지 돌돌 만다. (3) 남자들은 깃털로 관(冠)을 만들어 주패(珠貝)로 꾸미고 붉은 털로 장식했으나 형식은 같지 않다. (4) 부인들은 그물 문양[羅紋]의 흰 베로 모자를 쓰는데 그 형태는 정사각형이다. (5) '투루'의 껍질과 잡색의 저(紵), 그리고 잡다한 털로 짜서 옷을 만드는데 마름질이 일정하지 않다. (6) ① 털을 이어 달고 고둥을 드리워 장식[飾]을 만드는데, ② 여러 색깔을 사이사이에 넣고, ③ 아래는 작은 조가비를 늘어뜨려 그 소리가 옥노리개[珮]와 같다. 고리를 끼고 팔찌를 차며 목에는 주(珠)를 건다. (7) 등나무를 짜서 갓을 만들고 털과 깃털로 장식한다(男女皆以白紵繩纏髮, 從項後盤繞至額. 其男子用鳥羽爲冠, 裝以珠貝, 飾以赤毛, 形製不同. 婦人以羅紋白布爲帽, 其形正方. 織鬬鏤皮幷雜色紵及雜毛以爲衣, 製裁不一. 綴毛垂螺爲飾, 雜色相間, 下垂小貝, 其聲如珮. 綴鐺施釧, 懸珠於頸. 織藤爲笠, 飾以毛羽).

『통전』	男女皆以白紵繩纏髮, 從*頭*後盤繞. 婦人以羅紋白布爲帽. 織鬬鏤皮並雜色紵及雜毛以爲衣, 製裁不一. 織藤爲笠, 飾以毛羽.
『태평환우기』	男女皆以白紵繩纏*頭髮*, 從*頭*後盤繞*至額*. 婦人以羅紋白布爲帽. 織鬬鏤皮並雜色紵及雜毛以爲衣, 製裁不一. 織藤爲笠, 飾以毛羽.
『통지』	男女皆以白紵繩纏髮, 從*項*後盤繞至額. 其男子用鳥羽爲冠, *裝*以珠貝, 飾以赤毛, *形裝*不同. 婦人以羅紋白布爲帽, 其形方正. 織鬬鏤皮并雜毛以爲衣, 製裁不一, 綴毛垂*羅*爲飾, 雜色相間, 下垂小貝, 其聲如*珮*. 綴璫施釧, 懸珠於頸. 織藤爲笠, 飾以毛羽.
『제번지』	男女皆以白紵繩纏髮, 從*頭*後盤繞, 及以雜紵雜毛爲衣, 製裁不一. 織藤爲笠, 飾以羽毛.
『문헌통고』	男女皆以白紵繩纏髮, 從*項*後盤繞*至額*. 其男子用鳥羽爲冠, 裝以珠貝, 飾以赤毛, 形制不同. 婦人以羅紋白布爲帽, 其形方正. *織鬬鏤皮並雜毛以爲衣*, 製裁不一, 綴毛垂螺爲飾, 雜色相間, 下垂小貝, 其聲如*佩*. 綴璫施釧, 懸珠於頸. 織藤爲笠, 飾以毛羽.

(1) 『설문해자』의 정의로, '저(紵)'란 경(檾, 어저귀, Abutilon theophrasti)의 종류로, "가는 것은 전(絟), 거친 것은 '저(紵)'라고 한다(細者爲絟, 粗者爲紵)"라고 하였고, 단옥재(段玉裁)는 "베가 희면서 가는 것을 저(紵)라 한다(布白而細曰紵)"라고 주석하며, '저'는 흰색임을 확인해 준다. 이 식물의 섬유를 얻는 지혜는 『시경·진풍(陳風)』, 「동문지지(東門之池)」에 "동문의 연못, 저(紵)를 담가 부드럽게 하기 좋겠네(東門之池, 可以漚紵)"라고 노래한 것으로 짐작할 수 있다. 『모시정의(毛詩正義)』에서는 육기(陸璣)의 설을 인용하여 "저(紵) 또한 삼마[麻]이다. 그루에는 수십 줄기가 자라고 땅에 뿌리를 내리고 있다가, 봄이 되면 저절로 나오므로 해마다 파종하지 않는다. 형주(荊州)와 양주(揚州) 사이에서는 한 해에 세 번 수확한다. 지금도 관영 밭[官園]에는 그것을 심어, 해마다 거듭 벤다. 베면 날로 [표피를] 벗긴다. 대나무 같은 쇠에 그것을 끼워 넣으면 겉의 두꺼운 껍질이 절로 벗겨지지만, 그 속은 심줄[筋]처럼 질기다. 그것을 '휘저(徽紵)'라고 한다. 지금 남월(南越)의 저포(紵布)는 모두 이 마(麻)를 사용한다(紵亦麻也. 科生數十莖, 宿根在地中, 至春自生, 不歲種也. 荊·揚之間, 一歲三收. 今官園種之, 歲再割, 割便生剝之, 以鐵若竹挾之, 表厚皮自脫, 但得其裏韌如筋者, 謂之徽紵. 今南越紵布皆用此麻)"[26]라고 설명했다.

다섯 텍스트가 모두 채록하고 있는 "남녀 모두가 '백저(白紵)' 끈으로 머리카락을 싸맨다"라는 정보는 이 지역에 저(紵)가 자생하며, 이미 그 방직 기술이 있었음을 암시한다. 우리가 조선의 '유구'에 관하여

26 『모시정의(毛詩正義)』, 사고전서본, 권12, 10a.

다시 다루겠지만, 1450년 만년(萬年)과 정록(丁祿)이 오키나와 유구에 표류했다가 돌아와 남긴 증언[A-⑧], 그리고 1456년 양성(梁成) 등의 표류 증언[B-⑭]에 따르면, 오키나와 유구에는 저마(紵麻)만 난다고 하였다. 이에 따르면 이 정보는 오키나와 유구에 가깝지만, 그러나 1534년 진간(陳侃)이 『사유구록』에서 확인한 바에 따르면, "모두 유색의 천[色布]으로 머리를 싸매어(俱以色布纏其首)", 그 색깔로 신분의 높낮이를 구분했다고 하는 진술과 비교하면, 다른 곳임을 알 수 있다. 사실 1756년 주황의 『유구국지략(琉球國志略)』, 권14에 열거된 산물이나 식물 목록에 '저(紵)' 내지는 직물에 관련된 단어조차 보이지 않는다. 지리적 위치로 볼 때, 오키나와에서 나는 저마(紵麻)가 타이완에 나지 않았다고는 상정하기 어렵다. 아래에서 다시 언급하겠지만, 당나라 말 10세기 유순(劉恂)의 『영표록이(嶺表錄異)』(사고전서본), 권하(1a)에서 일행이 표류 중에 만난, '유규(流虬)'라는 나라의 사람들은 마(麻)로 만든 옷을 입고 있었다고 한다. 또한 17세기 전반 네덜란드 점령 시기 타이완 서안 중남부의 원주민들은 나체로 다녔다고 한다.[27] 이러한 정보의 비일관성은 거의 비슷한 문화를 가졌던 오키나와 유구가 아니라, 다

27 WM. Campbell, F.R.G.S., 『Formosa under the Dutch』, London, 1903, 9쪽. 사인즈(Sainz) 신부에 따르면, 남성 칼리(Kali) 사람은 예쁜 재킷을 입는 추장의 두 아들을 제외하면 거의 나체로 다닌다. 여자들은 허리에 파네를 입는다고 한다(「Notes on the Ethnology of Formosa」, 5쪽). 조르지우스 칸디디우스(Georgius Candidius)도 젤란디아 요새 근처의 테부랑(Tefourang) 미개인들은 알몸으로 다닌다고 했다(「Notes on the Ethnology of Formosa」, 11쪽). 스코틀랜드인 데이비드 라이트(David Wright)는 스페인과 네덜란드 사람들이 도착하기 전에 포르모사 사람들은 나체로 다니는데 이는 산속에서도 행해지는 관습으로, 그들은 그곳에서 허리띠만 찬다고 했다(Gustave Schlegel, 「Problèmes Géographiques: Les Peuples Étrangers chez les historiens Chinnois」, 『통보』, 1895, 191쪽).

양한 촌락공동체를 형성하고 있었던 타이완 유구에 유리하다.

(2)는 (1)의 방식을 설명하고 있다. 문제는 『통전』, 『태평환우기』, 『제번지』의 '두후(頭後)'인지 『수서』를 그대로 따른 『통지』와 『문헌통고』의 '항후(項後)'인지 하는 것이다. 우선 '항(項)'은 목덜미, 즉 목의 뒷부분을 지칭한다. 확실히 '머리[頭]'라는 막연한 표현보다 구체적이다. 어쨌든 『수서』의 설명은 이마[至額]까지 앞으로 돌돌 말아 묶었다는 말로 읽힌다. 일본식 상투를 연상시키지만, 가장 먼저 『수서』를 채록한 『통전』과, 복건(福建)의 시박사(市舶司)로 사실을 탐문한 조여괄의 『제번지』에는 '이마까지'라는 표현이 보이지 않는다. '항(項)'자와 '정(頂)'자는 옛 필사본에서 혼용한 예를 흔하게 찾을 수 있다. '정후(頂後)'라면 정수리 뒤쪽으로 머리를 말아 묶었다는 말이 된다. 따라서 '두후(頭後)'라는 표현도 그럴법하다. 다만 이러한 머리를 묶는 방식이 오키나와의 것임을 말해 주지는 않는다. 우리는 동남아 일대에서 흔히 이러한 방식을 찾을 수 있기 때문이다. 만년과 정록이 1450년 오키나와 유구에 표류했다가 돌아와 증언한 기록에 따르면, "남자의 머리카락은 왼쪽 귀 위에 묶고 나머지 머리카락은 오른쪽 귀 위에 고리처럼 묶은 다음 회회인(아랍인)들처럼 흰 베로 싸맨다"라는 정보[A-⑨]와는 상당히 다르다.

(3)에서 일반적으로 '유구'의 남자들이 주패(珠貝)와 적모(赤毛)로 소위 깃털로 만든 '조우관(鳥羽冠)'을 쓰는데, 그 형식은 일정하지 않다는 정보는 『통전』, 『태평환우기』, 『제번지』에는 채록되지 않았다. 『수서』를 따른 다섯 자료 중에서, 사실 우리가 가장 신뢰할 만한 텍스트는 바로 『제번지』이다. 앞서 언급했듯이 조여괄은 복건 시박사로, 옛

자료를 토대로 하여, 출입하는 외국 상인들에게 확인한 사실들을 기록했기 때문이다.

‘주패(珠貝)’란 진주조개를 말한다. 좌사(左思)의 「촉도부(蜀都賦)」에 “비등하는 파도는 솟구쳐 오르고, 주패는 떠오르네(騰波沸涌, 珠貝氾浮)”라고 했는데, 이선(李善)은 『상패경(相貝經)』을 인용하여 “흰 바탕에 속이 붉은 것을[조개를] ‘주패(珠貝)’라고 한다(素質紅裏, 謂之珠貝)”[28] 라고 설명했다. 진주(珍珠)는 타이완과 오키나와 두 곳에서 모두 난다. 따라서 ‘주패’를 진주와 조개 두 가지로 해석할 수는 없을 것 같다. 어쨌든 1349~1350년 왕대연의 『도이지략』에 기록된 타이완 산물에는 진주가 보이지 않고, 교역물에 들어 있다.[29]

이들 자료 외에 1461년의 『대명일통지(大明一統志)』도 이 정보를 『태평환우기』를 따라 기록하고 있는데, “남자들은 새 깃으로 관(冠)을 만들고 주옥(珠玉)과 붉은 털로 장식한다”라고 하였다.[30] 이에 대해 진간(陳侃)은 “깃털 관[羽冠]을 쓰지 않고 다만 머리 오른쪽에 상투를 지을[結髻] 뿐”이라고 기록하고 있다. 1456년 양성 등의 표류 증언에 따르면 “군신 상하가 모두 관이나 건을 쓰지 않았다”라고 하였고[B-⑥], 지봉 이수광이 1612년 오키나와 유구 사신과 나눈 문답에서도 확인된다.[31] 이 정보 또한 타이완 유구를 가리키고 있다.

(4)의 정보는 『제번지』만 제외하고 모두 채록하고 있다. ‘나문(羅紋)’

---

28 『문선주(文選註)』(사고전서본), 권4, 31b.

29 『도이지략역주』, 38쪽.

30 사고전서본 『대명일통지(大明一統志)』, 권89, 9a~9b. 전체 문장은 제4장-3 ‘16세기 소유구와 대유구의 구분’에서 자세히 다루었다.

31 제5장 조선의 유구, ‘지봉 이수광의 유구’를 참고하시오.

이란 『한어대사전』의 정의에 따르면, 선회하는 꽃문양 또는 물결 모양, 또는 나선형의 지문(指紋) 같은 문양을 가리킨다고 한다. 전자의 예문으로 현재 우리의 텍스트를 제시했다. 이 설명으로는 '나(羅)'자의 의미가 드러나지 않는다. '나(螺)'자와의 통용을 전제해야 한다. 또 '나(羅)'자는 거즈같이 구멍이 성근 견직물을 지칭한다. 따라서 여기서는 단순하게 '그물 문양'으로 이해하는 편이 좋겠다.

이상 (3)과 (4)의 정보는 남녀 모두 관(冠)이든 모(帽)든 머리 위에 뭔가를 쓴다는 말이다. 스윈호(Robert Swinhoe, 1836~1877)가 그린 쿠웨이-잉(Kwei-ying, 포르모사의 북서쪽) 미개인들은 흔히 재킷만 입고 허리에 허리띠를 한다. 다른 사람들은 허리에 파네를 입고 머리에 붉은 모자를 쓴다. 여자들은 간혹 허리에 파네만 입고 상체를 드러낸다(「Notes on the Ethnology of Formosa」, 11쪽). 그녀들은 그물에 늘어뜨린 작은 조각으로 납작하게 만든 흰 조가비 목걸이를 한다. 머리카락은 붉거나 흰 띠로 둘둘 말아 이마 앞으로 내민다(위의 자료, 10쪽). 또한 여자 코말란(Komalan, 噶瑪蘭, 타이완 북부 서안) 사람들은 온통 덩굴 식물의 잎으로 만든 화관을 올린 세 겹의 붉은 띠로 머리를 묶는다. 그녀들은 귀에 여러 개의 구멍을 뚫어 그곳에 지름이 2촌쯤 되는 흰 금속으로 만든 대여섯 개의 고리를 찬다(위의 자료, 11쪽). 프랑스 외교관이자 동양학자로, 1883년경 타이완섬에 체류했던 엥보 위아르(Imbault Huart, 1857~1897)는 『포르모사섬(L'ile Formose)』라는 책에서, 남자들은 아주 원시적인 랑쿠티(languti)를 입고 추장은 소매가 없는 수놓인 옷을 입으며, 조개 복설이나 팔찌를 찬다고 하였다. 대체로 옷을 입지 않으며 **여자들은 모자를 쓰지 않지만**, 몇몇 곳에서는 **사슴 가죽이나**

대나무로 짠 모자를 쓴다고 하였다.[32]

한편 문순득은 『표해시말』(22엽-2행)에서, 오키나와 유구국을 기술하며 "**관**(冠)**은 없다**. 귀인들은 모자를 쓰는데, 대략 우리나라 서리들이 쓰는 모자와 비슷하나 낮은 차이가 있다. 짧은 비녀[短簪]는 은 또는 구리로 비녀 끝을 만들고, 국화 장식을 만들어 꽂는데, 하나는 세로로 하나는 가로로 상투한다(無冠. 貴人有帽, 略似我國書吏之帽而差低. 短簪以銀或銅爲頭, 作菊花飾插, 髻一縱一橫)"라고 하였고, 이어서 "부인들은 위쪽에 쪽을 짓고, 비녀는 대모를 사용한다【가난한 사람은 대나무를 사용하기도 한다】(婦人作北髻, 簪以瑇瑁【貧者或以竹】)"라고 하였다(5행). 또 "천한 사람들이 일할 때는 나뭇잎【사람들은 구바 나무라고 한다】으로 삿갓[笠]을 만드는데, 우리나라 대나무 삿갓과 비슷하지만 작다. 그것으로 태양을 가린다. 부유한 사람들은 다닐 때 반드시 우산을 든다(賤人作役, 以木葉【俗呼구바木】爲笠, 如我國竹笠而小, 以蔽日. 富人行必持雨傘)"라고 기록했다(6행). 관(冠)이나 모자의 유무로 볼 때 『수서』의 유구는 오키나와를 지칭하는 것으로 보이지 않는다.

(5)는 '유구' 사람들이 입는 옷에 관한 정보이다. 조여괄의 책에서만 의복의 소재 중 '투루'라는 나무의 껍질(鬭鏤皮)이 빠져 있다[從頭後盤繞, 及以雜紵雜毛爲衣]. 조여괄은 중간에 남자의 관(冠)이나 여자의 모자에 관한 문장을 모두 삭제하고 문장을 연결했다. 조여괄은 앞의 투루수에 관한 정보인 [I-3]을 완전히 채록하지 않았기 때문에, 추측건대, 조여괄은 '투루'라는 나무가 무엇인지 확인할 수 없었기 때문에, 여기

32 『L'Ile de Formose: Histoire et description』, Paris, 1893, 246쪽.

에서도 '투루피'를 삭제한 것으로 보인다. 나무껍질의 섬유질로 직조하는 것은 주로 '마(麻)' 종류의 식물들이 알려져 있을 뿐이다. 앞서 고증한 대로, 투루=툴라, 즉 케이폭 같은 면화(棉花) 나무라면 그것은 껍질이 아니라 꽃에 해당한다.

두 번째 소재인 잡색의 저(紵)[雜色紵] 또한 상당히 혼란스럽다. 『통전』과 『태평환우기』의 기록은 『수서』의 문장과 같지만, 『통지』와 『문헌통고』에는 완전히 빠져 있고 『제번지』에서는 '색(色)'자 없이 '잡저(雜紵)'로 되어 있다. 앞서 논의한 것처럼 '저(紵)'가 '마(麻)'의 종류라면, 황마(黃麻, jute), 홍마(紅麻, kenaf)도 있으므로, '잡색의 저(紵)'란 표현은 문제가 없다. 『수서』의 텍스트는 문장 첫 글자를 '직(織)'이라는 술어로 시작했기 때문에, 목적어로 '투루피', '잡색저' 그리고 '잡모'를 열거했다. 그러나 조여괄의 문장은 접속사 '급(及)'으로 문장을 연결하고 '…로 …를 만들다'라는 문장구조를 취했다. 말하자면, '색(色)'자를 빠뜨릴 필요가 없다. '잡색의 저'와 '잡저'의 차이는 분명히 존재하지만, 충분히 같은 의미로 이해할 수 있다. 그러나 『통지』와 『문헌통고』에는 이러한 저(紵)가 빠져 있다. 마단림이 채록한 저본이 『수서』가 아니라 정초의 『통지』였음을 여실히 보여주는 이 문장[織鬪鏤皮并雜毛以爲衣]은 '투루수의 껍질과 잡다한 털'로 옷을 만든다는 뜻이다. 결국, '투루'라는 나무껍질을, 문장에서는 확인되지는 않지만, '실처럼 만들어' 잡다한 털을 섞어 짠 옷을 상상해 볼 수 있을 것이다. 그러나 이미 (1)에서 백저(白紵)로 머리를 싸맨다는 정보를 확인할 수 있다. 따라서 옷을 만드는 데 '저(紵)'가 빠질 수는 없을 것이다. 앞서 논의한 것처럼 투루가 목면의 나무라면 그것은 실로 잣지 않고 쿠션 같은 완충재로 쓰였다. 추정하자면 '저(紵)'로 직조하고, '투루'를 완충재로 넣은 다음, 잡다한 털로 장식한 옷을 말하는 것으로 생각한다.

(6)의 정보는 '유구' 여인들의 장신구를 기술한 것으로 보이지만, 『통전』, 『태평환우지』, 그리고 『제번지』는 전혀 채록하지 않았다. ①"'유구' 여인들의 장식[飾]은 털을 이어 달고 고둥을 드리워 만든다[綴毛垂螺爲飾]"라는 정보에는 문제가 없다. 그러나 "잡색을 사이사이에 넣는다[雜色相間]"라는 문장은 석연치 않다. 무엇의 '잡색'일까? 또 무엇과 무엇의 '사이사이'를 말하는 것일까? 다음 문장인 "하수소패(下垂小貝)"의 '수(垂)'자는 이미 '아래'라는 방향성을 내포하고 있다. 그러나 네 글자로 짝을 맞추어 '하(下)'자를 붙여 그 의미를 더 명확하게 할 수 있다. 그러나 앞서 고둥을 늘어뜨린다고 할 때는 '하(下)'자를 사용하지 않았다. 그러므로 여기의 '하(下)'자는 아랫도리, 말하자면 치마 같은 하의를 지칭한다. [여인들은] 하[의]에 작은 조가비[小貝]를 늘어뜨려, 걸을 때마다 나는 소리가 옥으로 만든 노리개[珮]와 같다[其聲如珮]는 말로 읽어야 할 것이다.

다시 우리의 문제로 돌아가 보면 '잡색'의 그 '무엇'은 결국 고둥[螺] 아니면 작은 조가비[小貝] 중에 선택할 수밖에 없다. 다시 말하자면 ②의 정보를 ①의 부가 정보로 읽어야 하는지, 아니면 ③과 연관된 설명인지를 선택해야 한다. 잡색의 고둥을 사이사이 끼워 넣어 털을 이어 붙인 장식을 [상의에] 한다는 말인지, 아니면 잡색의 작은 조가비를 사이사이 끼워 넣어 [하의에] 늘어뜨린다는 말인지 말이다. 어떤 대안을 제시하든 (6)의 ①과 ②의 정보는 문법적인 문제가 있다.

이러한 여인들의 장신구에 대한 설명이 우리를 타이완 유구로 이

끄는 유리한 증언이 있다. 17세기 초 캉디디우스(Candidius)에 따르면 "여인들은 자신의 성향에 따라 가장 훌륭하고 좋은 의복을 차려입고 나타난다. 나는 네덜란드어로 표현하고 싶어도 그렇게 할 수 없지만, 나의 시간을 더 잘 활용할 것이다. 그들의 가장 귀한 장식품은 개털로 만든 것이다. 우리로 치자면 양모를 위한 양이 있다면 그들에게는 개들이 있다. 그 털은 매년 뽑혀 염색하기 전 작은 뭉치로 만들어진다. 우리가 금 또는 은 리본, 레이스, 값비싼 수술로 장식하듯이 그들은 이 털로 자신들의 옷을 장식한다"라고 하였다.[33]

(7)의 정보는 다섯 책에서 모두 채록되었다. 앞서 (3)과 (4)에서 언급한 것처럼 앵보 위아르는 포르모사에서 대나무 삿갓[竹笠]을 보았고 문순득은 오키나와에서 대나무 삿갓을 보았다. 또한 1462년 초득성(肖得誠)의 오키나와 표류 증언에서도 왕이 출입할 때 여성들이 쓰는 죽립(竹笠)을 쓴다고 하였다[C-⑥]. 아열대 지역에서는 태양열을 피하기 위한 자연스러운 장치로 대나무, 카장(kajang) 잎, 바나나 나무, 야자나무 잎이 사용되었다. 그러나 등나무를 엮어 만든 삿갓[織藤爲笠]은 흔하지 않다. 이러한 등나무 삿갓을 장식하는 소재인 '모우(毛羽)'를 조여괄은 '우모(羽毛)'로 자순을 바꾸어 놓았다. '모우'는 짐승의 털과 새의 깃을, '우모'는 새털을 말한다.

> [I-6] 칼, 창, 활, 화살, 검, 피(鈹) 등이 있다. 그곳에는 쇠가 적어 칼은 얇고 작아, 대부분 뼈나 뿔로 보충했다. 모시[紵]를 짜서 갑옷을

---

33 WM. Campbell, F.R.G.S., 『Formosa under the Dutch』, London, 1903, 21쪽.

만든다. 혹 곰이나 표범 가죽을 사용하기도 한다(有刀·矟·弓·箭·劍·鈹之屬. 其處少鐵, 刀[刃]皆薄小, 多以骨角輔助之. 編紵爲甲, 或用熊豹皮).

『통전』	兵有刀·槊·弓·箭·劍·鈹之屬. 編紵爲甲, 或以熊豹之皮.
『태평환우기』	兵有*兵楯*·箭·劍·*鼓*之屬. 編紵爲甲, 或以熊豹之皮.
『통지』	有刀·矟·弓·箭·劒·鈹之屬. 其處少鐵, 刀皆薄小, 多以骨角輔助之. 編紵爲甲, 或用熊豹皮.
『제번지』	兵有刀·矟·弓·箭·劍·鼓之屬, 編熊豹皮爲甲.
『문헌통고』	有刀·槊·弓·箭·劍·鈹之屬. 其處少鐵, 刀皆薄小, 多以骨角輔助之. 編紵爲甲, 或用熊豹皮.

이 단락은 '유구'의 무기에 관련된 정보이다. 가장 큰 문제는 "그곳에는 **쇠가 적어** 칼은 얇고 작아, 대부분 뼈나 뿔로 보충했다(其處少鐵, 刀皆薄小, 多以骨角輔助之)"라는 정보의 유무이다. 『통전』, 『태평환우기』, 『제번지』는 이 정보를 채록하지 않았다. 사실 다양한 무기의 종류로 볼 때, "쇠가 적다"라는 정보는 어울리지 않는다. 물론 7세기의 상황과 비교할 수는 없지만, 쇠가 부족하다는 정보에 관하여, 1462년 조선의 이계손(李繼孫, 1423~1484)이 오키나와 유구의 사신으로 온 정사 보수고(普須古)와 부사 채경(蔡璟)과의 대화에서 확인한 대목이 보이는데, 유구의 사신들은 "우리나라에는 철이 많고, 곰과 표범은 희귀하다. 이는 정말 헛소리이다(我國多鐵稀熊豹, 此正謊說)"라고 확인해 준 바 있다.[34] 또한 엥보 위아르(Imbault Huart)의 『포르모사섬(L'ile Formosa)』(201쪽)에서는 풍부한 광물을 손꼽고 있고, 끌라프로트(M. J.

34 『세조실록』, 권27, 세조 8년(1462), 2월 28일 네 번째 기사.

Klaproth)의 『아시아에 관한 기록들(Memoires relatifs à l'Asie)』(II, Paris, 1826, 186쪽)에서는 일본의 것에 버금가는 품질의 적동(赤銅)을 언급하고 있다. 여기서는 7세기 '유구'를 기술하고 있으므로, 두 곳이 모두 가능하다. 하지만 뒤에 다룰 『조야첨재(朝野僉載)』의 '유구(留仇)' 기술에서 "주관이 남해군으로 돌아올 때, 유구의 남자 중 건장한 사람 대부분에게 길에서 도망갈까 두려워 항쇄와 사슬을 채웠다. 강도(江都)에 이르러 벗겨주려 하자 모두 손에 항쇄[鉗]를 손에 들고 머리를 조아리며 벗지 않으려 했다"라는 정보로 볼 때, 7세기 철이 부족한 곳은 바로 타이완 유구였을 가능성이 크다.

두 번째 문제는 무기 중에 보이는 '피(鈹)'를 『태평환우기』와 『제번지』는 '고(鼓)'로 기록하고 있다는 점이다. 일반적인 의미로 '북[鼓]'은 무기에 들지 않는다. 좌사(左思)의 「오도부(吳都賦)」에 "조류는 부리와 발톱을 칼과 피(鈹)로 사용하고, 짐승은 이빨과 뿔을 창과 겁(鋏)으로 사용한다(羽族以觜距爲刀鈹, 毛群以齒角爲矛鋏)"라고 하였는데, 유규(劉逵)의 주석에 따르면, '피(鈹)'는 '양날의 작은 검(兩刃小刀)'이라고 하였다.[35] 또한 『설문해자』 단옥재(段玉裁) 주에 따르면, 양날이면서 칼집에 넣는 검[實劍而用刀削裹之是曰鈹]을 말한다고 했다. 그러나 이미 칼과 검은 이미 나왔고, 긴 창인 '삭(矟)'도 이미 언급되었다. 이러한 이유로 악사와 조여괄이 '고(鼓)'로 바꾸었는지 모르겠다. 마지막으로 『태평환우기』의 '䅵'자는 '삭(槊)'자의 이체자인 '삭(矟)'자의 오기일 것이다.

17세기 네덜란드 점령 시기의 증언에 따르면, "그들의 무기는 방패,

35 『문선주(文選註)』(사고전서본), 권5, 26a.

검 그리고 창이다. 그 창은 그들이 사슴을 잡는 것과는 다르다. 미늘, 밧줄 또는 종이 없고 창끝은 자루에 단단하게 매여 있다. 그들의 방패는 매우 길고 넓어 그것 뒤로 자신들을 감출 수 있다. 그들의 검은 매우 작고 넓다. 활, 화살과 더불어 일본식 손도끼도 종종 사용된다"[36] 라고 한 것을 참고할 수 있다. 이로써 볼 때 '고(鼓)'자는 확실히 잘못된 것임을 알 수 있다.

> [I-7] 왕은 나무 짐승[木獸]을 타는데, 측근에게 들고 가게 하고, 인도하고 따르는 사람도 수십 인에 불과하다. 소왕(小王)은 책상[机]을 타는데 짐승의 모양으로 새겼다(王乘木獸, 令左右輿之而行, 導從不過數十人. 小王乘机, 鏤爲獸形).

『통전』	王乘木獸, 令人輿之而行, 導從不過數十人.
『태평환우기』	王乘木獸, 令人輿之而行, 導從不過數十人.
『통지』	王乘木獸, 令左右舁之, 而導從不過十數人. 小王乘机, 鏤爲獸形.
『제번지』	所乘之車, 刻獸爲像, 導從僅數十人.
『문헌통고』	王乘木獸, 令左右輿之, 而導從不過十數人. 小王乘机, 鏤爲獸形.

왕들의 이동 수단을 기록하고 있는 단락이다. 먼저 왕은 '나무 짐승[木獸]'을 탄다고 한다. 사전적 의미는 '나무로 만든 짐승'을 뜻한다. 아

36 WM. Campbell, F.R.G.S., 『Formosa under the Dutch』, London, 1903, 13쪽. 사인즈(Sainz) 신부에 따르면, 칼리(Kali) 사람들의 무기로는 창, 단도, 그리고 전쟁과 사냥에서 사용하는 활과 화살이 있다(「Notes on the Ethnology of Formosa」, 5쪽). 또한 쿠웨이-잉(Kwei-ying, 포르모사의 북서쪽) 남자들은 손에는 창을 들고 등 뒤의 허리에는 칼집에 든 검을 찬다. 그들의 화살에는 미늘이 없다(「Notes on the Ethnology of Formosa」, 10쪽).

마도 나무를 조각하여 만든 짐승을 수행원들이 들고 가는[令左右輿之而行] 일종의 '가마'였을 것으로 추측한다. '소왕(小王)'이란 앞서 [I-4]에서 하나의 동(洞)을 다스리는 왕으로 기술되어 있었다. 이들은 '궤(机)', 즉 책상[案]을 탄다. 역시 짐승의 문양이 새겨진 '가마' 형태라고 한다. 둘 다 덮개의 존재는 언급되지 않았다.

다른 네 텍스트와는 달리 『제번지』는 왕이 타는 '수레[車]'로 언급하고 있고, '소왕'의 탈것에 관한 정보는 채록하지 않았다. 『제번지』가 『수서』에 주어진 정보를 따르고 있는 것은 분명해 보인다. 한전화(韓振華)는 조여괄이 『수서』의 문장을 채록했으나 필사하는 사람이 잘못 옮겼을 것이라고 추측했다.[37] 하지만 히어트는 『수서』의 문장을 조여괄이 이해한 결과라고 추정했다.[38] '유구' 사람들의 조각술은 이미 왕이 사는 집의 조각으로[I-2] 확인되지만, 어떤 '짐승'이 새겨졌는지 언급되지 않았다. 다만 1462년 조선의 초득성(肖得誠)의 증언에 따르면[C-⑤], 오키나와 유구 국왕은 행차할 때 가마를 타거나 말을 타기도 했다고 한다. 한편 1534년 중국의 책봉 사신 진간은 『사유구록』에서 "왕이 출입할 때는 나무로 만든 짐승[木獸]가 아니라 견여(肩輿)를 탔다"라고 확인해 주었다. 그렇다고 하더라도 시대적 차이가 너무 크고, 견여[가마]의 나무에 짐승의 문양은 새겼을 수도 있다. 어쨌든 이 정보로는 타이완인지 오키나와인지 판별이 쉽지 않다.

37 『제번지보주』, 2000, 홍콩대학 아시아연구소, 282쪽.
38 『조여괄』, 164쪽.

[I-8] 나라 사람들은 즐겨 서로 공격하며, 사람들은 모두 날래고 건장하며 잘 달려, 잘 죽지도 않고 다쳐도 잘 견딘다. 여러 동(洞)이 각기 부대를 갖추었으나 서로 구원하지 않는다. 두 진영이 서로 맞닥뜨리면 3~5명의 용맹한 사람이 앞에 나와 시끄럽게 날뛰면서 말과 욕을 주고받다가 서로 활을 쏴 공격한다. 이기지 못하면 모든 군사가 모두 도망하여, 사람을 보내 사과하면 곧바로 화해한다. 싸우다 죽은 사람을 거두어 함께 모여 먹고 해골은 왕이 있는 곳으로 가져간다. 왕은 [해골을 가져온] 사람에게 관(冠)을 하사하고 부대의 장수로 삼게 한다(國人好相攻擊, 人皆驍健善走, 難死而耐創. 諸洞各爲部隊, 不相救助. 兩陣相當, 勇者三五人出前跳噪, 交言相罵, 因相擊射. 如其不勝, 一軍皆走, 遣人致謝, 卽共和解. 收取鬪死者, 共聚而食之, 仍以髑髏將向王所. 王則賜之以冠, 使爲隊帥).

『통전』 國人好相攻擊, 人皆驍健善走, 難死而耐瘡. 諸洞各爲部隊, 不相救助. 兩陣相當, 勇者三五人相擊射. 如其不勝, 一軍皆走, 遣人致謝, 即共和解. 收取鬪死者, 共聚而食之, *食皆用手*.

『태평환우기』 國人好相攻擊, 人皆驍健善走, 難死而耐瘡. 諸洞各爲部隊, 不相救助. 兩陣相當, 勇者三五人相擊射. 如*有*不勝, 一軍皆走, 遣人致謝, 即共和*諧*. 收*其*鬪死者, 共聚而食之, 食皆用手.

『통지』 國人好相攻擊, 人皆驍健善走, 難死耐*瘡*. 諸洞各爲部隊, 不相救助. 兩軍相當, 勇者三五人出前跳*譟*, 交言相罵, 因相擊射, 如其不勝, 一軍皆走, 遣人致謝, 即共和解. 收取鬪死者, 聚而食之. 仍以髑髏將向王所. 王則賜之以冠, 便爲隊帥.

『제번지』

『문헌통고』 國人好相攻擊, 人皆驍健善走, 難死耐*創*. 諸洞各爲部隊, 不相救助. 兩軍相當, 勇者三五人出前跳噪, 交言相罵, 因相擊射, 如其不勝, 一軍皆走, 遣人致謝, 即共和解. 收取鬪死者, *聚食之*, 仍以髑髏將向王所. 王則賜之以冠, 便爲隊帥.

'유구' 사람들이 전투하는 방식을 기술하고 있다. 먼저 『태평환우기』는 『통전』을 따르고 있다. 밑줄 친 정보에서 여실히 드러난다. 또한 『통지』와 『문헌통고』는 확실히 『수서』를 채록했다. 다만 『통지』는 『수서』의 '창(創)'자를 『통전』, 『태평환우기』에서처럼 '창(瘡)'자로 옮겼다. 두 글자는 통용해 쓴다. 조여괄은 이 단락의 정보를 전혀 채록하지 않았다. 비인륜적인 '식인(食人)'과 잔인성 때문인지도 모르겠다. 어쨌든 식인 풍습이 '유구'를 판별하는 데 근거는 되지 않는다. 인도차이나 말레이반도, 수마트라, 자바 등지에서도 식인의 풍습은 확인된다.

이 단락에서 언급할 만한 점은 먹고 남긴 '해골[髑髏]' 말하자면 인두(人頭)를 왕에게 가져가 일종의 보상을 받는다는 점이다. 이에 관련된 정보로 스코틀랜드 장로회 선교사 윌리엄 캠벨(William Campbell, 1841~1921)는 네덜란드 점령 시기 오늘날 타이완 타이중에 부임한 캉디디우스의 경험을 다음과 같이 정리했다.

> 최근 우리에게 속한 술랑(Soulang) 마을 60여 명이 중국인들과 함께 항해하여 황금 사자섬으로 갔다. 그들은 중국인처럼 입고 교역을 목적으로 간 척했다. 원주민 중 한 사람이 정크에 다가와 팔고 싶은 것을 제시하면서 갑자기 팔을 붙잡아 배로 끌어당겨 여러 조각으로 잘랐다. 그 후 그들은 집으로 돌아가 그들이 큰 승리를 했다고 생각했다. 이것이 그들이 전쟁하는 방식이다.
>
> 그들이 적의 머리를 자르게 되거나, 그것이 실패하여 머리카락을 뽑거나 단지 창만 빼어도 집에 돌아와 큰 잔치를 열고 노래하며 함성을 지른다. 즉 온 마을이 기뻐한다. 처음 그들이 머리를 취

하여 마을로 가져오면, 머리를 취하는 것을 큰 승리로 여기 때문에, 그들의 신과 우상에게 찬송가를 부르는데, 이 신들에게 승리를 빚졌다고 여기기 때문이다. 그들 편이 사는 어느 마을에 가든, 그들은 환호를 받고 환대를 받으며 최고의 술을 그들에게 선사한다. 그들은 우상을 모신 곳으로 머리를 가져간다. 그러한 신당은 열대여섯 가구마다 있다. 솥에 모든 살이 벗겨질 때까지 그 머리를 삶아 햇볕에 말려 최고로 독한 술을 해골에 붓는다. 이에 맞추어 자신들의 신에게 제사하기 위해 많은 돼지가 도살되고 큰 축제가 이어진다. 이렇게 승리를 축하하는 의식은 밤새도록 단절 없이 계속된다. 적들의 머리카락을 취하거나 창을 빼앗았을 때도 이러한 축제를 즐긴다.

이들 머리, 팔, 다리 또는 신체 일부는 비싼 값이 매겨지고 우리가 금, 은, 진주 또는 다른 보석에 값을 매기는 만큼이나 비싸다. 집에 불이 나면 그들은 이 유골을 먼저 챙기고 다른 것은 타도록 내버려 둔다. 머리를 얻은 사람을 영예롭게 여기며 존중한다. 첫 2주 동안은 아무도 그 영웅에게 말을 걸지 못한다. 이것이 그들이 쓰러뜨린 적들에게 행하는 방식이다.[39]

이 17세기 초의 목격담에는 인육을 먹는다는 정보는 보이지 않지만, 전리품으로 적의 머리를 중시하는 풍습을 확인할 수 있다. 또한 타이완 원주민들의 신화 전설에는 사람의 머리[人頭]로 제사를 지내

39 WM. Campbell, F.R.G.S., 『Formosa under the Dutch』, London, 1903, 14쪽.

거나, 사람의 머리를 사냥[獵人頭]하는 이야기가 꽤 흔하게 보인다.[40] 스코틀랜드인 데이비드 라이트(David Wright)는 다음과 같이 말했다. "전쟁은 종종 양측의 두 챔피언 사이의 싸움으로 결정된다. 이긴 챔피언 쪽에서 승리를 차지한다. 승자가 창끝에 패자의 머리를 꽂아 돌아가면, 모든 부족이 감축하며 그의 주변에서 즐긴다."(「Notes on the Ethnology of Formosa」, 12쪽)

물론 남겨진 자료에 따른 판단이지만, 이 단락의 '유구' 풍습은 타이완을 가리키고 있다. 마지막으로 뒤에 자세히 논하겠지만, 14세기 중반 왕대연은 『도이지략』에서 타이완 유구를 기술하며 "다른 나라 사람들이 죄를 범하기라도 하면 산 채로 그 살을 베어내어 먹고 그 머리를 취해 장대에 건다"라는 정보를 확인할 수 있다.[41] 1462년 오키나와 유구의 사신 접대를 담당했던 이계손(李繼孫, 1423~1484)도 『문헌통고』의 기술을 근거로 식인에 관해 사실 여부를 사신에게 묻자 사신은 "그렇지 않다. 옛날이나 지금이나 세상에 어찌 사람을 서로 먹을 수 있겠으며, 또 이기지 못했는데 어찌 사례하겠는가(不然, 古今天下安有人相食之, 亦安有不勝而致謝)"라고 강하게 부인했다고 한다.[42] 이 밖에 오키나와 유구에 표류했던 15세기 중반의 상황을 기록한 자료에서도 '식인'에 관한 언급은 전혀 보이지 않는다. 이 단락의 정보는 타이완 유구를 향하게 한다.

40 양회석, 「타이완 원주민의 설화 '머리 사냥' 연구」, 『중국인문과학』(60집, 2015), 453~468쪽을 참고하시오.
41 『도이지략역주』, 38쪽을 참고하시오.
42 제5장 '조선의 유구' D-③을 참고하시오.

[I-9] 세금이 없고, 일이 있으면 균등하게 조세한다(無賦斂, 有事則均稅).

『통전』	無賦斂, 有事則均稅.
『태평환우기』	
『통지』	無賦斂, 有事則均稅.
『제번지』	無賦斂, 有事則均稅.
『문헌통고』	無賦斂, 有事則均稅.

이 조세 정보는 『태평환우기』에만 채록되지 않았고, 나머지 네 텍스트 모두 일치한다. 이는 이곳이 통일된 나라를 중심으로 운영되지 않고, 소위 '동(洞)'마다 소규모로 통치되었음을 암시한다. 그러므로 여러 부족이 섞여 살고 있었던 타이완에 유리한 정보임에는 분명하다. 7세기의 상황과 비교할 수는 없지만, 이 정보를 염두에 둔 진간(陳侃)은 1534년 『사유구록』에서 "세금에 있어서는 옛사람들의 정전법을 근거했으나 그 이름과 의미를 갖추어 설명할 수 없었다. 왕과 신하 백성들은 각기 땅을 나누어 식읍을 받고 상하가 서로 징수하지 않으며, 왕을 책봉하는 데 쓰이는 천과 비단, 곡식, 인력을 징발하는 등의 일이 있으면 잠시 여러 백성에게 취하지만 일상적이지 않다"라고 오키나와 유구의 세법을 기술했다(V-8). 이러한 조세 정보는 정효(鄭曉, 1499~1566)의 『황명사이고(皇明四夷考)』를 따른 지봉 이수광의 『지봉유설』에서도 확인할 수 있다.[43]

43 제5장 '지봉 이수광의 유구'를 참고하시오.

[I-10] 형법을 적용하는 것 또한 일정한 기준이 없고, 모두 사안에 따라 벌을 내린다. 범죄는 모두 조료수(鳥了帥)가 판단한다. 승복하지 않으면 왕에게 요청하는데, 왕은 신하들이 함께 의논하여 결정토록 한다. 감옥에는 칼[枷]이나 쇠줄이 없이 포승줄만 사용한다. 사형을 집행할 때는 1척 남짓의 젓가락 만한 쇠 송곳[錐]을 사용하여 정수리를 찔러 죽인다. 가벼운 범죄는 곤장[杖]을 사용한다(用刑亦無常准, 皆臨事科決. 犯罪皆斷於鳥了帥. 不伏, 則上請於王, 王令臣下共議定之. 獄無枷鎖, 唯用繩縛. 決死刑以鐵錐, 大如筯, 長尺餘, 鑽頂而殺之. 輕罪用杖).

『통전』	
『태평환우기』	
『통지』	用刑亦無常準, 皆臨事科決. 犯罪皆斷於鳥了帥, 不伏, 則上請於王, 王令臣下共議定之. 獄無枷鎖, 唯用繩縛. 決死刑以鐵錐, 大如筯, 長尺餘, 鑽頂殺之. 輕罪用杖.
『제번지』	
『문헌통고』	用刑亦無常准, 皆臨事科決. 犯罪皆斷於鳥了帥. 不伏, 則上請於王, 王令臣下共議定之. 獄無枷鎖, 唯用繩縛. 決死刑以鐵錐, 大如箸, 長尺餘, *鑽頂殺之*. 輕罪用杖.

형벌에 관한 이 단락은 『통전』, 『태평환우기』, 『제번지』 모두 채록하지 않았다. 주목할 만한 것은, 앞서 본 무기 목록에서(I-6) '피(鈹)'가 큰 침(針)을 지칭하기도 한다는 것이다. 여기의 '추(錐)'자를 잘못 옮긴 것은 아닌지 모르겠다. 1462년 오키나와 유구의 사신과 문답한 조선의 이계손은 위의 『문헌통고』를 근거로 묻자 사신들은 "그런 가혹한 형벌은 없으며 모두 헛소문이라고 했다"라고 했다고 한다. 이보다 앞서 1456

년 양성(梁成) 등의 표류 증언에서는, 도둑을 처벌하는 형벌을 특기하면서 심문하는 법에는 태장(笞杖)이 없었다고 증언하고 있다(B-⑲). 문순득의 『표해시말』(영인본, 18엽-5행)에서 오키나와[琉球]의 형벌을 기술하며 "사람을 처벌할 때는 가죽을 엮어 만든 채찍으로 허벅지를 때린다. 도둑을 다스릴 때는 채찍으로 때린 뒤에 가로 놓인 칼[枷]에 엎드리게 하여 칼을 채웠다가 조금 뒤에 풀어주고 발을 족쇄로 묶는다. 속죄하는 돈[銀]을 내면 풀어주고, 그렇지 않으면 노예로 삼고 만기가 되면 풀어준다(刑人編韋作鞭, 鞭其腿. 治盜則鞭之之後, 以橫枷伏以枷之, 少頃脫之, 囚足于桎. 納贖銀則釋之, 否則爲奴, 限滿釋之)"라고 한 정보와는 확연히 다르다.

『방치된 포르모사』(『't Verwaerloosde Formosa…』, Amsterdam, 1675)의 저자는 포르모사에서 사람들이 사형을 모르며 단지 벌금을 낼 뿐이고, 살인자들은 똑같이 보복하는 법에 걸리지 않으려면 도망칠 수밖에 없으며, 그러나 대체로 사건은 선물로 해결된다고 하였다(10쪽).

> [I-11] 사람들에게 문자는 없다. 달이 차고 기움을 보고 절기를 표시하며, 약초가 시드는 것을 살펴 햇수를 헤아린다(俗無文字, 望月虧盈以紀時節, 候草藥枯以爲年歲).

『통전』	俗無文字, 視月虧盈以紀時節, 候草枯以爲年歲.
『태평환우기』	
『통지』	俗無文字, 望月虧盈以紀時節, 草木榮枯以爲年歲.
『제번지』	不知節朔, 眎月盈虧以紀時.
『문헌통고』	俗無文字. 望月虧盈以紀時節, 草木榮枯以爲年歲.

『수서』의 정보대로라면, '유구'의 사람들은 문자도 없고, 시간적 개념도 없는 원시 부족민이다. 『태평환우기』는 이 정보를 채록하지 않았고, 『제번지』의 "문자가 없다(俗無文字)"라는 정보와 "약초가 시드는 것을 살펴 햇수를 헤아린다(候草藥枯以爲年歲)"라는 정보를 삭제했다. 먼저 문자가 없다는 말은 표기하는 방식이 없다는 말로 이해해야 할 것 같다. 어쨌든 이 단락의 정보는 미개 원시 부족에 모두 해당한다. 1534년 진간은 『사유구록』에서 이 점을 확인하며 "경전을 공부하는 사람[經生], 점치는 사람[卜士] 등의 부류는 없었지만, 한자를 알고 있었고, 역법[正朔]을 받들었는데, 어찌 달의 차고 기움을 살펴 때를 알 것이며, 풀의 피고 짐을 살펴 햇수를 계산했으리오"(V-8)라고 반문했다. 한편 문순득은 『표해시말』(18엽-4행)에서, 오키나와[琉球]의 문자를 진술하며, "나라에는 **글자가 있고 음도 있으나** 뜻은 없다[표음문자를 말하는 것으로 보임]. 깃털 뿌리로 글자를 쓰며 옆으로 본다. 중국 문자는 없었다(有國書, 而有音, 無義. 以羽本書, 橫看. 無華文)"라고 하였다. 시간적 차이가 크므로 진간과 문순득의 진술로만 『수서』의 '유구'를 변별할 수는 없다. 이 단락의 정보는 중국과의 교류가 거의 없었다는 말로 읽어야 할 것 같다.

타이완 서중부 원주민의 언어로 알려진 파보르랑(Favorlang)어에는 'ansia(어제)', 'mammarro(아침)', 'somma(내일)' 'baas(년)', 'idas(달, 월)', 'allecho(미래)' 등등의 시간 개념의 단어들이 보고되었다.[44] 앵보

44 WM. Campbell, F.R.G.S., 『The articles of Christian instruction in Favorlang Formosan, Dutch and English, from Vertrecht's manuscript of 1650, with Psalmanazar's dialogue between a Japanese and a Formosan, and Happart's

위아르는 가용한 이전 자료들을 종합하여 "숙번(熟蕃) 즉 개화된 원주민은 평포번(平圃番, 중국어로 平埔族, '평원의 오랑캐')이란 이름으로 잘 알려졌다. 왜냐하면 산간에서 사는 원주민들과는 반대로 그들은 평원에서 살기 때문이다. 그러나 현재 그들은 평원에만 국한되지 않고 중부 산맥을 제외한 섬 곳곳에서 찾을 수 있다고 말할 수 있다. 그들은 해안을 따라 펼쳐진 대평원에 살았던 옛 원주민들이다. 서쪽 지역의 사람들은 중국인의 도래 이전 상당한 문명적 요소를 갖추었던 것 같다"[45]라고 기술하고 있다. 따라서 『수서』의 이 단락 정보는 타이완 서쪽 해안이 아니거나, 해안에서 벗어난 산간 지역 미개인들의 정보를 채록한 것일 수 있다. 조여괄이 문자가 없다는 정보를 삭제한 이유는 『수서』의 이 정보가 조여괄이 알았던 13세기 타이완의 상황과는 달랐기 때문에, 정보를 조정했을 것으로 보인다.

이러한 정보는 네덜란드 선교사들의 목격담에서도 확인된다. 포르모사 사람들은 글자를 몰랐다. 그들은 달의 과정에 따라 계절과 절기를 결정하고 봄에 나무의 개화와 가을에 낙엽이 지는 것에 따라 햇수를 결정했다.[46]

> [I-12] ⑻ 사람들은 눈이 움푹하고 코가 길며, 사뭇 호(胡)와 비슷하며 약간의 지혜도 있다. ⑼ 군신 상하의 법도나 절하고 엎드리는 예도 없다. ⑽ 부자가 같은 침상에서 잠을 잔다. ⑾ 남자는 윗

Favorlang vocabulary』, London, 1895.

45 『L'Ile de Formose: Histoire et description』, Paris, 1893, 237쪽.

46 『't Verwaerloosde Formosa…』, 11쪽; 「Notes on the Ethnology of Formosa」, 15쪽.

수염과 아랫수염을 밀고, 몸에 있는 털을 모두 제거한다. ⑿ 부인은 손에 벌레나 뱀 문양의 검은 문신을 새긴다(人深目長鼻, 頗類於胡, 亦有小慧. 無君臣上下之節, 拜伏之禮. 父子同床而寢. 男子拔去髭鬚鬢, 身上有毛之處皆亦除去. 婦人以墨黥手, 爲蟲蛇之文).

『통전』	人深目長鼻, 頗類於胡人. 縱年老髮多不白. 無君臣上下之節, 拜伏之禮. 父子同床而寢.
『태평환우기』	
『통지』	人深目長鼻, *類*於胡, 亦有小慧. 無君臣上下之節, 拜伏之禮. 父子同*牀*而寢. 男子拔去髭須, 身上有毛處皆除去. 婦人以墨黥手, 爲蟲蛇之文.
『제번지』	父子同床而寢.
『문헌통고』	人深目長鼻, *類*於胡, 亦有小慧. 無君臣上下之節, 拜伏之禮. 父子同床而寢. 男子拔去髭鬚, 身上有毛處皆除去. 婦人以墨黥手, 爲蟲蛇之文.

이 단락은 '유구' 사람들의 용모를 설명하고 있다. 『태평환우기』는 이 정보를 채록하지 않았고, 조여괄은 ⑽의 정보만 채록했다. 먼저 ⑻에서 눈이 움푹하고 코가 길다는 인물 정보는 대체로 서양인 묘사에 적용된다. 게다가 특이하게도 중국 남방 사람들이 아닌 호(胡)와 비교하고 있다. 수·당나라 시대 '호(胡)'는 대체로 세린디아(Serindia, 신장과 동투르키스탄), 또는 아랍인을 지칭했다. 게놈 정보에 대한 한 연구에 따르면, 오키나와인은 일본인과 가장 가깝고, 위구르인들과는 상당히 멀리 떨어져 있다.[47] 어쨌든 ⑻의 정보가 사실이라면, 타이완의 어떤

47 「The history of human populations in the Japanese Archipelago inferred from

원주민을 묘사했을 가능성이 더 크다. 17세기 네덜란드 점령 시기의 한 기술에 따르면, "그 주민들은 매우 잔혹하고 미개하며, 대체로 남자들은 매우 키가 크고 몹시 튼튼하여 사실 거의 거인들이다. 이들의 피부색은 검은색과 갈색 사이이며 인도 사람들 같지만, 아프리카 흑인들처럼 검지는 않다"라고 용모를 기술했다.[48] 한편 15세기 중반 오키나와 유구에 표류했던 증언에서는 이러한 정보를 찾을 수 없다. 이는 오키나와 유구의 주민들이 조선, 일본, 중국의 사람들과 별다른 특이점이 없었다는 말로 이해해도 될 것이다.

데이비드 라이트(David Wright)에 따르면, 포르모사 사람들은 큰 눈, 납작한 코, 큰 가슴과 긴 귀를 가졌다. 그들은 올리브색이며 흑백 혼혈인들보다 더 밝지 않다고 한다(「Notes on the Ethnology of Formosa」, 12쪽). 포르모사 사람들이 퉁구스 인종과 비슷하다고 하는 것은 단지 피부색과 관련된 것이지 다른 민족적 사항이 그렇다는 것은 아니다.[49]

(9)의 정보에 관하여, 1450년 조선인 만년(萬年)과 정록(丁祿)의 진술에 따르면, "[오키나와] 유구 국왕은 한두 달 만에 한 번 조회하거나 한 달에 두 번 조회하기도 했다. 조회할 때는 3층의 전각에 앉아 있고, 군신들은 관대를 갖추고 뜰 아래에서 절했다"라고 하였다(A-⑤). 중국의 책봉 사신으로 오키나와 유구에 갔던 진간은 1534년 『사유구

genome-wide SNP data with a special reference to the Ainu and the Ryukyuan populations」, 『Journal of Human Genetics』, 57(2012), 792쪽.

48 WM. Campbell, F.R.G.S., 『Formosa under the Dutch』, London, 1903, 9쪽.

49 Gustave Schlegel, 「Problèmes Géographiques: Les Peuples Étrangers chez les historiens Chinnois」, 『통보』, 1895, 193쪽.

록』에서 "신하들이 알현할 때는 손을 비비며 모배(膜拜)하고, 존귀한 사람이나 가까운 사람들이 대전 안에 늘어서면 자리와 술을 베풀며, [지위가] 낮고 [친연관계가] 먼 사람들은 이동할 때 항상 계단 아래에 무릎을 꿇었다"(V-4)라고 하였다. 한편 문순득의 『표해시말』(15엽-2행)은 "유구인은 존장이나 동년배를 만날 때 몸을 일으키지 않고 무릎을 꿇고 손을 모아 부복한다. 앉을 때는 꿇어앉는다. 혹 당 아래 있는 사람이 당 위에 있는 사람을 뵐 때는 절을 한다(琉球人見尊丈或平交, 不起身, 跪而合掌俯伏. 坐必跪. 或於堂下謁堂上人則拜)"라고 풍습을 기록하고 있다.

뒤에 자세히 보겠지만, 1349~1350년 왕대연은 『도이지략』에서 유구[타이완]의 사람들에 대해 "추장을 존경할 줄 알고, 부자간에 골육의 정이 있다"라고 기술했다.[50] 또한 17세기 초반 네덜란드 점령기의 타이완 사람들에 대한 한 기록에 따르면, "실제로 이 사람들에게는 계급의 구분이 없다. 따라서 상하도 없고, 하인도 주인도 없다. 그래서 그들의 언어에 주인과 하인에 해당하는 단어가 없다. 그러나 그들의 고유한 관습에 따라 그들은 서로를 존중하고 예의 바르게 대우한다. 그들은 나이를 구별의 큰 표시로 여긴다. 그래서 그들은 어떤 한 사람의 사회적 지위, 권력 또는 부보다는 나이에 대해 더 많은 존경을 표한다. 이처럼 두 사람이 길이나 거리에서 만나면 더 젊은 사람이 항상 연장자를 위해 길을 조금 비켜, 그가 지나갈 때까지 등을 돌

50 『도이지략역주』, 38쪽을 참고하시오.

린다"라고 하였다.[51] 이로써 볼 때, ⑼의 정보는 확실히 타이완 유구를 가리킨다.

⑽의 관습은 조여괄이 이 단락에서 유일하게 채록한 정보이다. 남녀의 생활이 분명하게 구분되어 있음을 암시하고 있다. 그러나 1462년 조선 초득성(肖得誠) 등의 증언에 따르면, 오키나와 유구의 복장은 남녀가 같았다고 한다(C-⑨). 또한 1534년 중국의 책봉 사신 진간은 『사유구록』에서 "어릴 때는 같이 자지만, 장성하여 아내가 있으면 따로 산다"라고 하였다. 문순득은 "남녀가 함께 앉아 담소하고 잔치하며, 비록 귀한 사람의 아내라도 분별하지 않는다(男女同坐談讌, 雖貴人之妻無分別)"라고 기록하고 있다(『표해시말』, 15엽-3행). 따라서 ⑽의 정보 역시 타이완의 한 부족을 가리키고 있다.

⑾에서 먼저 『수서』의 '빈(鬢)'자는 『북사』에서처럼 '수(鬚)'자로 고쳐야 할 것 같다. 즉 윗수염 아랫수염 할 것 없이 몸에 난 털은 다 제거한다는 말이다. 역시 문순득은 『표해시말』에서(24엽-1행), "머리카락. 남자는 머리털을 깎거나 깎지 않은 사람이 있다. 도를 닦는 사람은 정수리만 남기고 깎으며, 그 외 **수염은 모두 깎는다**(頭髮男子薙髮或不薙. 修道人存頂而薙, 外鬚髯總去之)"라고 기록했다. 이 정보는 『대명일통지』에도 채록되었는데, 이 점에 대해 1534년 진간은 『사유구록』에서 "풍속에 남자들은 수염을 깎지 않는다"(V-3)라고 명시하고 있다. 17세기 초반 네덜란드 점령기의 타이완 사람들을 기록한 바에 따르면, "수염은 면도칼로 자르지 않고 구리나 쇠로 만든 도구로 털을 뽑는다. 이

---

51 WM. Campbell, F.R.G.S., 『Formosa under the Dutch』, London, 1903, 17쪽.

러한 용도로 그들은 종종 대나무로 만든 실을 겹쳐 털을 그 안에 넣고 잽싸게 당겨 털을 뽑는다. 그들은 수염을 매우 싫어하여 같은 방식으로 얼굴과 신체의 다른 부분에 있는 모든 털을 제거한다"라고 하였다.[52] 마지막으로 데이비드 라이트(David Wright) 또한 수염을 깎는 포르모사 사람들의 관습을 언급했다(「Notes on the Ethnology of Formosa」, 12쪽). 이로써 볼 때, ⑾의 정보 또한 타이완 유구를 가리킨다.

⑿의 문신하는 관습은 서남아시아 많은 곳에서 확인된다. 그러나 15세기 중반 조선에서 오키나와 유구국에 표류하고 돌아온 사람들의 증언에는 문신에 관한 언급은 전혀 보이지 않는다. 또한 1534년 중국의 책봉 사신 진간의 책에도 문신에 관한 언급은 없다. 문순득은 오키나와 사람들의 문신에 관하여 "천한 사람들은 팔에 반드시 검은 문신이 있는데, 직업에 따라 문양이 다르다. 어부들은 세 가닥의 철사 모양으로 만들고, **부인들은 손등에 문신한다**(賤人臂上必有墨黥, 隨業異樣. 漁者作三條鐵線狀, 婦人手背有黥)"라고 했다(『표해시말』, 15엽-9행). 손등에 문신하는 방식은 『수서』의 정보와 정확히 일치한다.

반면 엥보 위아르(Imbault Huart)는 "모든 미개 민족에 널리 퍼져있는 문신은 생번(生蕃) 사이에 일상적이다. 모든 사람에게 같겠지만, 오세아니아 각 섬의 사람들에게는 모코(moko) 즉 종족의 표시로 새기는 문장과 개개인의 장점을 상기시키는 문장이 있다. 남자들의 문신은 두세 벌의 짧은 선으로 구성되는데(파란색으로 새김), 각각 이마와 턱에 네 개의 선으로 새긴다. 중국인을 죽여 전리품으로 머리를 가져온 사람에게

52 WM. Campbell, F.R.G.S., 『Formosa under the Dutch』, London, 1903, 17~18쪽.

는 가슴에 문신할 자격이 있다. 이러한 문신은 수평으로 합체된 작은 평행선으로 구성된다. 새롭게 추가한 머리에 따라 수평으로 하나의 평행선을 추가한다. 35 또는 40개의 선을 새긴 미개인들을 드물지 않게 만날 수 있다. 15세 또는 16세에 딸의 이마에 두세 벌의 선을 새겼다가 결혼하면 윗입술 중간 부분에서 귓바퀴 위까지 4줄짜리 평행선을 추가한다. 두 번째 네 줄은 입 언저리에서 귀 중심까지 하고, 세 번째 네 줄은 턱 중심에서 귓불까지 새긴다. 이 두벌의 평행선 사이에 있는 여백은 대각선으로 새겨진다. 여인들의 얼굴을 가로지르는 짙푸른 색의 큰 줄무늬는 타고난 추함을 더 부추기고, 질투하는 남편들에게 일본 여인들의 검게 한 이빨보다 더 효과적인 보증이었을 것이다"라고 타이완 원주민의 문신에 관해 기술했다. 이어서 그 방법에 대하여 "문신하는 장치와 방법은 다음과 같은 것들이다. 화염을 매끄러운 몸에 대면 그 위로 두꺼운 그을음이 생기게 하는 불이 붙는 진이 있는 소나무 조각, 양쪽 끝으로 피부에 문양을 표시하기 위해 당기는 실이다. 이 초안 위에 일종의 빗 같은 금속 이가 난 것을 누르고, 망치로 치면 이가 피부로 파고든다. 처음 나는 피는 대나무로 만든 굵는 도구로 막고, 그때 송진 연기를 묻힌 손가락을 환부에 문질러 비빈다. 시술이 끝나면 피도 곧바로 멎고, 상처는 지워지지 않는 푸른색으로 채색되어 나타난다"라는 상세한 정보를 덧붙였다.[53] 이 ⑿의 정보는 양쪽 모두 가능하다.

---

53 『포르모사 섬(L'ile Formosa)』, 245쪽. 엥보 위아르의 기술은 타이완 영사이자 박물학자였던 로버트 스윈호(Robert Swinhoe, 1836~1877)의 조사 기록을 근거하고 있다. "쿠웨이-잉(Kwei ying, 포르모사의 북서쪽) 사람들은 작은 선으로 이루어진 세 개의 문신을 피부가 파랗고 도드라지도록 이마에 새긴다. 문신은 바늘과 먹으로 한다. 선들은 간결한 세 그룹의 사각형으로 이루어지며, 하나 위에 다른 하나를 올리고, 가장 위와 가장 아래는 8개의 선이며

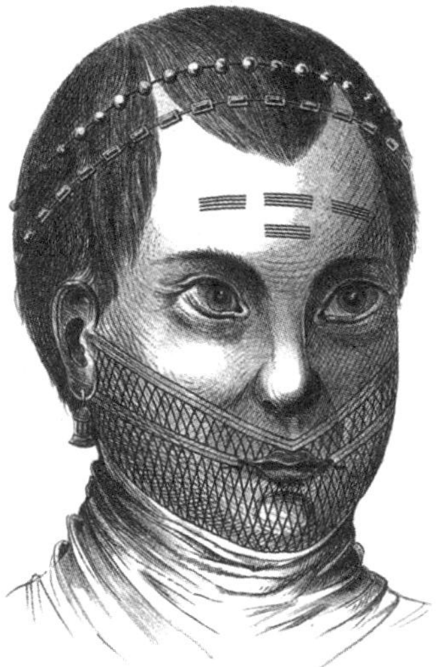

Method of tattooing the face practiced by the women of the tribe of Chewhan living east of Posia, Formosa.

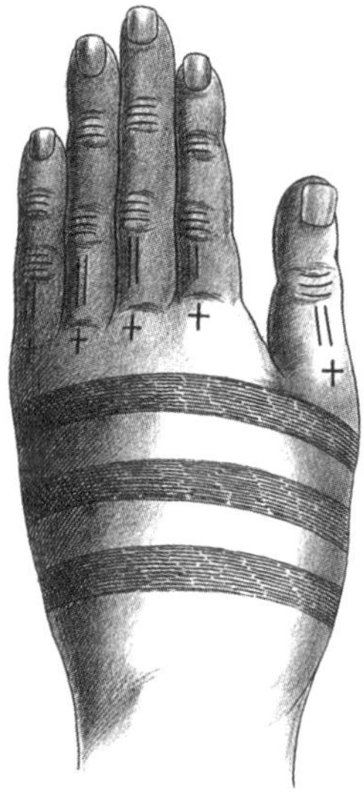

Form of tattooing the hands practised by the women of the tribe of Kale-whau, living east of Takab Formosa, and near the village of Bankimseng.

J. B. Steere, 「Formosa」, 『Journal of the American Geographical Society of New York』, Vol. 6, 1874, 306-2, 312-2.

[I-13] ⒀ 결혼에는 술과 안주, 진주조개[珠貝]를 예물로 삼는다. 혹 남녀가 서로 좋아하면 곧바로 서로 짝이 된다. ⒁ 부인이 아이를 낳으면[産乳], 반드시 태반을 먹는다. ⒂ 산후에는 불로 자기

가운데는 6개이다. 노인들에게 문신은 거의 사라졌다. 젊은이는 16세에 문신한다. 적의 머리를 베었다고 인정될 때 아랫입술 위에 8개 선으로 이루어진 사각형을 문신해 준다. 결혼한 여인은 먼저 이쪽 귀에서 저쪽 귀까지 단순하게 세 개의 선을 문신하고, 그 아래로 다른 두 선 사이에 일련의 'X'를 한다. 그런 다음 또 두 줄을 하고 다른 일련의 'X'를 새기고, 이들 아래에는 또 네 개의 단선을 한다"라고 하였고(「Notes on the Ethnology of Formosa」, 6~7쪽) "이마에 하는 문신을 리호이(Li-hoei)라고 하고 턱에 하는 것을 카바이(Kabai)라고 한다"라고 하였다(「Notes on the Ethnology of Formosa」, 8쪽).

몸을 찜질하여 땀을 빼내는데, 닷새면 평상으로 돌아온다(嫁娶以酒肴·珠貝爲娉. 或男女相悅, 便相匹偶. 婦人産乳, 必食子衣. 産後以火自灸, 令汗出, 五日便平復).

『통전』	婦人産乳, 必食子衣.
『태평환우기』	
『통지』	嫁娶以酒肴珠貝爲聘, 或男女相悅, 便相*配*偶, 婦人産乳, 必食子衣. 産後以火自灸, 令汗出, 五日便平*復*.
『제번지』	
『문헌통고』	*嫁*以酒肴珠貝爲聘, 或男女相悅, 便相匹偶. 婦人産乳, 必食子衣. 産後以火自灸, 令汗出, 五日便平*複*.

결혼과 산후조리의 관습은 『태평환우기』와 『제번지』에는 채록되지 않았다. 『통지』와 『문헌통고』는 『수서』의 기록을 그대로 따랐지만, 『통전』은 산모가 태반[子衣]을 먹는 사실만 기록했다.

먼저 ⒀의 정보는 『수서』에서만 확인되지만, 동남아 지역에서 종종 보이는 일반적인 기술이다. 1456년 조선의 양성(梁成) 등이 오키나와 유구에 표류했다가 돌아와 증언한 바에 따르면, "결혼할 때는 남자 집에서 먼저 중매를 통해 택한 날을 약정한 다음 남자 쪽 가족 중 여자들을 신부의 집으로 보내, 신부를 데리고 [남자 집]으로 돌아와 혼례를 행한다. 그날 밤 양가의 가족들이 모여 음주하고 헤어졌다"라는 기록이 보인다(B-⑯). 이는 1462년 이계손이 오키나와 유구국 사신들과 나눈 대화에서도 확인된다. 한편 네덜란드 점령 시기 관찰된 보고에 따르면, "결혼과 관련하여 누구도 자기 마음대로 결혼할 수 없다. 남자들은 20세 또는 21세가 되어야 결혼할 수 있다. 왜냐하면 이 사람들은 연도를 세는 어떤 기술도 없지만, 그들은 누가 나이가 더 많고, 누가 더 젊은지 잘 기억하고 있기 때문이다. 같은 달 또는 같은 반기 또는 같은 해에 태어난 사람들은 같은 시기에 태어난 것으로 치며, 같은 나이로 친다. 그들 언어로 이를 '사아트 카시우왕(saat cassiuwang)'이라 부른다. 이때가 되어서야 그들은 결혼할 수 있다. 그러나 '카시우왕'이거나 너무 어린 사람들은 결혼할 수 없다. 그들은 이를 기억하고 절대로 어기지 않는다"라고 하였다. 또 구체적인 방법으로 "젊은이가 한 젊은 여성에게 호감을 느낄 때 가장 먼저 하는 일은 자신의 어머니, 누이, 사촌 또는 다른 여자 친구를 그가 사랑하는 여인이 사는 집으로 보내어 그가 아내로서 그녀를 맞이하기 위해 마련한 예물을 준다. 그의 중매자는 아버지, 어머니 또는 친구들에게 아가씨를 청년과 결혼시키도록 요청하며 결혼 지참금으로 가져온 것들을 보여준다. 아버지, 어머니 또는 다른 친구들이 그 제안에 만족하여 그 예물을 집안에 두면, 혼사가 정해진 것으로 간주한다. 다른 의식은 필요 없다. 결혼식은 없지만, 신랑은 그가 선택한 여인과 밤을 지낼 수 있다"라고 기술했다.[54]

또한 조르지우스 캉디디우스(Georgius Candidius)에 따르면, 남자들은 알몸으로 다니는 것을 저속하게 여기지 않는다. 옷을 입은 여자들도 하루에 두 번 옷을 벗고 공개적으로 목욕한다(「Notes on the Ethnology of Formosa」, 11쪽). 또 스윈호에 따르면, 남자들은 여인들 앞에 아무런 부끄러움 없이 아랫도리를 드러내며 구애한다(「Notes on the Ethnology

54 WM. Campbell, F.R.G.S., 『Formosa under the Dutch』, London, 1903, 17쪽과 18쪽.

of Formosa」, 7쪽). 이어서 중국인들과 유럽인들이 비도덕적이니 저속하니 하는 것은 원시인의 순진무구함일 뿐이다. 포르모사 사람들은 전혀 음란하지 않다. 이는 결혼 관습으로 증명된다. 결혼 첫날 신랑은 아내와 같은 지붕 아래 자지 않는다. 여인은 자신의 부모 집에 머물기 때문이다. 신랑은 밤에 몰래 가야 하고, 낮에는 그녀의 허락 없이 접근할 수 없다. 부인은 37세에 임신할 자격이 있다. 아내와 함께 살 수 있는 시기는 남편이 40세가 되었을 때이다(「Notes on the Ethnology of Formosa」, 14쪽). 이로써 ⒀의 정보는 타이완 유구로 보는 편이 유리하다.

⒁에 대해서는 1249년 당신미(唐愼微)의 『증류본초(證類本草)』(사고전서본, 권15, 13b)에 "인육은 채병(瘵病)을 치료하고, 포의(胞衣, 태반)는 피곤으로 심신이 손상되어 얼굴에 기미가 끼고 피부가 검어지거나, 여러 가지 질병으로 수척해지는 데 주효하다(人肉治瘵病, 胞衣主勞損, 面䵟皮黑, 諸疾瘦悴)"라고 한 것을 보면, 태반이 약재로 사용되었던 처방임이 분명해 보인다. 이보다 앞서, 장사정(張師正, 1016~?)의 『권유록(倦游錄)』에 "팔계(八桂, 광시[廣西])의 료(獠) 사람들은 사내아이를 낳으면, 그 포의(胞衣, 태반)를 양념으로 조리하여 친지들을 모아 놓고 먹는다(八桂獠人産男, 以五味煎調胞衣, 會親啖之)"라고 하였다. 이어서 이시진에 따르면 "이러한 일은 짐승들이 새끼를 낳으면, 어미가 그 태반을 먹는다는 의미이지 사람을 말하는 것이 아니다(此則諸獸生子, 自食其衣之意, 非人類也)"라고 하였다.[55] 장사정이 채록한 광시(廣西) 료(獠)의 풍습은 지리적으로 타이완과의 연관성을 시사하고 있다.

---

55 『본초강목』, 사고전서본, 권52, 37b.

⒂의 정보 또한 『수서』에서 유일하게 시작한다. 『수서』는 과연 이러한 '유구'의 생활 풍습에 관한 상세한 정보를 어디에서 가져왔을까? 늦어도 636년 이전에 이런 관습들이 관찰·기록되었다는 말이므로 더욱 의문스럽다. 게다가 악사와 조여괄의 침묵은 『수서』 기술의 신뢰도에 이의를 제기하는 것 같다. 사실 이 정보는 외국의 산후조리를 기록한 최초의 자료인 셈이다. 또한 1297년 캄보디아에서 돌아온 주달관(周達觀)이 남긴 기록인 『진랍풍토기(眞臘風土記)』에는 산모가 쌀로 밥을 지어 소금과 섞어 음부에 발라 산후증을 치료하는 기술이 보인다. 이에 대해 폴 펠리오는 출산 뒤에 산모가 불을 쬐게 하는 관습은, 구체적인 사례를 든 것은 아니지만, 인도차이나에서 찾아볼 수 있다고 했다.[56] 방법이야 어떻든 결국 산모의 몸을 따뜻하게 한다는 점은 분명하다. 1237년에 간행된 진자명(陳自明)의 『부인대전양방(婦人大全良方)』에서는 여러 형태의 출산을 설명하며, 난산(亂山)으로 한겨울과 한여름의 출산을 들어, 한겨울에는 불을 쬐어 온기를 유지해야 하고, 한여름에도 덥거나 시원하게 해서는 안 된다고 주의하고 있다.[57] 땀을 내게 하라는 처방은 보이지 않는다. 산모에게 적절한 온도 유지는 매우 중요한 조건이므로, "땀을 내게 한다(令汗出)"라는 정보는 '불(不)' 자를 넣어 땀이 나지 않게 불을 쬔다는 의미일 것이다.

[I-14] ⒃ 나무로 만든 통에 바닷물을 넣고 햇볕에 말려 소금을 만

---

56 자세한 사항은 『진랍풍토기역주』, 78쪽을 참고하시오.

57 진자명(陳自明), 『부인대전양방(婦人大全良方)』(사고전서본), 권17, 동산(凍産)과 열산(熱産), 4b~5a. 역본으로는 '한의학고전DB'를 참고하시오.

든다. ⒄ 나무즙으로 식초를 만들고, ⒅ 쌀가루[米麪]를 발효시켜 술을 만드는데 그 맛이 매우 담백하다. ⒆ 먹을 때는 모두 손을 사용한다. 어쩌다가 기이한 음식이 있으면 연장자[尊者]에게 먼저 올린다(以木槽中暴海水爲鹽, 木汁爲酢, 釀米麪爲酒, 其味甚薄. 食皆用手. 偶得異味, 先進尊者).

『통전』	以木槽暴海水爲鹽, 木汁爲酢, 釀米麯爲酒. 遇得異味, 先進尊者.
『태평환우기』	
『통지』	以木槽中暴海水爲鹽, 木汁爲酢, 米麯爲酒, 其味甚薄. 食皆用手, 遇有異味, 先進尊者.
『제번지』	曝海水爲鹽, 釀米麯爲酒. 遇異味, 先進尊者.
『문헌통고』	以木槽中暴海水爲鹽, 木汁爲酢, 米麯爲酒, 其味甚薄. 食皆用手. 遇得異味, 先進尊者.

⒃에서 바닷물을 끓여 소금을 만든다(煮海水爲鹽)는 지혜는 이미 『사기』 오왕 비(吳王濞)의 열전(2833쪽)에 보인다. 왕대연(汪大淵)은 『도이지략(島夷志略)』에서 거의 상투적으로 이 방법을 언급했다. 여기 『수서』에서 말하는, 햇볕에 바닷물을 끓이거나 졸이지 않고 말려[暴] 소금을 만드는 방법은 천일염 제조법으로, 외국 기술에서 유일하다. 특히 나무 구유[木槽]를 사용한다는 점은 상당히 지혜롭다.

⒄의 문장은 '나무즙'을 [발효시켜] 초(酢)를 만든다는 말인지, '나무즙'을 '초'로 사용한다는 말인지 선택하기 좀 곤란하다. 그러나 전후로 소금이나 술을 만드는 방법을 설명하고 있으므로 진자로 이해해야 할 것이다. 『제번지』는 초(酢)와 관련된 설명을 삭제했다. 우선 '나무

즙[木汁]'이 어떤 나무인지, 말 그대로 수액인지 막연하다. '초(酢)'자는 '수작(酬酢)'의 '작'이 아니라 『설문해자』에서 풀이한 '염(醶)', '초(醋)' 즉 식초란 뜻이다. 전통적으로 식초는 술처럼 주로 쌀이나 보리, 옥수수 같은 곡물이나, 포도, 살구, 복숭아 같은 과일을 발효시켜 만들었다. 『제민요술(齊民要術)』에 따르면 오(吳)나라 사람이 부들[蒲]을 식용하는 방법으로 "오늘날 오나라 사람들은 이것을 절임[菹]으로 만들기도 하고 식초[酢]로 만들기도 한다(今吳人以菹, 又以苦酢)"[58]라고 소개하고 있다. 이 또한 '나무즙'에는 해당하지 않는다. '나무의 [과]즙([果]汁)'이라면 신 귤이나 레몬 등을 상정할 수 있다. 하지만 여기의 '나무즙'은 이후 다시 논하겠지만, 왕대연이 『도이지략』에서 "바닷물을 끓여 소금을 만들고 사탕수수[蔗] 즙을 발효시켜 술을 만든다"[59]라고 한 '사탕수수 즙'을 말할 것이다. 왕대연의 '유구'는 타이완이었다.

분명 1462년 조선의 이계손(李繼孫, 1423~1484)도 『문헌통고』의 이 기술에 의문을 가졌던 것 같다. 그가 오키나와 유구 사신들에게 식초, 술, 소금, 장(醬)에 관하여 묻자, 사신들은 "쌀을 깨끗이 씻어 밥을 지어, 누룩과 섞어 술을 빚는다. 다만 하루 만에 빚는 술[一日之酒]은 15세의 소녀가 입을 헹구고 밥을 씹어 [그것으로] 빚는데, 그 맛이 감미롭다. 초(醋) 또한 쌀로 빚는다. 소금은 바닷물을 끓여 만든다. [간]장은 소맥(小麥)으로 관리하여 만든다"(D-⑤)라고 답했다고 한다. 이는 확실히 『수서』의 유구가 타이완임을 나타낸다.

---

58 가사협(賈思勰), 『제민요술(齊民要術)』(사고전서본), 권9, 26a~b.
59 『도이지략역주』, 37~38쪽.

⒅의 '면(麪)'자는 '면(麵)'의 이체자이다. 『설문해자』의 정의대로 밀가루[麥末]이다. 따라서 '미면(米麪)'이란 병기는 『수서』의 「유구전」을 제외하고도, 다섯 차례 언급되었는데[60] 쌀과 밀가루를 지칭했다. 따라서 '중국정사외국전DB'에서는 '쌀가루'로 번역하고, "『송사』 등에는 술을 빚는 재료로써 쌀가루 몇 말 등으로 쓰인 사례가 보인다"라는 주석 설명이 있다. 사실 『송사』의 기록에서 '미면(米麵)'은 쌀과 밀가루란 의미로 쓰였다. 따라서 『수서』의 '미면'은 '쌀과 밀가루', 또는 '쌀이나 밀가루'로 술을 빚는다는 의미로 읽을 수밖에 없다.

『수서』, 권81, 「동이·말갈(靺鞨)」(1821쪽)에는 "쌀을 씹어 술을 만드는데, 마시면 역시 취한다(嚼米爲酒, 飲之亦醉)"라고 하였는데, 정효(鄭曉, 1499~1566)의 『황명사이고(皇明四夷考)』, '유구국(琉球國)' 조목을 보면 "부인들이 쌀을 씹어 술을 만든다(婦人嚼米爲酒)"라고 한 기록이 보인다. 이 둘의 기록은 앞서 용모를 기술하면서(I-12) 호(胡)와 비교한 것, 아래 가무하는 방법을 기술하며 돌궐(突厥)과 비교한 것(I-15)과 같은 맥락이다. 주달관(周達觀)의 『진랍풍토기』에서도 '포릉각(包稜角, 쌀)'이라는 술을 언급하고 있고,[61] 『성사승람』, 참파[점성]에도 쌀로 술을 빚는다(造酒以米)는 정보가 있다.[62] 모두 쌀[米]만 언급했지 '면(麵)'은 보이지 않는다.

하지만 『통전』, 『제번지』, 그리고 『문헌통고』에는 '미면'이 '미국(米麴, 쌀누룩)'으로 되어 있다. 우리는 '미국'을 따라야 할 것이다. '쌀가루'

---

60 『수서』, 권9, 「예의(禮儀)·혼례」, 179쪽.
61 『진랍풍토기역주』, 116쪽, 232~233쪽을 참고하시오.
62 『성사승람역주』, 1-⑮를 참고하시오.

라고 하면 일본 '사케'를 연상시켜, 『수서』의 '유구'를 오키나와로 이끌 수 있기 때문이다. 쌀을 씹어 섞은 침을 효소로 하여 술을 빚는 방법에 대해 오키나와 유구를 기록하던 문순득은 침묵하였다.

네덜란드 점령 시기 타이완을 기술한 한 자료에 따르면, "포르모사의 이 남서쪽에 사는 사람들에게는 인도의 다른 지역에서처럼 나무줄기에서 추출한 술 내지는 증류한 술이 없다. 그러나 그들에게는 아주 강하고 향긋한 술이 있다. 그것은 사람을 취하게 하는 스페인과 라인강 유역의 와인과 같은 효과를 낸다. 여인들이 다음과 같은 방법으로 이 음료를 만든다. 그녀들은 일정량의 쌀을 한참 끓인 다음 반죽하여 덩어리로 만든다. 그런 다음 쌀가루를 씹어서 항아리에 뱉어 1파인트(대략 0.5리터)의 액체를 얻어 방금 언급한 반죽과 이러한 효모로 섞는다. 그것이 우리 제빵사의 반죽처럼 부드럽게 만든다. 이렇게 준비된 반죽을 큰 항아리에 넣고 물을 그 위에 부은 다음, 통에서 사이다처럼 발효될 때까지 약 두 달 동안 기다린다. 그런 시간이 지나야 강하고 맛있는 술이 만들어진다. 술의 강도가 강해지려면 더 오래 기다려야 하는데 5, 10, 20, 심지어는 30년까지 개봉하지 않고 둔다. 이렇게 더 긴 시간이 지나야 최고 수준의 완성도에 이른다. 마실 시기가 되면 그 술은 두 부분으로 이루어지는 것 같다. 윗부분은 샘에서 나온 물처럼 맑지만, 용기의 바닥 부분은 펄프처럼 두껍다. 이 두꺼운 부분은 일반적으로 숟가락으로 뜨고, 술로 마실 때는 물로 희석해야 한다. 사람들이 들에 나갈 때는 항상 단지 또는 대나무 통에 이 걸쭉한 것과 물을 가지고 간다. 이것이 종일 그들이 먹고 마시는 것들이다. 그들이 아주 소량만 가져가는 상층의 술은 갈증 해소용이 아니라 힘을 북돋우는

것이다. 매년 쌀 수확의 상당 부분이 이 술을 만드는 데 사용된다는 점도 덧붙여 둔다"라고 한다.[63]

또한 『방치된 포르모사』에서도(4쪽) 포르모사 사람들이 만드는 술은 스페인이나 라인강의 포도주만큼 맛있다고 하며, 다음과 같이 만든다고 한다. 여인들은 살짝 끓인 쌀을 절구에 넣고 반죽이 될 때까지 쌀을 빻는다. 이어서 폐경이 된 늙은 여인들이 쌀가루를 입에 넣고 씹다가 항아리에 1파운드 정도 될 때까지 뱉는다. 이어서 반죽에 넣고 주무른다. 이 반죽을 흙으로 만든 큰 단지에 넣고 물을 부어 발효시킨다. 약두 달간 발효하면 맛있고 강하며, 취하게 하는 술을 얻는다. 더 오래 발효시키면 더 좋은 술을 얻는다. 최상의 술을 얻으려면 20~30년 동안 보관되기도 한다. 침이 섞인 쌀가루는 파보를랑 방언으로 바보아르(baboar)라고 하는데 동사로 '독한 술이 되도록 침으로 조리한다'는 의미의 포아르(poar)에서 나왔다(Woordboek der Favorlangsche taal, i, v).

진계유(陳繼儒, 1558~1639)는 필기 소설 『언포담여(偃曝談餘)』에서 "유구(琉球)에서 술을 만들 때, 쌀을 물에 하룻밤 담갔다가 부인들이 입에 넣어 씹고 손으로 문질러, 그 즙을 취해 만드는데, 미기(米奇)라고 한다(琉球造酒, 則以水漬米, 越宿, 令婦人口嚼手搓, 取汁爲之, 名曰米奇)"[64]라고 하였다. 하파트(Happart)의 사전에 따르면, 파보를랑 방언에서 이 술을 '오(O)'라고 한다(이 술의 침전물을 '보-오(Bo-o)'라고 한다). 팔렌테인도 이에 대한 설명을 한 바 있다(Valentijn, 『Oud en Nieuw Oost-

63 WM. Campbell, F.R.G.S., 『Formosa under the Dutch』, London, 1903, 11쪽.
64 진원룡(陳元龍, 1652~1736)의 『격치경원(格致鏡原)』(사고전서본), 권22, 14b.

Indien』, IV, 38쪽). 다퍼(Dapper)에 따르면, '마사카우(Masakhauw)' 또는 '마치코(Machiko)'라고 불린다고 한다(『Tweede gezantschap naar China』, Amsterdam, 1670, 23쪽). 이 '마치코'는 중국인이 기록한 '미기(米奇)'와 비슷하다.[65]

한편 『대만부지(臺灣府志)』(대만문헌총간본, 권14, 19a)에 따르면, 제라현(諸羅縣)에서는 "결혼하지 않은 원주민 소녀들이 쌀을 씹게 한다. 3일 동안 보관하면 신맛이 나며 효소로 사용할 수 있다. 사람들을 끈끈한 밥을 찧어 이 효소를 넣어 항아리에 넣고 봉한다. 며칠 뒤에 발효가 시작되면 항아리를 열어 물과 섞어 마신다. 이것을 '고대주(姑待酒)'라고 한다(用未嫁番女, 口嚼糯米, 藏三日後, 略有酸味, 爲麴. 舂碎糯米, 和麴置甕中. 數日發氣. 取出攪水而飮, 亦名姑待酒)"라고 하였다.[66] 이러한 관찰의 중심은 타이완 서안 중부에 있다는 점에서 일본 사케의 유래를 추적하는 좋은 자료가 될 수 있다.

⒆에서 "음식은 손으로 먹는다"라는 정보를 조여괄은 왜 빠뜨렸을까? 그는 천주의 시박사(市舶使)로서 그곳을 찾은 '유구' 사람들을 만났을 것이다. 『태평환우기』는 이 정보를 [I-8]에서 채록했다. 우리의 서남아시아에서 손으로 음식을 먹는 일은 흔한 사실이었기 때문일까? 마지막으로 특별한 음식이 있으면 연장자에게 먼저 올린다는 정

65 Gustave Schlegel, 「Problèmes Géographiques: Les Peuples Étrangers chez les historiens Chinnois」, 『통보』, 1895, 197쪽. 여기 진계유가 언급한 유구(琉球)는 오키나와 유구를 말한다. 슐레겔이 타이완 유구와 혼동하여 인용한 것이다.

66 이는 『제라현지(諸羅縣志)』(대만문헌총간본), 권8, 158쪽에 "쌀을 빻아 가루로 만든 다음, 오랑캐 여인들이 쌀을 씹어 그 바닥에 두었다가 며칠이 지나면 □가 되는데, 가루와 섞어 빚어 물을 부으면, 흰색으로 된다. 이것을 '고대주'라고 한다. 맛은 조금 시다(搗米成粉, 番女嚼米置地, 越宿以爲□, 調粉以釀, 沃以水, 色白, 曰姑待酒. 味微酸)"라고 한 것으로 확인된다.

보는 위의 [I-12]에서 군신 상하의 법도가 없다는 말과 어울리지 않는다. 아마도 7세기 전해진 타이완의 몇몇 원주민들에 관한 정보들이 뒤섞였다는 설명밖에 할 수 없을 것 같다. 1456년 양성 등이 오키나와 유구에 표류했다가 돌아와 진술한 바에 따르면, “음식에는 수저가 없이 억새[薍草]를 잘라 젓가락처럼 썼다”(B-⑥)라고 하였다. 1534년 중국의 책봉 사신 진간은 『사유구록』에서 먹을 때도 수저를 사용한다고 분명히 밝히고 있다. 이는 시대적 차이를 고려해야만 할 것 같다.

> [I-15] 잔치할 때는 술을 잡은 사람이 반드시 호명해야 마신다. 왕에게 술을 올리는 사람도 왕의 이름을 부른다. 마실 때[銜杯]는 함께 마시는데 돌궐과 상당히 같다. 노래하며 발을 구른다. 한 사람이 노래하면 사람들 모두 화답하는데 그 음이 매우 애처롭다. 여자의 상박(上膊)을 잡고 손을 흔들며 춤춘다(凡有宴會, 執酒者必待呼名而後飲. 上王酒者, 亦呼王名. 銜杯共飲, 頗同突厥. 歌呼蹋蹄, 一人唱, 衆皆和, 音頗哀怨. 扶女子上膊, 搖手而舞).

『통전』	凡有宴會, 執酒者必待呼而後飲. 上王酒者, 亦呼王名. 銜杯共飲, 頗仝突厥. 歌呼蹋蹄, 一人唱, 衆人皆和, 音頗哀怨.
『태평환우기』	
『통지』	凡有宴會, 執酒者必待呼名而後飲. 上王酒者, 亦呼王名. 後銜盃共飲, 頗同突厥. 歌呼蹋蹄, 一人唱, 衆人和, 音頗哀怨. 扶女子上膊, 搖手而舞.
『제번지』	
『문헌통고』	凡有宴會, 執酒者必得呼名而後飲. 上王酒者, 亦呼王名. 後銜杯共飲, 頗同突厥. 歌呼蹋蹄, 一人唱, 衆皆和, 音頗哀怨. 扶女子上膊, 搖手而舞.

여기 가무(歌舞)에 관한 기술에 대해 조여괄은 한마디도 채록하지 않았다. 『통전』은 『수서』의 정보를 성실하게 채록하면서 "여자의 상박(上膊)을 잡고 손을 흔들며 춤춘다(扶女子上膊, 搖手而舞)"라는 두 문장만 빠뜨렸다. 그러나 『통지』에는 다시 나타난다. 하지만 이후 『수서』의 기록을 인용한 것 이외에 어떠한 텍스트도 이 정보를 언급하고 있지 않다. 마지막으로 특이한 점은 그들이 음주하는 방식을 튀르크[突厥] 사람들과 비교하고 있다. 다만 19세기 초 문순득의 『표해시말』(18엽-3행)에 따르면, "춤은 남녀가 마주 서서 손을 늘어뜨리고, 다만 몸을 움직여 곡에 맞춘다(舞則男女對立垂手, 而但動身以應曲)"라고 한 기록만 참고할 수 있을 뿐이다.

1462년 오키나와 유구 사신을 접대한 조선의 이계손도 그들이 춤추는 방법에 대해 의문을 가졌던 모양이다. 그가 가무(歌舞)에 관해 묻자, 사신들은 "한 사람이 손뼉을 치며 노래하면 사람들이 모두 화답한다. 손을 흔들며 춤을 춘다. 조정의 정악(正樂)은 없다"(D-⑥)라고 하며 『문헌통고』의 정보를 확인해 주고 있다. 이어서 사신들은 그들의 수행원들이 이계손에게 자신들의 가무를 보여주게 했는데, 이를 본 이계손은 "그 노래는 우리나라 농가(農歌)와 비슷했고, 춤은 야인(野人)의 춤과 같았다"라고 기록하고 있다. 이로써 볼 때, 이 단락의 기술은 타이완 유구를 가리킨다.

> [I-16] 죽을 사람의 기가 끊어지려 할 때, 들고 뜰에 나가면, 친지들이 통곡하며 서로 소분한다. 시체를 씻겨 베와 비단으로 묶고 갈대로 싸서 선산에 매장하는데 위로 봉분을 세우지 않는다. 아

들은 [죽은] 아버지를 위하여 몇 달간 고기를 먹지 않는다. 죽은 사람이 있으면 동네 사람들이 함께 [시신을] 먹는 남쪽 변경[南境]의 풍속과는 조금 다르다(其死者氣將絶, 擧至庭, 親賓哭泣相弔. 浴其屍, 以布帛纏之, 裹以葦草, 親土而殯, 上不起墳. 子爲父者, 數月不食肉. 南境風俗少異, 人有死者, 邑里共食之).

『통전』	其死者氣將絶, 擧於庭, 浴其屍, 以布帛纏之, 裹以葦席, 襯土而殯, 上不起墳. 子爲父者, 數月不食肉.
『태평환우기』	
『통지』	其死者氣將絶, *轝*至庭*前*, 親賓哭泣相弔. 浴其屍, 以布帛縛纏之, 裹以葦席, 櫬土而殯, 上不起墳, 子爲父者, 數月不食肉. 其南境風俗少異, 人有死者, 邑里共食之.
『제번지』	
『문헌통고』	其死者氣將絶, *輿*至庭*前*, 親賓哭泣相吊. 浴其屍, 以布帛纏*縛*之, 裹以葦席, 襯土而殯, 上不起墳, 子爲父者, 數月不食肉. 其南境風俗小異, 人有死者, 邑里共食之.

여기 장례 풍습에 관하여, 이곳은 다른 지역과는 달리 시신을 먹지 않는다고 한 점에 주목할 필요가 있다. 1456년 조선인 양성 등이 오키나와 유구의 상례에 관해 진술한 내용에 따르면, "백성들이 부모의 상을 당했을 때, 친족들이 상가에 모여 조문하고 곡한다. 상을 당한 사람은 흰옷을 입고 3일 뒤에야 고기를 먹으며 7일 동안 살생하지 않는다"(B-⑭)라고 했다. 또한 1462년 오키나와 유구의 사신을 접대한 이계손이 기록한 문답에 따르면, "여인은 남편이 죽으면 유골을 수습하여서 함에 넣고 차례로 암실에 안치한다. 봄과 가을에 날을 골라 [암실의] 문을 열고 들어가 제사한다. 또 집의 대청[正廳]에 신주를 봉

안하고, 아침저녁 먹을 것으로, 살아 있는 것처럼, 제수를 올리고, 흰 옷을 3년간 입는다”(D-⑦)라고 사신들이 대답한 정보가 보인다.

한편 1534년 중국 책봉 사신 진간의 견문에 따르면, “아들은 부모의 상을 당하면, 몇 달간 육식을 하지 않는데, 역시 그 풍속은 높이 살 만했다. 망자는 칠월 보름 전후로 **계곡물로 시신을 씻겨 부패한 살을 제거한 다음 그 유골을 수습하여 천이나 비단으로 싸매고 갈대로 싸, 흙을 덮어 묻되, 위로 봉분을 세우지 않는다.** 왕과 신하들은 유골함으로 산의 동굴 속에 간직하고 나무판자로 작은 창문을 만들고 세시에 제사하고 청소하며 빗장을 열어 살피는데, 나무가 썩어 유골이 드러날까 하는 우려 때문이다”(V-5)라고 하였다. 여기 굵은 글씨로 표기한 정보는 『수서』의 기술과 상당히 닮아 있다. 그러나 부패한 살은 계곡물에 씻어 제거하고 유골만 수습한다는 정보가 다르다.

엥보 위아르(Imbault Huart)는 타이완 원주민들의 장례 풍습에 관하여 “그들은 연한 불로 시신을 9일 동안 말린다. 그동안 그들은 시신 옆에서 춤추며 마신다. 그런 다음 돗자리로 시신을 싸서 초가집 구석 선반에 놓아두었다가, 3년이 지나 유골을 수습하여 살던 곳에 뿌린다”라고 했다. 중국인들의 경우는 관이 없이 구덩이를 파서 묻고 농번기에는 시신은 두 기둥에 걸어 놓고 그냥 썩도록 내버려 둔다고 한다.[67]

---

67 『포르모사 섬(L’ile Formosa)』, 251쪽. 엥보 위아르의 기술은 17세기 초반 네덜란드 점령 시기 캉디디우스의 기록을 참고한 것으로 보인다. “그들은 코로만델 해안의 젠토아(Gentoa) 사람들과 말라바르 사람들처럼 시신을 화장하지 않는다. 고인을 기리는 많은 의례를 행한 뒤에는 대체로 죽은 지 이틀이 지나면 그들은 시신의 손과 발을 묶어 대나무를 작은 조각으로 쪼개 만든 일종의 단 위에 시신을 놓는다. 이 단은 네덜란드 2엘(완척) 높이로 집 안에 설치한다. 시신 옆에 불을 붙이지만, 아래에 피우지 않는다. 그렇게 하여 시체를 완전히 말린다. 많은 장례 의식이 행해진다. 예를 들어 각자의 재력에 따라 돼지를 잡고 한없이 먹고 마시며 시

한편, 『표해시말』(15엽-8행)에 따르면, "사람이 죽으면 시신을 앉혀 두었다가 염(殮)하고 빈소에 둔다. 상여[輀車], 새털을 꽂아 만든 관[翣扇], 만장[銘旌], 그리고 여러 사람이 상여를 따르는데, 상례는 대체로 우리나라와 같다. 부인이 상여를 따를 때는 밖에 베 장막으로 둘러치고, 앞에는 승려 한 사람이 방울을 들고 인도한다. ○사람마다 하나의 석함(石函)을 땅속에 마련하고, 위는 석회로 봉한다. 옆에는 석문이 있어 매장할 때는 함에 관을 안치하고 그 문을 막는다. 서너 칸 혹은 대여섯 칸의 친족들을 묻는 곳이다(人死坐尸而殮殯. 輀車翣扇銘旌及衆人隨喪也, 禮槩如我國. 婦人隨喪則外以布帳圍之, 前有一僧持鈴導之. ○人各有一石函設于地中, 上封以石灰. 旁有石門, 葬則安棺於函中, 而閉其門. 三四間或五六間爲族葬之所)"라고 하였다. 이상의 증언들로 볼 때, 『수서』에서 말하는 장례법과는 확실히 다르다. 『수서』의 유구가 타이완이라면, 캉디디우스와 엥보 위아르가 말하는 원주민과는 다른 종족일 것이다.

밑줄 친 정보는 '남경(南境)'이라는 표현 때문에, 두 가지 해석이 가

간을 보내는 식이다. 많은 마을 사람들이 시신을 보러 온다. 왜냐하면 누군가가 죽자마자 속이 빈 나무로 만든 북을 집 앞에서 두드리면, 사람이 죽은 것으로 알고 그곳으로 사람들이 달려오기 때문이다. 여자들도 독한 술을 채운 항아리를 가져 와 진탕 마신 뒤에 망자의 집 앞에서 춤을 추기 시작한다. 그들이 추는 춤은 아주 독특하다. 그들은 큰 나무를 깎아 낸 큰 여물통이 있는데, 동인도의 상자와 비슷하면서도 약간 길고 넓다. 그들은 이것을 뒤집어 놓고 그 위에서 춤을 추는데, 당연히 아주 기분 나쁜 소리가 난다. 여물통마다 두 줄의 여자들이 등을 맞대고 서 있으며 줄마다 네다섯 명으로 이루어져 있다. 그녀들은 뛰거나 달리지 않고 점잖게 손과 발을 움직이며 뒤집힌 여물통의 표면을 돌며 춤춘다. 한 팀이 지치면 다른 팀이 대체된다. 일반적으로 춤은 두 시간 동안 계속되는데, 이것이 장례 의식을 거행하는 일반적인 방법이라고 할 수 있다. 시신이 9일 동안 말려지는 동안, 매일 씻어 청결하게 한다. 아흐레 되는 날에 단에서 내려, 생존자들이 시신을 자리에 말아, 집 안에 있는 다른 단 위에 올린다. 이 단은 많은 의복으로 둘러싸, 일종의 누각을 만들어 그 위에 시신을 안치한 다음 사람들은 다시 망자를 위한 잔치를 벌인다. 그렇게 시신을 3년 동안 그곳에 놓아둔다. 그런 뒤에는 해골을 분리하여 집에 묻는데, 이때에도 많은 행사가 뒤따른다"라고 하였다(WM. Campbell, F.R.G.S., 『Formosa under the Dutch』, London, 1903, 22쪽).

능하다. 먼저 '유구'의 남쪽 변경 지역에서 시신을 매장하는 것과는 달리 이곳에서는 사람들이 나누어 먹는다는 말로 이해되는데, 이는 『수서』의 「유구전」이 타이완의 한 지역, 또는 한 부족의 나라만을 기록한 것이 아니라, 다른 지역도 언급하고 있다는 근거가 될 수 있다. 또한 이 정보는 앞서 본 [I-8]에서 전사자의 인육을 먹는다는 기술과 엇갈린다. 한편 중국의 '남경'으로 읽어, '유구' 사람들의 장례 풍습은 중국 남쪽 경계에서 망자의 시신을 나누어 먹는 방식과는 다소 다르다고 이해할 수 있다. 어쨌든 시신을 먹는 풍습은 오키나와 유구를 기록한 거의 모든 자료에서 언급되지 않았다.

[I-17] 곰, 승냥이, 이리가 있고 돼지와 닭이 특히 많으며 소, 양, 나귀, 말은 없다(有熊·羆·豺·狼, 尤多猪·雞, 無牛·羊·驢·馬).

『통전』	有熊·羆·豺·狼, 尤多豬·雞, 無牛·羊·驢·馬.
『태평환우기』	
『통지』	有熊·豺·狼, 尤多腊·雞, 無羊·牛·驢·馬.
『제번지』	肉有熊·羆·豺·狼, 尤多豬·雞, 無牛·羊·驢·馬.
『문헌통고』	有熊·豺·狼, 尤多豬·雞, 無羊·牛·驢·馬.

『수서』에서 언급한 동물들은 엥보 위아르(Imbault Huart)의 『포르모사 섬(L'ile Formosa)』(210~213쪽)에 따르면, 타이완과 오키나와에 모두 해당한다. 『대명일통지(大明一統志)』(1461년), 유구국(琉球國) 조목(사고전서본, 권89, 9b)에는 도산으로 두루수, 유황, 곰류, 이리류(闘鏤樹【似橘而葉密】·硫黃·胡椒·熊羆·豺狼) 등을 거론했다. 이 동물 중에는 '표범[豹]'이

보이지 않는다는 점에 주목해 두자.

1456년 양성(梁成) 등의 표류 증언에 따르면, 오키나와 유구에 가축으로 소, 말, 돼지, 닭, 개가 있었다고 했고(B-㉔), 이는 1462년 초득성 등의 증언으로도 확인된다(C-⑰). 1534년 중국의 책봉 사신 진간의 기록에서도 오키나와 유구에는 야생마[野馬], 소, 돼지가 많았고, 값이 매우 저렴했다고 한다. 하지만 진간은 그들이 개[犬]는 기르지 않았다고 밝혔다. 15세기 중반 조선 표류인들의 증언과는 다르다. 진간의 말은 개를 가축으로 기르지 않는다는 말로 읽어야 할 것 같다. 초득성의 일행과 진간은 오키나와 유구에 호랑이나 표범은 없었다고 한목소리로 말하고 있다. 그러나 1862년 로버트 스윈호(Robert Swinhoe)의 보고에 따르면, 포르모사 표범(Leopardus Barachyurus), 소위 '타이완 구름표범'을 사진과 함께 기술하고, 대영박물관에 소장된 표본으로 확인할 수 있다고 했다.[68]

또한 몇 년 뒤 로버트 스윈호의 기록에 따르면, 포르모사에는 애엽표(艾葉豹), 장호(獐虎, Muntjak Tigre)[Leopardus brachyurus, 동남아시아 해협 식민지의 마크로셀리스(L. macroscelis)와 비슷하지만 짧은 꼬리가 특징적임], 곰[熊], 갈색 사슴[麋, Rusa Swinhoii] 그리고 다른 네발짐승 4종이 있고, 토끼[兎, Lepus Sinensis], 원숭이[猴, Macacus cyclopis], 들고양이[山貓, Felis viverrinus], 수달[獺, Lutra nair], 산양(山羊, Gapricornus Swinhoii), 쥐[鼠], 멧돼지[野豬, Sus taiwanus]가 있다고 한다.[69] 이러한 표범의 존

---

68 「On the Mammals of the Island of Formosa」, 『Proceedings of the Zoological Society of London』, London, 1862, 352~353쪽.

69 「Birds and Beasts of Formosa」, 『The Journal of the North China Brandi of the

『Proceedings of the Zoological Society of London』. 1862, Plate XLIII. Leopardus Barachyurus(타이완 구름표범)

재가 바로 [I-6]에서 갑옷을 만들 때 "혹 곰이나 표범 가죽을 사용하기도 한다"라고 한 정보를 방증한다.

「포르모사에 관한 메모(Jottings about Formosa)」의 저자는 포르모사에서 말, 노새, 당나귀 등은 거의 보이지 않으며 수입되었을 것이라고 한다. 수입된 양들은 번성하지 않았고 원주민들이 기르지 않았다고

Royal Asiatic Society』, 1865, 48~49쪽.

한다(『Notes and Queries on China and Japan』, II(1868), 149쪽). 뒤 알드(Du Halde) 역시 말, 양 그리고 염소는 포르모사에 드물고, 돼지도 그곳에서는 매우 귀하지만, 닭, 오리 그리고 거위 따위는 매우 많다고 한다. 또한 말, 노새, 당나귀가 없이 보통 타는 짐승으로 많은 소가 있다고 한다(『Description de la Chine』, I, 178쪽).

네덜란드 점령 시기, 캉디디우스의 기록에 따르면, "많은 사슴, 돼지, 야생 염소, 산토끼와 집토끼, 아울러 누른 도요새, 꿩, 비둘기, 다른 가금류가 많다. 이 섬에는 여러 갈래의 두꺼운 뿔이 있는 소, 말과 같은 다른 큰 짐승들도 있다. 이 짐승들의 고기는 매우 맛있다. 이 짐승들은 산에서 대량으로 분포하며 원주민들은 올라방(olavang)으로 부른다. 또한 호랑이와 틴니(tinney)라고 부르는 다른 사냥 짐승들도 있다. 이 틴니는 곰과 비슷하지만 좀 더 크고 그 가죽은 비싸다"라고 하였다.[70] 또한 로버트 스윈호는 "[포르모사의] 반미개인들은 호랑이, 표범, 곰 또는 야생 짐승의 가죽을 겨울에 입는다"라고 복식을 설명하고 있다.[71]

『수서』와 『제번지』는 '유구'에 말[馬]이 없다고 기술하고 있다. 그러나 『태조고황제실록(太祖高皇帝實錄)』, 권151, 홍무 16년(1383) 정월 3일 두 번째 기사에서 유구(琉球)의 중산왕 찰도(察度)에게 보낸 조서의 내용에 따르면, 홍무제는 중산왕에게 좋은 말을 팔도록 유시하고 있다. 이는 뒤에 보게 될 황성증(黃省曾)의 『서양조공전록』에서도 확인된다. 또한, 문순득도 유구(오키나와)에서 말을 조련하는 방법을 기술

70 WM. Campbell, F.R.G.S., 『Formosa under the Dutch』, London, 1903, 9쪽.
71 「Notes on the Ethnology of Formosa」, 12쪽.

하며(『표해시말』, 18엽-8행), "말을 조련할 때는 먼저 밧줄로 오른쪽 앞뒷발을 묶는다【밧줄의 길이는 발을 움직일 수 있도록 한다.】 왼쪽도 그렇게 하여 걷는 것을 익힌다. 다 익히면 두 사람이 같이 달리면서 선후로 승부를 가린다(調馬則以索繫右前後足【索之長短令可運足】, 左亦如之, 以習步, 旣習, 兩人同馳以先後爲勝否)"라고 말의 존재를 기록했다. 따라서 위의 정보대로라면, 『수서』와 『제번지』의 '유구'는 타이완을 지칭해야 한다. 1462년 오키나와 유구 사신을 접대한 이계손이 중국에 하는 조공에 관해 묻자, 사신들은 "1년에 한 번 사신을 보내 유황 6만 근, **양마 40필**을 조공하며, 주패(珠貝) 같은 물품은 수에 구애받지 않는다"(D-⑯)라고 하여, 말이 주요 조공품이었음을 확인할 수 있다. 따라서 [I-17]의 정보는 타이완 '유구'를 가리킨다고 읽을 수밖에 없다.

> [I-18] 그들의 농토는 상당히 비옥하여 불로 태우고 물을 끌어다 관개한다. 돌에 날을 세운, 길이는 1척 남짓이며 폭은 몇 촌인 가래질 한 번이면 개간된다(厥田良沃, 先以火燒而引水灌之. 持一插, 以石爲刃, 長尺餘, 闊數寸, 而墾之).

『통전』	厥田良沃, 先以火燒而引水灌之. 持一插, 以石爲刃, 長尺餘, 闊數寸, 而墾之.
『태평환우기』	
『통지』	厥田良沃, 先以火燒而引水灌之, 持一*鍤*, 以石爲刃, 長尺餘, 闊數寸, 而墾之.
『제번지』	厥土沃壤, 先用火燒, 然後引水灌注, 持*鍤*僅數寸而墾之. **다른 기이한 물품은 없고 노략질을 일삼기 때문에 상인들이 지나가지 않는다(無他奇貨, 尤好剽掠, 故商賈不通).**
『문헌통고』	厥田良沃, 先以火燒而引水灌, 持一插, 以石爲刃, 長尺餘, 闊數寸, 而墾之.

『수서』의 정보는 화전농법을 소개하고 있으며, 토양이 곡물에 적합하다는 정보를 제시하고 있는데, 앞서 본 쌀로 술을 만든다는 정보와 상당히 부합한다(I-14). '삽(揷)'자는 『북사』의 '삽(鍤, 가래, 가래질)'자로 읽는 편이 더 정확하다. **이 대목(I-18)부터 조여괄의 기술은 『수서』의 정보와 달라진다.** 조여괄은 가래[鍤]의 길이[長] 설명을 빼고, 상인들이 그들의 노략질 때문에, 이곳에 잘 가지 않는다는 정보를 제시했다. 마지막 단락(I-21) 마지막 문장인 이로부터 '유구'와의 관계는 끊어졌다[自爾遂絶]는 정보와 호응한다.

사실 이 정보는 타이완과 오키나와 모두에 해당한다. 먼저 1450년 오키나와 유구에 표류했다가 돌아온 만년(萬年)과 정록(丁祿)의 진술에 따르면, "매년 9월에 파종하고, 11월에 이양하며 5~6월에 베어 수확한다. 기름진 전토에서는 두 번 열매를 맺고, 척박한 전토에서는 이미 베어내고 남은 뿌리에서 부수로 싹이 필 뿐입니다. 또 곡물이 익으면 이삭은 베어내고 짚은 남겨두어 그 전토의 거름으로 삼는다"라고 하였다(A-①). 또 1456년 양성 등은 "한전과 수전에는 **쟁기**[耒耜]**를 사용하지 않고** 손으로 일했고, 매년 10월에 조종하여 이듬해 정월에 모를 나누어 심는데, 5월이 되어 익으면 이삭만 베어내고, 줄기는 베지 않고 두면, 싹이 다시 번성해져 10월에 다시 수확한다. 밭갈이에는 삽만 사용하고 쟁기는 사용하지 않는다"라고 증언했다(B-㉒). 이들은 1462년 이계손이 오키나와 유구 사신들과 나눈 문답, 『해동제국기』, 1501년 성희안이 보충한 정보에서도 확인된다. 마지막으로 문순득은 오키나와의 농시에 관하여 "마른 밭을 갈 때는 모두 큰 괭이를 [쓰고], 무논에는 먼저 **쟁기를 사용한다**(耕旱田皆則大鎛, 水田始用犂)"라고 하였다

(『표해시말』, 17엽-7행). 쟁기의 사용 여부는 시간적 차이에서 비롯된 것일 것이다.

그러나 1534년 중국의 책봉 사신 진간의 견문은 완전히 상반된다. "그곳의 농토는 모래와 자갈로 비옥하지 않아 오곡은 자라더라도 번성하거나 크지 않다"(V-11)라고 기록했다. 우리는 어느 증언을 선택해야 할까? 네덜란드 점령 시기, 타이완 주민들에 관한 한 기록에 따르면, "사람들은 주로 농토를 경작하고 벼를 심는 일에 전념한다. 그러나 그들은 이들 일곱 마을이 추가로 100,000명을 쉽게 부양할 수 있는 **비옥한 땅을 소유하고 있음는데** 절대적으로 필요한 양 이상을 경작하지 않는다. 실제로 연간 수확하는 양은 종종 그들의 수요를 겨우 충족하는 정도이다. 완전히 고된 노동을 하는 여인들이 대부분 농사를 짓는다. **말, 소, 쟁기 어느 것도 사용하지 않고 모든 일은 더디게 곡괭이로 해야 한다**. 게다가 벼가 땅에서 나올 때마다, 어린싹이 어떤 곳에서는 두껍게 나지만 어떤 곳에서는 그렇지 않기 때문에, **옮겨심는 데 많은 수고로움이 있다**. 또 벼가 익으면 베는 낫을 사용하지 않고 어떤 칼 모양의 도구를 가지고 그것으로 이삭에서 한 뼘 정도로 한 줄기씩 베어낸다. 베어 낸 벼는 탈곡하거나 껍질을 벗겨내지 않고 집으로 가져가 매일 필요한 만큼 빻는다. 밤에 두세 뭉치를 불에 매달아 말려, 그 다음 날 아침 여인들은 해가 뜨기 두 시간 전에 일어나 쌀을 빻아 하루에 필요한 양을 준비한다. 그렇게 그들은 날마다, 해마다 하루에 필요한 양 이상을 마련하지 않는다"라고 하였다.[72] 이로써 우

72 WM. Campbell, F.R.G.S., 『Formosa under the Dutch』, London, 1903, 10쪽.

리는 오키나와 유구의 농사에 관한 정보로, 15세기 중반 조선의 오키나와 표류인의 정보를 선택해야 하고, [I-18]의 정보는 타이완 유구의 것이라고 판단할 수 있을 것이다.

[I-19] 토양은 벼[稻], 수수[粱], 기장[床黍], 참깨[麻], 콩[豆], 팥[赤豆], 완두콩[胡豆], 검은콩[黑豆] 등이 있고, 나무에는 단풍나무[楓], 측백나무[栝], 장뇌나무[樟], 소나무[松], 편나무[楩], 녹나무[楠], 삼나무[杉], 개오동나무[梓], 대나무, 등나무가 있고, 과실과 약초는 강남[江表]과 같으며, 풍토와 기후는 영남(嶺南)과 서로 비슷하다(土宜稻·粱·床黍·麻·豆·赤豆·胡豆·黑豆等, 木有楓·栝·樟·松·楩·楠·杉·梓·竹·籐, 果·藥同於江表, 風土氣候與嶺南相類).

『통전』	土宜播種. 樹木有同於江表, 氣候與嶺南相類.
『태평환우기』	
『통지』	宜稻粱禾黍麻豆赤豆胡黑豆等. 木有楓栝樟松楩楠枌梓竹藤, 果藥同於江表, 風土氣候與嶺南相類.
『제번지』	**토착민들은 간혹 생산하는 황랍(黃蠟), 토금(土金), 이미(氂尾, 야크 꼬리), 표범 고기[豹脯]를 가져가서 삼서(三嶼)에 판다. [이 나라] 옆에는 비사야(毗舍耶), 담마안(談馬顔) 등의 나라가 있다(土人間以所產黃蠟·土金·氂尾·豹脯, 往售於三嶼. 旁有毗舍耶·談馬顔等國).**
『문헌통고』	宜稻粱禾黍麻豆赤豆胡黑豆等. 木有楓栝松楩楠枌梓竹藤, 果藥同於江表, 風土氣候與嶺南相類.

'유구'의 산물을 소개하는 단락이다. '괄(栝)'은 『설문해자』에서 부엌 땔나무[炊竈木]라고 설명하고 있다. 한편 『옥편』에 괄(栝)은 나무 이름으로 '측백[柏]의 잎에 소나무 둥치(栢葉松身)'라고 하였고, '회(檜)'자

역시 '백엽송신(栢葉松身)'으로 설명했다. 이 자전적 설명은 『중수광운(重修廣韻)』에서도 일치한다. 따라서 '괄(栝)'과 '회(檜)'는 같은 침엽수이다. 이 나무를 편백(扁柏), 즉 히노키로 본다면, 오키나와로 우리는 특정할 수 있을 것이다. 그러나 이 나무는 중국에서는 나지 않으므로 측백나무로 볼 수밖에 없다. 주목할 만한 점은 '유구'의 산물들을 장강 이남 지역[江表]과 광둥과 광시 이남 지역[嶺南]과 비교했다는 것이다. 이는 『수서』의 '유구'가 타이완임을 말해 주는 결정적 단서 중 하나이다.

1456년 조선의 양성 일행의 진술에 따르면 "여러 곡물이 모두 있었으나 소두(小豆), 대맥(大麥), 녹두(菉豆)만 없었다"라고 했고(B-⑳), 과수로는 "유자[柚], 귤[橘], 감[柑]뿐이었다"라고 증언했다(B-㉕). 또 1462년 오키나와 유구에 표류했던 초득성 일행은 모든 곡물이 모두 난다고 증언했고(C-⑯), 과수로는 "배나무[梨], 밤나무[栗], 복숭아나무[桃], 종려나무[棕], 소나무[松], 상수리나무[橡], 왜귤나무[倭橘樹]뿐이었다"라고 하였다(C-㉓). 같은 해 오키나와 유구 사신들과 나눈 이계손의 문답에서, 이계손이 심는 곡물에 관해 묻자, 사신들은 "벼, 기장[粱], 밀보리[牟麥], 참깨[麻], 콩은 있지만, 소두(小豆)와 메기장[黍]은 없다"(D-⑧)라고 하였다. 한편 1534년 중국 책봉 사신 진간은 "과일로는 바나나[芭蕉], 감자(柑蔗), 석류(石榴), 귤(橘), 감[柿] 등이 있었다"(V-10)라고 기록했다. 이를 『수서』의 정보와 비교해보면, 우리는 『수서』의 유구는 타이완을 지칭하고 있음을 짐작할 수 있다.

『세번시』의 기술은 『수서』의 정보와 완전히 다르다. 먼저 토착민들이 생산한다는 황랍(黃蠟, 밀랍)과 토금(土金)에 관하여, 진간(陳侃)이 오키나와에 사신으로 다녀와 1534년에 지은 『사유구록(使琉球錄)』(대만 문헌총간본, 권1, 29쪽)에 "땅에서는 금이 나지 않고 황랍과 파리(玻璃) 등의 물품도 없다(地不產金, 亦無黃蠟及玻璃等物)"라고 하였다. 이 정보는 엄종간(嚴從簡)이 1583년 지은 『수역주자록(殊域周咨錄)』(중화문사총서본, 권4, 30a)에서도 확인된다. 이보다 앞서 조선인으로 1456년 오키나와 유구에 표류해 돌아온 양성 일행의 증언에 따르면, "금과 은이 나지 않아 남만, 일본에서 사서 썼다"라고 한 것으로 판가름할 수 있다(B-㉓). 하지만 조여괄이 언급한 산물에 표범이 보인다. 확실히 표범은 오키나와 자생동물에 보이지 않는다. 타이완에는 '타이완 구름표범(Formosan clouded leopard)'이라는 고유종이 분포한다.[73] 이로써 조여괄이 언급한 산물들은 모두 타이완에 해당한다.

> [I-20] ⒇ 사람들은 산과 바다의 신을 섬기며 술과 안주로 제사한다. ㉑ 전투에서 사람을 죽였으면, 그 죽인 사람으로 신에게 제사한다. ㉒ 무성한 나무에 의지해 작은 집을 짓기도 하고, 해골을 나무에 걸어 놓고 활을 쏘아 놓기도 하며, 돌을 쌓고 깃발을 매어 신주(神主)로 삼기도 한다. ㉓ <u>왕이 사는 곳 담장 아래 해골을 많이 모아두는 것을 좋게 여긴다</u>. 사람들의 집 문에는 반드시 짐승의 머리, 뼈, 뿔을 놓는다(俗事山海之神, 祭以酒肴, 鬭戰殺人, 便將所殺人祭其神. 或依茂樹起小屋, 或懸髑髏於樹上, 以箭射之, 或累石繫幡以爲神主. 王之所居, 壁下多聚髑髏以爲佳. 人間門戶上必安獸頭骨角).

73 Imbault Huart, 『L'ile Formosa』, 210쪽.

『통전』	俗事山海之神, 祀以酒殽, 鬭戰殺人, 便將所殺人祭其神.
『태평환우기』	
『통지』	俗事山海之神, 祭以肴酒, 戰鬭殺人, 便將所殺人祭其神. 或依茂樹起小屋, 或懸髑髏於樹上, 以箭射之, 或累石繫幡以爲神主. 王之所居, 壁下多聚髑髏以爲佳. 人間門戶上必安獸頭骨角.
『제번지』	
『문헌통고』	俗事山海之神, 祭以*殽酒*, 戰鬥殺人, 便將所殺人祭其神. 或依茂樹起小屋, 或懸髑髏於樹上, 以箭射之, 或累石繫幡以爲神主. 王之所居, 壁下多聚髑髏以爲佳. 人間門戶上必安獸頭骨角.

조여괄은 이 단락의 정보들을 전혀 채록하지 않았다. ⒇의 바다의 신[海神]을 섬긴다는 정보는 섬나라에서 일반적이다. 푸젠, 광둥, 하이난 등지에 유행하는 '마조(媽祖)'라는 바다 여신이 잘 알려져 있다. 이들 지역에서 타이완으로 이주해온 사람들이 있었으므로, 같은 신이 숭배되었을 개연성은 충분하다. 앞서 본 「진릉전」(1519쪽)에서도 진릉 일행은 원정에 앞서 백마(白馬)를 희생물로 하여 바다의 신에 제사를 지냈다. 정화(鄭和) 등이 바다로 원정을 떠날 때, 항상 사원에서 바다의 신에게 기원했는데, 바로 남경(南京)의 천비궁(天妃宮)이 대표적인 예이다. 정화의 7차 항해와 관련하여 전곡(錢穀)의 『오도문수속집(吳都文粹續集)』 20권에 실린 「누동 유가항 천비궁 석각 통번 사적기(婁東劉家港天妃宮石刻通番事蹟記)」와 장락(長樂) 삼봉탑사(三峰塔寺)의 석각인 「천비영응기(天妃靈應記)」가 남아 있다.[74]

1456년 양성(梁成) 일행의 증언에 따르면, "7월 15일[백중일] 절에

74 펑청쥔(馮承鈞), 『중국남양교통사(中国南洋交通史)』, 104쪽을 참고하시오.

가서 죽은 부모의 성명을 써서 책상에 놓고, 쌀을 상에 올린 다음 댓잎으로 땅에 물을 뿌리면, 승은 불경을 읽고 속인들은 예배한다"라고 하며 불교 숭배를 언급했다(B-②). 또한 1462년 이계손이 오키나와 유구 사신들과 주고받은 문답에 따르면, 무속 숭배를 하는 사례와 해변에 천비낭랑전(天妃娘娘殿)을 지어 두고 출항할 때는 말과 돼지를 잡아 제사한다는 정보를 제공하고 있다. 이러한 일종의 수호신이 가진 영험함에 관해서는 1534년 중국의 책봉 사신 진간은 "옛날 왜구가 중산왕(中山王)을 해치려는 자가 있었는데, 신이 곧바로 그의 배를 잡아두고[禁錮], 물을 소금으로 바꾸어 쌀은 모래로 변화시켜 얼마 되지 않아 도륙되었다고 한다"(V-7)라는 소문까지 기록해 두었다. 이 신은 그들 땅을 수호해 주기 때문에, 국왕은 그를 존경하고 나라 사람들은 그를 두려워하며 시동(尸童) 부인을 '여군(女君)'이라 부른다고 기록하고 있다.

한편 캠벨은 포르모사 사람들이 숭배하는 신에 대해 "원주민들은 육체의 부활에 대해 아무것도 모른다. 또한 유일한 하나님을 인정하지 않지만, 많은 사람이 호소하고 제사를 지내는 신들이 있다. 이들 중 둘은 그들의 주요 신이다. 하나는 남쪽에 산다고 추정되는 '타마기산하흐(Tamagisanhach)'로 불린다. 그들은 그가 사람을 창조하고 그가 그들을 선하고 아름답게 하는 존재라고 생각한다. 그의 아내는 동쪽에 살며 '타산크파다(Taxankpada)'라고 불린다. 동쪽에서 천둥소리가 들리면 원주민들은 여신이 남편과 이야기하며 그에게 비를 내리지 않는다고 꾸짖으면, 그가 듣고 비를 내려 보낸다고 생각한다. 이 여신과 그녀의 남편이 주로 모셔지며 그들에게 제물을 바치는 것은 주로 여인들이다. 또한 북쪽에 사는 또 다른 신이 있는데, 그의 이름은 '사리

아핀그(Sariafingh)'이지만, 그들은 그가 별로 중요하지 않다고 생각한다. 그들의 신인 타마기산하흐(Tamagisanhach)는 사람을 아름답게 만들지만, 이 신은 그를 추하고 얽은 자리와 비슷한 결함으로 가득하게 한다. 그러므로 그들은 그를 소환하여 그에게 어떠한 해도 끼치지 않도록 기도하고, 다른 신인 타마기산하흐에게는 사리아핀그로부터 보호해 줄 것을 간청한다. 왜냐하면 그는 주요한 신(神)이며, 가장 힘이 세기 때문이다. 그들이 전쟁하러 나갈 때 부르는 다른 두 신이 있다. 하나는 '탈라풀라(Talafula)'이고 다른 하나는 '타팔리아페(Tapaliape)'이다. 이들 두 신이 남자들에게 가장 숭배되며 모셔진다. 그들에게는 여기서 언급하기에는 너무 많은 그들이 부르고 모시는 다른 신들이 있다"라고 기록했다.[75] 이상으로 볼 때, ⒇의 정보는 오키나와 유구보다는 타이완 유구를 지칭할 가능성이 더 크다.

㉑의 정보는 앞서 본 [I-8]에서 전투에서 죽인 사람을 먹고 해골은 왕에게 가져간다는 기술과 조금 다르다. 자기 편에서 전사한 사람을 데려가 신에게 제사 지낸다는 말로 읽어야 하는지 모르겠다. [I-8]의 정보는 여기 ㉓과 호응한다. ㉓에 대한 근거가 네덜란드 점령 시기의 한 기록을 통해 확인된다. "그들이 적의 머리를 자르게 되거나, 그것이 실패하여 머리카락을 뽑거나 단지 창만 뺐어도 집에 돌아와 큰 잔치를 열고 노래하며 함성을 지른다. 즉 온 마을이 기뻐한다. 처음 그들이 머리를 취하여 마을로 가져오면, 머리를 취하는 것을 큰 승리로 여기 때문에, 그들의 신과 우상에게 찬송가를 부르는데, 이 신들에게

75 WM. Campbell, F.R.G.S., 『Formosa under the Dutch』, London, 1903, 24쪽.

승리를 빛졌다고 여기기 때문이다. 그들 편이 사는 어느 마을에 가든, 그들은 환호를 받고 환대를 받으며 최고의 술을 그들에게 선사한다. 그들은 우상을 모신 곳에 머리를 가져간다. 그러한 신당은 열대여섯 가구마다 있다. 솥에 모든 살이 벗겨질 때까지 그 머리를 삶아 햇볕에 말려 최고로 독한 술을 해골에 붓는다. 이에 맞추어 자신들의 신에게 제사하기 위해 많은 돼지가 도살되고 큰 축제가 이어진다. 이렇게 승리를 축하하는 의식은 밤새도록 단절 없이 계속된다. 적들의 머리카락을 취하거나 창을 빼앗았을 때도 이러한 축제를 즐긴다. 이들 머리, 팔, 다리 또는 신체 일부는 비싼 값이 매겨지고 우리가 금, 은, 진주 또는 다른 보석에 값을 매기는 만큼이나 비싸다. 집에 불이 나면 그들은 이 유골을 먼저 챙기고 다른 것은 타도록 내버려 둔다. 머리를 얻은 사람을 영예롭게 여기며 존중한다"라고 기술했다.[76]

(22)는 '유구' 사람들이 조상신이나 신을 숭배하는 사당을 기술하고 있는 것 같다. 다시 캠벨은 "사람이 죽으면 그들은 그를 위해 높은 곳에 작고 가벼운 움막을 짓고 모든 종류의 잎들로 둘러싸 화려하게 장식한 다음 모퉁이마다 네 개의 깃발을 꽂는다. 움막 안에 그들은 큰 물그릇과 퍼낼 수 있도록 작은 대나무 국자를 그 옆에 둔다. 왜냐하면 그들은 망자가 매일 목욕하고 씻으려고 움막을 찾는다고 믿기 때문이다"라고 하였고, 집마다 주민들이 그들의 신을 부르고 제물을 바치는 16가구마다 하나씩 어디에서도 그들의 고유한 장소를 찾을 수 있다고

76 WM. Campbell, F.R.G.S., 『Formosa under the Dutch』, London, 1903, 14~15쪽.

파이완족(排灣族)의 해골 시렁. Bureau of Aboriginal Affairs, 『Report on the control of the aborigines in Formosa』, Taihoku, Formosa, 1911.

타이얄족(泰雅族)의 해골 시렁. Bureau of Aboriginal Affairs, 『Report on the control of the aborigines in Formosa』, Taihoku, Formosa, 1911.

한다.[77] 이상으로부터 [I-20]의 단락은 우리를 타이완 유구로 이끈다.

77 WM. Campbell, F.R.G.S., 『Formosa under the Dutch』, London, 1903, 23, 25, 76쪽.

[I-21] 대업(大業) 원년(605) 항해 전문가[海師] 하만(何灣) 등은 매년 봄과 가을 두 시기 하늘이 맑고 바람이 고요할 때, 동쪽으로 [유구를] 바라보면 희미하게 운무의 기운이 있는 듯했지만 몇천 리나 되는지 몰랐다. 3년(607) 양제(煬帝)가 우기위(羽騎尉) 주관(朱寬)에게 바다로 나가 이속(異俗)을 찾아보게 하였다. 하만(何蠻)이 [유구를] 말하자, 마침내 [하]만과 함께 가서 유구국(流求國)에 이르렀다. 말이 통하지 않아서 한 사람을 잡아 돌아왔다. 이듬해[608년] 황제는 다시 주[관]에게 그들을 타이르게[慰撫] 했으나 유구는 따르지 않자, ⒁ 주관은 베로 만든 갑옷[布甲]을 가져왔다. 당시 왜국(倭國)의 사신이 조정에 와 있었는데, 그 갑옷을 보고 "이것은 이야구(夷邪久) 사람들이 쓰는 것입니다"라고 하였다. 황제는 무분랑장(武賁郎將) 진릉(陳稜), 조청대부(朝請大夫) 장진주(張鎭州)에게 군사들을 데리고 ⒂ 의안(義安)에서 바다로 나가 유구를 치게 했다. 고화서(高華嶼)에 이르러, 다시 동쪽으로 이틀을 항행하여 구벽서(鼊鼊嶼)에 이르렀고, 또 하루를 항행하여 유구에 이르렀다. ⒃ 처음에는 진릉이 남방 여러 나라의 사람을 데리고 종군했는데, 그중에는 그곳의 말을 잘 아는 곤륜(崐崘) 사람이 있어, 그 곤륜인을 보내 그들을 타일렀으나 유구는 따르지 않고 관군에 맞섰다. 진릉이 그들을 물리치며 도성까지 진격했다. 잦은 전투에서 모두 패퇴시키고, 궁실을 불태워 버렸다. 남녀 수천 명을 사로잡고, 전리품[軍實]을 실어 돌아왔다. 이로부터 결국 멸절되었다(大業元年, 海師何蠻等, 每春秋二時, 天淸風靜, 東望依希, 似有煙霧之氣, 亦不知幾千里. 三年, 煬帝令羽騎尉朱寬入海求訪異俗. 何蠻言之, 遂與蠻俱往, 因到流求國. 言不相通, 掠

一人而返. 明年, 帝復令寬慰撫之, 流求不從, 寬取其布甲而還. 時倭國使來朝, 見之曰, 此夷邪久國人所用也. 帝遣武賁郎將陳稜·朝請大夫張鎭州率兵, 自義安浮海擊之. 至高華嶼, 又東行二日至鼊鼊嶼, 又一日便至流求. 初, 稜將南方諸國人從軍, 有崐崘人頗解其語, 遣人慰諭之, 流求不從, 拒逆官軍. 稜擊走之, 進至其都. 頻戰皆敗, 焚其宮室. 虜其男女數千人, 載軍實而還. 自爾遂絶).

『통전』 煬帝大業初, 海師何蠻等云, 每春秋二時, 天淸氣靜, 東望依稀, 似有煙霧之氣, 亦不知幾千里, 三年, 帝令羽騎尉朱寬入海, 求訪異俗*得*. 何蠻遂與俱往, 因到琉球國. 言不相通, 掠一人, 並取其布甲而還. 時倭國使來朝, 見之曰, 此夷邪久國人所用也. 帝遣虎賁郎將陳稜·朝請大夫張鎭州率兵, 自義安【今潮陽郡】浮海擊之. 至琉球, 初稜將南方諸國人從軍, 有崑崙人頗解其語, 遣人慰諭之, 琉球不從, 拒逆官軍, 稜擊走之, 進至其都. 頻戰皆敗, 毁其宮室. 虜其男女數千人而還.

『태평환우기』 煬帝大業初, 海師何蠻等云, *春*秋二時, 天淸*風*靜, 東望依稀, 似有煙霧之氣, 亦不知幾千里. 三年, 帝令羽騎尉朱寬入海, 求訪異俗. *遂與何蠻*俱往, 因到琉*求*國. 言不相通, 掠人, 並取其布甲而還. 時倭國使來朝, 見之曰, 此夷邪久國人所用也. 帝遣*武*賁郎將陳稜·朝請大夫張鎭州率兵, 自義安*浮*海擊之. 至琉*求*, 初稜將南方諸國人從軍, 有崑崙人頗解其語, 遣人慰諭之, 琉*求*不從, 拒逆官軍, 稜擊走之, *追*至其*郡*. 頻戰皆敗, *焚*其宮室. 虜其男女數千人而還. *自爾而絶*.

『통지』 隋大業元年, 海師何蠻等, 每春秋二時, 天淸風靜, 東望依俙, 似有煙霧之氣, 亦不知幾千里. 煬帝令羽騎尉朱寬入海求訪異俗*得*. 何蠻*言*, 遂與蠻俱往, 同到流求國. *言*不通, 掠一人而反. 明年, *復*令寬慰撫之, 不從, 寬取其布甲而歸. 時倭國使來朝, 見之曰, 此夷邪久國人所用也. 帝遣*虎*賁郎將陳稜·朝請大夫張鎭州率兵, 自義安【今潮陽郡】*浮海, 擊之*, 至高華嶼, 又東行二日至鼊鼊嶼, 又一日便至流求. *初稜將南方諸國人從軍有崑崙人, 頗解其語, 遣喩降之. 流求不聽, 拒逆官軍*, 稜擊走之, 進至其都. 頻戰皆敗, *毁*其宮室. 虜其男女數千人而還. 自是遂絶.

『제번지』

『문헌통고』 *隋*大業元年, 海師何蠻等云, 每春秋二時, 天淸風靜, 東望依稀, 似有煙霧之氣, 亦不知幾千里. *煬帝*令羽騎尉朱寬入海求訪異俗*得*. 河蠻*言*, 遂與蠻俱往, 同到琉球國. 言語不通, 掠一人而

> 反. 明年, 令寬慰撫之, 不從, 寬取其布甲而歸. 時倭國使來朝, 見之曰, 此夷邪久國人所用. 帝遣虎賁郎將陳稜等率兵, 自義安浮, 至高華嶼, 又東行二日至鼅鼊嶼, 又一日便至琉球. 不從, 稜擊走之, 進至其都. 焚其宮室, 虜其男女數千人, 載軍實而還. 自爾遂絕.【義安潮陽部也】

『수서』의 이 단락은 『제번지』에서만 채록되지 않았다. 조여괄은 이들 '유구'가 13세기에도 멸절되지 않았음을 알고 있었기 때문일 것이다. 한편 『통지』에서 채록한 것으로 보이는 『문헌통고』의 기술에는 빠진 문장들이 꽤 보인다. 이 정보는 앞서 『수서』, 권64, 「진릉전(陳稜傳)」(1519쪽)에서 살펴본 내용이다. 그러나 ⑵4), ⑵5), ⑵6)의 정보는 여기 「유구전」에만 보인다. 특히 여정을 기술한 ⑵5)의 정보는 아직도 학자들을 괴롭히고 있다.

⑵4)의 '왜(倭)'자는 『설문해자』에 '따르는 모습[順皃]'으로 설명했다. 고유명사로 쓰인 예는 『전한서』, 「지리지(地理志)」(1658쪽)에서 "'**낙랑**(樂浪)'의 바다 가운데에는 왜인(倭人)이 있는데, [그들이] 나뉘어 100여 나라가 되었고 해마다 와서 [방물을] 헌상하고 알현했다고 한다(樂浪海中有倭人, 分爲百餘國, 以歲時來獻見云)"라고 한 기록이 가장 이르다. 안사고(顏師古)가 인용한 『위략(魏略)』에 따르면, "왜(倭)는 '**대방**(帶方)' 동남쪽 대해에 있으며 산과 섬을 따라서 나라를 세웠다. [그곳의] 바다를 건너면 또 어떤 나라가 있는데, 모두 왜의 종족들이다(倭在帶方東南大海中, 依山島爲國. 度海千里, 復有國, 皆倭種)"라고 '왜'의 나라를 언급했다.

'왜'가 중국 정사에서 별도의 전(傳)으로 기술된 것은 『삼국지·위서(魏書)』이다. "'왜' 사람[倭人]들은 **대방군**(帶方郡) 동남쪽 대해에 있으며 산과 섬을 따라서 성읍[國邑]을 세웠다. 옛날에 100여 나라가 한나라 때 조공하고 알현한 일이 있었는데, 지금 역관을 통해 알아본 바로는 30개 나라였다(倭人在帶方東南大海之中, 依山島爲國邑. 舊百餘國, 漢時有朝見者, 今使譯所通三十國)"라고 하였고(854쪽), 이들과의 "거리를 따져보면, 회계군(會稽郡) 동야현(東冶縣) 동쪽에 마주해 있으며[計其道里, 當在會稽東冶之東]"(855쪽) 그들이 "가진 것들은 모조리 [해남도의] 담이(儋耳)와 주애(朱崖)와 같으며(所有無餘儋耳·朱崖同)"라고 하였다. 이처럼 이해하기 어려운 지리적 인식은 『후한서(後漢書)』의 기술에서도 "왜(倭)는 '한(韓)' 동남쪽 대해에 있으며 산과 섬을 따라서 사는데, 무릇 100여 국이다(倭在韓東南大海中, 依山島爲居, 凡百餘國)"라고 하였고, "그곳은 대체로 회계군(會稽郡) 동야현(東冶縣)의 동쪽에 있으며, [해남도의] 주애(朱崖)와 담이(儋耳)와 서로 가까워 그 제도와 풍속이 대부분 같다(其地大較在會稽東冶之東, 與朱崖·儋耳相近, 故其法俗多同)"라고 고스란히 재연되었다(2820쪽).

『수서』의 기술도 크게 진전되지 않았다. "'왜국'은 백제와 신라의 동남쪽, 해로와 육로로 3,000리에 있는데, 큰 바다 가운데 산과 섬을 따라서 산다(倭國, 在百濟·新羅東南, 水陸三千里, 於大海之中依山島而居)"라고 하였고(1825쪽), 이 나라는 "회계군(會稽郡)의 동쪽에 있으며 [해남도의] 담이(儋耳)와 서로 가깝다(在會稽之東, 與儋耳相近)"라고 하면서 "신라와 백제가 모두 왜(倭)가 대국으로 진귀한 물건이 많다고 여겨, [두 나라] 모두 경앙(敬仰)하며 항상 사신을 보내 왕래한다(新羅·百濟皆以倭爲大國, 多珍物, 並敬仰之, 恒通使往來)"라는 기록을 남겼다(1827쪽). 이처럼 7세기 전반 당나라 사관들의 지리적 인식은 당시 유행했던 전기(傳奇) 소설에 가깝다. 어떻게 해남도의 주애(朱崖)나 담이(儋耳)에 가깝다고 기술할 수 있는가?

주관(朱寬)의 이문(異聞) 탐방은 대업(大業) 3년(607)에 있었다. 공교롭게도 『수서』, 「왜국전」에는 대업 3년(607) 왜국의 왕 다리사비고(多利思比孤)가 승려 수십 명을 사신에 딸려 보내 조공한 사실을 기록하고 있다(1826쪽). 이듬해 608년에 배청(裴淸)을 사신으로 보냈고 왜국의 답방을 받은 뒤에 왜국과는 관계가 끊어졌다[此後遂絶]고 하였다(1828쪽). 그러나 『수서』, 권3, 「양제본기」(74쪽)에 따르면, 대업 6년(610) 정월 기축일에 "왜국에서 사신을 보내와 방물을 바쳤다(倭國遣使貢方物)"라는 기록만 보인다. 우리는 「본기」의 기록을 더 신뢰해야 한다.

주관이 가지고 돌아온 '포갑(布甲)'이란 글자 그대로 베로 만든 갑옷이란 뜻으로, 위의 [I-6]에서 언급한 '저(紵)'를 짜서 만든 갑옷을 말할 것이다. 마침 중국 조정에 사신으로 와 있던 왜국(倭國)의 사신과 승려들이 이러한 갑옷을 보고, 자기 나라에서는 "갑옷을 가죽에 옻칠하여 만들었는데도[漆皮爲甲]", 그 갑옷이 '이야구(夷邪久)' 사람들이 쓰는 것이라는 정보를 주었다. '이야구'라는 표기는 『수서』 이외의 어떤 자료에도 보이지 않는다. '이야구'라는 발음은 확실히 '유구'와 비슷하다. 현 타이완섬이든 오키나와든 '유구'와 비슷한 옛 지명은 발견되지 않았다. '유구'에 관해 수나라 이전 자료가 존재하지 않았다면, 또는 알려지지 않았다면, '유구'라는 명칭은 이 '이야구'에서 비롯되었을 것이다. 607년 왜국 사신이 '이야구'라고 했다고 하더라도, 그곳이 오키나와일 것이라는 근거는 전혀 될 수 없다. 그들이 바다, 일본열도를 따라 중국으로 항해해 들어왔다면, 그 길은 상선들의 루트였으므로, 그들의 종착지는 푸젠성 해안일 것이다. 타이완 북부는 그 루트에 해당할 뿐만 아니라, 일본을 벗어나면 가장 큰 섬이 바로 타이완이다.

(25)의 경우, 앞서 본 『수서』, 「진릉전」에서 본 것처럼, 진릉(陳稜)과 장진주(張鎭周[州])의 '유구' 원정은 대업 6년(610)의 일이다. 10,000여 명의 원정대는 의안(義安)에서 출발했다. 이 출발지는 현 광둥성 '조주(潮州)'가 아니라 안후이 퉁링 지역임을 앞서 밝혔다. 그렇다면 원정대는 항저우만 바다로 빠져나왔을 것이다. 어쨌든 이들은 배를 타고 고화서(高華嶼)에 이르렀고, 또 그곳에서 2일을 항행하여 구벽서(鼅鼊嶼)에 도착했으며, 다시 그곳에서 하루를 더 가서 '유구'에 도착했다. 의안(義安)에서 '고화서'까지는 얼마가 소요되었는지 언급이 없다. 그들이 바다로 나와 '고화서'에서 '유구'까지는 총 3일 거리인 셈이다.

논의에 앞서, '도(島)'와 '서(嶼)'의 의미를 구분할 수 있으면, '유구'의 위치 파악에 도움이 될 수 있다. '서(嶼)'자는 『설문해자』에 '도(㠀)'라고 하였고, '도(㠀)'는 "바다 가운데 종종 정박할 수 있는 산(山)이 있는데 그것을 '도'라 한다(海中往往有山可依止曰㠀)"라고 하였다. 이어서 『옥편』에서 도(島)는 "바다 가운데 살 수 있는 산이다(海中山可居也)"라고 하였다. 어떻게 구분되어 사용했는지는 분명하지 않다. 대통(戴侗, 1200~1285)의 자서(字書)인 『육서고(六書故)』에 '서(嶼)'란 "평평한 땅에 있는 작은 산으로, 물에 있으면 '도', 육지에 있으면 '서'라 한다(平地小山, 在水爲島, 在陸爲嶼)"라고 하였다. 유량(劉良)은 「오도부(吳都賦)」 주에서 "'도(島)'는 바다 가운데 있는 산이다. '서(嶼)'는 바다 가운데 섬에 산석(山石)이 있는 것이다(島, 海中山也. 嶼, 海中洲上有山石)"[78]라고 설명했다. 여전히 명확하지 않다. '도서(島嶼)'는 우리 국어사전에서 '크

78 『육신주문선(六臣註文選)』, 사고전서본, 권7, 10a.

고 작은 온갖 섬'으로 정의하고 있는데, 이 설명은 중국 사전들과 크게 다를 바 없다. 따라서 '도'라고 했든 '서'라고 했든 '유구'의 위치 파악에는 큰 도움이 되지 않을 것 같다.

고화서(高華嶼)와 구벽서(鼅鼊嶼)에 관하여 타이완의 역사학자 롄헝(連橫, 1878~1936)은 『대만시승(臺灣詩乘)』(대만문헌총간본, 권4, 168쪽)에서 진릉(陳稜)의 '유구(流求)'는 타이완이라고 규정하고, "고화서는 지금의 화서(花嶼)이고, 구벽서(鼅鼊嶼)는 규벽서(奎壁嶼)로 두 곳 모두 팽호(澎湖)에 있다"라고 확인한 바 있다.

그러나 『대명일통지』(사고전서본, 권89, 9b)에 따르면, 산천으로 '원벽서(黿鼊嶼)', '고화서(高華嶼)', '팽호(彭湖)', '낙제(落漈)' 등을 들고 원벽서에 대해서는 ㉠ "나라[오키나와 유구]의 서쪽 물길로 하루거리에 있다(黿鼊嶼在國西水行一日)"라고 하였고, 고화서에 대해서는 "나라의 서쪽으로 3일 거리에 있다. 두 섬은 모두 진릉이 군사를 이끌고 지나갔던 곳이다(高華嶼在國西水行三日. 二嶼俱隋陳稜率兵過此)"라고 쌍행의 주석을 붙이고 있다. 이 기술에 따르면, 구벽서(鼅鼊嶼)이든 원벽서(黿鼊嶼)이든, 팽호와는 거리가 멀다. 하지만 천주부의 바다를 기술할 때는 ㉡ "[천주]부(府)에서 정 동쪽 바닷길로 이틀을 항행하면 고화서(高華嶼)에 이르고, 또 이틀을 항행하면 구벽서(鼅鼊嶼)에, 또 '이틀'을 가면 유구국(琉球國)에 이른다"라고 하였다(권75, b). 여기 ㉠과 ㉡의 정보는 방향이 엇갈린다. 따라서 ㉠의 '국(國)'자를 오키나와 유구가 아니라, 중국으로 읽고, '서(西)'자를 '동(東)'으로 고쳐 읽으면 ㉡의 정보와 부합한다. 이로써 볼 때, 『대명일통지』의 이 두 정보는 모두 타이완 유구를 가리키고 있다.

1534년 오키나와 유구에 책봉 사신으로 다녀왔던 진간(陳侃)은 오키나와 유구 주변의 섬들을 대략 열거하고, 『대명일통지』의 '원벽서' 등의 섬[嶼]이나 팽호(彭湖) 등의 섬[島]은 없었다고 하였다. 또 1606년 책봉 사신 하자양(夏子陽)과 왕사정(王士禎)의 『사유구록』(대만문헌총간본, 권4, 258쪽)에서도 『대명일통지』의 정보를 확인하며, "팽호는 이곳에 속한 곳이 아니며, 거리도 너무 멀다. 원벽(黿鼊)이니 낙제(落漈)니 하는 명칭을 사람들에게 물어봤으나 몰랐다(彭湖非其所屬, 且相距甚遠. 黿鼊·落漈, 詢之人人不知)"라고 하였다. 이로써 우리는 『대명일통지』의 설명들이 1461년 이후 추가된 정보일 가능성이 크고, 우리가 뒤에 자세히 다루겠지만, 타이완 유구와 오키나와 유구의 정보를 뒤섞어 놓고 있다. 따라서 우리는 『대명일통지』의 설명(㉠)을 배제할 수밖에 없다. 앞서 우리는 『수서』의 '유구' 기술이 대부분 타이완 유구를 가리키고 있었으므로, 렌헝의 추정은 따를 만하다. 그렇다면 『대명일통지』의 원벽서(黿鼊嶼)는 '구벽서(龜鼊嶼)'의 오기로 읽어야 할 것 같다.

2. 당나라 시기(618~907)의 유구

636년 『수서』의 「열전」이 완성되었고, 『통전』은 801년에 완성되었으므로, 당나라 문인들도 '유구'를 알고 있었을 것이다. 그러나 '유구'라는 언급은 많지 않다.

『조야첨재(朝野僉載)』는 소설가류로 분류된 책으로, 『신당서』, 「예문지」(1485쪽)에 따르면, 사신을 부휴자(浮休子)로 불렀던 장작(張鷟, 660~740)이 지은 20권으로 되어 있다. 또 『송사』, 「예문지」(5111~5112

쪽)에서 장작의 『조야첨재』 20권과 『첨재보유(僉載補遺)』 3권을 언급했다. 조공무(晁公武, 1105~1180)의 『군재독서지(郡齋讀書志)』(사부총간본, 권3하, 3a)에 따르면 '『조야첨재보유(朝野簽載補遺)』 3권'에 대하여 "[이 책은] 35항목으로 나뉘어 당나라의 잡다한 일을 싣고 있다(分三十五門, 載唐朝雜事)"라고 하였다.

진진손(陳振孫, 1179~1262)의 『직재서록해제(直齋書錄解題)』(사고전서본), 권11(3b)에 따르면 '『조야첨재』 1권'에 대해, 당나라 사문낭중(司門朗中) 요양(饒陽, 허베이 라오양) 장작(張鷟), 자(字) 문성(文成)이 지은 책으로, 원래는 30권이었다고 한 다음 "생각건대 『송사』, 「예문지」에 『조야첨재』 20권, 또 『첨재보유』 3권이라 하였고, 『문헌통고』에는 『보유』 3권만 기재되어 있다. 아마도 전체 책을 보지 못했던 것 같다. 여기서 '30권'이라 한 것은 잘못인 것 같다"라는 주석이 딸려 있다.

이상의 서지정보들은 『첨재』와 『첨재보유』가 모두 장작(張鷟)의 책이라고 한다. 하지만 현재 『사고전서』에 전하는 『조야첨재』는 6권으로 위의 정보들 어디에도 부합하지 않는다. 『첨재』 20권을 6권으로 줄였든, 『첨재보유』 3권을 6권으로 늘였든, 원본은 아님이 분명하다. 『사고전서총목제요』의 편수관들은 "『첨재』는 장작이 지은 것이지만, 『보유』는 후세 사람들이 덧붙인 것 같다. 중당(中唐, 대략 766~835년) 이후의 일이 기재된 정보는 모두 『보유』의 문장일 것이다(疑僉載乃鷟所作, 補遺則爲後人附益. 凡闌入中唐後事者, 皆應爲補遺之文)"라고 판단했다.

요컨대, 우리가 다룰 권6의 유구국(留仇國)이 원본에 있었던 정보인지, 아니면 후세 사람이 가필한 것인지는 확인할 수 없다. 그러나 『수서』에 이미 '유구(流求)'라는 나라가 알려져 있었고, 막휴부(莫休符)의

『계림풍토기(桂林風土記)』(사고전서본, 25b)에 "개원(開元, 713~741) 연간에 요숭(姚崇, 651~721)이 재상이 되어 강남에 사신으로 가 유명(遺命)을 받은 일을 비방하여 사약을 받았으나, 장작의 아들이 아비 대신 죽을 것을 청했다. 황문시랑 장정규와 형부상서 이일지가 연달아 표문을 올려 억울함을 드러낸 끝에 사형을 면하고 영남에 유배되었다(至開元中, 姚崇爲相, 誣其奉使江南受遺, 賜死, 其子上表請代父死, 黃門侍郎張廷珪·刑部尙書李日知連表稱寃, 遂減死, 流嶺南)"라고 하였다. 장작이 영남에서 유배 생활을 하며 '유구(留仇)'에 관한 정보를 들었을 개연성은 있다. 장작은 우리가 『수서』에서 보았던 주관(朱寬)의 원정을 언급하고 있으므로, 장작의 '유구(留仇)'가 『수서』의 '유구(流求)'임에는 분명하지만, 기술하고 있는 산물들은 전혀 다른 정보를 제공하고 있다.

> ⓐ 양제(煬帝)가 주관(朱寬)에게 유구국을 정벌하게 하여, 돌아올 때, 남녀 몇천 명과 잡다한 산물을 얻어 왔는데, 중국과는 대부분 달랐다. ⓑ 나무껍질을 길쌈하여 만든 천은 매우 가늘고 희었으며 한 폭의 넓이는 3척 2~3척이었다. ⓒ 또한 세반포(細斑布)도 있었는데, 한 폭의 넓이는 1척가량이었다. ⓓ 또한 금형류(金荊榴) 수십 근을 얻어왔는데, 나무색이 진짜 황금 같았고, 치밀하고 문양은 구불구불하여, 아름다운 비단 같은 것이 있었다. 진한 향이 아주 훌륭하여 베개나 책상 표면을 만들 수 있었는데, 침향목이나 단향목이라도 미칠 수 없었다. ⓔ 그곳에는 **쇠가 없어**, 주관이 남해군으로 돌아올 때, 유구의 남지 중 건장한 사람 대부분에게 길에서 도망갈까 두려워 항쇄와 사슬을 채웠다. 강도(江都)에 이르

러 벗겨주려 하자 모두 손에 항쇄[鉗]를 손에 들고 머리를 조아리며 벗지 않으려 했다. 중국에서 금을 귀하게 여기는 것보다 더 아꼈다. ⓕ 사람의 체형은 곤륜[사람]처럼 작고 왜소했다(煬帝令朱寬征留仇國, 還, 獲男女口千餘人, 并雜物產, 與中國多不同. 緝木皮爲布, 甚細白, 幅濶三尺二三寸. 亦有細斑布, 幅濶一尺許. 又得金荊榴數十斤, 木色如眞金, 密緻而文彩盤蹙, 有如美錦. 甚香極精, 可以爲枕及案面, 雖沈檀不能及. 彼土無鐵, 朱寬還至南海郡, 留仇中男夫壯者, 多加以鐵鉗鏁, 恐其道逃叛. 還至江都, 將見, 爲解脫之, 皆手把鉗, 叩頭惜脫, 甚于中土貴金. 人形短小, 似崑崙).[79]

ⓐ는 『수서』의 내용을 근거로 하고 있으므로, '구(口)'자는 '오(五)'자의 오기일 것이다. ⓑ의 정보는 확실히 『수서』에서 말하는 '투루수(鬪鏤樹) 껍질'을 말한다. 우리는 이 '투루'가 면을 의미하는 '툴라'의 또 다른 음역 표기라고 고증한 바 있다. 물론 '피(皮, 껍질)'는 중국인들이 알고 있는 베를 짜는 소재인 '저(紵)'처럼 껍질을 벗겨 길쌈하는 것에 익숙했으므로, '껍질'이라 한 것이지, 그것의 소재는 '투루수'의 꽃이었다. 이렇게 이해해야 다음 나오는 ⓒ의 '세반포(細斑布)'를 이해할 수 있다. '반포(斑布)'에 관하여, 『양서(梁書)』(636년), 권54, 「임읍국전(林邑國傳)」(784쪽)에 그곳의 산물인 길패(吉貝, 목면)를 설명하며, "'길패'란 나무 이름이다. 거위 털[鵝毳] 같은 꽃이 필 때, 실로 길쌈하여 베를 짜면, 깨끗하고 희어 저포(紵布)와 다름이 없다. 또한 오색으로 물들여,

79 『조야첨재(朝野僉載)』(사고전서본, 권6) 유구국(留仇國) 이 항목은 『태평광기』(사고전서본), 권482, 8b~9a에도 고스란히 채록되었는데, '유구(留仇)' 아래에는 쌍행으로 "바로 이후의 '유규(流虬)'이다(即後流虬)"라는 주석이 딸려 있다.

[그것을] 짜서 '아롱거리는 베[斑布]'로 만들기도 한다(吉貝者, 樹名也. 其華成時如鵝毳, 抽其緖紡之以作布, 潔白與紵布不殊, 亦染成五色, 織爲斑布也)"라고 설명했다. 결국 '반포'란 '길패'에서 잣은 실을 물들여 알록달록하게 짠 베를 말한다. 따라서 '세반포'란 정교하게 또는 가늘게 짠 알록달록한 베를 말한다고 읽을 수밖에 없을 것 같다.

문제는 바로 ⓓ의 금형류(金荊榴)이다. 형(荊)은 모형(牡荊)나무를 가리킨다. 진(晉)나라 계함(嵇含)의 『남방초목상(南方草木狀)』(사고전서본, 권중, 5a)에는 "형(荊)은 영포(寧浦)에 세 종이 있다. 금형은 베개를 만들 수 있고, 자형(紫荊)은 상(牀)을 만들 수 있으며, 백형(白荊)은 신을 만들 수 있다(荊, 寧浦有三種, 金荊可作枕, 紫荊堪作牀, 白荊堪作履)"라고 한 것을 보면, 나무 속 색깔에 따라 세 종류로 분류했으며, 이 나무는 기물을 만드는 데 쓰였음을 알 수 있다. 이시진(李時珍)은 당나라 두보(杜寶)의 『습유록(拾遺錄)』을 인용하여 "[모형나무가] 남방의 임읍(베트남 북부) 등지에서는 바닷속에 있다. 산속에는 금형(金荊)이 많은데, 큰 나무는 10아름이나 되고, 구불구불한 혹[瘤]으로 쭈그러져 문양이 아름다운 비단 같으며 색은 진짜 황금 같다. 공인들이 이 나무를 쓰면서 침향목이나 단향목처럼 귀하게 여긴다(南方林邑諸地, 在海中. 山中多金荊, 大者十圍, 盤屈瘤蹙, 紋如美錦, 色如眞金. 工人用之, 貴如沈·檀)"라고 설명했다.[80]

타이완의 역사학자 롄헝(連橫, 1878~1936)은 사고전서본의 '금형류 수십 근(金荊榴數十斤)'을 '금형영 수십 편(金荊瘿數十片)'[81]으로 인용하

80 『본초강목』(사고전서본), 권36, 61a.

81 『기보총서(畿輔叢書)』본 『조야첨재』(23a~b)에는 "煬帝令朱寬征留仇國, 還得金荊瘿數十片, 木色如眞金, 密緻而文采盤蹙, 有如美錦. 甚香極細, 可以爲枕及案面, 雖沈檀不能及"라고

고, '금형영'에 관해 "'금형영'은 화장(花樟) 나무이다. 타이완에는 장(樟, 녹나무)이 많은데, 일천수백 년 된 나무도 있는데, 뿌리와 줄기에 생겨난 혹[癭]을 톱질하여 쪼개면, 원래 형성된 나뭇결에는, 풍경, 꽃나무, 조수(鳥獸)의 모양이 들어 있다. 색은 노랗고 윤기가 난다. 장(樟) 나무는 성질이 향기로워, 기물을 만들면 머리를 식혀주므로[熬腦], 나는 산물이 매우 많다. 당나라 사람들이 이를 잘 모르고서 '금형'이라 오해한 것이다(金荊癭即花樟. 臺灣多樟, 有經千數百年者, 根幹成癭, 鋸而爲片, 自成文理, 且有山水·花木·鳥獸之形, 色黃而澤. 樟性香, 製器熬腦, 出產甚多. 唐人不察, 誤爲金荊)"라고 설명했다.[82]

이상으로부터 사고전서본의 '류(榴)'자는 나무의 혹이나 괭이를 뜻하는 '영(癭)' 또는 '류(瘤)'로 고치고, 또 '근(斤)'자는 '편(片)'으로 교정해야 할 것 같다. 이 '금형' 나무 혹은 두보(杜寶)의 기술처럼 임읍 등지에서는 맹그로브 숲처럼 '바다에 있다'고 했으므로, 장작이 말한 유구(留仇)는 우리가 『수서』의 유구를 고증한 것처럼 타이완 유구일 것이다. 마지막으로 롄헝이 제기한 것처럼, 금형(金荊)이 바로 장(樟, 녹나무) 나무를 당나라 사람이 오인한 것이라고 하는 설은 따를 수 없다. 어쨌든 '금형'은 타이완 유구를 가리키고 있다.

한유(韓愈, 768~824)는 '영남(嶺南)' 절도부에 부임해 가는 정권(鄭權) 상서를 전송하는 글[送鄭尙書序送鄭權尙書序]에서 다음과 같이 말했다.

되어 있는데, 롄헝은 이 문장을 인용한 것으로 보인다.

82 『아당문집(雅堂文集)』(대만문헌총간본), 권4, 151쪽.

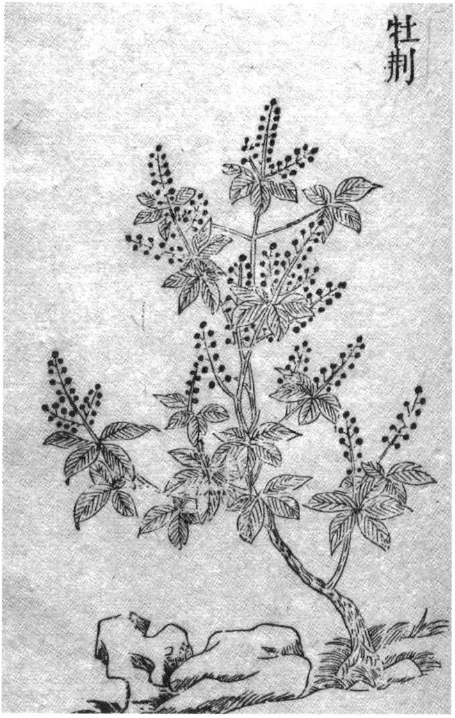

만력(萬曆) 35년(1607) 간행본, 『삼재도회(三才圖會)』, 초목(草木) 권9, 11a에 그려진 모형나무. 『화한삼재도회』, 권84, 관목(灌木), 도쿄, 1844년 간행본(927쪽)에도 모형나무와 관련한 추가 정보로 금형(金荊)을 설명하며, 우리가 살펴본 두보(杜寶)의 『습유기』 설명을 인용한 다음, 마지막에는 "이는 형(荊)의 별종이다(此荊之別種也)"라는 정보를 추가하고 있다.

"남쪽 오랑캐들은 사납고 경솔하여, 걸핏하면 원망하고 변심한다. 남쪽에 있는 주(州)들은 모두 큰 바닷가에 있으며 섬이 많다. … 통제되지 않는 곳은, 험난함을 믿고 무리 지어, 독화살을 갖추어 [중국의] 문무 관원[將吏]들이 지나가기를 기다린다. … 좋으면 사람이지만, 화를 내면 짐승들이다. … 몹시 어지러워 나스릴 수 있으면, 풀을 베고 짐승을 죽이듯, 그 뿌리와 둥치를 없애고 엄단(嚴斷)해야 그친다. 탐

부라(耽浮羅),[83] 유구(流求), 모인(毛人),[84] 이·단주[夷亶之州],[85] 임읍(林

83 먼저 정조대왕은 탐라(耽羅)의 어원에 관하여, "창려의 전송 서문에서 바다 밖 여러 나라를 열거하며 유구, 부남, 탐부라 등이 동남쪽 끝의 세상이라고 하였다. 그렇다면『운급(雲笈)』에서 태상노군(太上老君)이 부라악(浮羅嶽)에서 태어났다고 하는데, 혹 이 섬인가? 어쨌든 '모(牟)'가 '부(浮)'로 와전된 것이라면, 증명할 만한 것이 있는가(昌黎送序, 歷數海外諸國, 而流求·扶南·耽浮羅之屬, 東南際天地, 則雲笈所謂太上老君之降于浮羅嶽者, 疑或此島. 豈牟爲浮訛而嶽有可徵歟)"라고 캐묻는 문장이 보인다(『홍재전서』, 권51, 책문4).

여기서 말하는 '운급(雲笈)'은 바로 당나라 장군방(張君房)의『운급칠첨(雲笈七籤)』으로, 어머니가 3,700년을 임신하고 있다가 서나천욱찰산(西那天郁察山)의 '부라(浮羅)'라는 악(嶽), 단현(丹玄)이라는 '아(阿)'에서 낳았다는 말이 보인다(권8, 15a). 즉 정조는 이 '부라악'이 한유가 말한 '탐부라'와 어떤 관계가 있는 것은 아닌지를 묻고 있다. 둘째로,『수서』, 권81,「백제(百濟) 열전」(1820쪽)에 "그 남해로 석 달을 항행하면, 담모라(躭聃牟羅)라는 나라가 있는데, 남북으로는 1,000여 리이고 동서로는 수백 리에 달하며, 땅에는 노루와 사슴이 많고 백제에 부속되어 있다(其南海行三月, 有躭牟羅國, 南北千餘里, 東西數百里, 土多麞鹿, 附庸於百濟)"라고 하였는데, 여기 '담모라'의 '모(牟)'자가 탐부라의 '부(浮)'자로 와전된 것이라면 그 근거가 무엇이냐를 묻고 있다.

'담(躭)'자는 '담(聃)'의 속자로 그 중고음은 [tʰɑm]이다. '탐(耽)'자의 중고음은 [tɒm]으로 초성이 무기냐 유기냐의 차이밖에 없다. 모(牟)의 중고음은 [mĭəu]이고 부(浮)의 중고음은 [bĭəu]로 'm'과 'b'는 모두 쌍순음으로 쉽게 혼용된다. 따라서 담모라(躭牟羅)와 탐부라(耽浮羅)의 음성은 상당히 유사하다. 그러나 이곳이 탐라 즉 제주도라면, 백제에서 석 달을 항해해 가야 하는 거리는 아니다. 또한 제주도는 동서로 더 길다. 그러므로『수서』에서 말하는 '탐모라'는 제주도에는 부합하지 않다. 이뿐만 아니라 한유는 영남의 동남쪽이라 했으므로 제주도는 배제해야 할 것 같다.

84 모인(毛人), 즉 모인국(毛人國)에 관해서는 10세기 유순(劉恂)의『영표록이(嶺表錄異)』, 권하(사고전서본, 1a)에 능주(陵州, 현 쓰촨 런서우) 자사 주우(周遇)가 광동으로 돌아올 때 5일 밤낮을 표류하며 들렀던 여섯 나라 중 두 번째로 언급되어 있다. "모인국을 지나면서 보니 몸집은 작았으나 모두 머리를 흐트러뜨렸고 몸에는 털이나 검은 원숭이처럼 덮여 있었다(經毛人國, 形小, 皆被髮而身有毛, 蔽如狖)"라고 하였다. 또한 1125년 조여괄(趙汝适)의『제번지(諸蕃志)』왜국(倭國) 조목에서 "나라는 사방 수천 리이고 서남쪽으로는 바다에 이르고, 동북쪽으로는 큰 산으로 제한된다. 산 밖은 모인국(毛人國)이다(國方數千里, 西南至海, 東北限以大山, 山外卽毛人國)"라고 하였다(『제번지역주』, 289쪽). 마지막으로 지봉이『지봉유설』일본[06]에서 "'하이(蝦蛦)'란 모인(毛人)일 것이다"라고 한 것을 보아 '모인'은 일본열도에 있는 원주민들을 말하는 것 같다.

85 『후한서』, 권115,「동이열전」(2822쪽)에 "회계(會稽, 현 샤오싱) 바다 밖에는 '동대(東鯷)'['鯷'자는 '달[dɑt](達)'자와 '해[ɣiei](奚)'의 반절로 읽는다] 사람들이 사는데, 20여 나라로 나뉘어 있다. [회계 바다 밖에는] 또 이주(夷洲)와 단주(澶洲)가 있다. 전승되는 말에 '진시황(秦始皇)이 방사(方士) 서복(徐福)에게 남녀 아이들[童] 수천 명을 거느리고 바다로 들어가서, 봉래(蓬萊)의 신선(神仙)을 찾게 하였지만, [서복은] 성공하지 못했다. 서복은 주살될까 두려워하여 돌아오지 못하고, 결국 이들 주(洲)에 머무르게 되었는데, 대대로 이어져서 수만 가구가 되었다'라고 한다. 그 사람들이 이따금 회계(會稽)의 시장에 온다. 회계의 동야현(東冶縣) 사람 중 항해하다가 폭풍을 만나 표류하여 단주(澶洲)에 도착한 자가 있었다. 그곳은 아주 멀리

떨어져 있어, 왕래할 수가 없다(會稽海外有東鯷人, 分爲二十餘國. 又有夷洲及澶洲. 傳言秦始皇遣方士徐福將童男女數千人入海, 求蓬萊神仙不得, 徐福畏誅不敢還, 遂止此洲, 世世相承, 有數萬家. 人民時至會稽市. 會稽東冶縣人有入海行遭風, 流移至澶洲者. 所在絶遠, 不可往來)"라고 하였다.

이주(夷洲)는 장회태자(章懷太子) 이현(李賢, 655~684)이 『후한서』 주석에서 인용한, 230년 삼국시대 심영(沈瑩)이 지었다는 『임해수토지(臨海水土志)』에 따르면, "이주(夷洲)는 임해(臨海, 저장 타이저우台州) 동남쪽에 있으며 군(郡)에서 2,000리 떨어져 있다. 땅에는 서리와 눈이 내리지 않아 초목이 죽지 않으며 사방이 모두 산과 계곡이다. 사람들은 모두 머리털을 깎고 귀를 뚫지만, 여자들은 귀를 뚫지 않는다. 땅은 비옥하여 오곡이 자라며 물고기와 짐승 고기가 많다. 그곳의 개는 노루 꼬리처럼 꼬리가 짧다. 이곳의 오랑캐들은 시부모, 아들과 며느리 모두 하나의 큰 침상에서 누워 쉬며 대체로 서로 피하지 않는다. 그곳에는 구리와 철이 나지만, 사슴[鹿]과 나무[格]로 창을 만들어 전투하며, 청석(靑石)을 갈아 화살촉으로 만든다. 물고기와 짐승 고기를 날로 큰 옹기에 소금으로 한 달 며칠을 저장해 두었다가 먹는데, 최상의 반찬으로 여긴다(夷洲在臨海東南, 去郡二千里. 土地無霜雪, 草木不死, 四面是山谿. 人皆髡髮穿耳, 女人不穿耳. 土地饒沃, 既生五穀, 又多魚肉. 有犬, 尾短如麕尾狀. 此夷舅姑子婦臥息共一大牀, 略不相避. 地有銅鐵, 唯用鹿格爲矛以戰鬪, 摩礪靑石以作矢鏃. 取生魚肉雜貯大瓦器中, 以鹽鹵之, 歷月餘日, 乃啖食之, 以爲上肴)"라고 이주(夷洲)를 설명했다.

한편 『삼국지(三國志)』, 권47(1136쪽)에도 보이는데, 단주(亶洲)로 되어 있다. 황룡(黃龍) 2년(230) 정월에 위나라가 합비(合肥)에 새로운 도성을 세웠다. [손권(孫權)은] 조서로 도강(都講) 좨주를 설립하여 제자들을 가르치게 했다. 장군 위온(衛溫)과 제갈직(諸葛直)에게 정예병 10,000명을 이끌고 바다를 건너 이주(夷洲)와 단주(亶州)를 구하도록 했다(二年春正月, 魏作合肥新城. 詔立都講祭酒, 以教學諸子. 遣將軍衛溫·諸葛直將甲士萬人浮海求夷洲及亶洲). 이어서 기록한 단주(亶洲)의 기술은 앞의 『후한서』와 대동소이하다. 결국 단주(澶洲)와 단주(亶洲)는 같은 곳임을 확인할 수 있다.

하지만 『삼국지』, 권58에 실린 「육손(陸遜) 열전」(1350쪽)에 황룡 원년(229)의 일을 기록하며 "손권은 군대의 일부[偏師]를 보내 이주(夷州)와 주애(朱崖)를 차지하려고 육손(陸遜)에게 자문하여" 이주(夷州)를 정벌했으나 잃은 것을 보상받을 수는 없었다는 내용이 보인다. 또한 권60의 「전종(全琮) 열전」(1383쪽)에는 "당초 손권은 주애(朱崖)와 이주(夷洲)를 포위하려고" 전종의 만류에도 듣지 않고 원정을 감행하여 군사의 십중팔구를 잃고 크게 후회했다는 내용이 보인다. 대체로 이주(夷州)와 이주(夷洲)는 같은 곳으로 보이지만, 단정하기는 어렵다. 왜냐하면 앞서 본 이주(夷洲)와 단주(澶亶洲)가 이주(夷州)와 주애(朱崖)로 되어 있기 때문이다. 결국 '단주=주애'라는 설이 성립해야 한다. 주애(朱崖)는 바로 해남도를 지칭한다.

이상의 기술들은 이주와 단주 또는 주애가 가까운 거리에 있다는 사실을 암시하고 있다. 『임해수토지』로 돌아가 보면 임해(臨海)의 동남쪽에 '이주(夷洲)'가 있다고 했다. 따라서 주애가 해남도인 이상, 서로 부합하지 않다. 이치무라 산지로(市村 瓚次郎)는 「당나라 이전 복건과 대만에 관하여(唐以前の福建及び臺灣に就いて)」라는 논문에서 『임해수토지』에 기술된 이주(夷洲)가 타이완을 지칭하는 것으로 추정했다(『東洋学報』, 8-1(1918), 22쪽). 이처럼 이주(夷洲)가 타이완이라면 주애(朱崖) 즉 해남도와는 1,000km 이상 떨어져 있으므로, 한 번의 원정으로 공략할 수 없는 거리이다. 게다가 『임해수토지』가 기술한 내용으로는 타이완으로 특정할 만한 근거가 부족하다. 따라서 우리는 사오싱의 앞바다에서 또는 동남쪽의 바다에서 이주와 단주가 있다는 사실밖에는 어느 추정도 만족스럽지 못하다. 다시 말해 타이완과 하이난섬은 지리적 설명으로 전혀 부합하지 않다.

邑),[86] 부남(扶南),[87] 진랍(眞臘),[88] 우타리(于陀利)[89] 등과 같이 바다 밖의 잡다한 나라들이 동남쪽으로 바다 끝까지 있고, 땅은 만을 헤아린다. 간혹 바람과 조수를 기다려 조공하기도 하고, 남쪽과 서쪽의 오랑캐[蠻胡] 상인들이 배로 바다에서 교역하기도 한다(蠻夷悍輕, 易怨以變, 其南州皆岸大海, 多洲島. … 控御失所, 依險阻, 結黨仇, 機毒矢以待將吏. … 好則人, 怒則獸. … 至紛不可治, 乃草薙而禽獮之, 盡根株痛斷乃止. 其海外雜國, 若耽浮羅·流求·毛人·夷亶之州·林邑·扶南·眞臘·于陀利之屬, 東南際天, 地以萬數. 或時候風潮朝貢, 蠻胡賈人舶交海中)."[90]

한유와 동시대 문인 유종원(柳宗元, 773~819)은 「'영남'절도향군당기(嶺南節度饗軍堂記)」라는 기문에서 "이 밖에 바다에는 만이(蠻夷)들이 많은데, 유구(流求), 가릉(訶陵)으로부터 서쪽으로 대하(大夏), 강거(康居)까지 물로 둘러싸여 있는 나라가 100개에 달하니, 이들은 압번박사(押蕃舶使)가 관할한다(其外大海多蠻夷, 由流求·訶陵, 西抵大夏·康居, 環水而國以百數, 則統于押蕃舶使)"라고 하였다. 여기서 말한 '압번박사'란 해외 선박들을 수출입을 관리하는 관리로, 송나라 시기의 시박사(市舶使)에

86 임읍(林邑)은 현 베트남 하노이 일대의 고대 왕국으로 알려져 있다.

87 부남(扶南)은 한유의 시대에는 이미 없어진 나라로, 오늘날 캄보디아와 베트남 남부지역을 차지하고 적어도 6세기까지는 존속한 나라로 알려져 있다.

88 진랍(眞臘)은 현 캄보디아에 해당하는 나라이다. 하지만 '임읍'과 '부남'은 한유의 시대에 이미 존재하지 않는 나라들이었다. 이는 한유의 의고주의를 여실히 보여주고 있으며, 남중국해에 대한 정보가 정확하지 않았음을 보여준다.

89 우타리(于陀利)의 '우(于)'자는 '간(干)'자의 오기일 것이다. 간타리(干陀利)에 관하여 『양서(梁書)』(636년)는 "간타리국은 남해의 섬에 있다. 그곳의 풍속은 임읍, 부남과 대략 같다. [그곳에서는] 반포(班斑布), 고패(古貝), 빈랑이 난다. 빈랑은 아주 우수하여 나라 중에서 최고이다(干陁利國, 在南海洲上. 其俗與林邑·扶南略同. 出班布·古貝·檳榔. 檳榔特精好, 爲諸國之極)"라고 하였다.

90 『오백가주창려문집(五百家注昌黎文集)』, 사고전서본, 권21, 16a.

해당한다. 한유나 유종원 모두 '영남' 관할권으로 '유구'를 언급했지만, 아무런 보충 설명이나 기술도 보이지 않는다.

이처럼 당나라 문인들의 언급은 극도로 빈약하다. 당나라 말 10세기 유순(劉恂)의 『영표록이(嶺表錄異)』(사고전서본), 권하(1a)에는 능주(陵州, 현 쓰촨 런서우) 자사 주우(周遇)가 동해에서 광둥으로 배를 타고 돌아오다가 폭풍우를 만나 5일 밤낮을 표류하며 이르게 된 여섯 나라에 관한 이야기를 유순에게 들려주고 있는데, 이 여섯 나라 중 유규[lau|iu-kʰiu]국(流虬國)이 들어 있다. "또 유규국(流虬國)에 거쳤는데, 사람들은 많지 않았지만 대개 마(麻)로 만든 옷을 입고 있었고 예절이 있어, 다투어 음식물을 가져와 못이나 쇠로 교역하려 했소. **신라인은** 이곳 말도 반쯤 알아들을 수 있어 속히 다녀오게 했더니, 이 나라에서는 중국인 중에 표류한 자가 있으면 재앙이 있을까 걱정한다고 했소(又經流虬國, 其國人么麼, 一槩皆服麻布而有禮, 競將食物, 求易釘鐵. 新羅客亦半譯其語, 遣客速過, 言此國遇華人飄泛至者, 慮有災禍)"라고 언급했다. 밑줄 친 두 실마리는 우리를 『수서』의 유구로 이끈다. 특히 '신라인'이 언급되었다는 점은, 적어도 10세기에 신라인들의 해상활동을 짐작할 수 있기 때문이다. 『수서』에서는 '곤륜' 사람이 유구국과의 통역을 담당했지만 여기서는 그 역할을 신라인이 대신하고 있다는 점은 주목할 만하다.

당나라의 역사서는 두 책이 남아 있다. 그러나 이상하게도 신·구의 『당서』는 「외국전」에서 '유구'를 한마디도 기술하지 않았다. 다만 『신당서』에는 『구당서』에 보이지 않는 유귀[kwẹi](流鬼)라는 나라를 「동이(東夷)」, 즉 고려(高麗), 백제(百濟), 신라(新羅), 일본(日本) 다음에 넣어 기술했다(6209쪽). 『수서』의 유구[giẹu](流求)와 발음은 매우 유사하다. 그러나 그곳의 위치를 설명하며 "유귀는 경사에서 15,000리 떨어져 있고, 바로 흑수말갈(黑水靺鞨)의 북쪽, 소해(小海)의 북쪽에 있으며, 삼면이 모두 바다에 막혀 있고, 그 북쪽은 끝이 어디인지 알 수 없다(流鬼去京師萬五千里, 直黑水靺鞨東北, 少海之北, 三面皆阻海, 其北莫知所窮)"라고 한 것으로 보아, 우리의 '유구'와는 전혀 관계없는 사할린 일대를 연상시킨다.

『신당서』(1060년), 권41, 「지리지」(1065쪽)에서 천주청원군(泉州清源郡)을 기술하면서, "[천]주에서 정 동쪽 바다에서 이틀을 항행하면 고화서(高華嶼)에 이르고, 또 이틀을 가면 구벽서(鼊鼊嶼)에 이르며, 또 하루를 가면 유구국(流求國)에 이른다(自州正東海行二日至高華嶼, 又二日至鼊鼊嶼, 又一日至流求國)"라는 설명이 보인다. 밑줄 친 여정은 우리가 다루고 있는 [I-21], ㉕의 문장 그대로이다. 출발지가 천주(泉州)로 고화서(高華嶼)까지는 '2일 거리'라는 정보만 다르다. 이 여정을 계산해보면, 총 5일이다. 취안저우에서 '정 동쪽'이라면 타이완 북부 신주(新竹) 시이다. 하지만 취안저우에서 타이완 사이의 해협에는 이렇다 할 섬이 없다.

앞서 본 것처럼, 이 여정은 『통전』, 『태평환우기』, 『제번지』에서는 채록되지 않았다. 그러나 『통지』와 『문헌통고』에는 고스란히 그대로 옮겨졌고, 『자치통감(資治通鑑)』의 호삼성(胡三省, 1230~1302) 주석에서 인용되었다.[91] 한마디로 『수서』에서 출발한 지독한 의고주의다. 『신당서』의 편찬 책임자는 구양수(歐陽修, 1007~1072)였다. 1157년의 『통지』, 1307년의 『문헌통고』 모두 송나라의 사료들이다. 여전히, 당연히 북송 시대의 '유구'에 대한 지리적 인식 또한 빈약할 수밖에 없었다.

---

91 『자치통감』, 사고전서본, 권180, 31a.

3. 북송 시기(960~1127)의 유구

북송 시대 복건 출신 유학자로 1079년 진사에 급제한 이복(李復)은 자(字)가 숙언(叔彦)인 교씨의 통판에게 보내는 편지[與喬叔彦通判]에서, 자신이 직접 승상 장사손(張士遜, 964~1049)이 복건소무현령(福建邵武縣令, 1014년?)을 지낼 때 편집한 『민중이사(閩中異事)』(현전하지 않음)란 책에서 본 내용을 다음과 같이 전하고 있다.

> **천주(泉州) 동쪽에서** 바다[大海]까지는 130리(대략 51km)이다. 해안에서 배를 타고 폭풍이나 큰 파도가 아니면 **2일 만에 고화서(高華嶼)에 이른다.** 섬에는 [물고기를] 말리거나[鰲臘], 젓갈을 담는[魿鮓] 사람들이 1,000명에 달한다. 또 [고화서에서] **2일을 [항행하면] 구벽서(鼅鼊嶼)에 이른다.** 구벽은 모양이 대모(玳瑁)와 비슷하다.[92] 또 [구벽서에서] **1일을 [항행하면] 유구국(流求國)**에 이른다. 이 나라는 별도로 바다 구석에 객관을 마련하여 중화의 빈객을 모셨다. 가을, 구름이 없고 파도가 고요할 때, 높은 곳에 올라 멀

---

92 『민중이사(閩中異事)』의 저자 장사손(張士孫)은 섬의 명칭이 '구벽(鼅鼊)'이라는 바다 동물의 모양과 닮아 그렇게 불렸을 것이라는 암시를 던졌다. 『팽호청지(澎湖廳志)』(대만문헌총간본, 권1, 18쪽)에 따르면, 규벽산(奎壁山)은 "대산서(大山嶼), 규벽오(奎壁澳) 북료사(北寮社) 뒤에 있으며, [팽호]청 치소에서 23리 떨어져 있다. 원래 명칭은 '구벽(鼅鼊)'으로 그 모양이 [구벽과] 비슷하여 붙여진 명칭이다(在大山嶼奎壁澳北寮社後, 距廳治二十三里. 原名鼅鼊, 以形似得名)"라고 하였다. 팽호청(澎湖廳)은 1727년 지금의 평후현에 설치되었다. '오(澳)'는 선박이 정박할 수 있는 만곡부, 즉 만(灣)에 해당한다. '사(社)'는 동(洞) 즉 촌락의 개념이다. 『집운(集韻)』에, '구벽'은 수중 벌레[水蟲]의 명칭으로, 거북과 비슷하며 껍데기에는 문양이 있다(鼅鼊, 水蟲名, 似龜, 皮有文)라고 설명하였고, 『정자통(正字通)』에 따르면 "내보(玳瑁)와는 다르다. 지금 주휴(蠵蠵, 바다거북의 일종) 중 작은 것으로, 대모는 네 개의 갈기가 있고 발이 없다(與玳瑁各別, 卽今蠵蠵之小者, 玳瑁有四鬣無足)"라고 했다.

리 바라보면 솥단지가 엎어진 것 같은 세 개의 점이 항상 보여, 나이 많은 사람에게 물으니, '이 바다 북쪽의 여러 오랑캐 나라들은 그 이름이 알려지지 않았다'라고 했다(某嘗見張丞相士遜知邵武縣日編集閩中異事云, 泉州東至大海一百三十里, 自海岸乘舟無狂風巨浪二日至高華嶼, 嶼上之民作鮝臘鮬鯗者千計. 又二日至黿鼊嶼, 黿鼊形如玳瑁. 又一日至流求國. 其國別置館於海隅以待中華之客. 每秋天無雲, 海波澄靜, 登高極望, 有三數點如覆釜, 問耆老云, 是海北諸夷國不傳其名).[93]

굵게 표시한 정보들은 바로 『신당서』, 아니 그 이전 『수서』의 정보이다. 4세기 남짓 시간이 흘렀건만, 항해 속도는 그대로이다. 이복 또한 『수서』의 부정확함을 알고 있었던 것 같다. 그러나 근거할 만한 자료가 없었기 때문에, 이전 자료에 따른 것이리라. 그에게 '유구'는 확실히 타이완을 가리키고 있다. 이러한 부정확한, 아니 확인되지 않은, 또는 기록 전승에 따른 여정에 관한 정보는 15세기에도 그대로 이어

93 『율수집(潏水集)』, 사고전서본, 권5, 19b~20b. 이복이 장사손의 『민중이사』에서 채록한 내용은 여기까지일 것이다. 이어지는 내용은 이복이 교씨 통판에게 알려주고 싶은 정보들이다. "유구국은 수나라 사서에 자세하지 않습니다. 최근 전하는 말에 따르면, 천주와 그렇게 멀지 않다면 분명히 바다 선박들이 왕래하며 찾을 수 있었을 것이고, 그 나라의 일과, 그들의 풍속, 예악, 산천, 초목, 금수, 농사와 직조, 기물 사용 등의 일을 탐방했을 것이며, 아울러 그 주변의 나라들도 자세히 조사할 수 있었거나 알았을 것이니, 기록하여 보여주기를 바랍니다. 민(閩)에는 8주가 있고, 남쪽은 구월이며, 북쪽은 「우공」 양주의 땅으로, 산천이 기이하고 빼어나며 신비로운 유적과 기이한 일이므로 그들을 전하는 정보들이 분명 많을 것이고, 사신으로 가서 부류들을 조사하며 두루 살펴본 것들을 볼 수 있습니다. 이에 원했던 상세한 책을 수소문하여 북쪽으로 부치니, 지방지의 빠진 부분을 보충할 수 있기를 바랍니다(流求國, 隋史書之不詳. 今近相傳所說, 如此去泉州不甚遠, 必有海商往來可尋之, 訪其國事與其風俗·禮樂·山川·草木·禽獸·耕織·器用等事, 並其旁之國, 亦可詳究之, 或得之, 望錄示. 閩有八州, 南乃甌越, 北乃禹貢揚州之地, 山川奇秀, 靈跡異事, 彼所傳者必多, 使軺按部歷覽可見. 因風望詳書以付北, 翼深所望將以補地志之闕也)."

졌다. 여기서는 관찬 사료인 『대명일통지(大明一統志)』(1461년)의 기술을 예로 들어본다.

『대명일통지』는 천주부(泉州府)에 속한 산천을 기록하며, 팽호서(彭湖嶼)를 들고 있는데,[94] 그 쌍행 주석에, ⓐ "천주부 성 동쪽에서 바다로 나가 사흘을 항행하여 팽호서에 이르는데, 대해 가운데 섬 36개가 두르고 있다(自府城東出海, 舟行三日, 抵彭湖嶼, 在巨浸中環島三十六)"[95]라고 하였다.

둘째로, 천주의 바다에 관하여 ⓑ "천주부 성 동쪽에 있다. 혜안(惠安)과 동안(同安) 두 현의 동남쪽은 모두 바닷가이다. 부에서 정 동쪽 바닷길로 이틀을 항행하면 고화서(高華嶼)에 이르고, 또 이틀을 항행하면 구벽서(鼅鼊嶼)에, 또 '이틀'을 가면 유구국(琉球國)에 이른다(海在府城東, 及惠安·同安二縣東南皆瀕海. 自府正東海道行二日, 至高華嶼, 又二日至鼅鼊嶼, 又二日至琉球國)"라고 하였다.

셋째로, 유구국(琉球國)의 산천을 열거하며(권89, 8b), ⓒ "원벽서(黿鼊

94 『대명일통지』, 사고전서본, 권75, 6b.

95 팽호(彭湖)가 36개의 섬으로 구성되어 있다는 정보는 남송 축목(祝穆)의 『방여승람(方輿勝覽)』, 「천주」(권12, 6a) 기술에서 확인할 수 있다. "[천주는] 섬 36개를 둘렀다[環島三十六]"라고 했는데, 아래에는 "천주의 진강 동쪽 바다 사이로 나가, 배를 타고 3일을 [항행하면] 팽호에 이르는데, 섬들은 대해에 있다(泉之晉江東出海間, 舟行三日抵彭湖, 嶼在巨浸中)"라는 주석이 보인다. '팽호'에 관해서는 아래 자세한 고증이 있을 것이다. 『명일통지』는 당나라 시인 시견오(施肩吾, 780~861)의 「도이행(島夷行)」을 인용했다. 이 칠언절구의 가행체 시에서 말한 '도서(島嶼)'가 팽호도를 가리킨다고 생각했던 것으로 보인다. 이 설을 『대만통사』가 따르고 있다. "당나라 중엽. 시견오가 비로소 자기 가족을 데리고 팽호로 옮겨 살았다. 견오는 분수 사람으로 원화 연간에 진사에 올랐으나 은거하며 출사하지 않았다. 시로 세상에 알려졌다. 그중 '팽호'라는 시에서 '귀시(鬼市)', '염수(鹽水)'는 족히 당시의 정황을 묘사했다(及唐中葉, 施肩吾始率其族, 遷居澎湖. 肩吾, 汾水人, 元和中擧進士, 隱居不仕, 有詩行世. 其題澎湖一詩, 鬼市鹽水, 足寫當時之景象)"라고 하였다. 시견오(施肩吾)의 시문 해석은 필자의 『도이지략역주』, 33쪽을 참고하시오.

嶼)는 [유구]국 서쪽에 있으며, 물길로 하루거리에 있다(黿鼊嶼在國西水行一日)"라고 하였고, "고화서(高華嶼)는 [유구]국 서쪽에 있으며, 물길로 사흘 거리에 있다. 두 섬은 모두 수나라 때 진릉이 군대를 이끌고 이곳을 지나갔다(高華嶼在國西水行三日. 二嶼俱隋陳棱率兵過此)"라고 하였으며,[96] "팽호도(彭湖島)는 [유구]국 서쪽에 있으며, 물길로 닷새 거리에 있다. 이곳은 복주(福州), 천주(泉州), 흥화(興化), 장주(漳州) 등 4군의 경계와 가까워, 날씨가 청명한 날, 팽호도를 바라보면 희미하게 운무 속에 있는 것 같다(彭湖島 在國西水行五日. 地近福州·泉州·興化·漳州四郡界. 天氣晴明望之, 隱然若煙霧中)"라고 설명했다.

정리하자면 먼저 ⓑ에서는 천주에서 유구국까지의 여정을 나타냈는데, 천주에서 동쪽으로 고화서까지는 2일, 다시 고화서에서 구벽서까지 2일, 구벽서에서 유구국까지는 2일이므로, 천주와 유구국의 거리는 6일 항행하는 거리이다. 반대의 방향으로 두 번째 여정을 다룬 ⓒ에서는 유구국에서 서쪽[중국 쪽]으로 설명했는데, 유구국에서 '원타서'까지는 1일, 고화서까지는 3일, 팽호도까지는 5일 걸린다고 했으므로, 예를 들어 천주에서 팽호도까지의 거리는 1일로 추산할 수 있다. 그러나 ⓐ에서 말한 천주와 팽호도 사이의 거리를 '3일(三日)'이라고 한 설명에는 어떤 착오가 있음이 분명하다. 게다가 팽호도는 확실히 천주의 동쪽이 아니라 남쪽에 가까운 동남쪽이며 거리는 대략 직선거리로 160km이다.

『대명일통지』의 기술에 보이는 '원벽서(黿鼊嶼)'와 '구벽서(龜鼊嶼)'는

96 이상의 기술에 관해서는 위의 [I-21]의 ㉕를 참고하시오.

같은 곳일 것이다. 자형이 비슷하여, 하나가 어느 하나를 잘못 기록하고 있을 것이다. 『수서』, 『북사』, 『신당서』 모두 '구(鼅)'자를 보여주므로, '구벽서'로 읽어야 할 것이다. 그러나 문제는 이들 두 섬을 어디로 추정할 것인가? 이 두 섬을 추정하는 일은 '유구'가 타이완인지 오키나와인지를 판단할 수 있는 핵심 정보 중 하나이다. 학자들은 평후섬 주변에서 또는 오키나와섬 서쪽에서 이 두 섬을 추정해 냈지만, 『대명일통지』를 원문 그대로 놓고 봤을 때, 사실 **어느 편에도 어울리지 않는다.** 서보광(徐葆光)가 1719년 유구국에 책봉 사신으로 다녀와 1720년 『중산전신록(中山傳信錄)』을 완성해 올렸다. 이 책에서(대만문헌총간본, 권4, 139쪽), 서광보는 『대명일통지』 ⓒ의 정보를 인용하고 "지금 두 섬을 추정하자면 모두 없는 곳이다(今考二嶼, 則皆無有)"라고 했다. 그렇다면 『수서』에서 말한 진릉이 유구로 가면서 지난 두 섬의 명칭이 잘못 표기되었거나, 온통 지어낸 것, 또는 잘못 편집된 것이어야 한다. 서보광은 계속해서 이전의 잘못된 지리 정보들을 바로잡았다.

> 팽호(彭湖)는 대만(台灣), 천주(泉州)와 서로 가깝다. 유구[오키나와]에 속한 섬이 아니다. 곤산(崑山) 정약증(鄭若曾, 1503~1570)이 지은 「유구노」에도 질못은 계속되었다.[97] 팽가산(彭家山), 조어서(釣魚

---

97 원나라 주사본(朱思本)이 그린 지도를 토대로 명나라 나홍선(羅洪先, 1504~1564)이 다시 편집하고 보완한 『광여도(廣輿圖)』(1579년 간행본), 권2에 따르면, '유구'로 가는 여정은 평후제도에서 시작한다. "**팽호도에서 동쪽 유구(琉球)까지는 5일 거리이다(彭湖島東離琉球五日)**"라고 하였고, 이어서 "**고영서(高英嶼)에서 동쪽 유구까지는 물길로 3일 거리이다(高英嶼東離琉球水程三日)**", 또 "**원별서에서 동쪽 유구까지는 물길로 1일 거리이나(黿鼊嶼東離琉球水程一日)**"라는 카르투슈가 차례로 보이고 다음으로 '유구(琉球)'의 경내가 그려져 있다. 정리하자면, 『광여도』에서 '유구'로 가는 항로는 평후섬에서 출발하는데, '유구'까지는 5일을

嶼), 화병서(花瓶嶼), 계롱(雞籠), 소유구(小琉球) 등의 섬들은 유구에서 2,000~3,000리 떨어져 모두 고미산(姑米山)과 나파항(那霸港) 왼쪽 근처에 있다고 했으니 그 오류가 너무 심하다. 태평산(太平山)은 유구의 남쪽 2,000리 멀리 있지만, 정약증(鄭若曾, 1503~1570)의 지도는 중산[국]의 산꼭대기, 환회문(歡會門) 앞에 작은 섬[小山]으로 되어 있으니 더욱 잘못된 것이다(按彭湖與台灣·泉州相近, 非琉球屬島也. 昆山鄭子若曾所著琉球圖一仍其誤. 且以針路所取彭家山·釣魚嶼·花瓶嶼·雞籠·小琉球等山去琉球二·三千里者, 俱位置在姑米山·那霸港左近, 舛謬尤甚. 太平山, 遠在國南二千里. 鄭圖乃移在中山之巔·歡會門之前作一小山, 尤非是).

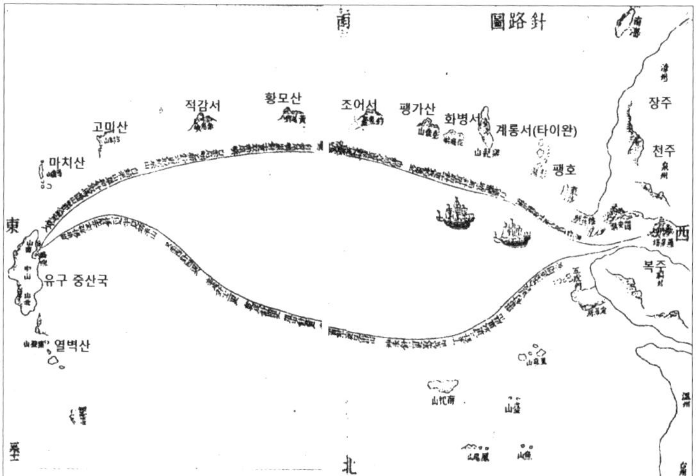

서보광(徐葆光), 1720년『중산전신록(中山傳信錄)』(북경대 소장본), 권1(11a~b). 항해도[針路]

항해해 가는 거리라고 한다.

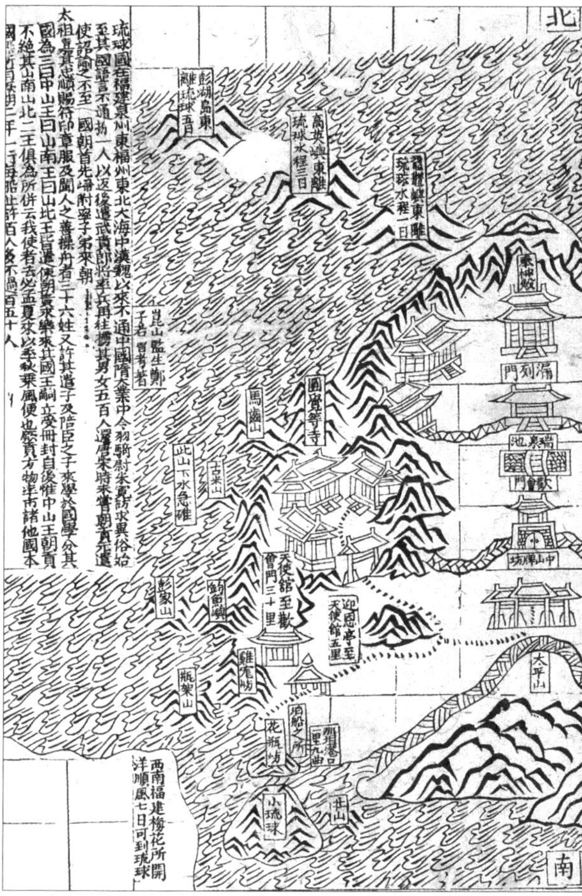

원나라 주사본(朱思本)이 그린 지도를 토대로, 명나라 나홍선(羅洪先, 1504~1564)이 다시 편집하고 보완한 『광여도(廣輿圖)』(1579년 간행본), 권2. 이상 우리가 고증한 바로 볼 때, 이 16세기 후반의 지도는 완전히 잘못되었다. 확실히 『대명일통지』와 정약증(鄭若曾, 1503~1570)의 『정개양잡저(鄭開陽雜著)』, 권4의 기술을 근거로 작성되었다. 왼쪽 큰 카르투슈 중간에 "곤산 출신 국자감 생원 정약증이 고증한 저술(崑山監生鄭子若曾考著)"이라고 출처를 밝히고 있다. 주목할 만한 것은 왼쪽의 바다에 그려진 카르투슈에서 고화서(高華嶼)가 '고영서(高英嶼)'로 표기되어 있다는 점이다. 아래 6시 지점에 타이완을 지칭하는 '소유구'란 섬이 작게 그려진 것은 이해하기 어렵다.

4. 곤륜(崑崙)에 관하여

[I-21]의 ㉖은 진릉이 '유구'의 말을 알고 있는 '곤륜(崑崙)' 사람을 통역으로 썼다는 정보이다. '곤륜'이 '곤륜산' 이외의 지칭으로 쓰인 예는 당나라 시기에 완성된 자료에만 보인다. 『진서(晉書)』, 권32 「후비전(后妃傳)」 하 효무문이태후(孝武文李太后, 351~400) 조목(981쪽)에는 "당시 궁인으로, 직방(織坊)에서 일하는 사람 중에 키가 크고 검은색 피부의 사람들이 있는데, 궁인들이 모두 그들을 '곤륜(崑崙)'이라고 불렀다(時后爲宮人, 在織坊中, 形長而色黑, 宮人皆謂之崑崙)"라고 하였다. 내용은 적어도 4세기 후반 키가 크고 검은 피부의 '곤륜' 사람이 궁인으로 일했다는 사실을 짐작하게 하지만, 『진서』가 완성된 해는 648년이므로, 636년 완성된 『수서』가 가장 빠른 기록인 셈이다.

필자가 조사한 바로, '곤륜'을 바다의 섬 또는 해안의 지역을 지칭하는 명칭으로 처음 기술한 자료는 의정(義淨, 635~713)의 『남해기귀내법전(南海寄歸內法傳)』(689~691년)이다. 의정은 권1에서 부처의 깨달음 이후, 네 유파를 소개하며 마게타국(摩揭陀國), 동예(東裔)의 유파의 상황을 기술하고, 이어서 스리랑카인 사자주(師子洲)와 남해의 여러 섬[洲]에 있는 10여 개 나라를 기술하면서 다음과 같이 기록했다.

> [10개국] 각 나라의 사방 둘레는 100리 정도 되는 곳도 있고, 혹은 수백 리가 되는 곳도 있으며, 100개가량의 역참을 갖춘 나라도 있다. 큰 비디[人海]는 몇 리나 되는지 헤아리기 어렵지만, 장삿배를 타는 익숙한 사람들만 알 수 있다. 원래 정말로 '굴륜[g^{h}i̯uət-

lịuěn](掘倫)'이라는 곳은, 처음 교주와 광주 지역[交廣]에 도착했을 때, 사신들이 모두 곤륜국(崑崙國)이라고 불렀던 곳이다. 이 곤륜(崑崙) 사람들만 곱슬머리였고, 몸은 검었다. 그 나머지 여러 나라는 중국[神州]과는 달리, 맨발로 다니고 허리 아래에는 켐반[敢曼]을 했는데, 모두 이런 식이다. 두루 『남해록(南海錄)』 같은 책에서 갖추어 기록되어 있다(諸國周圍, 或可百里·或數百里·或可百驛, 大海雖難計里, 商舶串者准知. 良爲掘倫, 初至交廣, 遂使揔喚崑崙國焉. 唯此崑崙, 頭捲體黑. 自餘諸國, 與神州不殊, 赤腳敢曼, 揔是其式. 廣如『南海錄』中具述)."[98]

의정은 '곤륜국'의 사람들을 교주와 광주[交廣]에 도착했을 때 봤다고 한다. 확실히 '교주(交州, 현 베트남 하노이 일대)' 남쪽 또는 서남쪽에서 온 사람들임을 암시하고 있다. 이는 왕대연(汪大淵)과 비신(費信)이 별도의 항목으로 기술한 '곤륜산'을 떠올리게 하는데,[99] 그 섬[山]은 현 베트남 남부 속짱 빈짜우(Vĩnh Châu) 해변에서 동남쪽 가장 가까운 곳까지 대략 180km 떨어진, 면적 75.15km^{2}의 작은 섬인 꼰선섬(Côn Sơn), 말레이어로 '풀라우 쿤두르(Pulau Kundur)'라고 하는 섬을 말한다. 그러나 의정의 다음 기록들은 이곳이 아님을 확연히 알게 한다.

남해의 골륜국(骨崙國) 같은 경우에는, 구리 솥에 물을 담아 구멍을 뚫어 아래로 흐르게 하는데, 물이 다 흐르면 곧바로 북을 친

98 『남해기귀내법전교주』, 17쪽.
99 『도이지략역주』, 282~288쪽; 『성사승람역주』, [04]를 참고하시오.

다. 다할 때마다 한 번씩 쳐서, 네 번 치면 [해가] 중천에 이르므로, 일정하게 저녁까지 그렇게 한다. 밤에도 이렇게 8번 치면, 모두 16번이 된다(若南海骨崙國, 則銅釜盛水, 穿孔下流, 水盡之時, 卽便打鼓. 一盡一打, 四椎至中, 齊暮還然. 夜同斯八, 揔成十六).[100]

그렇지만 골륜(骨崙)과 속리(速利)에도 여전히 산스크리트어 경전을 모두 읽을 수 있는데, 하물며 천부(天府, 인도)와 신주(神州, 중국)에서는 어떠하겠는가(然而骨崙·速利尙能揔讀梵經, 豈況天府·神州).[101]

다시 의정(義淨)의 『대당서역구법고승전』, 상권에 교주(交州) 출신인 '운기(運期)'라는 승려를 기술하며 "남해(南海)를 왕래한 경력이 10여 년이다. 곤륜음(崑崙音)에 능했고, 산스크리트어를 상당히 잘 알았다. 나중에 환속하여 스리비자야 왕국[室利佛逝國]에 살았다(旋迴南海十有餘年. 善崑崙音, 頗知梵語. 後便歸俗, 住室利佛逝國)"라고 하였고,[102] 또 하권에는 현 후난성 리현(澧縣) 출신인 '대진(大津)'이란 법사를 기록하며, "영순(永淳) 2년(683) … [대진은] 당나라 사신(使臣)을 따라나섰다. 항해한 지 달포 만에 스리비자야 왕국[尸利佛逝國]에 이르렀다. 이 나라에서 여러 해 머물면서 곤륜어(崑崙語)를 배웠고, 산스크리트어를 상당히 익혔다(永淳二年 … 與唐使相逐. 汎舶月餘, 達尸利佛逝洲. 停斯多載, 解崑崙語, 頗

100 『남해기귀내법전』, 170쪽.
101 위의 책, 187쪽.
102 『대당서역구법고승전교주』, 81쪽.

習梵書)"라고 하였다.[103]

의정이 언급한 이상의 기록들은 '곤륜'이 베트남 남부의 '꼰선섬'이 아니라 동남아 불교문화권을 지칭하는 용어로 이해하도록 이끈다. '곤륜음'은 바로 '곤륜어'를 말한다. 이 '곤륜문화권'에도 통용되는 언어를 말할 것이다. 우선 떠오르는 언어는 말레이어를 말하는 것으로 보인다.

8~9세기 사이 당나라 승려 혜림(慧琳, 737~820)이 편찬한, 당시 중국의 주요 불교 서적들에 나오는 난해한 단어들의 음과 의미를 설명해 놓은 일종의 주석서인, 『일체경음의(一切經音義)』는 폴 펠리오가 둔황 석굴에서 찾아낸 신라 승려 혜초(惠超)의 '『왕오천축국전(往五天竺國傳)』'이라는 온전하지 않은 사본의 전체 면모를 가늠해 볼 수 있는 용어들이 설명되어 있다. 혜림은 둔황 사본에는 보이지 않는 『왕오천축국전』 상권(上卷)에 언급한 '각멸(閣蔑)'이란 명칭을 다음과 같이 주석했다. "['멸(蔑)'자는] 면별(眠鼈)의 반절로 읽는다. 곤륜어(崑崙語)이다. 옛날 **임읍국(林邑國)**으로 여러 곤륜의 나라 중에 이 나라가 가장 크다. 또한 삼보(三寶)를 공경하고 믿었다(眠鼈反. 崑崙語也. 古名林邑國, 於諸崑崙國中, 此國最大. 亦敬信三寶也)"라고 설명한다. 여기의 각멸(閣蔑)은 크메르의 음역 명칭이다.

마지막으로 당나라 말 번작(樊綽)의 『만서(蠻書)』(862년)에는 "양수천

103 위의 책, 207쪽.

(量水川) 서남쪽으로 용하(龍河)에 이르고, 또 남쪽으로 청목향(青木香)의 산길과 만나며, 남쪽으로 곤륜국에 이른다(量水川西南至龍河, 又南與青木香山路直, 南至崑崙國矣)"[104]라고 하였고, 또 "곤륜국(崑崙國)은 만(蠻, 남조(南詔) 왕국을 말함)의 경계인 서이하(西珥河)에서 81일 정의 거리에 있다. 청목향, 단향, 자단향, 빈랑, 유리, 수정, 여배(蠡坯) 등과 여러 향약(香藥), 진귀한 보배, 서우 등이 난다. 만적(蠻賊, 남조)이 군대를 보내 곤륜을 공격하자, 곤륜은 길을 열고 남조의 진군을 내버려 두었다가, 길이 강과 통하도록 뚫고, 물을 터서 잠기게 하자 진퇴의 방법이 없었다. 굶어 죽은 자가 10,000여 명이었고, 죽지 않은 자는 곤륜인들이 그들의 오른팔을 자르고 돌려보냈다(崑崙國, 正北去蠻界西洱河八十一日程. 出青木香·檀香·紫檀香·檳榔·琉璃·水精·蠡坯等諸香藥·珍寶·犀牛等. 蠻賊曾將軍馬攻之, 被崑崙國開路放進軍後, 鑿其路通江, 決水掩浸, 進退無計. 餓死者萬餘, 不死者崑崙去其右腕放回)"라고 기록하고 있다.[105]

이상 혜림과 번작의 설명을 근거로 말하자면, 곤륜은 하나의 불교문화권을 지칭하는 용어로 '곤륜'이라 부르는 여러 나라가 있는데, 그 중에서 옛날 임읍국(林邑國)이기도 했던 각멸(閣蔑), 크메르(Khmer), 바로 캄보디아가 가장 큰 나라였다. 따라서 여기 『수서』의 '곤륜' 사람은 베트남 남쪽 지역, 타이만과 말레이반도의 북부지역 사람일 것이다. 이는 『수서』의 '유구'를 오키나와가 아니라 타이완으로 읽도록 이끈다.

104 샹다, 『만서교주』, 149~150쪽.
105 위의 책, 238~239쪽.

보충 근거로, 조여괄이 『제번지』를 저술하며 가장 많이 참고한 자료는 1178년 주거비(周去非)의 『영외대답(嶺外代答)』이다. 하지만 주거비는 '유구'를 별도로 기록하지 않았고, 단지 권1에서 의주(宜州)와 광서로(廣西路)의 병마도감(兵馬都監)의 역할과 관할 지역을 기술하면서 '유구(流求)'를 한 차례 언급했을 뿐이다. 그에 따르면, "광서[로](廣西[路])는 이(夷)와 만(蠻)을 통제한다. 옹[주](邕[州])에는 전장(全將)을 두었고, 의[주](宜[州])에는 반장(半將)을 두었다. 본 조정 황우(皇祐, 1049~1054) 연간 의주(宜州)를 나누어 하나의 '로(路)'로 삼고, 장수가 통치하는 곳에는 오랑캐 고을[夷州]이 많았으나, 뒤에 [그것들을] 폐지하고 군(郡)으로 만들었다. 현 수신(守臣)이자 광서도감(廣西都監)은 경원군절도(慶源郡節度)이다(廣西控扼夷蠻, 邕屯全將, 宜屯半將. 本朝皇祐間, 分宜州爲一路, 帥所統多夷州, 後罷爲郡. 今守臣猶兼廣西都監, 爲慶遠軍節度)"라고 기술하고, 의주(宜州)의 관할 권역을 기술하며 "또 서남쪽으로 위번(韋蕃)과 소기(蘇綺), 라좌(羅坐), 야회(夜回), 계리(計利), 유구(流求) 등이 있는데 이들을 '생만(生蠻, 개화하지 않은 원주민)'이라 부른다(又有西南韋蕃及蘇綺·羅坐·夜回·計利·流求, 謂之生蠻)"라고 하였다.[106] 의주(宜州)는 바로 현 광시 이저우로, 선화(宣和) 원년(1119)에 경원군절도(慶源郡節度)로 승격되었다. 주거비는 '서남(西南)'이라고 했지만, 앞서 의주의 서쪽 경계[西境]를 언급했으므로, 여기의 '서남'은 '동남(東南)'이 맞을 것이다. 어쨌든 '유구'가 광시의 관할권에 있었다면 그곳은 오키나와가 아니라 타이완일 것임에는 분명하다.

---

106 『영외대답교주』, 48~49쪽.

제2장

비사야(毗舍邪) 변증

북송 시대 '유구'에 관한 정보는 빈약했고, 당나라 시대와 크게 다를 바 없었다. 즉 부지런히 이전 기술들을 채록하는 것에서 크게 벗어나지 못했다. 본론으로 들어가기 전에, 1345년에 완성된 『송사』, 권491에 수록된 「유구국(流求國)」을 잠깐 살펴보자.

> 유구국은 천주(泉州)의 동쪽에 있다. 팽호(彭湖)라는 바다 섬이 있는데, 연기와 불빛을 [양쪽에서] 서로 바라볼 수 있다. 그곳의 도성[國]은 해자[塹]와 성책이 삼중이며, 흐르는 물이 돌아 흐르고, 가시나무를 심어 울타리를 만들었다. 도(刀), 삭(矟), 궁(弓), 시(矢), 검(劍), 피(鈹)를 병장기로 사용한다. 달이 기울고 차는 것을 보고 시기를 표시한다. 다른 특이한 물품이 없어 상인들이 통상하지 않는다. 그곳은 기름진 땅이다. 조세는 없고 일이 있으면 [사람들에게] 균등하게 조세한다(流求國在泉州之東, 有海島曰彭湖, 煙火相望. 其國塹柵三重, 環以流水, 植棘爲藩. 以刀·矟·弓·矢·劍·鈹爲兵器. 視月盈虧以紀時. 無他奇貨, 商賈不通. 厥土沃壤. 無賦斂, 有事則均稅).

밑줄 친 정보만 『문헌통고』에서 채록했고, 나머지는 모두 조여괄의 『제번지』의 것을 요약했음을 알 수 있다. 『송사』는 1345년에 완성되었으므로, 1세기가 훨씬 넘은 뒤에도, '유구'의 정보는 『조여괄』의 기술을 벗어나지 못했고, 아무런 새로운 정보가 추가되지 않았다.

앞서 우리는 『수서』의 「유구전」 기술을, 『통전』, 『태평환우기』, 『통지』, 『제번지』, 그리고 『문헌통고』와 비교하며 '유구'가 타이완임을 밝혔다. 그 과정에서 우리는 조여괄의 『제번지』가 얼마나 중요한 자료인지, 그리고 왜 그의 기록을 신뢰해야 하는지를 가늠할 수 있었다. 기본적으로 『수서』를 따르면서 확인된 사실만을 기록한 것으로 보이는 조여괄의 '유구'는 확실히 타이완이었음을 보여주는 또 다른 기술이 있다.

먼저 조여괄은 앞서 본 유구국 기술에서 "토착민들은 간혹 생산하는 황랍(黃蠟), 토금(土金), 이미(氂尾, 야크 꼬리), 표범 고기[豹脯]를 가져가서 삼서(三嶼)에 판다. [이 나라] 옆에는 비사야(毗舍耶), 담마안(談馬顔) 등의 나라가 있다(土人間以所產黃蠟·土金·氂尾·豹脯, 往售於三嶼. 旁有毗舍耶·談馬顔等國)"라는 문장으로 종결했다. 여기에서 언급된, 삼서(三嶼), 비사야(毗舍耶), 담마안(談馬顔)이라는 곳을 추적하여 위치를 특정할 수 있다면, 우리는 『수서』의 '유구'가 타이완이라는 든든한 근거를 얻을 수 있을 것이다.

'삼서(三嶼)'에 관하여 조여괄은 "삼서(三嶼)는 마일(麻逸)에 속해 있는 가마연(加麻延), 파모유(巴姥酉), 파길농(巴吉弄)을 말한다. 각각 종족과 부락을 형성하여 도서 지역에 흩어져 살다가 [외래의] 배가 이르면 나와서 교역하는데, 이들을 모두 묶어서 '삼서'라고 한다(三嶼乃麻逸之屬, 曰加麻延·巴姥酉·巴吉弄, 各有種落, 散居島嶼, 舶舟至則出而貿易, 總謂之三嶼)"[1]라고 하였다. 이는 '삼서(三嶼)'가 '세 섬'을 의역한 통칭임을 보여준다.

'삼서'는 중국 기록상 13세기부터 나타난다. 『제번지』보다 조금 앞

---

1 『제번지역주』, 273쪽.

선 1206년 조언위(趙彦衛)의 『운록만초(雲麓漫抄)』, 권5(사고전서본, 2a)에 "파사란(波斯蘭), 마일(麻逸), 삼서(三嶼), 포리환(蒲哩喚), 백포미국(白蒲邇國)에서는 길패포(吉貝布)와 길패로 만든 사롱[吉貝紗]이 난다(波斯蘭·麻逸·三嶼·蒲哩喚·白蒲邇國, 則有吉貝布·吉貝紗)"라며 '길패(吉貝, 면)'로 짠 베와 그것으로 짠 사롱의 산지로 거론되었다.

먼저 조언위가 언급한 파사란(波斯蘭)이란 곳은 『제번지』에서 진랍국(眞臘國, 캄보디아)의 속국 중 하나로 언급되었다.[2] 『송사』, 권489, 「진랍국전」(14087쪽)에서는 "속국인 진리부(眞里富)는 진랍의 서남쪽 모퉁이에 있고, 그 동남쪽으로 파사란(波斯蘭)과 접해 있다(其屬邑有眞里富, 在西南隅, 東南接波斯蘭)"라고 하였다. 위치를 조금이라도 추적하기 위해 『제번지』에서 언급한 속국들을 연관자료들과 비교해보자.

『영외대답』	그 나라 옆에는 와리, 서붕, 삼박, 마란, 등류미, 제랄달(第辣達)이란 나라가 있는데, 진랍은 그들의 중심이 된다(其旁有窊裏國·西棚國·三泊國·麻蘭國·登流眉國·第辣撻國, 眞臘爲之都會).
『제번지』	등류미, 파사란, 나혹, 삼락, 진리부, 마라간, 녹양, 탐리부, 포감, 와리, 서붕, 두회, 심번 모두 그 속국이다(登流眉·波斯蘭·羅斛·三濼·眞里富·麻羅問·綠洋·呑里富·蒲甘·窊裏·西棚·杜懷·潯番, 皆其屬國也).
『진랍풍토기』	속한 군(郡)으로 진포, 사남, 파간, 막량, 포매, 치곤, 목진파, 뇌감갱, 팔시리 등 9·10여 개가 있다(屬郡九十餘, 曰眞蒲·曰查南·曰巴澗·曰莫良·曰蒲買·曰雉棍·曰木津波·曰賴敢坑·曰八廝里).

2 『제번지역주』, 61쪽.

이상 세 자료가 언급하고 있는 캄보디아 지명들은 한 곳도 정확히 밝혀지지 않았다. 『제번지』의 진리부(眞里富)는 『진랍풍토기』의 '진포(眞蒲)'와 비슷한 발음이다. 폴 펠리오는 '진포'를 생작(St. Jacques)만, 즉 메콩강 어귀로 추정한 바 있다.[3] 『영외대답』의 '마란국(麻蘭國)'은 『제번지』의 '마라간(麻羅問)', 『진랍풍토기』의 '막량(莫良)'과 글자는 다르지만, 그 발음은 비슷하다. 『영외대답』의 '삼박(三泊)'과 『제번지』의 '삼락(三濼)'은 자형이 비슷하고, 『제번지』의 파사란은 『진랍풍토기』의 '팔시리(八厮里)'와 비슷한 발음이다. 그러나 '팔시리'가 어디인지 모른다. 어쨌든 '파사란'이란 곳은 캄보디아 진랍의 영역임은 분명하다.

'마일(麻逸)'은 민도로섬 즉 마이트(Mait)로 추정해 왔지만, 필자는 마일을 민도로섬보다 더 북쪽에 있는 '마닐라'에 해당하는 음역이라는 설을 제기한 바 있다.[4] 조여괄에 따르면 '삼서'는 이 '마일'에 속해 있고, 그 세 섬은 가마연[ka-ma-0i̯ɛn](加麻延), 파모유[pa-muo|lɑu-0i̯e̯u](巴姥酉), 파길농[pa-ki̯ĕt-luŋ](巴吉弄)이라는 섬들이다. 이곳들의 추정은 마일이 민도로섬인지 마닐라의 루손섬인지에 따라 달라진다. 먼저 라우퍼(B. Laufer)는 [조여괄이 언급한] "세 섬[三嶼]은 아마도 부수앙가(Busuanga), 칼라미안(Calamian), 그리고 페뇽 데 코란(Peñon de Coran)일 것이다. 조여괄이 언급한 장소 중에서 백포연(白蒲延)은 루손의 북

3 『진랍풍토기역주』, 48쪽, 주 78을 참고하시오.
4 자세한 사항은 『성사승람역주』, 마일국[32] 해제를 참고하시오.

쪽에 있는 바부얀(Babuyan)으로, 포리로(蒲里嚕)는 루손의 동쪽에 있는 포릴로(Polillo)로 추정할 수 있을 것이다"라고 생각을 피력했다.[5] 이에 따라, 히어트와 록힐은 '가마연'을 팔라완(Palawan) 북동쪽에 있는 칼라미언(Calamianes) 군도 중 가장 큰 섬인 칼라미언(Calamian)섬으로, '파모유'를 팔라완으로, '파길농'을 부수앙가(Busuanga)섬으로 추측하고, 라우퍼 씨가 '파모유'를 페뇽 데 코란(Peñon de Coran)으로 추정한 것을 언급하며, 이 섬은 부수앙가의 동단에 있고 제비집[燕窩]이 나는 곳으로 잘 알려졌다고 설명했다(『조여괄』, 162쪽). 여기에서 '파모유'를 '팔라완(Palawan)'으로 추정하는 근거는 바로 '모(姥)'자의 '로(lɑu)'라는 음가를 채택했기 때문이다.

한편, 왕대연은 『도이지략』에서 '삼도(三島)'라는 항목을 별도로 기술하고 있는데, 조여괄의 '삼서'라는 설이 일반적이다. 이를 교주(校注)한 후지타 도요하치는 마일(麻逸, 민도로)에 속한다는 왕대연의 기술에서 착안하여, "루손섬 서남쪽 모퉁이인 시에라 드 마리벨스(Sierra de Mariveles)의 옛 명칭이 '카마야(Camaya)'인데, '가마연'일 것이다. 『제번지』의 파길농이 『도이지략』에서는 '파농길(巴弄吉)'로 되어 있는데, 발랑가(Balanga)에 해당하는 음으로, '길농' 두 글자가 도치된 것이다. 파모유는 『동서양고』의 파모원(巴姥圓, Palawan)과 거의 같지만, 루손섬 남단에는 발라얀(Balanyan)이 있으므로 파모유는 발라얀에 해당하는 음일 것이다. 요컨대, 삼서(三嶼)는 루손섬의 서남쪽 일대로 필

5 「The relations of the Chinese to the Philippine Islands」, in 『Smithsonian Miscellaneous Collections』(1908년), 252쪽 주1.

리핀 열도에서는 동북쪽 모퉁이에 기대어 있다고 할 수 있다"라고 하며,[6] '삼도' 또는 '삼서'를 팔라완 군도 지역에서 동북쪽으로 더 끌어 올렸다.

왕대연의 기술에 따르면, '삼도'는 '유구'의 대기산(大崎山) 동쪽에 세 발의 솥처럼 나뉘어 있다고 하였고, 그곳의 "남자들은 배를 타고 천주에 이르러 장사를 하며 돈주머니를 다 털어, 몸에 문신을 새긴다"라고 하였다.[7] 또한 『도이지략』보다 20년 뒤에 편찬된 『원사(元史)』(1370년), 권210, 「삼서전(三嶼傳)」(4668쪽)에서 "삼서국은 유구(瑠求)와 가깝다(三嶼國, 近瑠求)"라는 정보를 제시하고 있다. 이는 우리를 루손섬 북쪽으로 이끈다.[8]

조언위가 네 번째로 언급한 나라인 '포리환(蒲哩喚)'은 『제번지』에 보이는 포리로(蒲里嚕, Polillo)의 잘못된 표기일 것이다. 마지막 '백포미(白蒲邇)'란 나라는 『제번지』에서 마일국의 속국으로 든 '백포연(白蒲延)'일 것이다. 이로써 조언위가 거론한 곳들은 캄보디아 쪽의 '파사란'을 제외하면 필리핀 북부의 루손섬, 민도로섬 지역이다. 이곳들은 길패(吉貝), 즉 목면이 나는 곳으로, 『수서』, 「유구전」(위의 [I-3])에서 언급한 '투루(鬪鏤)'를 가리킨다.

마지막으로 조여괄이 '유구'의 옆에 있는 나라로, 우리가 자세히 논의할 비사야(毗舍耶) 이외에 '담마안(談馬顔)'이라는 곳을 들었다. 『제번지』, 이곳에서만 언급된 이 '담마안'의 민남어 발음은 [tam-b|me-

---

6 『도이지략역주』, 46~47쪽을 참고하시오.
7 위의 책, 44쪽.
8 자세한 고증은 『성사승람역주』, 삼도국[31] 해제를 참고하시오.

gan]이다. 후지타 도요하치는 『도이지략』, 「삼도」에서 그곳에 속한 곳으로 '답배(答陪)'를 고증하며 "바로 토바고(Tobago)에 해당하는 음으로, 『제번지』 유구(流求) 조목에는 '담마안(談馬顏)'으로 되어 있고, 『동서양고(東西洋考)』, 『해국문견록(海國聞見錄)』의 홍두서(紅豆嶼)가 이곳이다. 당시 루손[呂宋]으로 항해하는 사람들은 멀리서 이 산이 보인다고 한다"라고 설명했다.[9] 이는 히어트가 '보톨 토바고(Botol Tobago)'로 비정한 것에[10] 부연 설명을 한 것에 지나지 않는다. 어쨌든 현재로서는 이들의 고증을 따를 수밖에 없다면, 조여괄의 '유구'는 『수서』의 '유구'를 근거로 하였으므로, 이들의 '유구'는 타이완섬임을 방증한다.

이제 우리는 조여괄이 『제번지』에서 '유구' 옆에 있다고 기술한 '비사야(毗舍耶)'를 살펴볼 때가 되었다. 조여괄이 처음 한 항목으로 기술한 '비사야'는 『문헌통고』와 『송사』에서 '유구'에 붙여져 기술되었다. 이 두 역사자료와 비교하여, 조여괄의 『제번지』가 당시의 상황에서 얼마나 가치 있고, 신뢰할 만한 자료인지를 여실히 짐작할 수 있을 것이다.

> [II-1] 비사야(毗舍耶)는 언어가 통하지 않아 ① **상인들이 장사하러 가지 않는다.** 알몸에 눈을 부릅뜨고 있어 거의 짐승 같다. ② **천주(泉州)에는 팽호(彭湖)라는 바다 섬이 있는데 진강현(晉江縣)에**

9 『도이지략역주』, 47쪽.

10 『조여괄』, 164쪽. 보톨은 '보텔(Botel)'로 섬을 뜻한다고 하고, 토바고는 담배이다. 따라서 담배섬으로 불렸다고 한다. 일본인들은 '코토쇼(紅頭嶼)'로 불렀는데, 지금은 '난위(蘭嶼)'로 불린다.

예속되어 있다. 이 나라는 [팽호와] 매우 가까워 연기와 불빛을 서로 바라볼 수 있다. 이따금 약탈하러 오지만 그들이 오는 것을 예측할 수 없어, 많은 사람이 산 채로 잡아먹히는 해를 입어 주민들이 고통을 겪는다(毗舍耶語言不通, 商販不及. 袒裸盱睢, 殆畜類也. 泉有海島曰彭湖, 隸晉江縣, 與取其國密邇, 煙火相望. 時至寇掠, 其來不測. 多罹生啖之, 居民苦之).

『문헌통고』	旁有毗舍耶國. 語言不通. 袒裸盱睢, 殆非人類.
『송사』	旁有毗舍邪國. 語言不通. 袒裸盱睢, 殆非人類.

조여괄은 유구국 기술 마지막 문장에서는 '비사야'가 '국(國, 나라, 도성)'이라고 언급했지만, 정작 '비사야' 항목의 표제어에서는 '국'자를 붙이지 않았다.[11] 『문헌통고』와 『송사』는 '국'자를 붙였지만, 조여괄의 기록에 근거를 두고 있음을 알 수 있다. 그러나 두 자료는 위에서 굵은 글씨로 표기한 정보들은 채록하지 않았다. ①의 정보는 뒤에 자세히 다룰 왕대연의 『도이지략』의 기술과 부합한다.

②의 지리적 정보와 비사야 사람들의 야만성[카니발리즘]에 관한 기술은 『제번지』에만 보이는 언급이다. 앞서 조여괄은 유구국을 기술할 때, 『수서』를 기록을 대부분 채록했지만, 특히 '식인'에 관한 일이나 풍속은 전혀 언급하지 않았던 것과 큰 차이가 있다.

11 중국의 학자로는 처음 『제번지』를 교주한 펑청쥔(馮承鈞)은 저본으로 사고전서본을 활용했으면서, 저본에 없는 '국'자를 붙여 '비사야국(毗舍耶國)'이라 제목을 붙였다. 펑씨는 이에 대해 최소한의 설명을 해야 했으나, 그는 두 차례나 침묵했다(『제번지교주』, 목록 2쪽과 84쪽).

중국 기록상 '비사야[bʱi-ɕi̯a-jĭa](毗舍耶)'는 1225년 『제번지』보다 이전인 12세기 중후반부터 알려진 것 같다.[12] 주필대(周必大, 1126~1204)의 『문충집(文忠集)』, 권67, 「왕대유 공 신도비(汪公大猷神道碑)」(사고전서본, 5b~6a)에 따르면, 왕대유(汪大猷, 1120?~1200)는 건도(乾道) 7년(1171) "4월 지천주(知泉州)로 기용되었다. 바다 가운데 **'평호(平湖)'**라는 큰 섬이 있었는데, 군민들이 [그곳에] 가서 조[粟], 보리[麥], 삼마[麻]를 심었다. **'비사야(毗舍耶)'**라는 오랑캐[蠻]가 바람을 타고 엄습해 왔다. **피부는 새까맸고 언어는 통하지 않았다.** 심어 놓은 것을 모조리 거두어 가버려, 군대를 보내 추포하려 하자 배를 들고 물속으로 들어가 버렸다. 유민[浮民]들을 앞세워 인근 성과 적서주(赤嶼洲)를 약탈했다. 이에 봄 여름으로 수비대를 파견하여, 늦가을이 되어서 돌아오니 그 수고로움을 헤아릴 수 없었다. 그곳에 가옥 200채를 짓고, 수군(水軍)을 주둔시키자, 오랑캐가 더는 오지 않았다(四月知泉州. 海中大洲號平湖, 郡[邦]人就植粟·麥·麻. 有毗舍耶蠻揚颿奄至, 肌體漆黑, 語言不通. 種植皆爲所穫, 調兵逐捕, 則入水持其舟而已. 浮民爲鄕導, 劫掠近城赤嶼洲. 於是春夏遣戍, 秋暮始歸, 勞費不貲. 其地造屋二百區, 留屯水軍, 蠻不復來)"라고 하였다.

『역대명신주의(歷代名臣奏議)』(1416년)에 수록된, 임광조(林光朝, 1114~1178)의 「윤대차자(輪對箚子)」(사고전서본, 권349, 27a~b)에서는 "이전부터 바다 밖에는 속칭 '비사야(毗舍耶)'라고 부르는 한 종족의 부락이 갑자기 천주(泉州)의 평호(平湖)로 이르렀다. 이곳은 아직도 외딴 섬

---

12 펑청쥔(馮承鈞)은 '팽호'라는 명칭이 『제번지』에 처음 보인다고 했지만(『제번지교주』, 85쪽), 잘못된 정보이다.

에 있는데, 계속하여 주치(州治)에서 20리도 떨어지지 않은 북진(北鎭)에 이르렀다. 그들은 병장기의 날을 봐도 조금도 두려워하지 않는다. 산 사람을 잡아먹어 짐승[貙貗]과 같다. **한 자의 쇠를 보면 먼저 주우려고 다툰다.** [그들이] 지나는 곳에는 칼, 도끼, 낫, 끌 하나도 남아나지 않는다. 영외(嶺外)로 달아나 **사람을 죽여 식량으로 삼으며 배[舟]를 끼고 다닌다.** 물속에 출몰하는 것이 평지를 걷는 것과 같다. [광동의] 조주(潮州)와 혜주(惠州) 일대에서 삼엄하게 경계하지 않음이 없었다. 이들 무리가 [언제 들이닥칠지] 헤아릴 수 없다. 애당초 어느 곳에 의탁하여 사는지 몰라 항상 우리 백성들의 피해가 될 수 있다(往時海外有一種落, 俗呼爲毗舍耶, 忽然至泉州之平湖, 此尙在一絕島, 續又至北鎭, 去州治無二十里之遠. 其視兵刃, 一無所畏. 啗食生人, 乃如貙貗. 每得尺鐵, 爭先收拾. 所過之處, 刀·斧·鉤·鑿爲之一空. 及散走嶺外, 殺人爲糧, 挾舟而行. 出沒水中, 猶履平地. 潮·惠一帶, 莫不戒嚴. 此曹叵測也. 初不知所托在何等處, 尙能爲吾民之害)"라고 하였다.

이러한 '비사야'인들의 습격에 관하여, 네덜란드 점령 시기의 한 기록에 따르면, "20~30명의, 원하는 만큼 많은 남자가 출정하고 종종 삼판(sampan)을 타고 간다. 목적지에 이르면, 노출되지 않도록 밤이 될 때까지 기다린다. … 젊건 늙었건, 남자든 여자든 곧바로 죽이고 그들의 머리, 손과 발을 잘라낸다. 종종 전체 몸을 가져와 전사의 숫자에 따라 여러 조각으로 자른다. 원하는 사람들이 한 부분씩 가지고 집으로 돌아가, 자신이 처했던 순간 또는 위험에 대처한 기량을 자랑한다"라고 하였고, 또 다른 전투 방법으로 "큰 소리를 내어, 그들의 삼판이 있는 곳으로 적을 유인하여 백병전을 벌인다"고 하였으며,

"그들은 대여섯 삼판을 타고, 즉 오륙십 명이 나갈 때, 전사들의 대부분은 대체로 밤에 내려서 마을 다른 쪽에 매복해 있다가 공격한다"라고 한다.[13] 이는 타이완 서안 중남부의 한 원주민을 기술한 것으로, 이들의 공격은 그들이 타고 다니는 '삼판'이라는 배를 중심으로 이루어졌고, 그들은 바다 이동에 특장점을 갖춘 부족임을 확인할 수 있다.

진덕수(陳德秀, 1178~1235)의 『서산선생진문충공문집(西山先生眞文忠公文集)』(사부총간본, 권5, 17a), 1218년 11월에 쓴 「추밀원이 연해에 조치한 사정을 설명하는 글(申樞密院措置沿海事宜狀)」에는 "영녕채(永寧寨)【지명은 수오(水澳)】, 법석(法石)에서 70리 떨어져 있다. 초기 건도(乾道) 연간에 비사야국(毗舍耶國)이 약탈하여 주민을 죽이고 해쳐 마침내 이곳에 성채[寨]를 설치했다. 이곳은 대해를 바라보고 있다. 바로 동양(東洋)을 향해 하루 밤낮이면 팽호(彭湖)에 이를 수 있다. 팽호의 사람들은 밤에도 감히 연기를 피우지 못한다. 그것을 유구국이 멀리서 보면 반드시 와서 나쁜 짓을 저지르기 때문이다(永寧寨【地名水澳】, 去法石七十里. 初, 乾道間毗舍耶國入寇, 殺害居民, 遂置寨於此. 其地闞臨大海, 直望東洋, 一日一夜可至彭湖. 彭湖之人, 遇夜不敢舉煙, 以爲流求國望見必來作過)"라고 한 기록이 보인다. 비사야는 유구국(流求國) 즉 타이완 서남쪽에 있음을 암시하고 있다.

이상의 조여괄 이전의 자료를 종합해보면, 임광조의 「윤대차자」가 가장 조여괄의 기술과 상당히 일치한다. **'비사야'라는 부락은 이동하는 해상 세력으로, 주로 팽호와 가까운 타이완 서남쪽에서 활동했고,**

---

13 WM. Campbell, F.R.G.S., 『Formosa under the Dutch』, London, 1903, 12~14쪽.

12세기 후반부터 천주뿐만 아니라 광둥의 조주와 혜주 일대까지 위협했다는 정보를 확인할 수 있다.

여기에서 언급된 '평호(平湖)'는 바로 현 펑후[彭湖]로, 이 또한 가장 이른 언급이다. 이 신도비에서 우리는 천주의 사람들이 12세기 중후반 시기부터 평후섬에 이주했으며, 이들은 새까만 '비사야'들의 잦은 침략을 받았고, 배[舟]를 들고 물속으로 달아났다는 중요한 정보를 확인할 수 있다. 이들은 진릉(陳稜)의 유구 원정에 통역으로 기용한 '곤륜(崐崘)' 사람을 연상시킨다. 어쨌든 이들은 조여괄이 이전 기록을 참고했음을 보여주는 자료들이다.

『송사』, 권89, 「지리지·천주」(2208쪽)에 따르면 "천주는 망(望, 4,000호 이상의 행정단위)으로, 청원군(清源郡)이다. 태평흥국(太平興國, 976~984) 초에 평해군절도(平海軍節度)로 고쳤다. 원래는 상군(上郡)이었으나 대관(大觀) 원년(1107) 망군(望郡)으로 승격되었다. 숭녕(崇寧, 1102~1106) 연간에 200,146가구로, 송자(松子, 잣)를 공납했다. 원풍(元豐, 1078~1085) 연간에는 면(綿), 초(蕉), 갈(葛) [등의 포(布)를] 공납했다. 일곱 개의 현(縣)이 있다"라고 한 다음, 맨 처음으로 '진강(晉江)'을 들고 "망(望)이다. 염정(鹽亭)[14] 161개 소가 있다"라고 부연 설명을 붙였다. 남송 시대 팽호(彭湖)가 진강현(晉江縣)에 행정적으로 속해 있었는지는 확인되지 않지만, 진강현은 지금의 진장시로, 그 남단 위두만(圍頭灣)과 장군안서(將軍岸嶼)에서 팽호까지는 직선거리로 140km 남짓이다.

14 '정(亭)'이란 사람들이 상품 구매를 편리하게 할 목적으로 세운 정자 형태의 구조물을 말하므로, '염정'은 소금을 수급하는 곳을 의미한다.

[II-2] 순희(淳熙, 1174~1189) 연간에 '나라[國]'의 부락(部落) 수령[酋豪]이 수백 명의 무리를 거느리고 천주의 수오(水澳), 위두(圍頭) 등의 촌에 들어와 흉포한 짓을 자행했다. 사람들을 무수히 죽이고 부녀들을 강간하고 살해했다(淳熙間, 國之酋豪常率數百輩, 猝至泉之水湾·圍頭等村, 恣行凶暴. 戕人無數, 淫其婦女, 已而殺之).

『문헌통고』	宋淳熙間, 其國之酋豪嘗率數百輩, 猝至泉之水澳·圍頭等村, 多所殺掠.
『송사』	淳熙間, 國之酋豪嘗率數百輩, 猝至泉之水澳·圍頭等村, 肆行殺掠.

『문헌통고』와 『송사』는 밑줄 친 세부 사항을 채록하지 않았지만 역시 『제번지』에 근거를 두고 있다. 천주의 '수오(水澳)'는 '오(澳)'자는 바닷가 만곡부를 말한다. 1726년 『강희복건통지대만부(康熙福建通志臺灣府)』(대만문헌총간본, 권25, 360쪽)에서 영녕위(永寧衛)를 기술하며 "송나라 건도(乾道) 8년(1172) 수오채(水澳寨)를 설치했는데, 원나라 때에는 영녕채(永寧寨)로 되었다(宋乾道八年置水澳寨, 元爲永寧寨)"라고 한 것을 근거로, '수오'는 바로 '영녕'임을 알 수 있다. 현 취안저우시 남쪽 융닝진(永宁镇) 일대를 말한다. '위두(圍頭)'는 현 지도에서 진장시 남쪽의 '웨이터우'라는 만이 보이는데, 진먼과 마주하고 있다. 중국 백과사전에 따르면, 그 촌락은 웨이터우 반도의 돌출부에 있다고 한다. 천주에서는 팽호와 가장 가까운 곳이다.

비사야 사람들의 천주 해안 약탈은 앞서 본 「왕대유 공 신도비(汪公大猷神道碑)」에서 확인된다. 또한 『중찬복건통지(重纂福建通志)』(1874년 간행본), 권266(15a) "건도(乾道) 8년(1172) 섬 오랑캐[島蠻] 비사야(毘舍邪)가 노략질하여 수오[채](水澳[寨])를 설치하고 방어했다【비사야는 지난해 평호(平湖)를 약탈했는데, 이때 다시 배를 타고 와서 약탈했다】(乾道八年島蠻毘舍邪入寇, 置水澳控禦之【毘舍邪以去歲掠平湖, 至是復以海舟入寇】)"라고 한 것으로 근거로 삼을 수 있을 것이다. 주목할 만한 점은 비사야 사람들의 약탈이 조여괄이 말한 '순희(淳熙, 1174~1189)' 연간이 아니라 1171년부터 이루어졌다는 점이다.

> [II-3] 쇠그릇과 수저를 좋아하여 사람들이 문을 닫고 있으면 [화를] 면할 수 있으나 그 문고리는 뽑아서 간다. 수저를 던져주면 엎드려 줍기 때문에, 몇 걸음을 늦출 수 있다. 관군이 포로가 되었을 때 철갑 기마[鐵騎]를 보고는 다투어 그 철갑을 벗기려고 머리를 나란히 하고 나아가 죽이지만 후회할 줄 모른다(喜鐵器及匙箸, 人閉戶則免, 但刓其門圈而去. 擲以匙箸, 則俯拾之, 可緩數步. 官軍擒捕見鐵騎, 則競刓其甲, 駢首就戮而不知悔).

『문헌통고』	喜鐵器及匙箸, 人閉戶則免, 但取其門環而去. 擲以匙箸則俯拾之, 可緩數步. 官軍擒捕, 見鐵騎則競剜其甲, 遂駢首就僇.
『송사』	喜鐵器及匙筯, 人閉戶則免, 但刓其門圈而去. 擲以匙筯則頫拾之, 見鐵騎則爭刓其甲, 駢首就戮而不知悔.

이 단락과 아래 두 정보는 조여괄이 기술한 유일한 자료이다. 여기부터 『송사』는 확실히 『제번지』를 따르고 있다. 『송사』의 '부(頫)'자는 머리를 숙인다는 뜻으로 '부(俯)'와 같다.

[II-4] 적과 맞서[臨敵] 싸울 때는 표창을 사용한다. 10장(대략 33m) 남짓의 줄에 매어 조정하는데, 그 쇠를 아껴 차마 버리지 못하기 때문이다(臨敵用標鎗, 繫繩十餘丈爲操縱, 蓋愛其鐵不忍棄也).

『문헌통고』	臨敵用鏢, 鏢以繩十餘丈爲操縱, 蓋愛其鐵不忍棄.
『송사』	臨敵用標鎗, 繫繩十餘丈爲操縱, 蓋惜其鐵不忍棄也.

『제번지』의 '표창(標鎗)'의 '표(標)'와 『문헌통고』의 '표(鏢)'는 던져 사용하는 옛날 무기를 말한다. 두 글자는 통용해 쓴다. 우리 국어사전에는 '표창(鏢槍)'이 등재되어 있다. 문제는 두 번째 문장으로, 『제번지』와 『송사』에는 '계(繫)'자의 주어가 빠져 있다. 마단림은 이 점을 보완하여, 의미가 중복되는 '창(鎗)' 대신에 '표(鏢)'자를 한 번 더 쓴 것으로 보인다.

[II-5] 배[舟楫]를 타지 않고 다만 대나무 뗏목을 사용하여 일하다가, 병풍처럼 접을 수 있어, 급하면 여럿이 들고 헤엄쳐 달아난다(不駕舟楫, 惟以竹筏從事, 可摺疊如屏風, 急則群舁之, 泅水而遁).

『문헌통고』	不駕舟楫, 惟以竹筏從事, 可摺疊如屏風, 急則群舁之, 浮水而逃.
『송사』	不駕舟楫, 惟縛竹爲筏, 急則群舁之泅水而遁.

『송사』의 기록은 『제번지』를 따르되 상당히 축약되었다. 어떻게 그들이 배를 들고 달아나는지 빠져 있다. 어쨌든 문맥에 큰 변화가 있는

것은 아니다. 이제, '비자야'가 나라거나 도성이거나 기지건 그들의 거점은 팽호와 가까운 곳에 있으며, 그곳으로부터 우리가 타이완으로 추정하는 유구와 이웃하고 있다는 '비사야'를 추적해야 한다. 결론적으로 말하자면, 이 전제 조건에 부합하는 민족이나 나라는 확인하기 어렵지만, 그곳이 오키나와 유구는 아니라는 점은 확인할 수 있다.

조여괄이 가장 먼저 언급한 '비사야(毗舍耶)'는 19세기 유럽의 동양학자들에 의해 고증되기 시작했다. 맨 먼저 프랑스 문헌학자 테리앙 드 라쿠페리(Terrien de Lacouperie, 1844~1894)는 '비사야'를 필리핀의 한 부족 명칭이자, 그들이 사는 지역인 민다나오 북부를 지칭하는 'Visaya(Bisaya)'와 연결했다. 그에 따르면, "중세에 일본인들은 해안을 여러 차례 습격하여 파괴하고 아무것도 남기지 않았다. 이는 필리핀의 비사야 사람들(Bisayas)도 마찬가지였다. 이들은 송나라 1174~1189년 기간 동안 푸젠 취안저우의 해안을 습격했었다"라고 하며, '비사야'를 필리핀의 비사야족으로 생각했다. 즉 라쿠페리는 비사야를 나라가 아니라 하나의 부족으로 추정했다.[15] 확실히 필리핀 비사야족과 여기의 '비사야'는 음성적으로 상당히 그럴법하다.

하지만 슐레겔(G. Schlegel, 1840~1903)은 라쿠페리의 설을 부정하며 "그러나 중국의 역사가들이 말하는 것처럼, 이 섬사람들이 뗏목을 타고 먼 바닷길을 항해했다는 것은 불가능하다. 그 해로가 포르모사에

15 Terrien de Lacouperie, 『The languages of China before the Chinese』, London, 1887, 127쪽.

서 푸젠까지라면 가능할 것이다"라고 하였다.[16] 슐레겔의 설을 채택한 데이비슨(James W. Davidson, 1872~1933)은 "12세기 말경 수백 명의 포르모사 사람이 푸젠성의 작은 해안 마을을 습격하여 약탈했다"라고 하며, 푸젠의 해안을 약탈한 민족을 포르모사 사람들로 읽고 있다.[17] 슐레겔이 제기한 이의는 타당하다. 가오슝에서 민다나오섬 북부까지는 대략 직선거리로 1,000km가 넘는다.

히어트와 록힐은 슐레겔의 이의 제기를 참고하지 못했던 것으로 보인다. 그들은 라쿠페리가 처음으로 '비사야(毗舍耶)'를 필리핀의 비사야(Visaya, 또는 Bisaya)로 추정했다고 밝히고 다음과 같이 베르톨트 라우퍼(Berthold Laufer, 1874~1935)의 연구를 요약하고 분석했다.

베르톨트 라우퍼는 '문화·역사적 고찰'에 있어서 가장 강력한 증거는 명백히 우연한 음성적 일치뿐이라고 보았다. 그러나 라우퍼는 조여괄의 기록을 발췌한 『송사』의 텍스트는 포르모사 해안을 침입하지 못하고 중국 해안으로 공격해 온 일단의 비사야 사람들에 의한 중국 약탈을 한 차례만 언급했다고 했다. 이 점에 있어서 라우퍼는 실수했다. 조여괄과 『송사』 모두 1174~1180년간 푸젠 해안으로의 약탈이 잦았다고 기술하고 있기 때문이다. 결과적으로 '비사야'는 당시 포르모사 남서쪽 해안을 따라 정착했지만, 아마도 그들은 필리핀 출신이었을 것이다. 이러한 생각은 조여괄이 이전 항목에서 '유구', 즉 '비사

16 「Problèmes Géographiques: Les Peuples Étrangers chez les historiens Chinnois」, 『통보』, 1895, 182쪽 주1.
17 James W. Davidson, 『The island of Formosa, past and present』, London and New York, 1903, 3쪽.

야'의 바로 북쪽에 있던 포르모사 사람들이 필리핀[三嶼]과 정기적으로 통상하고 있었다고 진술한 내용을 통해 더 강화된다. 침략자들은 그들이 하던 대로 배가 아니라 뗏목을 타고 직접 필리핀에서 중국으로 왔다는 점에 주목해야 한다.

이어서 히어트는 음성적 일치가 고증의 근거로 삼기에는 부족함을 인정하면서, 포르모사의 타이호쿠(Taihoku, 台北) 평원, 케룽(Kelung, 基隆), 탐수이(Tamsui, 淡水) 지역에 흩어져 사는 '파제헤(Pazehhe)'라고 불리는 페포후안(Pepohuan, 平埔族)이 아직 살고 있는데, 그 '파제헤'라는 명칭이 '비사야'와 조금 비슷하다는 점에서 그들이 비사야일 가능성을 제기했다.

히어트와 록힐의 역주본을 거의 따르고 있는 펑청쥔(馮承鈞)은 위에 인용한 히어트와 록힐의 주석을 완전히 잘못 이해하고 "비사야(毗舍耶)는 오래전 라쿠페리(Terrien de Lacouperie)가 필리핀 군도의 비사야(Visaya, 또는 Bisaya)로 고증한 적이 있다. 최근 라우퍼(Laufer)는 『중국과 필리핀 군도와의 관계』, 253~255쪽에서 여기 비사야 사람들은 항상 천주(泉州)에 와서 노략질했다고 하였고, 본 조목에도 진강현(晉江縣, 천주부 치소)이 그 나라와 매우 가깝다는 말이 있으므로, 아마도 타이완 서남쪽 해안에 이주한 필리핀 사람들로 보인다"[18]라고 하며 이해하기 힘든 설명을 제시했다. 밑줄 친 주장은 완전히 터무니없다. 더 심각한 것은 라우퍼가 '비사야(毗舍耶)=필리핀 군도의 비사야(Visaya,

18 『제번지교주』, 85쪽 주1. 필자의 『제번지역주』, 281쪽을 참고하시오. 여기서는 이전 번역의 어색한 문장들을 조금 고쳤음을 밝혀 둔다.

또는 Bisaya)' 설에 동의라도 하는 것처럼, 기술했다는 점이다. 이러한 오해는 고스란히 아래에서 다시 언급하겠지만, 쑤지칭(蘇繼廎)의 『도이지략』 주석에서도 이어졌다. 심지어 2000년 양보원(楊博文)의 『제번지교석』, 149쪽에서도 반복되었다.[19]

사실 베르톨트 라우퍼의 길고 자세한 설명을 히어트와 록힐은 너무 소략하여 그의 논지를 정확히 따라가기 어렵다. 게다가 이들이 지적한 라우퍼의 착오는 순희(淳熙) 연간에 여러 차례 약탈이 있었건만 '한 차례'라고 언급한 점이다. 다시 말해, 그 외에는 라우퍼의 지적과 논점은 따른다는 말이다. 여기 처음으로 라우퍼의 글을 소개하여 향후 펑 청쥔의 경우와 같은 오해가 반복되지 않기를, 그리고 필자의 이전 작업들에 대한 보완이 이루어지길 바란다.

> 『송사』, 권491, 「유구전(流求傳)」에 언급된 비사야(毗舍耶)를 필리핀의 비사야(Visaya)로 추정하는 것은 이미 라쿠페리(Terrien de Lacouperie)가 제기한 바 있으나 조지 슐레겔(G. Shclegel)은 섬사람들이, 중국 역사가들이 말하는 것처럼, 그렇게 긴 해로를 뗏목을 타고 건널 수는 없다. 그렇지만 포르모사에서 푸젠까지는 가능하다고 이의를 제기했다. 비사야가 포르모사 종족이라고는 분명

19 우리나라의 상황도 마찬가지이다. '중국정사외국전DB'의 주석에 따르면 "현재 필리핀 루손 군도에 거주하는 비사야족(Visayans)을 가리킨다. 원문에서는 지명이라 적고 있으나, 20세기 초반 이래 여러 연구를 통해 당시 활발한 해상활동을 보이던 비사야족의 정박지를 가리키는 것이라 판명되었다"라는 확인되지 않은 하나의 설을 정설로 소개하고 있다. 주석자들이 참고한 책은 바로 본문에서 언급한 『도이지략교석』과 『제번지교석』이다. 우리의 학자들이 일궈낸 방대한 '중국정사외국전DB'는 세계에서도 자랑할 만한 성과이다. 많은 후속 교정 작업이 필요하건만, 10년 넘게 아무런 수정이나 보완 작업이 없어 아쉽다.

하게 말하지 않았지만, 슐레겔은 그렇게 암시한 것 같다. 하지만 데이비슨(James W. Davidson)은 『The island of Formosa, past and present』(1903년), 3쪽에서 "12세기 말경 수백 명의 포르모사 사람이 푸젠성의 작은 해안 마을을 습격하여 약탈했다"라고 하며, 푸젠의 해안을 약탈한 민족을 포르모사 사람들로 읽고 있다. 그러나 슐레겔의 주장은 전혀 타당하지 않다. 원문은 전혀 애매하지 않다. 단순히 그곳은 포르모사의 옆 또는 근처에 있는 나라이며 언어가 다르다는 것을 말하고 있다. 따라서 여기서는 비(非)포르모사인 종족과 관련된다. 포르모사 종족에 관한 기술에서 중국 저자들은 『송사』에서처럼 비사야(毗舍邪)에 사용한 '국(國)'자를 사용하지 않고, 단지 부족이나 종족이라고 했다. 게다가 비사야란 부족은 포르모사에 존재하지도 않았고 현존하지도 않는다. 단지 비사야(毗舍邪)와 비사야(Visaya, Bisaya)와의 우연한 음성적 유사성이라는 근거만으로 이들 종족을 그러한 지칭의 필리핀 부족으로 추정하기에는 근거가 충분하지 않다. 문화적이며 역사적인 측면을 고려하여, 설득력 있는 근거를 제시해야 한다.

포르모사 원주민들이 말레이 민족 그룹에 속한다는 점에는 의심의 여지가 없다. 이들에 관련된 가장 오래된 기술 즉 『수서』에서 그 사실의 충분한 증거를 얻을 수 있는데, 중국인들이 처음으로 이 섬을 발견한 7세기 초, 그들의 문화는 완전히 말레이인의 속성을 가지고 있었다. 게다가 포르모사의 언어는 다른 어떤 말레이 종족보다 루손 종족과 너 빌섭하다. 공통된 많은 단어, 심지어 친족관계를 표현하는 용어들이 그러하다. 그리고 두 문화 사이에 존재하는 놀라운 일치, 즉 인두(人頭)를 사냥하는 관습이 그렇다고 관찰됐다. 나는 포르모사와 필리핀-말레이인의 문화는 한 뿌리를 가진 두 변형에 지나지 않으며 북방 말레이 문화 형태와 같다고 생각한다. 포르모사인들이 이주자들이라는 사실은 자명하며 원주민의 전통들로 확인된다. 이론적으로 이러한 이주에는 두 갈래 길이 있을 뿐이다. 포르모사인들은 말레이 인종의 본거지에서 왔거나 필리핀 쪽에서 왔다. 나는 말레이인 본고장이 인도차이나 동쪽 해안에서 벗어난 어떤 곳이라고 보는 케른(H. Kern) 교수와 슈미트(W. Schmidt) 신부의 의견에 동의한다. 이 설은 몽 크메르(Mon Khmer)어와 말레이어의 친연성을 찾아낸 슈미트에 의해 상당히 입증되었다. 포르모사인들이 그곳으로부터 출발점을 가진다면, 그들은 점점 동아시아 대륙 해안선을 따라갔고 중국의 해안선을 따라 현재의 본거지에 도착했음이 분명하다. 그렇지만 그들이 결코 대륙과 단절된 것은 아니므로, 그들은 중국인들의 어떤 사고를 취했을 것이다. 그러나 607년 이전과 610년 처음으로 군사 원정을 한 시기 이전 포르모사인들이 중국에 대한, 반대로 중국인들이 이들에 대한 어떠한 인식도 없었다는 것은 사실이다. 이들 두 문화는 갑자기 두 개의 이방인 세계처럼 충돌했다. 이렇게 늦은 상호 인식의 원인으로는 섬과 대륙을 분리하고 있는 해협이 항해하기에는 얕고 위험했고 전 지역이 태풍의 중심이라는 점과 같은 자연적 요인에서 찾아야 할 것이다. 한편 포르모사인들은 그들의 상대국들과는 대조적으로 능숙한 선원들이 아니었다는 점을 덧붙여야 할 것이다. 이들에게는 어떤 말레이어와 일치하는 선박에 관한 포르모사어 단어가 없다. 그들의 배는 여전히 뗏목이었다(C. Imbault-Huart, 『L'ile Formose』, Paris, 1893, 273쪽). 우리는 그들의 배와 해상의 시도에 관한 아무것도 듣지 못했다. 사실 그들이 이웃한 중국 해안을 전혀 찾지 않았다는 점은 매우 이상하다. 이 점이 『송사』에서 말하는 것처럼 12세기 말 푸젠으로 약탈에 나섰다는 종족이 포르모사 출신일 수 없다고 생각하게 하는 주요 근거이다. 포르모사로 이주할 수 있었던 유일한 가능성을 고려한다면, 바로 필리핀에서일 것이다. 더는 왜 비사야가 같은 방향에서 오지 않아야 했는지 궁금해할 이유가 없다. 포르모사는 그 지역에서만 인구가 유입될 수 있었다. 그러나 과감한 항해의 결과로서가 아니라 여러 차례의 우연한 사건을 통해서인 것 같다. 이와 관련하여 다음 사건이 유용하다. 1886년 8월에 안핑(安平, 현 포르모사 남서쪽 타이난) 인근의 어떤 어부가 난파한 카누를 구조했는데, 그 배에는 굶주린 남자 셋, 여자 둘, 아이 한 명이 타고 있었다. 그들은 루손 북쪽에 있는 섬 출신으로 바다에 나갔다가 태풍을 만나 결국 포르모사 해안으로 먹을 것도 없이 빗물을 마시며 13일 동안 표류했다. 내가 보기에 과거 필리핀, 특히 루손에서 포르모사로 사람들이 반복적으로 표류하여 결과적으로 섬에 정착한 일련의 이주가 이루어졌다고 충분히 상상할 만하다. 처음으로 포르모사에 도착한 비사야 또한 아마도 이와 같은 우연한 표류일 것이다. 그런 다음 그들은 적대적인 원주민들에게 내몰려 중국의 해안으로 방향을 돌렸을 것이다. 이런 식으로 그 사건에 대한 합리적인 설명이 제시될 수 있다고 생각한다. 『송사』의 기술은 확실히 불충분하고 뜬금없다. 그러나 멀리 떨어진 필리핀 군도에 관해 전혀 몰랐던 중국인들이 어떻게 그들의 해안을 빠르게 약탈한 소수의 사람에 대한 자세한 정보를 얻었을까? 그러나 쇠붙이에 대한 갈망, 전투 방식 그리고 대담한 바이킹식 습격을 보여주는 그들에 관한 간략한 기술은 매우 인상적인 민족학적 자료이다. 만약 비사야(毗舍耶)를 비사야(Visaya)로 보는 추정이 입증된다면 우리는 여기에서 필리핀 사람들의 민족적 이동과 사건에 관하여 현존하는 가장 오래된 역사적 암시를 가진 셈이다.[20]

조여괄은 옛 기록과 푸젠의 항구로 출입하는 자국과 해외 상인들의 증언을 통해 비사야를 기록했다. 그로부터 1세기 뒤의 왕대연은 직접 장삿배를 얻어 타며 해외의 사정을 기록했다고 하므로, 우리는 그의 『도이지략』에 중요한 의미를 부여한다. 그의 여행은 그 이전이겠지만, 1349~1350년 왕대연은 비사야(毗舍耶)를 다음과 같이 기술했다.

바다 동쪽의 한 모퉁이 외진 곳에 있다. 산은 평탄하고 넓으며, 농토는 적어 농사는 많이 짓지 않는다. 기후는 [다른 곳에 비해] 갑절은 덥다. 풍속이 노략질을 즐겨한다. 남녀가 상투를 틀고, 먹물로 문신을 목까지 새긴다. 붉은 비단을 머리에 묶고, 노란 베를

20 Berthold Laufer, 「The relations of the Chinese to the Philippine Islands」, 『Smithsonian Miscellaneous Collections』, L, Washington, 1908, 253~255쪽.

> 묶어 사롱[捎]으로 삼는다. 나라에 추장은 없고, 땅에서 나는 것도 없다. 항상 마른 식량을 싸서 작은 배[舟]를 노 저어 바깥 외국으로 다닌다. 황폐한 산 후미진 계곡, 사람 없는 곳에 숨어 살며 물고기를 잡거나 땔나무를 하는 사람을 만나면 곧장 생포하여 돌아와 다른 나라에 판다. 한 사람당 금 2냥으로 교역한다. 그 나라 사람들은 서로 번갈아 따라 하고 [그것을] 익혀 생업으로 삼는다. 그러므로 동양[21][의 사람들이] 비사야란 이름을 들으면 모두 두려워 피해 간다.[22]

밑줄 친 정보 외에 조여괄의 『제번지』와는 완전히 달라져 있다. 팽호(彭湖)와 가깝다는 언급(II-1)도, 천주를 약탈했다는 정보(II-2)도, 또 쇠를 아끼는 에피소드(II-3·4)도 전혀 언급되지 않았다. 후지타 도요하치는 처음으로 1914년 『도이지략』을 교주하면서, 라쿠페리의 설을 채택하여 "모두 필리핀의 비사야(Visaya, Bisaya)의 정황과 같으므로, 이것이 비사야에 해당하는 음일 것이다. 이 종족은 작은 배를 노 저어 대만을 지나, 또 팽호(彭湖)와 천주를 노략질했으므로, 송나라 사람들

---

21 왕대연의 동양(東洋)에 관하여 쑤지칭은 다음과 같은 설명을 내놓았다. "『대덕남해지』에는 소동양(小東洋), 대동양(大東洋)이란 명칭이 보이는데, 소동양은 마닐라(Manila), 술루(Sulu) 일대의 바다를 지칭하고, 대동양은 말루쿠(Maluku), 반다(Banda), 마카사르(Makasar), 브루나이(Brunei), 폰티아낙(Pontianak), 쿠메이(Kumei), 순다(Sunda), 페카롱간(Pekalongan), 투반(Tuban), 갈랑(Kalang), 장갈라(Janggala), 발리(Bali), 티모르(Tomor) 일대의 바다를 말한다. 왕대연의 동양은 대소의 동양을 모두 가리킨다. 그러나 명나라 시기에는 칼리만탄섬 서안, 남안과 그 동쪽의 섬들과 자바, 소순다 열도는 서양(西洋)에 들었다. 그러므로 원나라 시기의 동양은 그 범위가 명나라 시기에 비해 넓었다."(『도이지략교석』, 195쪽)

22 원문과 해당 주석은 『도이지략역주』, 249~252쪽을 참고하시오.

이 그 나라가 타이완에 있다고 오인한 것일 뿐이다"[23]라고 추정했다. 어떻게 민다나오 북쪽의 비사야족이 타이완을 넘어 천주까지 작은 배로 건너와 약탈할 수 있었는지에 대한 문제는 설명하지 못했다.

중국인으로서는 처음으로 『도이지략』을 교주(校注)한 쑤지칭(蘇繼廎)은 앞서 본 라쿠페리의 설에 동의하며, "본서에서 말하는 곳은 비사야족이 분포하고 있는 루손[呂宋] 군도의 중심, 즉 왕대연이 배를 댄 곳이다. 그러므로 그 민족의 명칭을 고증할 수 없다"라고 하고, 한 걸음 더 나아가 이 종족들은 일정한 곳이 없이 배를 타고 다니므로, 북쪽의 바부얀(Babuyan) 등의 열도 같은 루손 북부의 섬들, 그리고 타이완과 부속 섬들까지, 이 종족들이 활동하는 임시 기지였으므로 송나라 시기 자료들은 '유구(流求)'와 가깝다고 기술했을 것으로 추정하며 "[비사야]는 그들이 당시 진출했던 기지의 명칭일 것이다. 왕대연이 배를 댄 곳은 현 파나이(Panay) 동남쪽 해안 오탄(Otan)일 것이다"라고 설명했다.[24] 밑줄 친 설명은 자체로 모순이다. 비사야족의 중심은 그들 명칭 때문에, 이미 '비사야 군도'라고 불린다. 비사야 군도의 '파나이'가 바로 비사야족의 중심 활동 지역이다. 이들이 북방으로 진출하여 타이완 인근까지 임시 기지를 세웠다면, 왕대연이 탄 배는 그곳에 정박했다고 추론해야 한다. 또한 왕대연의 마지막 문장에서는 '비사야'란 이름만 들어도 두려워 피해 간다고 하였다. 어떻게 왕대연이 탄 배가 그곳에 정박할 수 있었겠는가! 결국 쑤지칭이 '진일보'했다고 주

23 『도이지략교주』, 88쪽; 『도이지략역주』, 251쪽을 참고하시오. 필자의 역주본에는 팽호(彭湖)의 '팽'자를 후지타 씨의 원문과 다르게 '팽(澎)'자로 옮겼음을 밝혀둔다.

24 『도이지략교석』, 194~195쪽.

상: 일반 비사야인(Visayan), 하: 지배층 비사야인. 『복서 코덱스(Boxer Codex)』로 명명된 이 고문헌[필사본]은 16세기 말 필리핀에서 스페인어로 작성된 자료로, 1947년 영국 역사가 찰스 랄프 복서(Charles Ralph Boxer, 1904~2000)가 구입하여, '마닐라 필사본(Manila Manuscript)'이라 불리며 1950년 영인하여 해설과 함께 출간해 알려졌기 때문에 '복서 고문헌(Boxer Codex)'으로 불렸다.

장하는 이 설명은 전혀 진일보하지 않았다.

조여괄의 '비사야(毗舍耶)'가 민다나오섬 북쪽 비사야 군도의 부족이라고 하더라도 그들이 루손섬 북쪽으로 진출했을 가능성은 얼마든지 있다. 조여괄은 접을 수 있는 뗏목이라고 기술했지만, 그의 이전 자료에서는 분명 작은 배라고 했다. 슐레겔이 지적한 것처럼, 뗏목으로 루손섬 북쪽에서 타이완섬 남단을 지나 천주로 침략해왔다는 추정은 무리하다. 어쨌든 그들은 필리핀 쪽에서 북상했고, 타이완과 펑후 군도 일대에 정착했을 수 있다. 조여괄은 그들이 뗏목을 타고 해협을 건넜다고 하지 않았다. 그는 '종사(從事)'란 표현을 사용했다. 즉 뗏목을 타고 일상 조업을 하다가 상황이 급한 경우 그 뗏목을 접어서 피한다는 의미로 읽어야 할 것이다. 진실이 무엇이든 여기 '비사야'는 오키나와 '유구'와는 아무런 관련이 없다. 따라서 중국 자료에서 언급한 13세기까지, 즉 『문헌통고』의 '유구'는 타이완을 지칭했다고 귀결할 수 있을 것이다.

제3장

원나라(1217~1368)의 '유구'

1. 『도이지략』의 유구

14세기는 『수서』의 틀에서 벗어나 새롭게 '유구'를 기록하는 시대이다. 물론 몇몇 역사·지리서에서는 그 의고주의적 성향이 완전히 사라졌다고는 볼 수 없지만 말이다. 『원사』는 이전의 '유구(流求)'와는 달리 '유구(瑠求)'로 표기하며, 새로운 인식을 예고했다. 이러한 실체적 접근은 남창(南昌) 출신의 '왕대연(汪大淵)'이라는 한 '여행가'의 기록에서 시작되었다. 그는 자(字)가 '환장(煥章)'이며 남창 사람이라는 점 외에는 다른 인적 사항은 전혀 알려지지 않았다. 1309년경 태어나 약 20세 때부터 적어도 두 차례 장삿배를 타고 해외 여러 지역을 '여행'하고 『도이지략(島夷志略)』이라는 견문 기록을 남겼다. 그의 책 권말에는 1349년 자신이 쓴 것으로 추정되는 「후서(後序)」가 있고, 권두에는 1349년 오감(吳鑒)이 쓴 서문과 1350년에 쓴 장저(張翥)의 서문이 들어 있다. 따라서 왕대연은 자신의 견문 기록을 1349년경 책으로 정리했고, 1350년 이후 『청원속지(淸源續志)』에 붙여 간행되었다고 추론해 볼 수 있다.

현전하는 왕대연의 책은 원본이 아닐 것이다. 판본으로 대체로 사고전서본[천일각본], 팽원서(彭元瑞)의 지성도재(知聖道齋) 필사본, 정씨(丁氏)의 죽서당(竹書堂) 필사본, 용봉표(龍鳳鑣)의 『지복재총서(知服齋叢書)』본이 있다. 처음으로 왕대연의 책에 주석을 붙인 학자는 심증식(沈曾植, 1850~1922)으로, 『도이지략광증(島夷誌略廣證)』을 남겼다. 이를 저본으로 하여 1914년 후지타 도요하치(藤田豊八, 1869~1929)는 당시로서는 최고이자 최초의 완전한 주석본인 『도이지략교주』를 내놓았다. 서양인으로는 미국의 록힐(W. W. Rockhill, 1854~1914)이 1914~1915

년에 걸쳐 「14세기 중국과 인도양 연안, 동부 열도와의 무역 관계에 관한 주석(Notes on the relations and trade of China with the eastern archipelago and the coasts of the Indian Ocean during the fourteenth century)」[1]이란 제목으로 전체 99개 항목 중에서 60개를 간략한 주석과 함께 번역해냈다. 전체의 3분의 2에 해당하지만, 최초로 번역된 자료라고 할 수 있다.

왕대연의 책은 총 99항목의 해외 지역을 언급하고 있다. 대체로 고증된 지역이 많지만, 전혀 추정을 불허하는 곳도 꽤 남아 있다. 항목 65의 고랑보(高郎步)와 항목 79의 대불산(大佛山)은 같은 스리랑카를 기술하고 있으므로, 그가 기술한 지역은 정확히는 98개소이다. 그의 책은 팽호(彭湖) - 유구(琉球) - 삼도(三島) - 마일(麻逸) 순으로 기술되었다. 적어도 시작만큼은 당시 '동해(東海)' 즉 필리핀 군도로 향하는 해로를 순서대로 보여주는 것 같다. 그렇다면 왕대연의 '유구(琉球)'는 애당초 오키나와일 가능성을 배제한다.

왕대연은 천주(泉州)에서 출발하여 팽호까지 순풍에 이틀이 걸렸다. 현 취안저우 남쪽 해안에서 펑후까지는 대략 150km 남짓이므로, 앞서 우리가 조여괄의 정(程)을 계산하여 추산한 최소의 하루 이동 거리인 70km를 적용하면, 이틀 걸렸다는 왕대연의 진술은 상당히 부합한다. 그는 팽호가 36개의 섬으로 구성되어 있다고 했으므로, 확실히 현 펑후 제도를 가리키고 있다. 그곳에는 천주 사람들이 띠집을 짓고 살

1 Part I, 『통보(通報)』, 15-3(1914), 419-447쪽; Part II-1, 『통보』, 16-1(1915), 61-159쪽; Part II-2, 『통보』, 16-2(1915), 236-271쪽; Part II-3, 『통보』, 16-1, 374-392쪽; Part II-4, 『통보』, 16-1, 435-467쪽; Part II-5, 『통보』, 16-1, 604-626쪽.

고 있었다고 한다. 행정적으로는 천주 진강현(晉江縣)에 속해 있으며, 지원(至元, 1264~1294) 연간 팽호에 순검사(巡檢司)를 설치하고[2] 염세(鹽稅)를 거두었다고 기록했다.[3]

팽호에 이어서『도이지략』은 '유구(琉球)'를 기술하고 있다. 천주에서 팽호로 남동행을 취했으므로, 왕대연이 도착한 '유구'는 팽호와 약 70km 정도 떨어진 타이완섬 남쪽 중심인 타이난과 가오슝 사이의 해안이었을 것이다. 왜냐하면 그의 다음 행선지는 루손섬 북부로 추정하고자 하는 삼도(三島)이기 때문이다. 왕대연은 팽호에서 '유구' 도착점까지의 여정을 언급하지 않았지만, 앞서 천주에서 팽호까지 이틀 항해했다면, 팽호에서 타이완 타이난까지는 그의 절반 여정에 해당하는 하루 일정으로 추산할 수 있다. 따라서 14세기 천주에서 타이난까지는 3일 여정이었다. 이를 기준으로 7세기의 여건을 상정하자면 '5일' 여정은 큰 과장이 아닐 것이다.

> [III-1] 지세는 넓고 크며, 숲의 나무들은 아름드리이다. 취록(翠麓), 중만(重曼), 부두(斧頭), 대기(大崎)라는 산이 있다. 이 중에서 대기산(大崎山)이 가장 높고 험준하여, 팽호에서 바라보면 아주 가깝게 보인다(地勢盤穹, 林木合抱. 山曰翠麓, 曰重曼, 曰斧頭, 曰大崎. 其峙山

---

2 현 펑후(澎湖)현 정부의 공식 홈페이지에서 소개한 '역사연혁'에 따르면, 지원(至元) 18년(1281) 11월 정식으로 순검사(巡檢司)를 설치했다고 한다. 이는 13세기 말부터 펑후 제도가 행정적으로 중국의 판도에 편입되었다는 의미로 읽어야 할 것이다.

3 자세한 기술은『도이지략역주』, 29~34쪽을 참고하시오. 필자는『도이지략역주』, 30쪽, 주5에서 팽호에서 나는 '호마(胡麻)'를 참깨로 이해하려 했으나, 앞서 본「왕대유 공 신도비(汪公大猷神道碑)」(사고전서본, 5b~6a)에서 천주 사람들이 그곳에 이주해 '마(麻)'를 심었다고 했으므로, 여기서는 아마(亞麻, Linum usitatissinum)로 이해해야 할 것 같다.

極高峻, 自彭湖望之甚近).

우리는 내용상, 네 단락으로 나누어 볼 수 있다. 첫 단락에서 왕대연이 '유구'에 상륙한 곳이 평원이며, 아름드리나무가 많은 숲이었다고 한다. 확실히 타이완 서남쪽 해안 평원 지역임을 시사한다. 그는 그곳에서 처음 눈에 들어온 취록(翠麓), 중만(重曼), 부두(斧頭), 대기(大崎)라는 네 산을 들어 형세를 기술했다. 분명 타이완섬 전체의 산을 말하는 것은 아닐 것이다. '산(山)'자는 해외를 다룬 지리서에서 종종 '섬'을 지칭하기도 했으므로, 우선 육지의 산인지 인근의 섬인지를 선택해야 한다. 현 지도상으로 타이완 서남쪽, 예를 들어 타이난과 가오슝에 이르는 해안에 섬들은 보이지 않는다. 이 네 산 중에서 '대기(大崎)'[4]

4 원문에는 '기치산(其峙山)'으로 되어 있다. 다른 판본 모두 이본이 없이 일치한다. 후지타 도요하치는 문맥에 따라 '대기산(大崎山)'의 오기로 추정했다(『도이지략역주』, 39쪽). 그러나 쑤지칭(蘇繼廎)은 '치산(峙山)'을 하나의 산 이름으로 읽고 있다. 그는 이 '치산'이 바로 가오슝의 '대고산(大鼓山)'이라고 주장했다(『도이지략교석』, 20쪽). 그렇다면 지시대명사 '기(其)'자가 지시하는 산이 앞서 언급되었어야 한다. 황성증(黃省曾)의 『서양조공전록』 유구국 조목에서는 이들 산에 대해 "이곳의 산들 대부분이 서로 포개져 솟아 있다. 하나는 '취록(翠麓)'이라는 산, 하나는 '대기(大崎)'라는 산, 하나는 '부두(斧頭)'라는 산, 하나는 '중만(重曼)'이라는 산이 있는데, 모두 험준하여 그보다 높은 산은 없다(其山多抱合而峙. 一曰翠麓之山, 二曰大崎之山, 三曰斧頭之山, 四曰重曼之山, 皆峻極, 不可以上)"라고 왕대연의 문장을 이해했다(『서양조공전록교주』, 50~51쪽). 게다가 왕대연은 그 산이 아주 높고 험하다고 증언하고 있다. 하지만 쑤지창이 다섯 번째 산으로 읽고 싶은 치산(峙山)은 가오슝의 대고산, 또는 타구산(打狗山)으로 해발 360m 정도의 야트막한 산일 뿐이다. 또한 왕대연은 '삼도(三島)'를 기술하며 '대기산(大崎山)'으로 시작하며 세 섬의 위치를 기술하고 있다. 마지막으로 '대기산(大崎山)'의 '기'자는 사고전서본, 죽서당(竹書堂)본, 지성도재(知聖道齋)본에 모두 '치(峙)'자로 되어 있다. 후지타가 '기(崎)'자로 교정한 것은 『도이지략』을 저본으로 삼은 비신의 『성사승람』과 『서양조공전록』에 따른 것이다. 원래 '대기산'의 '기'자는 '치(峙)'자로 되어 있었기 때문에, 그 산이 아주 높고 험하다는 설명을 시작할 때도 '치산(峙山)'이라고 표기했다. 따라서 대기산의 '기'자와 그다음에 나오는 '기치산(其峙山)'의 '치'자는 같은 한자여야 한다. 따라서 왕대연이 '치산'이라는 별도의 산을 제시한 것이 아니라, '대기산(大崎山)'과 같은 산을 기술했을 뿐이다. 아마도 두 글자의 비슷한 자형 때문에, 생겨난 오류일 것이다.

라는 산이 가장 높고 험준하며, 팽호에서 가장 가깝게 보였다[其峙山極高峻, 自彭湖望之甚近]고 한다.

여기에서 '대기(大崎)'라는 산은 왕대연의 다음 여정인 '삼도(三島)'의 위치를 기술할 때도 기준으로 삼은 산이므로 자세히 따져봐야 한다. 평후에서 타이완의 산이 보인다면, 그것은 평후 후시(湖西) 동단에서 직선거리로 130km 정도 떨어져 있는, 타이완에서 가장 높은 3,952m의 위산(玉山)일 것이다. 현재에도 평후에서 촬영한 위산 사진들이 각종 소셜 네트워크에 보인다.[5] 위산 동부 산맥 중 하나로, 자이현(嘉義縣)의 아리산(阿里山, 2,216m)은 평후 후시에서 100km 정도 떨어져 있으므로 맨눈으로 확인할 수 있었을 것이다.

후지타 도요하치는 1914년 왕대연의 대기산(大崎山)을 "『동서양고(東西洋考)』의 타구자(打狗仔)[6] 즉 지금의 타구(打狗)일 것이다"라고 추정했다.[7] 아마도 후지타가 말하고자 한 바는 '타구'에 있는 산이라는 의미일 것이다. 이렇게 이해한 쑤지칭은 '타구자'가 탄코야(Tankoya)

---

5 타이완 티비 방송국 TBVS가 2009년 9월 3일, 9시 41분에 "在澎湖看到玉山 眞的?"란 제목의 보도를 통해 평후에서 보이는 위산이 화면에 잡혔다.

6 '타구자(打狗仔)'는 『동서양고(東西洋考)』(1617년)의 「동양침로(東洋針路)」에 보이는데, 장섭(張燮, 1574~1640)은 명나라 말 타이완 서남부를 지칭하는 동번(東番)을 설명하며 "사람들이 '소동양'이라 하는데, 팽호에서 하루 밤낮을 가면, 망항(魍港)에 이른다. 또 하루 밤낮을 가면 타구자(打狗仔)에 이른다. 진손(辰巽, 130도) 방향으로 15경(약 900리)을 가면 교리림(交里林)에 이르러 그곳으로 지룽(雞籠), 단수이(淡水)에 이른다(人稱爲小東洋, 從彭湖一日夜至魍港. 又一日夜爲打狗仔. 又用辰巽針, 十五更, 取交里林, 以達雞籠·淡水)"라고 하였다(점교본, 『동서양고』, 185쪽). 망항은 지금의 부다이진(布袋鎭)이다. '타구자(打狗仔)'는 『대만부지(臺灣府志)』(대만문헌총간본, 권3, 48쪽)에 따르면, 타구산(打狗山) 아래에 있다고 한다. 타구산은 현 가오슝 수산(壽山)의 옛 명칭이다. 가오슝은 마카타오족 발음으로 '타카우(Takau)'라고 하는데, '타구(打狗)'는 이를 음차한 것으로 보인다. '자(仔)'자는 '타구(打狗)'라는 촌락[社]이란 말이 잘못 표기된 것으로 생각한다. 필자의 『도이지략역수』, 41쪽의 "농번(東番)의 사람들은…"은 "동번(東番)은 사람들이…"라고 바로잡는다.

7 『도이지략교주』, 5쪽; 『도이지략역주』, 42쪽을 참고하시오.

의 음역 명칭으로 그곳에 있는 산은 대고산(大鼓山)이라 하고, 항구는 '대고항'이라고 하는데, 이 대고항이 바로 현재의 가오슝(高雄) 항구라고 부연했다.[8] 이후 황성증(黃省曾)은 『서양조공전록(西洋朝貢典錄)』(1520년), 유구국(琉球國) 조목에서 왕대연이 언급한 '네 산'을 채록하며 두 번째로 '대기지산(大崎之山)'으로 기록했다. 이를 교주(校注)한 셰팡(謝方)은 "'타구(打狗)'로, 지금의 타이완 가오슝시에 있다"[9]라고 하며 이전 주석들을 되풀이했다.

가오슝 대고산(大鼓山), 즉 타구산(打狗山)은 해발 360m로 야트막한 산이다. 펑후에서 이 항구까지는 대략 120km이므로, 이 산이 팽호에서 보일 리 없다. 또 이 작은 산을 기준으로 삼도(三島)의 위치를 설명하지 않았을 것이다. 따라서 '대기산'을 '대고산'의 오기로 볼 수 없으며, 그곳은 위산 또는 아리산이 되어야 할 것이다.

> [III-2] 내가 이 산에 올라 조수가 들고 나는 것을 살폈고, 한밤중에 해 뜨는 골짜기[暘谷]의 일출을 바라볼 때는 붉은빛이 하늘에 닿아 산 정상이 모두 환해졌다(余登此山則觀海潮之消長, 夜半則望暘谷之出, 紅光燭天, 山頂爲之俱明).

'차산(此山)'에서 '차(此)'자가 가리키는 산은 바로 앞서 고증한 대로 대기산(大崎山)일 것이다. 그러나 이 대기산이 위산(玉山) 또는 아리산

8 『도이지략교석』, 20쪽.
9 『서양조공전록교주』, 51, 52쪽.

(阿里山)이라면, 왕대연의 배가 정박한 해안이 타이난이든, 가오슝이든, 가장 가까운 아리산으로 계산하더라도 최소 60km 이상 떨어져 있다. 과연 이곳에서 조수의 흐름을 읽을 수 있을까? 정말 일출을 보기 위해 한밤중에 내륙에 있는 높고 험준한 산을 올랐다는 말로 이해할 수 있을까? 이러한 의문 때문에, 쑤지칭은 '치산(峙山)'을 가오슝에 있는 대고산 또는 타구산으로 읽고자 했을 것이다. 대략 360m의 이 산이 바닷가에 있고, 가오슝에서는 가장 높다는 점은 조수의 흐름을 파악하기에 가장 적합한 장소였을 것이다. 아마도 첫 번째 단락과 두 번째 단락 사이에 대구산 또는 타구산에 관해 언급한 문장이 빠졌을 것이다. 만약, 쑤지칭의 추정대로 타구산이라면, 왕대연이 팽호에서 도착한 곳은 가오슝이 될 것이다.

첫 번째 단락에서 언급한 네 산 중 세 번째로 든 '부두(斧頭)'라는 산에 대하여, 후지타 도요하치는 『동서양고』에서 펑후섬[澎湖嶼]에서 병사(丙巳, 155도) 방향으로 5경(300리)을 항행하면 도착한다고 한 '호두산(虎頭山)'으로, 이 산의 위치를 타이난 안핑(安平) 부근으로 추정했다.[10] 쑤지칭도 이 주장을 채택하고, 좀 더 정확하게 1632년 네덜란드 사람들이 젤렌디아(Zeelendia) 요새를 세운 곳으로, 현 일곤신서(一鯤鯓嶼) 북부의 사구(沙丘)로 추정했다.[11] '부(斧)'자의 민남어 발음은 [hu]이므로 '호(虎)'자로의 표기는 얼마든지 가능하다. 두 학자가 추정한 '부두=호두'는 정확히 맞지만, 추정한 위치는 확실히 잘못되었다.

10 『도이지략역주』, 41쪽.
11 『도이지략교석』, 20쪽.

현재 영국 옥스퍼드 대학 보들레이안 도서관(Bodleian Library)에 소장되어 있는, 16~17세기로 추정되는 『순풍상송(順風相送)』 필사본에서는 태무(太武), 즉 현 푸젠 장저우(漳州) 항구에서 루손[呂宋]으로 가는 항로를 기술하며, "태무(太武)에서 출항하여 진손(辰巽, 130도) 방향으로 7경(420리)을 [항행하면] 팽호산(彭湖山)에 이른다. [팽호산에서] 사병(巳丙, 160도) 방향으로 5경(300리)을 [항행하면] 호자산(虎仔山)에 이르고, [그곳에서] 병(丙, 165도) 방향과 사병(160도) 방향으로 6경(360리)을 [항행하면] 사마기두(沙馬機頭)에 이른다(太武開船, 辰巽七更取彭湖山, 巳丙五更見虎仔山, 單丙及巳丙六更取沙馬歧頭)"[12]라고 하였다.

또 위와 같은 도서관에 소장되어 있으며 1635년의 서문을 갖춘 소위 『지남정법(指南正法)』이란 책에 따르면, 취안저우에서 펑후를 거쳐 가오슝까지 항로를 기술하며 "펑후섬[澎湖山]은 취안저우에서 손사(巽巳, 145도) 방향으로 7경(420리)을 [항행하면] 호두산(虎頭山)에 이르는데, 바로 타구자(打狗仔, 가오슝)이다(澎湖山巽巳七更取虎頭山, 即打狗仔)"[13]라고 하였다. 호두산=가오슝 타구산(현 수산)임을 확인할 수 있다.

먼저 태무에서 펑후섬[彭湖山]까지 7경(420리)의 거리는, 1경(更)이 육지의 60리에 해당하므로, 420리이며, 대략 164km 정도이다. 현 지도에서 직선거리로 계산해보면 170km 정도이므로, 상당히 일치한다. 둘째, 펑후에서 '호자산(虎仔山)'까지는 5경의 거리이므로, 300리(대략 117km)로, 펑후에서 가오슝까지의 직선거리는 120km 정도이다. 셋

12 『양종해도침경교주』, 88쪽.
13 위의 책, 160쪽.

째 '호자산'에서 '사마기두'까지 6경의 거리는 360리(대략 141km)로, 가오슝에서 타이완섬 남단까지는 직선거리로 100km 남짓이다. 이 마지막 항로는 해안선을 따라 항해하므로 직선거리 이상임이 분명하다.

서보광(徐葆光), 1720년 『중산전신록(中山傳信錄)』(북경대 소장본), 권1(10a). 오른쪽: 유리[玻璃]로 만든 모래시계와 나침판. 왼쪽: 경(更)을 계산하는 법, "바다에서 선박이 가는 거리[里數]는 모두 경(更)으로 계산한다. 혹자는 100리를 1경이라 하고, 혹자는 60리를 1경이라 하며, 혹자는 밤낮을 10경으로 나눈다고 한다. 지금 바다 선박에 많은 경험이 있는 사람들 모두 '60리' 설이 가깝다고 했다"라고 설명했다.

이상으로 '부두(斧頭)'라는 산은 호두산(虎頭山), 호자산(虎仔山)으로 불렸고, 그곳은 현 가오슝 타구산(打狗山) 즉 수산(壽山)임이 분명하다. 따라서 왕대연이 말한 '차산(此山)'이란 바로 자신이 세 번째로 언급한 '부두산(斧頭山)'이었을 것이다. 아마, 첫 번째 단락과 두 번째 단락에 약간의 빠진 문장이 있었을 것으로 생각한다.

[Ⅲ-3] ① 땅은 유택하고 전토는 비옥하여 농사에 적합하다. 기후는 비교적 따뜻하여 사람들은 팽호와 차이가 없었다. ② 물에서는 배가 없어 뗏목으로 건너다닌다. ③ 남자와 부인은 머리를 말아 올리고 화포(花布)로 적삼을 만들어 입는다. ④ 바닷물을 끓여 소금을 만들고 사탕수수[蔗] 즙을 발효시켜 술을 만든다. ⑤ 번주(番主)인 추장을 존경할 줄 알고, 부자간에는 골육의 정이 있다.

⑥ 다른 나라 사람들이 죄를 짓기라도 하면 산 채로 그 살을 베어 내 먹고, 그 머리를 취해 나무 장대에 건다(土潤田沃, 宜稼穡. 氣候漸暖, 俗與彭湖差異. 水無舟楫, 以筏濟之. 男子婦人拳髮, 以花布爲衫. 煮海水爲鹽, 釀蔗漿爲酒. 知番主酋長之尊, 有父子骨肉之義. 他國之人倘有所犯, 則生割其肉以啖之, 取其頭懸木竿).

여기 왕대연의 '유구(琉球)' 풍속에 관한 기술은, 확실히 『수서』와 『제번지』의 내용에서 완전히 벗어나 있다. 여기에는 직접 가지 않으면 알 수 없는 주관적 기술이 충분하다. ①의 정보는 가오슝 지역의 사람들이 펑후의 사람들과 문화적 친연성이 밀접함을 시사하고 있다. 이들은 소위 개화된 숙번(熟蕃)으로 평포(平埔) 부족에 해당한다. ②는 이곳 사람들이 펑후를 배가 아닌 뗏목으로도 쉽게 왕래한다는 말로 읽어야 할 것 같다. 앞서 비사야가 작은 배로 천주와 광주 일대를 약탈했다는 '비사야(毗舍耶)'와는 다르다.

③의 '화포(花布)'에 관하여 필자는 지난 작업에서 "꽃문양을 날염한 베를 말한다"라고 설명한 바 있다.[14] 당시 필자는 폴 펠리오가 백첩화포(白疊花布)를 '꽃가지 문양의 면직물'로 해석했고,[15] 왕대연이 다른 지역을 기술하며 '인화포(印花布)' 또는 '화인포(花印布)'를 언급하고 있으며, 쑤지칭이 팔절나간(八節那間)에서 나는 색이 변하지 않는 화인포[花印布不退色]를 화포(花布)의 일종으로 유색의 문양을 찍어낸 천으로

14 『도이시략역주』, 37쪽.
15 『8세기 말 중국에서 인도로 가는 두 갈래 여정』, 247, 257쪽. 이 해석은 『Notes on Marco Polo』, I, 448쪽에서 철회되었다.

설명했기[16] 때문에, 단순히 이를 약칭한 것으로 생각했다. 그러나 이 단순한 설명은 재고할 필요가 있다.

왕대연은 '화포(花布)'가 나는 곳으로 삼도(三島, 루손 북부), 마일(麻逸, 마닐라), 토탑(土塔, 인도 동부?), 가장문리(加將門里, 인도 동부?)를 들었다. 또한 이 '화포'를 수입하는 곳으로, 일려(日麗, 수마트라섬 북안?), 삼불제(三佛齊, 팔렘방), 용아문(龍牙門, 싱가포르 해협), 침로(針路, 태국 팍찬?)가 있었다. 한편 '인화포(印花布)'가 나는 곳으로 소록(蘇祿, 술루 군도)이 있고, 빈동룡(賓童龍, 베트남 남부)과 만년항(萬年港, 보르네오 브루나이?)에서 이 인화포가 교역물로 언급되었다. 분명 왕대연은 '화포'와 '인화포'를 다르게 쓰고 있는 것 같다. '인(印)'자가 없으므로 어떤 나무의 '꽃으로 만든 천'을 의미할 수도 있기 때문이다.

왕대연의 첫 여정으로 '팽호 - 유구 - 삼도 - 마일'을 이미 언급한 바 있다. 유구, 삼도, 마일 지역에는 공통으로 화포(花布)가 들어 있다. 앞서 본 『수서』「유구전」의 [I-3]과 [I-5]에 보이는 '투루수(鬪鏤樹)'가 우리가 고증한 대로 '두라(兜羅)' 즉 면이 나는 나무 '면화수(棉花樹)'라면, '화포'는 바로 이 나무의 꽃에 들어 있는 섬유질로 만든 천이 된다. 여기에서 이 주장을 뒷받침하는 좋은 기록이 있다. 『화양국지(華陽國志)』(사고전서본, 권4, 18a~b)는 다음과 같이 기술했다. "영창(永昌)에는 오동목(梧桐木)이 있는데, 그 꽃은 명주실[絲]처럼 부드럽다. 사람들은 그것을 잣아 베를 만들며, 이들 베는 폭이 약 5피트이다. 그것은 깨끗하고 희며 때가 타지 않는다. 그것은 속칭 '동화포(桐華布)'라고 한다. 그들

16 『도이지략교석』, 140쪽.

은 그것을 망자에게 덮었다가 그것을 입고, 다른 사람들에게 판다"라고 하였다. 또한 『태평어람』(사고전서본, 권359, 14)에 따르면, '동화포(桐華布)'는 『광지(廣志)』에서 표인국(剽刃國, 즉 驃國, 미얀마)의 산물들 속에 들어 있다. 마지막으로 『본초강목』(사고전서본, 권35상, 25a)에 따르면, "'백동(白桐)'은 금슬(琴瑟)을 만드는 데 좋다. 운남과 장가(牂牁) 사람들은 그 꽃 안[花中]에 있는 흰 솜을 채취해 물에 적셔[淹漬], 실로 만들어[績] 베[布]를 짠다. [이 천은] 울 옷[毛服]과 같으며 '화포(華布)'라 불린다." 이상에서 말하는 '동(桐)'자는 확실히 우리가 알고 있는 것처럼 오동나무를 지칭하지 않는다. 왜냐하면 다른 곳에서는 '동(橦)'자로도 표기했기 때문이다. 꽃의 솜으로 베를 짤 수 있는, 외래의 이 나무는 중국 본토에서는 없었으므로, 비슷한 나무를 들어서 기록했을 가능성이 크다. 따라서 여기의 '화포(花布)'는 케이폭 같은 면화수(棉花樹)의 꽃 섬유질로 짠 베를 말할 것이다.[17]

④의 소금을 만드는 법은, 앞서 본 『수서』, 「유구전」 [I-14]에서는 나무통에 바닷물을 넣고 햇볕에 자연스럽게 만드는 천일염 방식을 사용했다. 이제 빠르고 쉽게 끓여 증류하는 방식을 도입했다. 이는 소금의 수요가 많아졌다는 의미이고, 그러한 방식이 소금을 공납했던 팽호에서 들어왔음을 시사한다. 또한 『수서』는 양조 방법으로 쌀누룩을 사용한다고 했고, 식초는 '나무즙'으로 만든다고 했다. 여기 '나무'는 바로 사탕수수였음을 확인할 수 있다.

---

17 필자는 한중 목면의 역사에 관한 연구를 진행하고 있으므로, 이에 대해 자세히 다룰 기회가 있을 것이다.

⑤의 정보는 『수서』 [I-12]에서 부자가 같은 침상에서 잔다는 정보와 [I-14]에서 기이한 음식이 있으면 연장자에게 먼저 올린다는 점과 상당히 부합한다. ⑥의 기록은 타이완에 식인 풍습이 14세기에도 여전히 존재했다는 중요한 정보를 제공하고 있다. 이러한 카니발리즘은 이미 『수서』 [1-8]에서 언급된 바 있다. 비록 15세기의 기록이긴 하지만, 오키나와 유구에는 이러한 카니발리즘이 전혀 언급되지 않았다.

> [III-4] 그곳에는 사금(沙金), 황두(黃荳), 서자(黍子), 유황(硫黃), 황랍(黃蠟), 녹(鹿), 표(豹), 궤피(麂皮)가 난다. 토주(土珠), 마노(瑪瑙), 진주(珍珠), 조완(粗碗), 처주(處州)의 자기(磁器) 등을 교역한다. 해외의 나라들은 대체로 여기에서부터 [교역을] 시작한다(地產沙金·黃荳·黍子·琉黃·黃蠟·鹿·豹·麂皮. 貿易之貨, 用土珠·瑪瑙·金珠·粗碗·處州磁器之屬. 海外諸國蓋由此始).

여기 산물과 교역 물품은 『수서』의 기술과는 완전히 다르다. 조여괄은 『제번지』 [I-19]에서 "토착민들은 간혹 생산하는 황랍(黃蠟), 토금(土金), 이미(犛尾, 야크 꼬리), 표범 고기[豹脯]를 가져가서 삼서(三嶼)에 판다"라고 했는데, '이미(犛尾)'를 제외하면 왕대연의 산물과 거의 일치한다. 다시 말하자면, 이곳은 타이완 유구라는 말이다.

왕대연은 『도이지략』에서 자신이 '여행'한 나라나 지역의 산물과 교역품(즉 수입품)을 기록했다. 이는 왕대연이 상인 집안 출신이거나 상인이었을 가능성을 제기한다. 여기 '유구'의 교역품으로 주목해야 할 품목은 '진주(珍珠)'이다. 우리가 활용할 수 있는 모든 판본은 '금주

(金珠)' 되어 있다. 후지타 도요하치는 2권본인 천일각본 『성사승람』에 따라 '진주(珍珠)'로 교정했다.[18] 사실 4권본인 『고금설해』와 기록휘편본 『성사승람』에는 '유구국' 조목이 빠져 있다.[19] 따라서 천일각본의 『성사승람』의 '진(珍)'자로 바꾼 것은 후지타의 성급한 판단이었다. 그의 책을 저본으로 삼은 필자 역시 주석을 내지 못했다. 한마디로, 진주가 되어서는 안 된다. 왜냐하면 이미 『수서』에서 '주패(珠貝)'가 장식으로 사용되었고(I-5), 혼례의 예물로도 사용되었다(I-13), 타이완의 진주 생산은 여러 자료에서 확인할 수 있다. 따라서 원래대로 '금주(金珠)'를 그대로 유지해야 할 것으로 생각한다.

"해외의 나라들은 대체로 여기에서부터 [교역을] 시작한다"라는 왕대연의 마지막 문장은 우리가 처음부터 설정해 놓은 '천주-팽호-삼도-마일' 여정에 부합할 뿐만 아니라, 그의 '유구'가 오키나와가 될 수 없음을 명징하게 말해 준다.

2. 『원사』의 유구

『원사(元史)』는 1368년 명태조 주원장(朱元璋)의 명으로 편수된 원나라의 역사서이다. 이선장(李善長, 1314~1390)이 감수(監修)하고, 송렴(宋濂, 1310~1381)과 왕위(王褘, 1322~1374)를 주관[總裁]토록 하여, 조훈(趙

18 『도이지략역주』, 39쪽.

19 필자의 『성사승람역주』, 부록에 실린 2권본과 4권본의 비교표를 참고하시오.

壎) 등 16인이 188일 만에 순제(順帝, 1333~1368년 재위)의 왕조를 제외하고 1차로 159권을 완성했다. 2차로 1370년 다시 송렴과 왕위를 총재로, 주우(朱右, 1314~1376) 등 15인이 참여하여, 53권을 완성하여, 총 210권을 갖추었다. 우리는 앞에서와 마찬가지로 중화서국에서 1976년 교감 표점본을 사용한다.

『원사』의 편수관들은 한결같이 '유구(瑠求)'로 표기했다. 앞서 본 『송사』는 『제번지』의 기술을 채록했지만, 『원사』의 마지막 권에 실린 「유구전(瑠求傳)」(4667쪽)은 왕대연의 『도이지략』뿐만 아니라 이전 자료를 전혀 따르지 않은 독립된 텍스트를 보여준다.

> [IV-1] 유구(瑠求)는 남해의 동쪽에 있다. ⓐ 장주(漳州), 천주(泉州), 흥화(興化), 복주(福州) 네 주 경계 안에 있는 팽호 제도가 유구와 서로 마주하고 있지만, 전혀 교통이 없었다. 날씨가 맑을 때, 바라보면 희미하게 운무처럼 보여 거리가 몇천 리나 되는지 모른다. ⓑ 서쪽, 남쪽, 북쪽이 모두 바다로, 팽호에 이르면서 점차 낮아진다. ⓒ 유구와 가까운 곳을 '낙제(落漈)'라고 하는데 '제(漈)'는 물이 빨리 흘러가 돌아오지 않는 것이다. 서쪽 해안의 고깃배들이 팽호 아래로 이르렀다가 부는 폭풍을 만나면 낙제로 표류하는데, 돌아오는 자가 백 명 중 한 사람이다. ⓓ 유구는 바다 밖 오랑캐 중에서 가장 작고 험한 곳이다. 한나라와 당나라 이래로 역사서에 기록되지 않았고, 근래에도 여러 외국 장삿배들이 이 나라에 갔다는 소식을 듣지 못했나(瑠求, 在南海之東. 漳·泉·興·福四州界內彭湖諸島, 與瑠求相對, 亦素不通. 天氣清明時, 望之隱約若煙若霧, 其遠不知

幾千里也. 西南北岸皆水, 至彭湖漸低, 近瑠求則謂之落漈, 漈者水趨下而不回也. 凡西岸漁舟到彭湖已下, 遇颶風發作, 漂流落漈, 回者百一. 瑠求, 在外夷最小而險者也. 漢·唐以來, 史所不載, 近代諸蕃市舶不聞至其國).

ⓐ의 정보는 기술하고자 하는 '유구(瑠求)'가 타이완임이 분명하게 해준다. 하지만 "이곳과는 전혀 교통이 없었다[亦素不通]"라는 정보는 눈여겨볼 문장이다. 이대로 정리하자면, 타이완은 원래 중국과 특기할 만한 공식적인 통상이 없었다는 말이다. 그렇다면 『수서』의 '유구(流求)'와 『제번지』의 '유구'는 무엇인가? 말하자면 ⓐ의 정보는 행정적으로 13세기 말에서 14세기 중반에 원나라의 행정체계 속에 편입되었으므로 이전에는 이러한 공식적인 관계가 없었다는 말로 읽어야 할 것일까. 이에 대해서는 아래 다시 논의할 것이다.

앞서 언급한 것처럼 14세기는 타이완 유구와 오키나와 유구가 혼재한다. ⓑ의 정보에 따르면, 유구(瑠求)는 동쪽만 빼고 삼면이 모두 바다라고 한다. 우리가 알고 있는 것처럼, 타이완섬은 사면이 모두 바다이다. '삼(三)'자가 '사(四)'의 오기가 아니라면 이 정보는 결국 오키나와를 지칭한다. 물론 오키나와섬도 사면이 모두 바다이다. 그러나 동북쪽으로 작은 섬들이 군도를 이루고 있으므로 '삼면'으로 이해했을 수도 있었을 것이다. 결국 ⓐ는 타이완, ⓑ는 오키나와에 해당한다. 이 둘을 같이 기술하기 위해 "유구(瑠求)는 남해의 동쪽에 있다"라고 시작하고 있는 것인지도 모른다. 어쨌든 원나라의 해역에 오키나와까지 편입되었다는 말이다. 국명이 같았기 때문인지, 『원사』의 편수관들은 오키나와 유구를 별도로 기술하지는 않았다.

ⓒ에서 '낙제(落漈)'란 표현은 여기 『원사』에서 처음 언급된 것 같다. 다시 『대명일통지(大明一統志)』(1461년), 유구국(琉球國) 조목(사고전서본, 권89, 9b)을 보면, 그곳의 산천으로, 원벽서(黿鼊嶼), 고화서(高華嶼), 팽호도(彭湖島)를 들고 마지막으로 '낙제(落漈)'를 들었는데, 그 원주에서는 『원사』를 참고하여 "물이 팽호에 이르면서 점차 낮아지는데, 유구와 가까운 곳을 '낙제'라고 한다. '제(漈)'란 물이 빨리 흘러가서 돌아오지 않는 것이다. 서쪽 해안에서 고깃배들이 팽호에 갔다가 폭풍을 만나 낙제에 표류하게 되면 돌아오는 자가 백 명 중 한두 사람이다(水至彭湖漸低, 近琉球謂之落漈. 漈者, 水趨下不回也. 凡西岸漁舟到彭湖, 遇颶風, 作漂流落漈, 回者百一二)"라는 부가 정보를 보여준다. 이로부터 '낙제'라고 불리는 곳은 타이완섬 서쪽에 있는 어떤 해역을 지칭하며, 그곳은 '팽호'와 '유구' 사이에 있는 지역임을 추론할 수 있다. 따라서 ⓒ에서 『원사』의 편수관들이 말하는 '유구(瑠求)'는 바로 타이완이다.

ⓓ의 정보는 우리를 다시 혼란 속으로 빠뜨린다. ⓐ와 ⓒ에서 편수관들은 유구(瑠求)를 타이완으로 기술해오다가, 다시 그곳이 "외이(外夷) 중에서 가장 작고 험한 곳"이라고 한다. 게다가 사서에 기록도 되지 않았고, 장삿배들이 가는 곳이 아니라고 한다. 동중국해에서 가장 큰 섬이 타이완섬이다. ⓓ는 확실히 오키나와섬을 지칭할 것이다. 결국 『원사』의 「유구전」은 ⓐ와 ⓒ는 타이완, ⓑ와 ⓓ는 오키나와를 기술하고 있고 할 수 있다.

[IV-2] 세조(世祖) 지원(至元) 28년(1291) 9월 해선(海船) 부반호 양상(楊祥)이 청하기를, "6,000명의 군대를 [주시면 유구로] 가서 항복

을 받겠습니다. 명에 따르지 않을 때는 즉시[遂] 정벌하겠습니다"라고 하여, 조정에서 그 청을 따랐다. 이어서 서생 오지두(吳志斗)라는 자가 상소하기를 "[저는] 복건에서 나고 자라 바닷길[海道]의 유리함과 위험[利病]을 잘 알고 있습니다. [유구를] 복종[收附]시키려 하신다면 더욱 **팽호(彭湖)**에 배를 보내 타이르시면서, 물의 흐름과 지형의 이로움을 살핀 뒤에 군대를 일으켜도 늦지 않습니다"라고 하였다. 겨울 10월에 양상에게 금부(金符)를 주어 선무사(宣撫使)로 삼고, 예부 원외랑 오지두와 병부 원외랑 원감(阮鑒)에게는 은부(銀符)를 주어 유구(瑠求)로 보냈다.[20] 그 조서에서 다음과 같이 말했다. "강남을 수복하고 다스린 지 이미 17년이 되었거늘, 바다 밖 여러 나라[諸蕃]가 신속(臣屬)하지 않음이 없었다. 유구(瑠求)는 **민(閩)의 경계에서 가까우면서도** 복종한[歸附] 적이 없다. [나랏일을] 논의하는 자들은 즉시 군대를 보낼 것[加兵]을 청하고 있다. 짐은 조상들이 세운 법도를 상각하여 조공하지 않는[不庭] 나라는 먼저 사신을 보내 불러 타일러, [조공해] 오면 예전

20 이 기록은 『원사』, 권16, 「세조본기」(356~357쪽)에서 더 자세하게 확인할 수 있다. 굵게 표시한 것들은 전(傳)과 다른 부분이다. 지원(至元) 28년(1291) 9월, "해선(海船) 부만호 양상(楊祥), **합미(合迷)**, **장문호(張文虎)**를 모두 도원수로 삼아 군대를 거느리고 유구(瑠求)를 정벌하게 했다. 좌우 두 만호부(萬戶府)가 설치되었고 관속들 모두 양상에 따라 선발되었다. 복건 출신 오지두(吳誌斗)가 '양상은 믿을 수 없으니 먼저 [유구를] 불러 타일러야 합니다'라고 한 말을 채택하여, 양상은 **선위사(宣慰使)**가 되어, **호부(虎符)**를 찾고, 병부원외랑 원**감**(阮**監**), 예부원외랑 오지두은 모두 은부(銀符)를 받아 조서를 가지고 유구(瑠求)로 갔다. 이듬해(1292년) 양상과 원감은 결국 유구에 이를 수 없어 돌아왔으나, 오지두는 도중에 죽어, 당시 사람들은 양상에게 살해되었다고 생각했다. 복건 행성으로 [양상을] 불러 따져 묻게 했으나, [그후] 사면하고 치죄하지 않았다(命海船副萬戶楊祥·合迷·張文虎並爲都元帥, 將兵征瑠求. 置左右兩萬戶府, 官屬皆從祥選辟. 既又用福建吳誌斗言, 祥不可信, 宜先招諭之, 乃以祥爲宣撫使, 佩虎符, 阮監兵部員外郎, 誌斗禮部員外郎, 並銀符, 齎詔往瑠求. 明年, 楊祥·阮監果不能達瑠求而還, 誌斗死于行, 時人疑爲祥所殺, 詔福建行省按問, 會赦, 不治)"라고 하였다.

처럼 편안하게 살도록[按堵] 해주고, 그렇지 않으면 반드시 정벌하고 토벌하게 하였다. 지금 [짐은] 파병을 제지하고 양상과 원감에게 가서 너희 나라를 타이르게 하노라. 과연 도의를 흠모하여 조공해 온다면, 너희의 종묘사직을 유지하며 너희 백성들을 보전할 수 있을 것이다. 순종하지[效順] 않고, 스스로 [지형의] 험난함을 믿는다면, 수군들이 엄습하여 후회를 남기게 될 것이니 너희들은 신중히 가려야 할 것이다."(世祖至元二十八年九月, 海船副萬戶楊祥請以六千軍往降之, 不聽命則遂伐之, 朝廷從其請. 繼有書生吳志斗者上言生長福建, 熟知海道利病, 以爲若欲收附, 且就彭湖發船往諭, 相水勢地利, 然後興兵未晚也. 冬十月, 乃命楊祥充宣撫使, 給金符, 吳志斗禮部員外郞, 阮鑒兵部員外郞, 並給銀符, 往使瑠求. 詔曰, 收撫江南已十七年, 海外諸蕃罔不臣屬. 惟瑠求邇閩境, 未曾歸附. 議者請卽加兵. 朕惟祖宗立法, 凡不庭之國, 先遣使招諭, 來則按堵如故, 否則必致征討. 今止其兵, 命楊祥·阮鑒往諭汝國. 果能慕義來朝, 存爾國祀, 保爾黎庶; 若不效順, 自恃險阻, 舟師奄及, 恐貽後悔. 爾其愼擇之).

[IV-3] [지원] 29년(1292) 3월 29일, 정로미오(汀路尾澳)에서 출항하였다. 이날 사시(巳時, 9~11시)가 되었을 때, 바다 한가운데 정 동쪽으로 길고 나지막한 산이 보였는데, 약 50리 정도 떨어져 있었다. 양상(楊祥)이 '유구국(瑠求國)'이라고 했으나, 원감(阮鑒)은 확실히 맞는지 모르겠다고 하였다. 양상이 작은 배에 올라타고 나지막한 산 아래 이르고 보니, 사람들이 많아서 직접 상륙하지는 않고, 군관(軍官) 유윤(劉閏) 등 200여 명에게 작은 배 11척에 무기를

싣고 삼서(三嶼, 필리핀 루손섬 북부 인근) 사람 진휘(陳煇)를 데리고 상륙하도록 했다. 해안의 사람들은 삼서 사람[진휘]의 말을 알아듣지 못하고 세 사람이 살해당해 결국 돌아왔다. 4월 2일 팽호에 이르렀다. 양상은 오감과 오지두가 '이미 유구에 도착했다[已到瑠求]'라고 쓴 점을 꾸짖었으나 두 사람은 따르지 않았다. 이튿날[3일] 오지두의 종적이 보이지 않아 찾아보게 했으나 없었다. 그 이전에 오지두가 양상이 일을 벌여 공을 세워 부귀를 얻으려 하고, 그의 말이 허황하여 믿기 어렵다고 지적한 일이 있었다. 오지두가 없어지자[至是], [사람들은] 양상이 그를 해쳤다고 의심했다. 양상은 되레 오지두가 처음부터 유구에는 갈 수 없다고 말했지만, 이제 양상이 유구에 도착했다가 돌아오자, 오지두가 벌을 받을까 두려워 달아난 것이라고 했다. 오지두의 아내와 아들이 관(官)에 [이를] 고소했다. [황제는] 명을 내려, 양상과 오감을 복건으로 돌려보내 대질(對質)하게 했다. 뒤에 사면되어 그 일을 매듭짓지 못했다(二十九年三月二十九日, 自汀路尾澳舟行, 至是日巳時, 海洋中正東望見有山長而低者, 約去五十里. 祥稱是瑠求國, 鑒稱不知的否. 祥乘小舟至低山下, 以其人眾, 不親上, 令軍官劉閏等二百餘人以小舟十一艘, 載軍器, 領三嶼人陳煇者登岸. 岸上人衆不曉三嶼人語, 爲其殺死者三人, 遂還. 四月二日, 至彭湖. 祥責鑒·志斗'已到瑠求'文字, 二人不從. 明日, 不見志斗蹤跡, 覓之無有也. 先, 志斗嘗斥言祥生事要功, 欲取富貴, 其言誕妄難信, 至是, 疑祥害之. 祥顧稱志斗初言瑠求不可往, 今祥已至瑠求而還, 志斗懼罪逃去. 志斗妻子訴于官. 有旨, 發祥·鑒還福建置對. 後遇赦, 不竟其事).

이상 [IV-2]와 [IV-3]은 1291년 유구(瑠求) 원정 논의를 시작하여 1292년 3월 29일 원정을 실행하는 과정과 당시의 사건을 소개하고 있다. 이 원정은 실패로 돌아갔다. 이 단락에서 유구(瑠求)의 위치를 찾을 수 있는 정보는 [IV-3]의 '292년 3월 29일 '정로미오'에서 출항했고, 오전 9~11시에 정 동쪽으로 야트막한 산이 보여, 부대를 보내 상륙하게 했으나 실패하고 4월 2일 팽호로 돌아왔다'는 기록이다. 이 정보는 『속문헌통고(續文獻通考)』, 권238, 유구(琉球) 항목(사고전서본, 1b)에서도 이 원정을 언급하며 "[지원] 29년 3월 정로미오에서 출항하여, 4월에 팽호에 이르렀다가 돌아왔다(二十九年三月自汀路尾澳舟行, 四月至彭湖而還)"라고 한 것으로 확인할 수 있다.

그러나 문제는 '정로미오(汀路尾澳)'라는 출발점이다. '오(澳)'란 배가 정박할 수 있는 바닷가 만곡부를 지칭한다. '중국정사외국전DB'의 주석은 '정(汀)'자를 1278년 '정주로(汀州路)'로 승격된 복건 정주(汀州)로 설명했다. 말하자면 정주의 '노미(路尾)'라는 오(澳)라는 말이다. 그러나 정작 노미오(路尾澳)를 설명하면서는 팽호(彭湖)에 있는 항구라고 하였다. '정주로(汀州路)'는 여섯 현을 거느렸지만, 팽호는 들어 있지 않으며,[21] [IV-3]의 본문에서도 4월 2일 팽호로 돌아왔다고 기술하고 있으므로 앞뒤가 맞지 않는다.

사실 '정로미오'에 대해서는 지금까지 견해가 분분하다. 쟁점은 요컨대 푸젠 해안인지, 펑후에 있는 한 항구 명칭인지로 압축해 볼 수 있다. 이전과는 다른 방식으로 접근해보자. 1292년 3월은 30일이 있

21 『원사』, 권62, 「지리·정주로」, 1506~1507쪽을 참고하시오.

는 큰 달이다. 그렇다면 소규모 부대를 보내 실패하고 펑후로 돌아온 것은 4월 2일이다. 29일 '정로미오'에서 출항했으므로, 4일간의 행적이다. 만약 '정로미오'가 펑후에 있는 항구라면, 오전 9~11시에 나타난 낮은 산은 타이완 서안 중남부 해안일 것이다. 이미 펑후를 언급하고 있으므로, 여기의 '유구'는 오키나와가 아님이 분명하다. 이들의 원정이 오키나와 유구였다면, 그들은 펑후를 출발점으로 선택하지 않았을 것이다. 펑후와 타이완의 거리는 최단 거리로 50km도 채 되지 않는다. 충분히 하루 만에 왕복할 수 있는 거리이다. 분견대는 상륙하여 말을 이해하지 못해 세 사람을 잃고 돌아왔다면, 4일간의 여정에 부합하지 않다.

다시 [IV-3]으로 돌아가 보면, "이날 9~11시 사이가 되자(至是日巳時)"라는 문장은 확실히 '정로미오'가 펑후에 있는 섬임을 암시한다. 앞서 본 것처럼 원나라 이전 송나라 시기의 '유구'는 항상 펑후를 경유했다. 그러나 원문에서 3월 29일 출항한 원정대의 도착 지점이 없이, 9~11시 사이에 낮은 산이 보였다고 한다. 만약 푸젠 해안에서 대여섯 시간을 동쪽으로, 펑후를 경유하지 않고 항행한다면, 길고 낮은 섬, 즉 타이완이 희미하게 보일 수 있다. 만약 펑후를 경유했다면, 그들의 상륙 지점은 타이난 또는 가오슝이었을 것이고, 두 곳은 뗏목으로도 오갈 수 있는 곳이므로, 말이 통하지 않아 상해를 입는 일도 없었을 것이며, 삼서(三嶼) 사람을 역관으로 기용할 필요도 없었을 것이다.

출항 한 해 전인 1291년, 오지두는 먼저 펑후에 배를 보내 상황을 알아보자는 건의를 올렸었다(IV-2). 조정에서는 바닷길을 잘 아는 오지두의 말을 따르지 않은 것으로 보인다. [IV-3]의 마지막 단락에서

양상과 오지두의 갈등이 이를 방증해 준다. 양상은 '공을 세울 욕심'에 사전 정찰 없이 직선 노선을 택했을 것이다. 그러나 실패하고, 가장 가까운 곳인 팽호로 돌아왔을 것이다. 따라서 필자는 '정로미오'가 푸젠 해안, 특정하자면 장저우 항구 부근일 것이라는 의견을 제시한다.

> 성종(成宗) 원정(元貞) 3년(1297) 복건성 평장정사 고흥(高興)이 말하기를 "지금은 천주에 행성(行省)을 세워 유구(瑠求)와의 거리가 가까워져, 그곳의 소식을 정탐할 수 있습니다. 불러 타이르든 정벌하든 달리 병력을 조달할 필요가 없으니 저 고흥이 가까이 나아가서 시험해 보기를 청합니다"라고 하였다.[22] 9월에 고흥은 행성(行省)의 도진무(都鎭撫) 장호(張浩)와 복주(福州) 신군만호(新軍萬戶) 장진(張進)을 유구국(瑠求國)으로 보내, 130여 명을 포로로 사로잡았다[23](成宗元貞三年, 福建省平章政事高興言, 今立省泉州, 距瑠求爲近, 可伺其消息, 或宜招宜伐, 不必它調兵力, 興請就近試之. 九月, 高興遣省都鎭撫張浩·福州新軍萬戶張進赴瑠求國, 禽生口一百三十餘人).

---

22 『원사』, 권19, 「성종본기」(409쪽), 대덕 원년(1297) 2월, "복건성을 복건, 평해(平海) 등의 행중서성(行中書省)으로 고치고 옮겨 천주에 두었다. 평장정사 고흥이 말하기를 '천주와 유구(瑠求)는 서로 가까워져 불러 타이르든 취하든 마음대로 쉽게 할 수 있습니다'라고 하여 그의 말을 따랐다(改福建省爲福建平海等處行中書省, 徙治泉州. 平章政事高興言泉州與瑠求相近, 或招或取, 易得其情, 故徙之)."

23 『원사』, 권19, 「성종본기」(414쪽) 대덕 원년(1297) 11월, "복건 행성(行省)에서 사람을 보내 유구국(瑠求國)을 정탐하고 그 부근에 있는 100명을 사로잡아 돌아왔다(福建行省遣人覘瑠求國, 俘其傍近百人以歸)." 이듬해 이 포로들을 본국으로 돌려보냈다. 『원사』, 권19, 「성종본기」(417쪽), 대덕 2년(1298) 1월, "잡아온 유구(瑠求) 사람을 그들 나라로 타일러 돌려보내고 그들에게 복종하게 했다(遣所俘瑠求人歸諭其國, 使之效順)."

이상으로 『원사』에 언급된 '유구(瑠求)'를 빠짐없이 살펴보았다. 1292년 1차 원정은 실패로 끝났고, 5년 뒤인 1297년 9월 '유구국(瑠求國)' 정탐이 성공했다. 이로써 [IV-1]의 기술만 제외한 모든 언급의 '유구(瑠求)'는 타이완이었다. [IV-1]의 ⓑ와 ⓓ는 오키나와였지만, 이후의 기술들은 명백히 타이완만 기술되었다. 『명사』에서 '유구(琉球)'의 조공을 정사에 처음 기록한 해는 홍무 5년(1372)이고, 정확하게 오키나와[琉球]가 중국에 조공을 들였다는 정사의 기록은 홍무(洪武) 25년(1392)이다. 『원사』의 2차 편찬은 1370년에 완성되었다. 그렇다면 [IV-1]의 단락은 가장 늦게 추가되었으며, 1370년 이전, 비록 정사에는 기록되지 않았지만, 오키나와 유구에 대한 정보가 있었음을 추론할 수 있다. 더 범위를 좁혀보자면 1차 완성 시기를 1369년으로 보면, 이 추가된 내용은 1369~1370년 사이가 될 것이다.

제4장

명나라(1368~1644)의 '유구'

1. 『명사』의 유구

『명사』 총 332권은 청나라 순치(順治) 2년(1645) 편수관을 설치했지만, 34년 뒤인 강희(康熙) 18년(1679)년 편찬 작업에 착수하여 옹정(雍正) 13년(1735)에 완성되었으므로, 장장 56년에 걸쳐 편찬된 역사서이다. 건륭(乾隆) 4년(1739) 간행될 때까지, 장옥서(張玉書, 1642~1711), 왕홍서(王鴻緖, 1645~1723), 장연옥(張延玉, 1672~1755) 등이 총재를 맡다가 마지막은 장연옥이 탈고했다. 여기서도 1974년 중화서국에서 교감하고 표점한 판본을 활용한다.

『명사』의 편수관들은 『원사』의 '유구(瑠求)'와는 달리 한결같이 '유구(琉球)'로 표기하고 있다. 그러나 이전의 타이완 유구와는 달리 오키나와 또한 '유구'로 표기하고 있으므로, 가장 믿을 만한 「본기(本紀)」를 중심으로 자세히 살펴볼 필요가 있다. 『본기』에는 '유구(琉球)', '유구중산(琉球中山)', '유구산남(琉球山南)', '유구중산·산남(琉球中山·山南)', '유구중산·산북·산남(琉球中山·山北·山南)'으로 지칭하고 있다.

'유구'라는 명칭은 홍무 5년(1372)년부터 숭정(崇禎) 16년까지 총 110회 언급되었고, '유구중산'은 총 42회 사용되었지만, 여기에는 '유구중산·산남' 5회와 '유구중산·산북·산남' 1회가 들어 있으므로 '유구중산'을 단독으로 사용한 경우는 총 36회이다. 이 밖에 '유구산남'은 5회 거명되었다. '유구중산'의 첫 언급은 홍무 25년(1392) 조공국 명단에서 시작하여, 천순(天順) 7년(1463) 마지막으로 언급되었다. 그 이후는 모두 약속이나 한 것처럼 '유구'로 동일되었다. 우리는 「본기」에서 '유구중산'이 마지막으로 언급된 1463년을 기준으로, 그 이전 '유구'와 '유구중산', '유구산남'과의 공존을 설명해야 한다.

명나라의 시작 연호인 홍무(洪武)는 1368~1398년까지 30년이다. 홍무 연간에는 '유구'라는 명칭으로 총 19회 조공 기록이 들어 있다. 단 한 차례, 홍무 25년(1392)에만 '유구의 중산과 산남[琉球中山·山南]'이 처음으로 조공한 나라 명단에 올라 있다. 다시 말해, 『명사』의 편수관들은 1372~1391년까지 13차례 '유구'로 거명했다. 단지 1392년에만 '유구중산·산남'으로 언급하다가, 다시 1393~1397년까지 '유구'로 기록하고 있다. '유구중산'은 영락 원년(1403)부터 35회가 등장한다. 우리는 총 19회의 '유구'가 단 1회의 '유구중산·산남'과 같은 나라, 즉 오키나와를 지칭했다고 이해해야 하는가? 이전 원나라의 '유구'는 앞서 본 『원사』「유구전」[IV-1]의 ⓑ와 ⓓ의 언급 외에는 모두 타이완을 가리켰으므로, 이러한 의문을 제기하는 것은 타당하다.

하나의 실마리로 「본기」에서 홍무 21년(1388), 7월 토구스테무르(脫古思帖木兒)의 둘째 아들로 1388년 5월 18일 명군에 잡힌 "지보노(地保奴)를 유구(琉球)에 안치했다"(45쪽)라는 정보를 들 수 있는데, 이전 문헌 자료에서 연관 부가 설명을 찾을 수 없으므로, 역시 판단하기 어렵다. 이 문제를 해결하기 위해, 전적으로 오키나와 유구에 할애되었지만, 『명사』「유구전」에 기술된 내용을 잠깐 살펴보자.

> ① 유구는 동남쪽 대해 가운데 있다. 옛날부터 중국과 통교하지 않았다. ② 원나라 세조(世祖, 1260~1294년 재위)가 관리를 보내 불러 타이르게 했지만 [그곳에] 이를 수 없었다. ③ 홍무(洪武) 초, 그 나라에는 중산(中山), 산남(山南), 산북(山北)이라는 세 왕이 있었는

데, 모두 상씨(尙氏)였으나 '중산'이 가장 강성했다.

[홍무] 5년 1월 사신[行人] 양재(楊載)에게, [새 황제가] 즉위하여 나라를 세웠다[建元]는 것을 조서(詔書)로 그 나라에 알리게 했다. 그 중산왕 찰도(察度)가 아우 태기(泰期) 등을 양재에 딸려 보내 조공했다. 황제는 기뻐하며 대통력(大統曆)과 문기(文綺), 사라(莎羅)를 차등에 따라 하사했다.

[홍무] 7년 겨울 태기가 다시 조공해와 황태자에게 축하문[箋]을 올렸다. [황제는] 형부시랑 이호(李浩)에게 문기(文綺)와 도기(陶器), 철기(鐵器)를 하사하게 하고, 도기 70,000개와 철기 1,000개를 그 나라로 가져가 말[馬]을 사도록 했다. 9년 여름 태기가 이호를 따라와 조공을 들이니, 말 40필을 확보했다. 이호가 그 나라에서는 비단 제품[紈綺]을 귀하게 여기지 않고 도기와 쇠솥[鐵釜]을 귀하게 여긴다고 하여, 이때부터 [비단류를 빼고] 쓰임이 많은 여러 물품을 상으로 하사했다. 이듬해(홍무 10, 1377) 신년 하례 사신을 보내와 말 16필, 유황 1,000근을 바쳤다. 또 그다음 해(홍무 11, 1378) 다시 조공을 들였다. 산남왕(山南王) 승찰도(承察度)도 사신을 보내와 조공하여, 중산(中山) [사신들에게 했던] 것처럼, 예우하고 하사품을 내렸다.

[홍무] 15년 봄 중산이 조공해와 환관[內官]을 보내 귀국하는 사신들을 전송하게 했다. 이듬해(홍무 16, 1383) [중산이] 산남왕과 함께 와서 조공하여 조서로 두 왕에게 도금한 은 인장을 하사했다. 당시 이 두 왕은 산북왕과 패권을 다투며 서로를 공격했다. 내사감승(內使監丞) 양민(梁民)에게 군대를 거두고 백성들을 쉬게 하라

는 칙서를 내리게 하자 세 왕이 모두 명을 받들었다. 산북왕 파니지(怕尼芝, 1322~1392년 재위)는 곧바로 두 왕의 사신과 함께 사신을 보내와 조공했다.

[홍무] **18년**(1385) 또 조공해 오자 산북왕에게 두 왕에게 [주었던 것]처럼 도금한 은 인장을 하사하고 두 왕에게는 해선을 각각 한 척씩 하사했다. 이때부터 세 왕은 자주 사신을 보내 조공을 바쳤는데, 중산왕이 더욱 잦았다.

[홍무] **23년** 중산이 조공해 왔을 때, 통역관[通事]이 사사로이 유향(乳香) 10근, 후추[胡椒] 300근을 가지고 도성으로 들어오다가 수문장[門者]에게 붙잡혀, [그것들을] 관고(官庫)에 들여야 했으나, 조서로 돌려주게 하고 그대로 보초(寶鈔, 지폐)를 하사했다.

「본기」에 언급된 조공 기록과 비교해보면, 5년, 7년, 9년, 11년, 13년, 15년, 16년, 18년, 23년의 9차례의 조공은 확인된다. 그러나 「유구전」의 10년(1377)의 조공은 「본기」에 없다. 게다가 「본기」의 나머지 11회(13, 17, 19, 20, 21, 24, 26, 27, 28, 29, 30년) 조공한 '유구' 또한 같은 오키나와 유구로 읽어야 하는가? 홍무 30년 동안 타이완 유구는 조공을 들이지 않았는가? 새로운 황제의 즉위를 알리는 사신이 중국 동남쪽 최대의 섬인 타이완 유구에는 알리지 않고, 더 멀리 떨어진 작은 섬 오키나와에만 알렸다는 말로 읽어야 하는가? 궁극적으로, 과연 이 1735년부터 편찬되기 시작한 이 『명사』 「유구전」의 기록을 신뢰할 수 있을까?

①에서 유구(琉球)가 동남쪽 대해에 있다는 지리정보는 18세기에도

정확하지 못했음을 보여준다. 홍무제는 남경에서 즉위했고, 영락제 때 북경으로 천도했다. 남경으로 보면 방위가 맞지 않고, 북경으로 놓고 보면 타이완과 오키나와 모두 해당한다. ②의 정보는 앞서 『원사』에서 검토한 1차 원정을 말한다. 그곳은 확실히 타이완 유구(瑠求)였다. 여실히 『명사』 편수관들의 기술은 처음부터 오키나와 유구와 타이완 유구를 혼동하고 있었다. ③에서 '홍무(洪武) 초'라고 하면, '홍무 5년' 이전, 즉 1368~1374년을 말할 것이다. 오키나와 유구가 세 왕으로 나뉘어 있었다면, 왜 25년(1392)만 '유구중산·산남'으로 구분해 기록하고, 나머지는 모두 '유구'로 통칭했는지 설명할 수 없다. '중산'인지, '산남'인지, '산북'인지 정확히 알 수 없어 '유구'로 통칭했다면, 세 나라로 나뉘기 전에도, 말하자면 원나라 말에도 '유구'로 불렸다는 말이다. 우리는 앞서 『원사』「유구전」에서 타이완 유구와 오키나와 유구의 정보가 혼용된 것을 알 수 있었다. 그렇다면 『원사』 또한 명나라 사람들의 기술이므로, 명나라 초부터 명나라 사람들에 의해 '유구'가 혼용되었다고 추론할 수 있다. 따라서 여기 『명사』「유구전」을 근거로 「본기」에 언급된 20회의 '유구'를 한결같이 오키나와로 읽는 것은 무리한 것처럼 보인다.

2. 『성사승람』의 유구

우리는 명나라 초기의 '유구'를 기술한 자료를 가지고 있다. 비로 정화(鄭和)의 원정에 4차례나 수행했다는 기록관 비신(費信)의 『성사승람

(星槎勝覽)』이다. 이 책의 원본은 전하지 않는다. 우리에게 전해지는 판본은 2권으로 된 천일각본(天一閣本)과 4권본인 『고금설해(古今說海)』와 『기록휘편(紀錄彙編)』본이 있다. 두 종의 판본 모두에는 비신 자신이 썼다고 추정되는 1436년 서문이 들어 있다. 2권본 『성사승람』 서문에서 비신은 "전집은 직접 목격하여 이른 곳이고, 후집은 전하여 번역해 준 것 중에서 사실인 것을 채집했다"라고 밝혔다.[1] 그가 기술한 '유구'는 비신의 주된 참고서였던 왕대연의 『도이지략』과는 달리 명나라식 '유구(琉球)'로 표기하고, 후집에 넣고 있다. 즉 직접 가지 않은 곳이라는 말이다. 당연히 그의 저본은 『도이지략』이다. 그러나 비신의 '유구'는 2권본에만 들어 있다.

> 이곳의 산 모양은 서로 껴안듯이 이루어졌다. 한 산은 취록(翠麓), 한 산은 대기(大崎), 한 산은 부두(斧頭), 한 산은 중만(重曼)이라 부르며, [모두] 높이 솟아 있고 군락을 이룬 숲이다. 밭은 비옥하여 곡물이 많다. 기후는 항상 덥다. 남녀는 꽃문양을 날염한 베[花印布]로 [만든] 소매가 큰 적삼을 바지와 연결하여 입는다. 그곳의 추장은 예법을 존중하고, 백성들에게 세금을 부과하지 않으며, 사람들은 모두 법을 따른다. 사탕수수[甘蔗]를 빚어 술을 만든다. 바닷물을 끓여 소금을 만든다. 중국 책을 잘 익히고 읽으며, 옛 그림과 청동 기물을 좋아하고, 당나라 시체를 모방하여 시를 짓는다. 이곳에서는 사금(沙金), 유황, 황랍이 난다. 교역하는 상품은

1 이상 자세한 설명은 『성사승람역주』 서문을 참고하시오.

진주(珍珠), 마노(瑪瑙), 자기 사발[磁碗] 등이다.

분명 비신은 왕대연의 기술을 옮겨 놓고 있음을 확인할 수 있다. 다만 밑줄 친 "중국 책을 잘 익히고 읽으며, 옛 그림과 청동 기물을 좋아하고, 당나라 시체를 모방하여 시를 짓는다(能習讀中國書, 好古畫·銅器, 作詩效唐體)"라는 정보는 『도이지략』에 보이지 않는다. 이에 대해 펑청쥔은 "『도이지략』의 유구(琉球)는 대만을 지칭하는데, 비신이 보탠 '16자'는 지금의 유구(琉球), 즉 오키나와섬에 해당한다"라고 하며(교주본, 후집, 8쪽), 비신이 정보를 잘못 수습했을 것으로 추측했다. 그러나 이 정보가 왜 타이완섬에는 해당하지 않는지 이해하기 어렵다. 사신들을 수행하여 해외로 나간 경험이 있는 비신이 타이완섬과 더 동쪽에 있는 작은 섬인 오키나와섬을 혼동했을 리는 없어 보이기 때문이다.

비신이 직접 가보지 않았으므로, 단정할 수는 없지만, 1349~1350년 왕대연의 『도이지략』의 정보는 명나라 초, 즉 적어도 영락제의 시대까지는 유구가 타이완섬으로서 기억되고 있었음을 말해 준다. 그러므로 영락 원년(1403)부터 분명해지는 '유구중산' 또는 '유구산남'으로 정확히 구분되기 전인 홍무 연간의 '유구'는 타이완과 오키나와 유구가 공존한다고 잠정적으로 추론할 수 있다. 그렇다면 영락 이후 '유구중산'이 마지막으로 보이는 천순(天順) 7년(1463)까지 반세기가 넘도록 타이완 유구는 중국에 어떠한 조공 관계를 맺지 않았다는 말인가?

그렇다. 사실상 중국 옛 사료에서 타이완 유구를 언급한 것은 『도이지략』을 참고한 1436년 비신의 『성사승람』에서 막을 내렸다. 따라서 『도이지략』 이후, 즉 1350년부터 타이완 서안 중남부는 필리핀 이남으로 갈 때 들르는 하나의 중간 기항지의 역할만 했다. 이제 중국인들은 과거 타이완 유구와 14세기 후반부터 새롭게 등장한 '유구중산', '유구산남', '유구산북'과 구분하기 위한 새로운 명칭이 필요했다. 중국인들은 오키나와 유구가 중국으로 오는 항로상에 있었던 현 타이완 지룽을 음차한 '계롱(雞籠)의 섬'으로 표기되었다.

18세기 『명사』 편수관들의 기술에 따르면, 계롱산(雞籠山)은 "팽호서(彭湖嶼)의 동북쪽에 있어, 북항(北港)이라 불렸고, '동번(東番)'으로도 불렸다. 천주에서 매우 가깝다. 그곳에는 깊은 산과 큰 못이 많아 부락[聚落]이 흩어져 있다. 군장(君長)은 없고 15개의 촌락공동체[社]가 있는데, 이 사(社) 중에 많은 곳은 1,000명, 적은 곳은 500~600명이 산다. 부역이나 세금은 없고, 자녀가 많은 사람을 우두머리[雄]로 삼아 그의 명령을 따른다. 바다에 [의지해] 살지만, 바다를 매우 두려워하고, 배를 잘 다룰 줄 몰라, 늙어 죽을 때까지 이 이웃 나라와 왕래하지 않는다(鷄籠山在彭湖嶼東北, 故名北港, 又名東番, 去泉州甚邇. 地多深山大澤, 聚落星散. 無君長, 有十五社, 社多者千人, 少或五六百人. 無徭賦, 以子女多者爲雄, 聽其號令. 雖居海中, 酷畏海, 不善操舟, 老死不與隣領國往來)"라고 하였다.[2] 타이완 북부의 주민들은 바다를 두려워하고 배를 잘 다룰 줄 모른다는 사실은 그들의 필요 용품은 그곳을 왕래하는 오키나와 유구 사람들의 중개무역에 의존했다는 말로 읽힌다. 또한 이들이 오키나와 유구

---

2 『명사』, 권323, 「계롱전(雞籠傳)」, 8376쪽.

와는 달리 중국에 조공해 오지 않았는지를 설명해 준다.

이어서 『명사』 편수관들은 영락(永樂) 시대의 타이완 중북부의 사람들의 한 관습에 관하여, "정화는 동서양을 편력하자, [동서양의 나라들이] 보물을 헌상하며 미래를 걱정하지 않음이 없었지만, 유독 동번(東番)만 멀리하며 [조공하러] 오지 않았다. 정화는 이를 나쁘게 여겨, 집마다 구리 방울을 하나씩 주고 목에 걸게 했는데, 아마도 그들을 개의 나라[狗國]로 여겼던 것 같다. 그 후 사람들은 그것을 보물로 여겼고, 심지어 부자들은 여러 개를 모아 '이것들은 조상들이 물려 준 것이다'라고 했다(永樂時, 鄭和徧歷東西洋, 靡不獻琛恐後, 獨東番遠避不至. 和惡之, 家貽一銅鈴, 俾掛諸項, 蓋擬之狗國也. 其後, 人反寶之, 富者至掇數枚, 曰此祖宗所遺)"라고 기술했다.[3] 중국 중심주의적 사고 표출에 지나지 않는다. 정화를 수행했던 통역관이나 기록관들의 기록에 이 사실은 확인되지 않는다. 아니 가장 자세한 정보를 전해주는 마환(馬歡)의 『영애승람』에 '유구'는 존재하지 않으며, 비신의 『성사승람』은 '유구'를 기록하고 있지만, 전문(傳聞)에 따라 기록한, 즉 『도이지략』에 근거를 둔 텍스트였다. 정화의 선단이 타이완섬에 이르렀다면, 그들은 그 항로를 따라 필리핀 제도로 향했을 것이고, 그곳의 기록들이 남겨졌을 것이다. 그러나 남아 있는 마환과 비신의 기록에 이들은 전혀 없다. 이는 분명히 정화 함대의 항로가 교지(交趾, 베트남 북부)를 향하고 있었음을 방증해 준다.

16세기의 명나라 '유구' 기술도 크게 변화하지 않았다. '서양' 지리 전문 자료이며 황성증(黃省曾, 1496~1546)이 1520년 완성한 『서양조공

---

3 위의 책.

전록(西洋朝貢典錄)』은 마환의 『영애승람』과 비신의 『성사승람』을 교감하는 데 중요한 자료이다. 이 책의 의미는 그것뿐이다. 그러나 황성증은 이전 '유구'와 관련된 정보들을 상당히 체계적으로 집성해 놓았다. 이러한 외형적 체계성은 이후 사람들의 혼란을 가중시켰다.

> (1) 이 나라는 천주(泉州)의 동쪽에 있고, 그 땅은 셋으로 나뉘어 다툼이 많다. 하나는 중산왕(中山王)이고, 둘째는 남산왕(南山王), 셋째는 북산왕(北山王)이다. 고황제(高皇帝)가 일찍이 북산왕 파니지[pʰa-niei-tɕi](怕泥芝)를 타일러 경계한 적이 있다. 그 대략은 다음과 같다. 상제(上帝)는 인간을 사랑하여, 지구의 인간들이 서로 해치는 것을 걱정하여, 특별히 총명한 자를 낳아 이들을 주관하게 하고 사람들을 양육시켰다. 멀리 사신으로 간 자들이 돌아와, 유구(琉球)의 세 왕이 서로 다투어 농사가 황폐해지고 인명이 많이 죽어간다고 하니, 짐이 이를 듣고 가련함을 이길 수 없다. 이제 사신들이 유구에 왕래하니 특별히 왕에게 상제가 인간을 사랑함을 깨달아 전쟁을 멈추고 사람들을 양육하는 것이 좋겠노라 하며 타일렀다(其國在泉州之東, 其地三分而多爭. 一曰中山王, 二曰南山王, 三曰北山王. 高皇帝嘗[常]有北山王怕泥芝之諭戒. 其略曰, 上帝好生, 恐寰宇生民自相殘害, 特生聰明者主之, 以育黔黎. 邇使者自海中歸云, 琉球三王互爭, 於農業少廢, 人命頗傷, 朕聞之不勝憐憫. 今因使者往復琉球, 特諭王體上帝好生, 息征戰而育下民, 可乎).[4]

4 『서양조공전록교주』, 50~51쪽.

이 단락은 우리가 앞서 본 것처럼 확실히 오키나와를 기술하고 있다. 고황제(高皇帝)는 바로 명나라 태조 홍무제(洪武帝, 1368~1398) 주원장(朱元璋)을 말한다. 『명사』, 권210, 「유구전(琉球傳)」(8362쪽)에 따르면, 유구국과의 공식적인 조공과 책봉 관계는 **홍무 5년**(1372)에 처음 언급되었다. 홍무제가 유구 왕들의 분쟁에 개입한 연대는 **홍무 16년**(1383)으로 보인다. "당시 두 왕[중산왕과 산남왕]이 산북왕(山北王)과 자웅을 다투어 서로 공격했다. 내사감(內史監)의 차관[丞] 양민(梁民)에게 칙서를 내려, 전쟁을 멈추고 백성들을 쉬게 하도록 하자 세 왕은 모두 그 명을 받들었다. 산북왕(山北王) 파니지(怕尼芝, 1322~1392년 재위)는 곧장 두 왕의 사신과 함께 사신을 보내 조공했다(時二王與山北王爭雄, 互相攻伐. 命內史監丞梁民賜之敕, 令罷兵息民, 三王幷奉命. 山北王怕尼芝卽遣使偕二王使朝貢)"라고 한 『명사』(「유구전」, 8362쪽)의 기록이 있다. 북산왕 파니지(怕泥芝)가 '산북왕(山北王) 파니지(怕尼芝)'로 되어 있다.

> (2) ① 이곳의 산들 대부분이 서로 포개져 솟아 있다. 하나는 '취록(翠麓)'이라는 산, 하나는 '대기(大崎)'라는 산, 하나는 '부두(斧頭)'라는 산, 하나는 '중만(重曼)'이라는 산이 있는데, 모두 험준하여 그보다 높은 산은 없다. ② 원별도(黿鼊島), 고화서(高華嶼), 팽호도(澎湖島)가 있다(其山多抱合而峙. 一曰翠麓之山, 二曰大崎之山, 三曰斧頭之山, 四曰重曼之山, 皆峻極, 不可以上. 有黿鼊島·高華嶼·澎湖島).

①의 기술은 왕대연과 비신의 기록을 가져왔다. 앞서 살펴본 바대로, 왕대연은 이들 산이 모두 타이완 서안 중남부에 있는 섬으로 기

술하고 있다. ②는 『대명일통지』의 기록으로, 더 거슬러 올라가자면 『수서』이다. 셰팡의 주석에 따르면, '원별도'는 『수서』에서 말하는 구벽서(黿鼊嶼)로 현 팽호도의 동북쪽 모퉁이에 있는 규벽산(奎壁山)이고, '고화서'는 화서(花嶼)로 현 펑후 제도의 가장 서쪽에 있는 작은 섬으로 추정했다.[5] 셰팡의 추정이 맞든 틀리든, 이 단락은 명백히 타이완 서안 중남부를 지칭하고 있다. 따라서 (1)은 오키나와, (2)는 타이완 이전 기록인 셈이다.

> (3) ③ 이곳은 기후가 항상 무덥고, 밭을 갈아 밭벼[田稻]를 심는데, 비옥하여 곡물에 적합하다. 어업과 소금 [생산]에 유리하다. 나라에는 세금이 없다. ④ 남녀는 소매가 크고 바지가 달린 옷을 입는데, 날염[花印]한 베로 만든다. 사탕수수로 [빚은] 술이 있다. ⑤ 그곳 사람들은 시서(詩書)에 뛰어나고 중국의 도서와 옛 기물을 좋아한다. ⑥ 홍무(洪武, 1368~1402) 연간에 중산왕(中山王)이 아들과 조카들을 보내 태학(太學)에 수학하게 했다(其土氣恒燠, 耕田, 田稻, 膏腴宜穀. 其利魚鹽. 國無賦斂. 其男女服大袖連袴之衫, 造以花印之布. 有甘蔗酒. 其土人善詩書, 好中國圖書古器. 洪武中, 中山王遣子姪就業太學).

③의 정보는 이미 『수서』, 『제번지』, 『도이지략』, 『성사승람』에서 두루 확인되는 정보이다. 타이완과 오키나와 모두에 해당하는 기술이다. ④는 비신의 『성사승람』을 채록했다. 밑줄 친 정보만 제외하면 왕

---

5 『서양조공전록교주』, 51쪽.

대연의 『도이지략』에서도 확인된다. ⑤의 정보는 비신의 『성사승람』에서 가져왔을 것이다. ⑥의 사실은 『서양조공전록』에서 가장 빨리 보이는 언급으로, 황성증 자신이 추가한 정보로 보인다. ③과 ④는 타이완 유구, ⑤와 ⑥은 오키나와 유구에 해당하는 정보이다.

(4) ⑦ 이곳의 산물에는 사금(沙金)과 황랍(黃蠟)이 많다. ⑧ 산골짜기에서 나는 석액(石液)이 있는데, 그 색은 거위 새끼 같은 색이고, 밝고 맑아 섞임이 없으며, 태우면 자줏빛 광염이 있다. 유황(琉黃)이라 하는데, '곤륜황(崑崙黃)'이라고도 한다. 다섯 가지 금속을 변화시킬 수 있고, 이것을 바르면 옴[疥]이 낫는다. ⑨ 좋은 말[馬]이 많다. 【고황제는 일찍이 사신을 보내 국왕 찰도(察度)에게 말을 사오게 했는데, 그 타이름은 대략 다음과 같았다. 왕은 바다 가운데 살면서 높은 산[섬]을 나라로 삼고, 바다를 둘러 견고함을 이루었다. 짐이 16년을 재위할 때, 왕은 해마다 조공을 보내와 짐은 매우 가상하게 여기노라. 특별히 상패감(尙佩監)의 봉어(奉御) 노겸(路謙)에게 명하여 왕의 성실한 예(禮)에 보답하게 했다. [그러자] 왕은 다시 사신을 보내 감사를 표했다. 짐이 이제 다시 특별히 내사감(內史監) 차관[丞] 양민(梁民)과 이전 봉어 노겸을 함께 부절을 들려 보내 도금한 은 인장[鍍金銀印] 하나를 하사토록 하며 보내온 사신을 돌려보내노라. 곧바로 왕 쪽에서 말을 팔되 많고 적음에 제한 두지 말고 왕이 알아서 보내도록 하라. 이로써 조서를 내려 타이르노라】(其土物, 多沙金·黃蠟. 有石液焉, 出於山谷, 其色如鵝子, 瑩淨而無夾, 焚之有紫焰, 其名曰琉黃, 一曰崑崙黃[王]. 能化五金, 傅之已疥. 多善馬.

【高皇帝嘗遣使鬻馬於國王察度. 諭略曰, 王居滄溟之中, 崇山爲國, 環海爲固. 朕郎位十有六年, 王歲遣貢, 朕甚嘉焉. 特命尙佩監奉御路謙報王誠禮. 王復使來致謝. 朕今更專內使監丞梁民同前奉御路謙賚符賜王鍍金銀印一顆, 送使者歸. 就於王處鬻馬, 不限多少, 從王發遣. 故茲敕諭】).

⑦의 정보는 조여괄의 『제번지』에 보인다. 진간(陳侃)이 유구(琉球) 즉 오키나와에 사신으로 다녀와 1534년에 지은 『사유구록(使琉球錄)』(대만문헌총간본, 권1, 29쪽)에 "땅에서는 금이 나지 않고 황랍과 파리(玻璃) 등의 물품도 없다(地不產金, 亦無黃蠟及玻璃等物)"라고 하였다. 이로써 볼 때, 확실히 이 단락의 정보는 타이완에 해당한다. ⑧의 유황이 난다는 정보는 왕대연의 『도이지략』, 비신의 『성사승람』에서 확인할 수 있다. 유황(琉黃)에 관한 설명은 이시진(李時珍)이 『본초강목(本草綱目)』에서 석류황(石硫黃) 조목의 「집해(集解)」(사고전서본, 권11, 39b~40a)에서 찾을 수 있다. 유황의 산지로 보면, 황성증의 '유구'는 타이완이다.

⑨에 관하여, 『수서』, 『제번지』, 『도이지략』, 『성사승람』에 따르면 '유구(타이완)'에는 말이 없다고 한다. 한편 원주의 문장은 『태조고황제실록(太祖高皇帝實錄)』, 권151, 홍무 16년(1383) 정월 3일 두 번째 기사에 수록되어 있는데, 여기의 '유구'는 오키나와를 지칭한다. 우리는 앞서 『명사』, 「유구전」 '홍무 7년'의 기록에서 확인할 수 있다. 말의 유무에 관해서 황성증은 본 조목의 마지막에서 별도의 언급을 하고 있다.

⑸ 대기산(大崎山)의 동쪽에 세발솥처럼 마주한 '삼도(三島)'라는

나라는 **유구에 기미(羈縻)되어 섬긴다**. 그곳 사람들은 돌을 쌓아 바닷가에 살며, 양잠과 어로를 생업으로 삼는다. 목면이 많다(其鼎峙大崎之山之東, 曰三島之國, 羈事琉球. 其民壘石依崖而居, 以蠶漁爲業, 多木綿).

이 단락은 비신의 『성사승람』 삼도(三島) 기술을 근거하고 있다. "이곳은 대만[유구]의 대기산(大崎山)의 동쪽과 세발솥처럼 마주하고 있다. 쌓인 암석과 층층의 이어진 산들이 있고, 사람들을 그 가장자리에 의지하여 산다. 밭이 척박하여 수확이 적다. 바다에서 그물로 물고기를 잡고, 베 짜는 일을 생업으로 삼는다(其處與琉球大崎山之東鼎峙. 有壘石層巒巑, 民倚邊而居. 田瘠少收. 以網魚於海, 織布爲業)"라고 하였다.[6] 그러나 유구에 기미(羈縻)한다는 정보는 『도이지략』에도 보이지 않는다. 황성증 자신이 추가한 말일 것이다. 어쨌든 이 다섯 번째 정보는 타이완 유구를 가리키고 있다.

(6) ⑩ 유구는 2년마다 조공했다. 【홍무 연간에 세 왕이 모두 사신을 보내 표문을 올리고 말과 산물을 바쳤다. 영락(永樂) 이래로, 국왕이 왕위를 이을 때마다 책봉을 청했다. 나중에는 중산왕만 입조(入朝)하여, 2년마다 한 차례 조공했는데, 복건에서 도읍에 이르렀다.】 ⑪ 조공한 산물은, 말, 유황, 소목(蘇木), 후추, 고둥껍데기, 해파도(海巴刀), 제련하지 않은 붉은 구리와 주석[生紅銅·錫], 소

---

6 『성사승람역주』, 328쪽.

가죽으로 만든 접이식 부채[牛皮摺子扇], 칼을 가는 돌[磨刀石], 마노, 오목(烏木), 강진향[降香], 목향(木香) 등이다(琉球之貢以羈⼆載. 【洪武中, 三王皆遣使奉表箋, 貢馬及方物. 永樂以來, 國王嗣立皆請命册封. 後惟中山王來朝, 每二年許貢一次, 由福建以達於京師】 其貢物, 馬·硫黃·蘇木·胡椒·螺殼·海巴刀·生紅銅·錫·牛皮摺子扇·磨刀石·瑪瑙·烏木·降香·木香).

⑩의 조공 정보는 앞서 본 『명사』「본기」의 조공 기록 분석을 통해 확인된다. 원칙은 2년에 한 번 조공이었지만, 홍무(洪武) 30년 동안 오키나와 유구는 20회 조공했다.[7] 원주는 이 '유구'가 분명히 오키나와를 지칭하고 있다. ⑪의 '유구'가 조공한 품목만으로는 타이완인지 오키나와를 말하는지 판단하기 어렵다. 왜냐하면 외국과 교역한 상품을 조공했을 가능성이 있기 때문이다. 예를 들어 마노(瑪瑙)는 중국 본토 이외의 동북부나 서북부 즉 서역의 산물로 알려져 있고,[8] 오문목[烏木], 강진향[降香], 목향(木香) 등은 이전 '유구' 관련 기록에서 찾아볼 수 없다. 그러나 앞서 『명사』의 「계롱산전」에서 본 것처럼, 타이완은 명 조정에 바친 뚜렷한 조공 기록이 없다. 따라서 이 단락은 전적으로 오키나와 유구에 할애되어 있다. 마지막으로 언급해 두자면, '해파

---

7 1462년 이계손(李繼孫)이 오키나와 유구의 사신들과 주고받은 문답에 따르면, 유구는 1년에 한 번 조공한다고 하였다. 제5장 '조선의 유구'D를 참고하시오. 『명사』에 기록된 햇수로 보면 이 증언이 더 정확하다.

8 타이완 역사학자 두정성(杜正勝)은 베르톨트 라우퍼의 『Sino-Iranica』를 역주하여 출간한 『중국과 이란(中國與伊朗)』(대만 중화서국, 1975, 442쪽)에서, '마노(瑪瑙)'를 중국에서 이란으로 들어간 산물 중 하나로 기술했는데, 이는 큰 잘못이다. 라우퍼는 이란의 중국 산물들을 정리하며, 아리스토텔레스의 소위 돌 관련 서적에서 중국과 서쪽의 나라 두 곳에서 온 여러 종의 오닉스(onyx)[jiza']를 고증했는데, 이 보석은 중국인들의 '벽옥(碧玉)'으로 추정한 바 있다(『Sino-Iranica』, 554쪽). '마노'는 전혀 언급하지 않았다.

도(海巴刀)'의 해석이 명확하지 않다. 즉 해파와 칼인지, 아니면 해파로 만든 칼인지 말이다. '해파(海巴)'는 몰디브의 특산인 화폐 조개인 '해파(海肌)'일 것이다.[9] 그것으로 칼을 만들었다는 정보는 찾지 못했다.

⑺ 논하여 말한다. 위징(魏徵)의 『수서』에 유구에는 말이 없다고 했다. 그리고 홍무 연간에 여러 차례 좋은 말을 바쳤다. 고황제가 사신을 보내 부절과 인장을 하사하며 말을 사 오게 했다고 하는데, 이전 역사를 족히 믿을 만하지 못함을 알겠다. 대체로 유구는 한위(漢魏) 이래로 중국과 교통하지 않았다. 수나라 양제(煬帝) 때 주관(朱寬)을 바다로 보내 이속(異俗)을 수소문하도록 하여 이에 자주 가서 사람과 물건을 약탈하여 돌아온 사실뿐이다. 일찍이 이곳과는 편안히 예를 교환하지 않았으니 어찌 그 상세함을 알 수 있으리오(論曰, 魏徵隋書言, 琉球無馬. 及洪武間, 屢貢良馬. 高皇帝遣使賜之符印, 就令購馬, 乃知前史多不足信也. 蓋琉球漢魏以來, 不通中華, 至煬帝令朱寬入海求訪異俗, 自是頻往掠取人物而還耳. 未嘗安然揖讓於其地, 又何以得其詳也).

황성증은 '유구국' 조목을 마치면서도 이곳이 타이완인지 오키나와인지를 구분하지 않았다. 그는 확실히 『대명일통지』가 그랬던 것처럼 두 나라를 같은 나라로 알고 있었다. 이전 자료들을 집성하여 자기식으로 재구성했다. 결국 그는 무책임하게도, 타이완 유구에서는 말[馬]

9 '해파'에 관해서는 『영애승람역주』(하), 82쪽, 주208을 참고하시오.

이 나지 않는다는 것을 알고, 그에 대한 의문 제기만 했을 뿐이다. 이처럼 성실한 의고주의적 기술 방식은 17세기에도 지속되었다. 한편으로 오키나와 유구와의 지속적인 조공 관계가 유지되면서, 그곳에 직접 다녀와 그곳의 정보를 기술한 사행 기록들이 모습을 드러냈다.

중국의 사신들이 오키나와 유구에 갈 때는 그 나라에 대한 사전 지식을 습득했을 것이다. 과거 알고 있었던 타이완 유구와 많은 혼란이 진행되고 있음을 알게 되었을 것이다. 『명사』의 편수관들이 타이완 유구를 '계롱산'으로 표기했던 것처럼, 보다 알기 쉽게 구분할 수 있는 명칭이 절실하게 필요했을 것이다.

이상으로부터 적어도 18세기 『명사』 편수관들의 '유구'는 언제나 오키나와 유구였음을 알 수 있다. 의고주의적 중국 학자들은 성실하게 『수서』에서 『도이지략』에 이르는 정보들을 복제하며 기술들을 뒤섞어 버렸다.

3. 『사유구록(使琉球錄)』의 유구: 16세기 소유구와 대유구의 구분

이상에서 14세기 말에서 15세기로 접어들며 오키나와 유구가 혜성처럼 중국 역사에 등장했고, 그들과 빈번해진 해상 교역과 조공 관계의 설정은 결국 사신 교환으로 이어졌다. 그로부터 중국 사관들은 전통적으로 알고 있던 기록상 타이완 유구와 구분할 필요성을 절실하게 느꼈다. 하지만 그보다 먼저 우리는 원나라 사람이든 명나라 사람이든 기존의 타이완 유구를 알고 있으면서도 같은 명칭으로 오키나와 유구를 지칭한 것인가에 대한 의문을 짚고 넘어가야 한다.

우리는 명나라 이전 자료들에서 타이완 유구와는 어떤 구체적인 조공 사실을 확인할 수 없었다. 중국 측에서 몇 차례 원정이나 관계 설정을 위한 시도는 있었지만, 언제나 실패였거나 일시적이었으며, 국부적이었다. 원나라 말까지 그곳은 공식적인 관계가 없이 해외를 오가는 상인들 사이에서 특히 타이완 서안 중남부 해안을 중심으로 알려졌고, 그나마 상인들도 왕래하기 꺼리는 곳이었다. 명나라 시기에는 오키나와 유구의 해양 교역 루트에 있었던 타이완 북부의 지룽[雞籠]만 알려져 있었다. 따라서 중국인들은 천주의 동쪽에서 해로를 따라 들어오는 사람들은 막연히 예전부터 어렴풋이 기록으로만 알고 있었던 '유구'에서 온다고 알고, 예전 그대로 지칭했을 수 있다. 한편으로 오키나와 상인들의 처지에서 말하자면, 그들이 처음 중국에 도착했을 때 중국인들이 어디서 왔느냐고 물었을 때, 그들은 중국인들이 알고 있는 지역을 말했을 수도 있다. 또한 명나라 시기 왜구의 약탈이 많아지면서, 정상적인 교역을 원하는 측에서는 일본과 가까운 나라라는 사실을 의도적으로 숨기고 싶었을지도 모른다.

타이완 유구와 오키나와 유구의 정보를 뒤섞어 하나의 같은 나라로 기술해 버린 황성증(黃省曾)의 기록 이후, 14년 뒤인 1534년 오키나와 유구에 책봉 사신으로 갔다가 남긴 사행록이 남아 있다. 물론 그 이전에도 사행 기록이 있었지만, 현재 문서로 남아 있는 문건으로는 1534년 기록이 가장 이르다. 바로 진간(陳侃)이 남긴 『사유구록(使琉球錄)』이다.

이 사행록은 『세종숙황제실록(世宗肅皇帝實錄)』, 권177, 가정(嘉靖) 14년(1535), 7월 27일 첫 번째 기사에 따르면, "이에 앞서 좌급사중 진간이 유구에 사신으로 가서 그곳의 산천과 풍속을 탐방하여 『사유구록』 1책을 지어 헌상했다(先是左給事中陳侃奉使琉球, 因訪其山川·風俗, 撰使琉球錄一冊進呈)"라는 기록이 확인되고, 황제에게 바치는 일종의 보고서였으므로, 그의 진술의 성실성을 보장해 준다.

간략한 이 한 권의 책은, 만력 갑오년(1534) 10월 보름에 쓴 자신의 서문을 시작으로, 가정제로부터 받은 조서(詔書), 칙서(勅書)가 연이어 수록되어 있고, 그다음으로 바다의 신에 제사한 제문(祭文)까지 싣고 있다. 그다음은 실제 사행 기록으로 이어지는데, 1526년 중산왕 상진(尙眞)이 죽어, 그의 아들 상청(尙淸)을 책봉하러 갈 사신으로 1532년 선발되어 1533년 5월 5일 푸저우 창러(長樂)에서 출항하여, 같은 해 8월 28일 정해소(定海所)로 돌아와, 10월 1일 입성하기까지의 기록이 사실적으로 기술되어 있다. 먼저 그가 기술한 '유구'가 어디인지를 확인하기 위해 가는 경로를 확인해보자.

[V-1] 5월 초하루 우리가 [푸젠 푸저우 창러] 육석(六石)[10]에 이르자, 큰 배도 그제야 이르렀다. 2일 바다에 제사를 지내고 배에 오

10 원문에 '육(六)'자는 '엄(广)' 또는 '좌(ナ)'처럼 쓰여 있다. 『죄유록(罪惟錄)』, 권36(사부총간본, 26a) "장락 엄석(广石)에서 바다로 나가 작은 섬이 바다에 떠 있는데 소유구(小琉球)로, 남쪽은 동번(東番)이다(從長樂广石出海, 望小山浮空, 爲小琉球, 南爲東番)"라고 하였다. 기록휘편(紀錄彙編)본 『사유구록』에는 육석(六石)으로 되어 있고, 『주해도편(籌海圖編)』, 사고전서본, 권1에 수록된 지도에 따르면, 장락현에 '엄석(广石)'은 보이지 않고 왼쪽으로 '육석(陸石)'이라는 봉수대가 그려져 있으므로, 아마도 '엄'자는 '육(六)'의 잘못된 표기일 것이다.

르자, 수어사(守禦使)가 제군(諸君)을 어루만지며 잔치를 열어 전별했다. 이날 북풍이 크게 불어 낮에도 저녁처럼 어두워져, 뱃사람들이 모두 미심쩍어하자, 우리도 두려운 마음이 일었다. 이를 불쌍히 여긴 어떤 사람이 늦추어 갈 것을 권했다. 늦추어도 가야 하는데 조금 기다린다고 좋아질 것이며, 결국 그만둘 수 없으니 늦춘들 무슨 이득이 되리오. 지금 사람들이 이미 모였는데, 해산하면 끝내 다시 모으기 어려워질 것 같고, 배가 신속하게 가지 않으면, 기물들이 망가지기 쉬우니, 유사(有司)의 비용이 많이 들었는데, 늦으면 비용이 더 들 것 같아 결국 제군들과 작별하고 씁쓸하게 배에 올랐다. 연일 바람이 거꾸로 불어, **5일에야 배를 띄웠다.** 몇 사(舍, 30리)를 못 가 멈추니 곶[海角]은 여전히 얕았다. **8일이 되어서 바다 어귀로 나가니** 사방이 온통 드넓은 바다였다. 바람이 순해지고 물결이 잔잔하여, 파도도 솟구치지 않아, 배는 저절로 이동하니 오랑캐 배[夷舟]들이 서로 앞뒤에 섰다. 선창에 나와 살펴보니 사방이 탁 트여 산 끝도 없이 단지 하늘빛이 물빛과 서로 닿아 있을 뿐이었다. 구름의 변화는 무궁하고 일월의 뜨고 짐은 놀라워 참으로 일대 장관이었다. 즐길 수는 있더라도 마음을 환히 풀어줄 수는 없었다. **9일 은은하게 작은 섬[小山]이 나타났는데, 바로 '소유구(小琉球)'였다.** 10일에 남풍이 매우 빨라지자 배도 나는 듯 항행했고, 해류의 흐름을 따라가 그다지 흔들리지도 않았다. **평가산(平嘉山), 조어서(釣魚嶼)를 지나고, 황모서(黃毛嶼)를 통과하여 적서(赤嶼)를 지나면서 눈을 붙일 수 없었다. 하루 밤낮과 3일 낮의 항로였다.** 오랑캐 배의 돛은 작아 따라올 수 없어 뒤

『주해도편(籌海圖編)』, 사고전서본, 권1. 장락현 왼쪽으로 '육석(陸石)'이라는 봉수대가 그려져 있다.

처졌다. **11일 저녁에 고미산**(古米山)**이 보였는데, 바로 유구**(琉球)**에 속한 곳이었다.** 오랑캐들[夷人]은 배에서 북을 치고 춤추며 집에 이른 것을 기뻐했다. 밤부터 새벽까지 항행하자 바람이 동쪽으로 불어 1촌을 나아가면 1척을 물러나 있었던 곳을 잃었다. 결국 **하루를 더 가서 그 섬[山]에 이르렀다**. 오랑캐들이 작은 배[舠]를 타고 안부를 물어 오자, 오랑캐 통사가 그들과 말을 하고 떠나갔다(五月朔, 予等至六广石, 大舟亦始至. 二日, 祭海登舟, 守巡諸君設宴爲餞. 是日, 北風大作, 晝昏如夕, 舟人皆疑, 予等亦有懼心. 有愛之者勸遲遲其行. 遲而得已於行, 姑少待焉可也, 終不能已, 遲之何益. 今人既集矣, 渙之恐難卒萃, 舟不速行, 器具易竊, 有司費已侈, 緩則更倍之, 遂別諸君, 慨然登舟. 連日風逆, 五日始發舟, 不越數舍而止, 海角尙淺. 至八日, 出海口, 方一望汪洋矣. 風順而微波, 濤亦不洶湧, 舟不動而移, 與夷舟相爲先後. 出艙觀之, 四顧廓然, 茫無山際, 惟天光與水光相接耳. 雲物變幻無窮, 日月出沒可駭, 誠一奇觀也. 雖若可樂, 終不能釋然於懷. 九日, 隱隱見一小山, 乃小琉球也. 十日, 南風甚迅, 舟行如飛, 然順流而下, 亦不甚動. 過平嘉山, 過釣魚嶼, 通黃毛嶼, 過赤嶼, 目不暇接, 一晝夜兼三日之路. 夷舟帆小, 不能及, 相失在後. 十一日夕, 見古米山, 乃屬琉球者, 夷人鼓舞于舟, 喜達于家. 夜行徹曉, 風轉而東, 進寸退尺, 失其故處. 又竟一日始至其山, 有夷人駕舠來問, 夷通事與之語而去).

진간 일행이 탄 배는 1533년 5월 8일 바다 어귀로 나왔다. 9일에 '소유구'를 지났고, 10일 평가산(平嘉山), 조어서(釣魚嶼), 황모서(黃毛嶼), 적서(赤嶼)를 통과했다. 11일 유구에 속한 고미산(古米山)에 도착했고, 바람 때문에 밀려 12일 '유구'에 이르렀다. 계산하면 푸저우의 해구(海口)에서 닷새 걸린 셈이다. 바람 방향만 맞았다면 그들은 나흘 만에 복석지 유구에 노착했을 것이나. 이들이 배를 타고 대해로 나오기까지 사흘이 걸렸음에 주목해야 한다. 결국 배를 타고 출항한 때부터 계산하면 이레가 걸린 셈이다. 따라서 원나라 이전 자료에서 우리가 타이완 유구로 확인한 곳까지 5~6일 걸렸다는 여정 정보는 출항지점부터인지 해구(海口)부터인지 확인할 수 없으므로, 그 여정을 근거 삼을 수는 없다. 특히 주목해야 할 점은 진간이 알고 있었던 것처럼 **'소유구(小琉球)'**를 명시하고 있다는 점이다. 이 '소유구'는 항로로 추정하자면, 타이완, 더 정확히는 타이완 북부를 지칭하는 것임에는 이견이 없다. 이는 16세기 전반에 '대유구'를 전제하는 '소유구'란 명칭으로 타이완 특히 그 북부를 지칭했음을 보여준다.

조선에서도 간행된 바 있는[11] 이 『사유구록』의 가치 중 하나로, 진간은 이전에 '유구'를 기술한 책들을 인용하며, 자신의 견문으로 고증하고 변증했다. 그는 자신의 시대와 가까운 자료부터 검토했다. 하지만 진간은 14년 전(1520년)에 완성된 황성증(黃省曾)의 『서양조공전록(西洋朝貢典錄)』을 참고하지 못한 것 같다. 그는 첫 번째 텍스트로, 황제의 명으로 이현(李賢, 1409~1467), 팽시(彭時, 1416~1475) 등이 1461년 완성한 『대명일통지(大明一統志)』였다. 15세기 전반 명나라의 지리를 기술한 이 관찬 지리서는 이후 여러 차례 수정·보완을 거쳤다. 아마도 진간이 인용한 『대명일통지』는 현재 우리가 참고할 사고전서본보다는 훨씬 원본에 가까울지도 모른다. 사실 이 자료의 '유구' 기술은 이전 자료에서 채록한 것에 불과하지만, 이제 우리는 진간이 인용한 『명일통지』의 유구 기술을 사고전서본과 비교하여 자세히 살펴보자. 진간은 『대명일통지』의 유구 기술을 다음과 같이 채록했다.

11 간행본은 일본 국회도서관에 소장되어 있다.

유구국은 복건 천주 동해의 섬 가운데 있다. 그들의 조공은 복건에서 경사로 이르렀다. 나라의 연혁(沿革)은 알려지지 않았다. 한나라, 위나라 이래로 중국과 통교하지 않았다. 수나라 대업(大業, 605~613) 연간에 우기위(羽騎尉) 주관에게 이속(異俗)을 탐방하게 하여, 처음 이 나라에 이르렀으나 언어가 통하지 않아 한 사람을 잡아 돌아왔다. 뒤에 무분랑장(武賁郎將) 진릉(陳稜)을 보내 군사를 이끌고 이 나라로 가게 하여 남녀 **500명**을 포로로 잡아 돌아왔다. 당나라, 송나라 시기에 조공한 적은 없었고, 원나라 때 사신을 보내 불러 타일렀으나 따르지 않았다. 본조[명나라] 홍무(洪武, 1368~1398) 연간에 이 나라는 중산왕(中山王), 산남왕(山南王), 산북왕(山北王) 등 셋으로 나뉘었지만, 모두 사신을 보내 조공해 왔다. 뒤에는 중산왕만 조공해 왔는데, 그 두 섬[山]이 [중산에] 병합되었을 것이다(琉球國, 在福建泉州之東海島中, 其朝貢由福建以達于京師. 國之沿革未詳, 漢魏以來不通中華. 隋大業中, 令羽騎尉朱寬訪求異俗, 始至其國, 語言不通, 掠一人以返. 後遣武賁郎將陳稜率兵至其國, 虜男女五百人還. 唐宋時未嘗朝貢, 元遣使招諭之, 不從. 本朝洪武中, 其國分爲三, 曰中山王·山南王·山北王, 皆遣使朝貢. 嗣是, 惟中山王來朝, 其二山蓋爲所併矣).[12]

---

12 사고전서본 『대명일통지(大明一統志)』, 권89, 8b: 유구국【복건, 천주, 동해의 섬 가운데 있다. 그들의 조공은 복건에서 경사로 이르렀다】. 연혁(沿革)은 옛날 어떤 나라였는지 상세히 알려지지 않았다. 한나라, 위나라 이래로 중국과 통교하지 않았다. 수나라 대업(大業, 605~613) 연간에 우기위(羽騎尉) 주관에게 이속(異俗)을 탐방하게 하여 처음 이 나라에 이르렀으나 언어가 통하지 않아 한 사람을 잡아 돌아왔다. 뒤에 무분랑장(武賁郎將) 진릉(陳稜)을 보내 군사를 이끌고 **그곳 도성으로** 가게 하여 남녀 **5,000명**을 포로로 잡아 돌아왔다. 당나라 송나라 시기에 조공한 적은 없었고, 원나라 때 사신을 보내 불러 타일렀으나 **끝내** 따르지 않았다. 본조[명나라] 홍무(洪武, 1368~1398) 연간에 이 나라는 중산왕(中山王), 산남왕(山南

풍속으로, 남자들은 수염을 깎고, 부인들은 먹으로 용이나 호랑이 문양으로 손에 문신하고 모두 저(紵, 삼마) 끝으로 머리카락을 싸매어 목덜미에서 이마까지 만다. 남자들을 새 깃으로 관(冠)을 만들고 주옥(珠玉)과 붉은 털로 장식하고, 부인들은 그물 문양의 백포(白布)로 모자를 만든다. 투루[나무] 껍질과 잡색 털을 짜서 옷을 만들고, 소라로 장식을 만들어 하[의]에 소품[小具]을 드리우는데, 그 소리가 노리개 같다. 군신이나 상하의 예절이나 절하고 엎드리는 예법은 없다. 부자가 같은 침상에서 잔다. 부인들은 출산하면 반드시 태반[子衣]을 먹는다. 먹을 때는 손을 사용하고 **수저가 없다**. 기이한 물건을 얻으면 존귀한 사람에게 먼저 올린다. 망자는 그 시신을 씻고 베나 비단으로 둘둘 말아 갈대로 싸지만 위로 봉분을 세우지 않는다. 다른 특이한 상품은 없고 여전히 약탈을 즐기므로 상인들이 통상하지 않는다. 노 젓는 배[舟楫]를 타지 않고 다만 대나무를 엮어 뗏목을 만들어 쓰다가, 급하면

王), 산북왕(山北王) 등 셋으로 나뉘었지만, 모두 사신을 보내 조공해 왔다. <u>**영락(永樂) 초에 그들 국왕이 왕위를 계승할 때는 모두 조정의 책봉을 받았다**</u>. 뒤에는 중산왕만 조공해 온 이래 지금까지 끊이지 않았다. 그 **산남과 산북 두 왕**은 아마 [중산에] 병합되었을 것이라고 한다(琉球國【其地在福建泉州東海島中, 其朝貢由福建以達於京師】. 沿革古未詳何國. 漢魏以來不通中華. 隋大業中令羽騎尉朱寬訪求異俗, 始至其國, 語言不通, 掠一人以返. 後遣武賁良將陳稜率兵至其都, 虜男女五千人還. 唐宋時未嘗朝貢, 元遣使招諭之, 竟不從. 本朝洪武中, 其國分爲三, 曰中山王, 曰山南王, 曰山北王, 皆遣使朝貢. 永樂初, 其國王嗣立, 皆受朝廷冊封. 自後惟中山來朝, 至今不絕. 其山南·山北二王蓋爲所倂云). 진간이 본 『대명일통지』와 비교해 보면, 쌍행의 주석(【 】) 부분이 본문으로 기록되어 있고, 밑줄 친 부분의 정보가 이후 추가되었음을 알 수 있다. 주목할 만한 점은 이전 텍스트에서 모두 '5,000'으로 되어 있던 숫자가 여기에서 '500'으로 줄어 있다는 점이다. '오(千)'자와 '백(百)'자는 자형상 혼동할 개연성이 거의 없다. 상식적으로 5,000명이나 되는 포로를 육로도 아닌 7세기 해로로 잡아 왔다는 사실을 이해하기는 어려워 보인다. 진간이 고친 것인지, 그가 근거한 판본이 그랬는지는 확인되지 않는다.

무리가 들고 헤엄쳐 달아난다. 사람들은 산과 바다의 신을 섬기는데 음식과 술로 제사하고, 전투에서 사람을 죽이면, 죽인 사람으로 신에게 제사한다. 왕이 사는 곳 담벼락 아래는 해골을 많이 모아두고 그것을 좋게 여긴다. [왕이] 사는 곳을 파라단동(波羅檀洞)이라 하는데, 해자와 성책으로 삼중이며 물이 감돌아 흐르고, 가시나무를 심어 울타리로 삼았으며 궁전에는 금수 조각이 많다. 세금은 없고, 일이 있을 때면 고르게 조세한다. 문자가 없고, 절기와 초하루를 모르며, 달이 차고 기우는 것을 살펴 시간을 알고, 초목이 피고 지는 것을 살펴 햇수를 계산한다(風俗. 男子去髭鬚, 婦人以墨黥手爲龍虎文, 皆紵繩纏髮, 從項後盤至額. 男以鳥羽爲冠, 裝以珠玉赤毛, 婦以羅紋白布爲帽. 織鬥鏤皮并雜毛爲衣, 以螺爲飾, 而下垂小具, 其聲如珮. 無君臣上下之節, 拜伏之禮. 父子同床而寢. 婦人產乳, 必食子衣. 食用手, 無匙筯. 得異物先進尊者. 死者浴其屍, 以布帛纏之, 裹以葦草, 上不起墳. 無他奇貨, 猶好摽掠, 故商賈不通. 不駕舟楫, 惟縛竹爲筏, 急則羣舁之, 泅水而逃. 俗事山海之神, 祭以殽酒, 戰鬥殺人, 即以所殺人祭其神. 王所居壁下多聚髑髏以爲佳. 所居曰波羅檀洞, 塹柵三重, 環以流水, 樹棘爲藩, 殿宇多刻禽獸. 無賦斂, 有事則均稅. 無文字, 不知節朔, 視月盈虧以知時, 視草榮枯以計歲).[13]

---

13 사고전서본 『대명일통지(大明一統志)』, 권89, 9a~9b: 풍속으로, 수염을 깎고, 손에 문신하며, 깃털 관을 [쓰고], 깃털옷을 [입는다.]**【『환우기(寰宇記)』에 "사람들은 눈이 깊숙하고 코는 길어 호인(胡人)과 상당히 닮았다**. 남자들은 수염을 깎고, 부인들은 먹으로 용이나 호랑이 문양으로 손에 문신하고 모두 저(紵, 삼마) 끈으로 머리카락을 싸매 목덜미에서 이마까지 만다. 남자들을 새 깃으로 관(冠)을 만들고 주옥(珠玉)과 붉은 털로 장식하고, 부인들은 그물 문양의 백포(白布)로 모자를 만든다. 투루[나무] 껍질과 잡색 털을 짜서 옷을 만들고, 소라로 장식을 만들어 하[의]에 소품[小具]을 드리우는데, 그 소리가 노리개 같다"라고 하였다】. 예절이 없고 약탈을 좋아한다**【『환우기』에** "군신이나 상하의 예절이나 절하고 엎드리는 예법은 없

산천으로 원벽서(黿鼊嶼)는 나라의 서쪽 물길로 하루거리에 있다. 고화서(高華嶼)는 나라의 서쪽 물길로 사흘 거리에 있다. 팽호도(彭湖島)는 나라의 서쪽 물길로 닷새 거리에 있다. 낙제(落漈)는

다. 부자가 같은 침상에서 잔다. 부인들은 출산하면 반드시 태반[子衣]을 먹는다. 먹을 때는 손을 사용하고 기이한 물건을 얻으면 존귀한 사람에게 먼저 올린다. 망자는 그 시신을 씻고 베나 비단으로 둘둘 말아 갈대로 싼 다음, **흙을 덮어 묻지만**, 위로 봉분을 세우지 않는다. 다른 특이한 상품은 없고 더욱 약탈을 즐기므로 상인들이 통상하지 않는다. 사람들은 철기(鐵器)와 수저를 좋아한다. 노 젓는 배[舟楫]를 타지 않고 다만 대나무를 엮어 뗏목을 만들어 쓰다가, 급하면 무리가 들고 헤엄쳐 달아난다"라고 하였다**】**. 사람을 죽여 신에게 제사하고, 해골을 모아 두는 것을 좋게 여긴다**【『환우기』에** "[사람들은] 산과 바다의 신을 음식과 술로 섬기는데, 전투에서 사람을 죽이면, 죽인 사람으로 신에게 제사한다. 왕이 사는 곳 담벼락 아래는 해골을 많이 모아 두고 그것을 좋게 여긴다. [왕이] 사는 곳을 파라단동(波羅檀洞)이라 하는데, 해자와 성책으로 삼중이며 물이 감돌아 흐르고, 가시나무를 심어 울타리로 삼았으며 궁전에는 금수 조각이 많다"라고 하였다**】**. 세금은 없고, 절기와 초하루를 모른다**【『환우기』에** "세금은 없고, 일이 있을 때면 고르게 조세한다. 문자가 없고, 절기와 초하루를 모르며, 달이 차고 기우는 것을 살펴 시간을 알고, 초목이 피고 지는 것을 살펴 햇수를 계산한다"라고 하였다**】**(風俗, 去髭黥手, 羽冠, 毛衣**【**寰宇記, 人深目長鼻頗類胡人, 男子去髭鬚, 婦人以墨黥手爲龍蛇文, 皆紵繩纏髪, 從頂後盤遶至額. 男以鳥羽爲冠, 裝以珠玉·赤毛, 婦以羅紋白布爲帽, 織鬬鏤皮并雜毛爲衣, 以螺爲飾, 而下垂小貝, 其聲如珮**】**. 無禮節, 好剽掠**【**同上, 無君臣上下之節, 拜伏之禮. 父子同床而寢. 婦人産乳, 必食子衣. 食用手, 得異味先進尊者. 死者浴其屍, 以布帛纏之, 裹以葦草, **櫬土而殯**, 上不起墳. 無他奇貨, 尤好剽掠, 故商賈不通. **人喜鐵器及匙筯**. 不駕舟楫, 惟縛竹爲筏, 急則羣舁之, 泅水而遁**】**. 殺人祭神, 聚髏爲佳**【**同上, 事山海之神以酒肴, 鬬戰殺人, 即以所殺人祭其神. 王所居壁下多聚髑髏以爲佳. 所居地曰波羅檀洞, 塹柵三重, 環以流水, 樹棘爲藩, 殿宇多雕刻禽獸**】**. 無賦斂, 不知節朔**【**同上, 無賦斂, 有事則均稅. 無文字, 不知節朔, 視月盈虧以知時, 視草榮枯以計歲**】**). 여기 사고전서본 『대명일통지』는 유구의 풍습으로 간략하게 "수염을 깎고, 손에 문신하며, 깃털 관을 [쓰고], 깃털옷을 [입는다](去髭, 黥手, 羽冠, 毛衣).", "예절이 없고 약탈을 좋아한다(無禮節, 好剽掠).", "사람을 죽여 신에게 제사하고, 해골을 모아 두는 것을 좋게 여긴다(殺人祭神聚髏爲佳).", "세금은 없고, 절기와 초하루를 모른다(無賦斂, 不知節朔)." 등 네 단락으로 기술했다. 나머지 정보들은 『환우기(寰宇記)』, 즉 『태평환우기』의 기술로, 네 단락의 정보에 주석을 붙이고 있다. 우리가 제1장에서 본 것처럼 『태평환우기』는 성실하게 『수서』를 채록했다. 결국 사고전서본 『대명일통지』의 원주는 『수서』의 기술인 셈이다. 흥미롭게도 진간은 『태평환우기』의 내용을 본문처럼 인용하고 있다. 여기서도 진간이 자신의 방식대로 정보를 재구성한 것인지, 아니면 그가 본 『대명일통지』 판본이 그러했는지는 확인하기 어렵다. 굵게 표기한 정보 중 "사람들은 눈이 깊숙하고 코는 길어 호인(胡人)과 상당히 닮았다"라는 정보를 채록하지 않은 점, 그리고 문맥상 반드시 있어야 하는 "흙을 덮어 묻지만"을 빠뜨린 점으로 볼 때, 진간이 『대명일통지』의 내용을 재구성했다는 추측이 그럴법하기는 하다.

깊은 물이 팽호에 이르러 점차 낮아지며 유구와 가까운 곳을 '낙제'라고 부른다. '제(漈)'란 물이 흘러가 돌아오지 않는다는 뜻이다. **양쪽** 해안의 고깃배가 팽호에 이르러 폭풍을 만나 낙제로 표류하면, [살아] 돌아온 경우는 100 중에 한둘도 없었다(山川. **黿鼊**嶼, 在國西, 水行一日. 高華嶼, 在國西, 水行三日. 彭湖島, 在國西, 水行五日. 落漈深水至彭湖漸低, 近琉球, 謂之落漈. 漈者, 水趨下不回也. 凡**兩岸**漁舟至彭湖, 遇颶風作, 漂流落漈, 回者百無一二).[14]

토산은 투루수(鬥鏤樹), 유황(硫黃), 호초(胡椒), 곰류[熊羆], 이리류[豺狼]이다(土產, 鬥鏤樹·硫黃·胡椒·熊羆·豺狼).[15]

이상은 진간이 『대명일통지』의 유구국(琉球國) 설명을 옮겨 놓은 전문이다. 1534년 당시 그가 활용한 판본이 위와 같았는지는 확인할 수

---

14 사고전서본 『대명일통지(大明一統志)』, 권89, 9b: 산천으로 원벽서(黿鼊嶼)【나라의 서쪽 물길로 하루거리에 있다】, 고화서(高華嶼)【나라의 서쪽 물길로 사흘 거리에 있다. **두 섬은 모두 수나라 진릉이 군사를 이끌고 지난 곳이다**】, 팽호도(彭湖島)【나라의 서쪽, 물길로 닷새 거리에 있다. **그곳은 복주(福州), 천주(泉州), 흥화(興化), 장주(漳州) 등 4군의 경계와 가까워, 날씨가 청명할 때 은은하게 보이며 운무 속에 있는 것 같다**】, 낙제(落漈)【**『원사』에** "물이 팽호에 이르면서 점차 낮아지며, 유구에 가까운 곳을 '낙제'라 부른다. '제'란 물이 흘러가 다시 돌아오지 않는 것을 말한다. 서쪽 해안의 고깃배가 팽호에 이르렀을 때 폭풍을 만나 낙제에 표류하면 돌아오는 자가 100에 **한둘이다**"라고 하였다】가 [있다](山川, **黿鼊**嶼【在國西, 水行一日】·高華嶼【在國西, 水行三日. **二嶼俱隋陳稜率兵過此**】·彭湖島【在國西, 水行五日. **地近福州·泉州·興化·漳州四郡界, 天氣晴明, 望之隱然, 若烟霧中**】·落漈【元史, 水至彭湖漸低, 近琉球, 謂之落漈. 漈者, 水趨下不回也. 凡西岸漁舟到彭湖, 遇颶風作, 漂流落漈, 回者百一二】). 진간은 여기서 굵게 표기한 정보들을 모두 채록하지 않았다. 앞의 방식대로 원주(原註)의 내용을 본문처럼 재구성한 것으로 보인다. 사실 채록하지 않은 정보들은 모두 타이완 '유구'를 가리키고 있다.

15 사고전서본 『대명일통지(大明一統志)』, 권89, 9b: 토산으로 투루수(鬬鏤樹)【**귤나무와 비슷하지만 잎이 조밀하다**】, 유황(硫黃), 호초(胡椒), 곰류[熊羆], 이리류[豺狼]가 [있다](土產, 鬬鏤樹【**似橘而葉密**】·硫黃·胡椒·熊羆·豺狼).

없지만, 진간은 이들 정보에 대해 자신의 견문을 통해 잘못된 이전 기록을 고증해 냈다. 그는 아래 다른 자료들의 인용 방식과 마찬가지로 자신이 언급할 부분만 채록했을 것이다. 『대명일통지』의 편집자들도 명나라 이전의 '유구'와 명나라의 '유구'를 같은 나라로 읽고 있고 진간도 그렇게 생각하고 있다. 같은 나라로 생각한 이상, 그가 목격한 사실들과 다른 정보들은 모두 타이완 유구의 정보라는 말로 읽을 수 있다.

> [V-2] 유구국은 천주의 동쪽에 있고, **복주(福州)에서 바라보면 동북쪽에 있어**, 반드시 **한여름에 떠나가서 반드시 늦가을에 돌아오는 것이 바람을 타기에 편리하다.** 나라에는 전적(典籍)이 없어 그 연혁을 자세히 알 수 없지만, 수나라 군대가 그곳을 위협했으나 복종하지 않았고, 원나라 군대가 그들을 불러 타일렀으나 따르지 않았다. 우리 태조[홍무제]가 천하를 차지하여 군대를 보내지도 않고, 사신을 보내지 않았으나 맨 먼저 복종해 왔으니[歸附], 그 충직하고 순한 마음은 월상씨(越裳氏)와 다를 바 없었다. 그러므로 특별히 복건[閩]에 [사는] 사람 중에 배를 잘 다루는 사람 30명에게 여섯 성씨를 하사하고, 그들에게 왕래하며 수시로 조공하게 했으니, 또한 나침판 수레[指南車]를 만든 뜻이 거기에 있을 것이다. 옛날에 이 나라는 셋으로 나뉘었는데, 지금은 중산(中山)이 병합하여 하나로 된 일이 강한 것을 부드럽게 하고 약한 것을 진작하는[沃強晉弱] 까닭이 아니겠는가?(琉球國在泉州之東, 自福州視之, 則在東北, 是以去必孟夏, 而來必季秋, 乘風便也. 國無典籍, 其沿革不能詳, 然隋兵劫

之而不服, 元使招之而不從. 我太祖之有天下也, 不加兵, 不遣使, 首效歸附, 其忠順之心無以異於越裳氏矣. 故特賜以閩人之善操舟者三十有六姓焉, 使之便往來, 時朝貢, 亦作指南車之意焉耳. 在昔其國三分, 今中山併而爲一者, 得非沃強晉弱之故歟).

진간은 제일 먼저 자신이 책봉 사신으로 간 오키나와 유구의 정확한 방향을 제시한다. 그가 전제하고 있는 것은 흥미롭게도 이전 '유구'에 관한 기록이 같은 한 나라를 기술한 것이라는 점이다. 수나라와 원나라 군대가 갔던 곳은 바로 타이완 유구였는데도 『대명일통지』의 기술을 그대로 반복했다. 홍무제(1368~1398년 재위) 때 오키나와 유구가 셋으로 나뉜 점에 대해서는 일치한다. 무엇보다도 이 단락에서 가장 주목할 만한 기술은 여름에 떠나 가을에 돌아오는 편이 바람에 유리하다는 정보일 것이다.

[V-3] 풍속에 남자들은 수염을 깎지 않고 또한 깃털 관[羽冠]을 쓰지 않고 다만 머리 오른쪽에 상투를 지을[結髻] 뿐으로, 관직이 있는 자들은 금비녀 하나를 꽂는다. 중국인 후예들은 상투를 머리 중앙에 짓는다. 모두 유색의 천[色布]으로 머리를 싸매는데, 노랗게 싸맨 사람이 귀하며, 붉게 싸맨 사람은 그다음 가고, 청록색으로 싸맨 사람은 또 그 다음가며, 흰색으로 싸맨 사람이 그 아랫니다. 왕의 머리 또한 비단 수건[錦帕]으로 싸맨다. 옷은 소매가 크고 넓으며, 노사의 옷[道服]처럼 만들었으나 허리에 큰 허리띠를 매고, 각기 머리를 싸맨 천의 색으로 귀천을 구분한다. 발은 귀천

을 가리지 않고 모두 짚신[草履]을 신으며 집에 들어갈 때는 짚신을 벗는다. 한편으로 땅에 자리를 깔고 앉아 먼지와 오물에 조심하고, 한편으로 맨발로 경의를 표하는데, 왕이 신(神)을 접할 때나, 신하가 왕을 알현할 때나, 손님과 주인으로 서로 만날 때는 모두 이처럼 한다. 다만 우리를 만날 때는 관을 쓰고 옷과 신발을 갖추고, 읍하는 예[揖遜]를 할 때는 매번 거북해하며 이맛살을 찌푸렸는데[疾首蹙頞], 아마도 그 속박하여 힘든 것을 견디지 못했기 때문일 것이다. 부인들은 정말 검은색으로 화초나 짐승 문양으로 손에 문신을 새겼지만, 머리와 발은 오히려 장식이 없었다. 동자의 총각처럼 뒤로 쪽을 지었으나 비녀나 귀걸이는 달지 않았다. 발을 모르고도 신을 만드는데, 남녀 모두 만들 수 있다. 다만 부잣집에서는 차조기[蘇]를 신발 밑에 깔고, 가죽을 조금 더해 장식하는데 미관 때문이다. 상의의 바깥에는 또 휘장 같은 한 폭으로 등을 덮는데, 사람을 만나면 손으로 그것을 내려 얼굴을 가린다. 아랫도리는 치마 같지만, 그 폭이 배나 되며, 주름이 가늘고 마름질이 길어 발을 덮는다. 부귀한 집의 아내는 출입할 때, 대나무 갓을 쓰고, 말을 타는데, 여자 종 서너 명이 따른다. 베로 만든 모자[布帽], 털옷[毛衣], 소라 장식[螺佩] 같은 것은 전혀 없었고, 출산했을 때 반드시 태반을 먹는 일도 없었다(風俗男子不去髭, 亦不羽冠, 但結髻於首之右, 凡有職者簪一金簪. 漢人之裔, 髻則結於首之中. 俱以色布纏其首, 黃者貴, 紅者次之, 靑綠者又次之, 白斯下矣. 王首亦纏錦帕. 衣則大袖寬博, 製如道服, 然腰束大帶, 亦各如纏首之布之色辨貴賤也. 足則無貴賤皆着草履, 入室宇則脫之, 一則藉地而坐恐塵汙, 一則以跣足爲敬, 故王見神, 臣見王

及賓主相見皆若是也. 唯接見余等則加冠具服履, 揖遜之間, 每見其疾首蹙額, 蓋弗勝其束縛之勞矣. 婦人眞以黑黥手爲花草鳥獸之形, 而首足反無飾. 髻如童子之角總于後, 而簪珥不加. 不知足而爲之屨, 男女皆可用也, 第富室則以蘇蓆藉履底, 少加皮緣, 即爲美觀. 上衣之外, 更用幅如帷蒙之背上, 見人則以手下之而蔽其面. 下裳如裙而倍其幅, 褶細而制長, 覆其足也. 其貴家大族之妻, 出入則戴箬笠, 坐於馬上, 女僕三四從之, 俱無布帽·毛衣·螺佩之飾, 亦無產乳必食子衣之事也).

여기 진간의 증언은 명나라 이전에 '유구' 사람들의 복식을 기술했던 모든 정보와 상치된다. 달리 말하자면, 진간이 기록한 '유구'는 이전 '유구'와는 다른 나라로, 두 나라를 상정해야 한다. 그렇다면, 이전 '유구' 정보들은 타이완 유구에 해당하는 것이었음을 역으로 방증한다.

[V-4] 그들 군신의 신분은 중국처럼 엄격하지는 않았지만 상하의 예절 또한 등급에 따른 구분이 있었다. 왕의 아래는 왕의 친족들로, 존귀하나 정사에 참여하지 않았다. 다음은 법관[法司官]이고, 다음은 찰도관(察度官)으로 형을 관장하는 명칭이다. 다음은 나패항관(那覇港官)으로 돈과 곡물을 관장한다. 다음은 이목지관(耳目之官)으로 방문(訪問)을 관장한다. 이 모두 토관(土官)이면서 무직(武職)을 맡은 자들이다. 대부(大夫), 장사(長史), 통사(通事) 등의 관리들은 조공하는 일을 선담하며, 정해진 인원이 있더라도 문직(文職)을 맡은 자들이다. 왕은 해와 더불어 정사를 살피는데, 아침부

터 점심 그리고 해가 기울 때까지 세 차례 본다. 신하들이 알현할 때는 손을 비비며 모배(膜拜)하고, 존귀한 사람이나 가까운 사람들이 대전 안에 늘어서면 자리와 술을 베풀며, [지위가] 낮고 [친연관계가] 먼 사람들은 이동할 때 항상 계단 아래에 무릎을 꿇었다. 원단(元旦), 탄신일[聖節], 하지[長至]에 왕은 뭇 관리들을 거느리고 관복을 갖추어 용정(龍亭)을 마련하여 절하고 축하하는 예를 행하는데, [이는] 오래 문교(文教)가 스며든 것이지, 더는 옛날의 비루함이 아니다(其君臣之分, 雖非華夏之嚴, 而上下之節亦有等級之辨. 王之下則王親, 尊而不與政也. 次法司官, 次察度官, 司刑名也. 次那霸港官, 司錢穀也. 次耳目之官, 司訪問也. 此皆土官而爲武職者也. 若大夫·長史·通事等官, 則專司朝貢之事, 設有定員而爲文職者也. 王并日而視朝, 自朝至於日中昃, 凡三次. 陪臣見之, 皆搓手膜拜, 尊者親者則延至殿內賜坐賜酒, 其卑疏者則移時長跪於堦下焉. 凡遇元旦·聖節·長至日, 王率眾官, 具冠服, 設龍亭, 行拜祝禮, 蓋久漸文教, 非復曩者之陋矣).

이는 오키나와 유구의 정치 체계를 증언하는 기술로, 역시 이전 자료에서 복제되듯 옮겨진 정보와는 달리 매우 체계적이다. 이들은 상당한 예법도 갖추었음을 보여준다. 중국 측에서는 중국 문화의 유입으로 설명하려 들겠지만, 이들이 중국과의 공식적인 관계를 맺은 것은 14세기 말부터였다. 이미 '삼산 왕조'의 시작부터 중국과는 다른 통치 체계를 갖추고 있었다. 이는 고려의 멸망과도 무관하지 않을 것이다. 또한 이들이 한자와 한문을 배우는 목적은 중국과의 교역에 초점이 맞추어져 있다는 점에 주목할 필요가 있다. 어쨌든 이 단락의 증언은 16세기 오키나와 유구의 정치 제도를 가늠할 수 있는 최초이자 유일한 자료이다.

> [V-5] 아버지는 아들이 어릴 때는 같이 자지만, 장성하여 아내가 있으면 따로 산다. 먹을 때도 수저를 사용하며 기이한 음식이 있으면 존귀한 사람에게 먼저 올린다. 아들은 부모의 상을 당하면, 몇 달간 육식을 하지 않는데, 역시 그 풍속은 높이 살 만하다. 망자는 칠월 보름 전후로 계곡물로 시신을 씻겨 부패한 살을 제거한 다음 그 유골을 수습하여 천이나 비단으로 싸매고 갈대로 싸, 흙을 덮어 묻되, 위로 봉분을 세우지 않는다. 왕과 신하들은 유골함으로 산의 동굴 속에 간직하고 나무판자로 작은 창문을 만들고 세시에 제사하고 청소하며 빗장을 열어 살피는데, 나무가 썩어 유골이 드러날까 하는 우려 때문이다(父之於子, 少雖同寢, 及長而有室則異居. 食亦用匙筯, 得異味先進尊者. 及子爲親喪, 數月不肉食, 亦其俗之可嘉. 死者以中元前後日溪水浴其屍, 去其腐肉, 收其骸骨, 以布帛纏之, 裹以葦草, 襯土而殯, 上不起墳. 若王及陪臣之家, 則以骸匣藏於山穴中, 仍以木板爲小牖戶, 歲時祭掃, 則啟鑰視之, 蓋恐木朽而骨暴露也).

오키나와 유구 사람들이 먹을 때 수저를 사용한다는 사실은 이전 '유구' 기술과 배치되는 증언이다. 지금까지도 필리핀 사람들은 젓가락을 사용하지 않는다. 이는 타이완 유구와 오키나와 유구의 문화가 애당초 서로 달랐거나 서로 다른 곳에서 유입되었음을 말해 준다. 오키나와 유구 사람들의 장례 풍속은 명나라 이전에 기술된 '유구' 사람들의 장례 풍습과는 전혀 다르다. 이들은 유골을 집 주변에 두거나 뿌리지도 않고, 시신을 먹는 일도 없으며, 썩혀 유골을 봉분 없이 매장하는 방식을 취하고 있다. 물론 중국과의 지속적인 관계 속에서 장례 풍습의 변화를 예상해 볼 수는 있겠지만, 여기 진간이 목격한 기술은 확실히 중국의 장례 풍습과는 다르다.

[V-6] 이곳에는 상품이 없어 상인들이 통상하지 않는다. 방비했더라도 약탈을 당했다면, 그 나라에는 다소 법이 엄격하여, 물건을 훔친 자는 코나 발을 베는 형벌을 받는데, 누가 감히 범하겠는가? 조공이 오갈 때는 모두 큰 배[大航]를 타고, 바닷가에서 물고기를 잡거나 소금을 채취할 때는 작은 거룻배[大航]를 타는데, 노가 있는 배[舟楫]를 타지 않고 대나무를 엮어 뗏목을 만든 적은 없었다(地無貨殖, 是以商賈不通. 若以爲防摽掠, 則其國小法嚴, 凡有竊物者, 即加以劓刵之刑, 人誰敢犯. 朝貢往來, 具乘大航, 海邊漁鹽亦泛小艇, 未嘗不駕舟楫而縛竹爲筏也).

오키나와 유구에 상인들이 가지 않은 이유는 그들이 약탈을 즐겼기 때문이 아니라, 이곳에서 나는 별다른 상품이 없었기 때문이라는 증언이다. 이는 이 나라가 일본, 한국, 중국과의 무역을 통해 물자를 확보하고 삶을 영위했다는 말이다. 그들이 바다를 건너 오가는 항해에 상당히 능할 수밖에 없는 여건이었다.

[V-7] 사람들은 신을 경외한다. 신들은 모두 부인을 시동(尸童)으

로 삼고, 두 남편을 거쳤으면 시동으로 삼지 않는다. 왕부(王府)의 일이 있어 초치(招致)하면, 왕은 세자와 신하들 거느리고 머리를 조아리며 계속 절을 한다. 그렇게 하는 것은, 나라 사람들이 나쁜 짓을 하려 하면 신이 밤에라도 왕에게 알려 주어 왕이 그들을 잡게 하기 때문이다. 소문에 따르면, 옛날 왜구가 중산왕(中山王)을 해치려는 자가 있었는데, 신이 곧바로 그의 배를 잡아두고[禁錮], 물을 소금으로 바꾸어 쌀은 모래로 변화시켜 얼마 되지 않아 도륙되었다고 한다. [그가] 그들 땅을 수호해 주기 때문에, 국왕은 그를 존경하고 나라 사람들은 그를 두려워한다. 시동 부인을 '여군(女君)'이라 하는데 앞에서 인도하고 뒤에 따르는 300~500명이 각기 풀로 만든 관[草圈]을 쓰고, 나뭇가지를 들고 있는데, 말을 탄 사람도 있고 도보로 걷는 사람도 있다. [이들이] 왕국에 들어가 유희하면서 한 사람이 노래하면 모두 화답하는데 그 소리가 애절하다. 무시로 오가지만 나패항 등에는 가지 않는데 이곳에는 선량하지 않은 사람들이 많고 중국인들이 있기 때문이다. 복건 사람이 왕을 위해 잔치를 열어 초청하면 직접 그를 보러 간다. 또 전하는 바에 따르면, 왕을 책봉하는 날에는 반드시 중국 사신들[天使]을 보러 온다고 하는데, 이날은 오지 않았는데, 이는 실제로 그러했지만, 사람을 죽여서 신에게 제사하는 것은 잘못되었다(俗畏神, 神皆以婦人爲尸, 凡經二夫者則不之尸矣. 王府有事, 則哨聚而來, 王率世子及陪臣皆頓首百拜. 所以然者, 以國人凡欲謀爲不善, 神即夜以告王, 王就擒之. 聞昔倭寇有欲謀害中山土者, 神即禁錮其舟, 易而水爲鹽, 易而米爲沙, 尋就戮矣. 惟其守護斯土, 是以國王敬之, 而國人畏之也. 尸婦名女君, 首從動

經三五百人, 各戴草圈, 攜樹枝, 有乘騎者, 有徒行者, 入王宮中以遊戲, 一唱百和, 聲音哀慘, 來去不時, 唯那霸港等處不至, 以此多不良者家, 兼有漢人故也. 閩人爲王倩作宴者身親見之. 且傳聞封王日必見天使, 是日不來, 此則眞有, 而殺人祭神則非也).

진간이 목격한 오키나와 유구 사람들에게서 야만성은 전혀 찾아볼 수 없다. 진간은 이들이 어떤 신을 신봉하는지 분명하게 제시하지 않았지만, 신권이 왕권보다 우위에 있었다는 정보를 제공하고 있다.

[V-8] 왕의 궁궐은 산꼭대기에 짓고 나라의 문에 '환회(歡會)', 왕부의 문에 '누각(漏刻)', 대전의 문에 '봉신(奉神)'이라는 편액이 달려 있고, 사방은 모두 석벽이었다. **파라단동(波羅檀洞)이라는 이름은 없었고, 해골을 모아두기를 좋아한다는 말은 없었다.** 문밖에는 돌층계가 있고, 층계 아래에는 작은 연못이 있었으며 샘물이 돌로 만들어진 용의 입에서 쏟아져 나왔는데, '서천(瑞泉)'이라 했다. 왕부에서는 이 물을 길어 음식에 쓰는데, 그 감미롭고 청결함을 얻기 위함이다. 도로는 평탄하고 참호를 파고 가시나무를 심어 험하게 하지 않았다. 전각은 소박했으며 **금수를 새겨 기이하게 하지 않았다.** 세금에 있어서는 옛사람들의 정전법을 근거했으나 그 이름과 의미를 갖추어 설명할 수 없었다. 왕과 신하, 백성들은 각기 땅을 나누어 식읍을 받고 상하가 서로 징수하지 않으며, 왕을 책봉하는 데 쓰이는 천과 비단, 곡식, 인력을 징발하는 등의 일이 있으면 잠시 여러 백성에게 취하지만 일상적이지 않

다. 경전을 공부하는 사람[經生], 점치는 사람[卜士] 등의 부류는 없었지만, 한자를 알고 있었고, 역법[正朔]을 받들었는데, 어찌 달의 차고 기움을 살펴 때를 알 것이며, 풀의 피고 짐을 살펴 햇수를 계산했으리오(王之宮室建于山巓, 國門扁曰歡會, 府門扁曰漏刻, 殿門扁曰奉神, 四圍皆石壁, 無有波羅檀洞之名, 亦無聚髏爲佳之說也. 門外有石砌, 砌下有小池, 泉自石龍口中噴出, 名曰瑞泉, 王府汲之供飮食, 取其甘潔也. 道路坦夷, 曾不設塹樹棘以爲險. 殿宇朴素, 亦不雕禽刻獸以爲奇. 至于賦斂, 則寓古人井田之遺法, 但名義未詳備. 王及臣民各分土以爲祿食, 上下不交征, 有事如作封王所用布帛·粟米·力役之征, 則暫取諸民而不常也. 雖無經生卜士之流, 然亦諳漢字, 奉正朔, 豈至視月盈虧以知時, 視草榮枯以計歲哉).

왕궁 주변을 묘사한 진간의 증언은 평화롭다. 파라단동(波羅檀洞)의 해자, 가시나무 울타리, 금수를 조각한 건물도 보이지 않는다. 정전법으로 땅을 나누어 평화롭게 삶을 영위하고 있으며, 한자를 알고 있었고 중국의 역법을 따랐다고 한다. 7세기의 기술과 비교할 것은 아니지만, 조여괄, 마단림, 왕대연, 비신의 기술과도 전혀 다른 새로운 나라이다.

[V-9] 섬[山]으로는 남쪽에 태평산(太平山)이, 서쪽에 고미산(古米山)과 마치산(馬齒山)이, 북쪽에 유황산(硫黃山), 열벽산(熱壁山), 회가산(灰佳山), 이산(移山), 칠도산(七島山)이 있는데, 아마도 원벽(黿鼊) 등의 서(嶼)나, 팽호(彭湖) 등의 도(島)는 아닐 것이다. 낙제(落漈)가 어디 있는지 모르지만, 유구(琉球)에서 멀리 떨어져 있는 곳이

지 경로에 있는 곳은 아니다. 지난번에 고미산을 보니, 물살이 급하고 암초가 많았다. 듣자니 배가 이곳에 이르면 부서진다고도 하는데, 이 또한 낙제(落漈)의 위험함에 비할 바가 못 된다(山則南有太平山, 西有古米山·馬齒山, 北有硫黃山·熱壁山·灰佳山·移山·七島山, 蓋不黿鼊等嶼, 彭湖等島而已. 落漈不知所在, 殆遠去琉球, 而非經過之處也. 昨見古米山, 水急礁多, 聞舟有至此而敗者, 亦不亞于落漈之險矣).

『명일통지』에 표기된 '원벽서(黿鼊嶼)'는 『수서』와 『신당서』의 '구벽서(鼅鼊嶼)'를 잘못 옮긴 것으로 봐야 할 것이다. 진간은 이 섬에 대해 아무런 언급도 하지 않았다. 왜냐하면 오키나와 유구에는 그렇게 불리는 섬이 없었기 때문이다. 『원사』에서 처음으로 언급된 '낙제(落漈)'는 사실 어디인지 특정하기 어려웠다. 그러나 『원사』에서 그곳은 '팽호'와 연결되어 기술되었다. 앞서 본 것처럼 『원사』의 유구 기술에는 오키나와 유구와 타이완 유구가 혼재했다. 진간은 오키나와 유구에 그렇게 위험한 곳은 없다고 증언하고 있다. 『원사』의 유구 기술에서 팽호와 유구가 서로 연결되면서 오키나와인지 타이완인지 혼동이 가중되었다. 그러나 진간은 그러한 혼란을 일소했다.

[V-10] **토산으로 투루수(鬥鏤樹)도 후추[胡椒]도 없었다.** 유황은 북산(北山)에서 나지만 그것을 채취하는 것 또한 매우 어렵다. 곰류[熊羆], 이리류[豺狼], 호랑이, 표범 등의 맹수는 없었다. 그래서 야생마[野馬], 소, 돼지가 많았고, 값이 매우 저렴하여 한 마리당, 은 2~3전이 고작이었다. 가축[牲]은 지천이라도 한 해 내내 먹을 것

을 얻지 못하는 자도 있는데, 가난하기 때문이다. 가축을 잡을 때는 칼로 피를 내지 않고, 단지 물에 헤엄치게 하고 털을 불태운다. 개[犬]는 기르지 않았으며, 거위[鵝]나 오리[鴨]는 드물었고, 꾀꼬리[鶯], 제비[燕], 황새[鸛], 까치[鵲] 같은 것들은 모두 없었으며, 새로는 까마귀[烏鴉], 참새[麻雀]뿐이었다. 뱀[蛇]이나 전갈[蝎]이 있는데, 전갈도 사람을 쏘지만, 뱀은 해를 끼치지 않는다. 듣기에 이전 사신들이 뱀이 기괴하여 놀랐다고 하는데 그런 일은 없었다. 곡물에는 벼[稻], 차조[秫], 기장[稷], 보리[麥], 콩[菽]이 있었고, 채소로는 박류[瓜], 가지[茄], 생강[薑], 마늘[蒜], 파[葱], 부추[韮] 등이 있었다. 과일로는 바나나[芭蕉], 감자(柑樜), 석류(石榴), 귤(橘), 감[柿] 등이 있었다. 사람들은 동과(冬瓜)로 해갈할 수 있다고 하고 감자는 사발[盌]처럼 크다고 하는데 이는 모두 잘못되었다. 벽 사이에 있는 벌레[虫]는 중국의 도마뱀붙이[蝎虎]와 비슷한데, 소리가 참새처럼 짹짹거려 아주 기이했다(土産無門鏤樹, 亦無胡椒. 硫黃雖產自北山, 而取之亦甚艱. 無熊羆·豺狼·虎·豹等猛獸, 是以多野馬·牛·豕, 價廉甚, 每一值銀二三錢而已. 牲雖賤, 人有終歲不獲食者, 貧約故也. 凡殺牲, 不血刃, 但以水泅之而火其毛. 不畜犬, 亦鮮鵝·鴨, 鶯·燕·鸛·鵲之族俱無, 鳥唯烏鴉·麻雀而已. 有蛇 蝎, 蝎亦螫人, 蛇則不爲害, 聞前使遭蛇怪之驚, 無是事也 穀則有稻·秫·稷·麥·菽, 蔬則有瓜·茄·薑·蒜·葱·韮等. 品果則有芭蕉·柑樜·石榴·橘·柿之類. 人言冬瓜可以解渴, 柑樜巨如盌形, 皆非也. 至于壁間有虫, 形如中國之蝎虎者, 聲噪如雀, 則罕異焉).

여기 진간이 증언한 산물에 관한 정보들은 명나라 이전의 '유구'가 타이완을 지칭하는 것이었음을 단적으로 확인해 준다. 진간은 우리가 목면을 지칭하는 것으로 고증했던 '투루수(鬪鏤樹)'에 관해 그것이 무엇인지 알지 못했던 것 같다. 호초(胡椒) 즉 후추는 『서양조공전록』에 유구가 조공한 품목에 들어 있다. 또한 왕대연과 황승증이 '감자(甘蔗)'로 표기했던 사탕수수를 진간은 감자(柑樜)로 표기했다. 이 사탕수수의 즙은 바로 '유구' 사람들이 술을 만드는 재료였다. 그러나 진간은 오키나와 유구 사람들은 쌀로 술을 만든다고 증언했다. 이것이 바로 타이완 유구와 오키나와 유구의 다른 점이다.

진간이 두 번째로 인용하고 변증한 텍스트는 『나충록(臝虫錄)』이다. 『나충록(臝虫錄)』이란 책은 『사고전서총목제요(四庫全書總目提要)』, 권78(12a~13a)의 천일각본 『이역지(異域志)』 해제에 설명되어 있다. "『이역지』는 지은 사람의 이름과 성이 없다. 책의 앞머리에 호유용(胡惟庸, ?~1380)이 서문에서 '『나충록(臝蟲錄)』은 내가 명나라 전신인 오(吳)나라 원년 정미년(1368)부터 강릉(江陵, 후베이 장링)으로 나가 진정(鎭定)할 때, 처사 '주치중(周致中)'이란 사람이 있었다. [그는] 지난 원나라 시기 추밀사(樞密使)로, 이 기록을 들고 총독[軍門]에 바쳤다'라고 했으니, 이 책의 처음 명칭은 '나충록'이며, 주치중이 지은 것이다. 또한 개제(開濟, ?~1383)의 발문에 '이 책은 우리 형이 태자궁[青宮]에서 얻은 책으로, 국초(國初)의 옛 물건이다. 이제 나의 형이 다시 편집하고 그 서명을 『이역지』로 고쳤다'라고 했으므로, 『이역지』라는 이 책은 바로 개제의 형이 [서명을] 고쳐 단 것이다. 그렇지만 명나라 태조는 원나라 지원(至元) 25년, 즉 갑진년(1364)에 '오(吳)'로 건국했으니 '정미년'

은 '오 3년'이라 해야지 '원년'이라 하면 안 된다. 개제의 발문은 '임오년(1402) 하지'에 썼다고 했는데, 혜제(惠帝) 건문(建文) 4년으로, 그때는 개제가 주살된 지 오래이므로 발문을 지었을 리 없다. 아마 모두 가탁(假托)한 것이리라(不著撰人名氏. 篇首胡惟庸序曰, 臝蟲錄者, 予自吳元年丁未, 出鎭江陵, 有處士周致中者. 前元之知院也, 持是錄獻於軍門. 則此書初名臝蟲錄, 爲周致中所作. 又開濟跋曰, 是書吾兄得之於靑宮, 乃國初之故物. 今吾兄重編, 更其名曰異域志. 則此書名異域志, 乃開濟之兄所更定. 然考明太祖於元至正二十四年甲辰, 建國號曰吳, 丁未當稱吳三年, 不得稱元年. 又濟跋題壬午長至, 爲惠帝建文四年, 其時濟被誅已久, 不應作跋. 疑皆出於依托也)"라고 해제하고 있다. 나나니벌을 의미하는 '나(臝)'자와 벌거벗은 몸을 지칭하는 '나(羸)'자는 의미는 다르지만, 발음이 같다. 아마도 뒤의 '충(虫)'자와의 조합이라면 '나(臝)'자가 선본일 것이다. 『나충록』 또는 『이역지』의 현전하는 가장 이른 판본은 명나라 주리정(周履靖, 1549~1640)이 『이문광독(夷門廣牘)』에서 수습한 텍스트로, 1579년 간행되었다. 이 판본은 루쥔링(陸峻嶺)이 교주(校注)한 『이역지』의 저본으로 활용되었다. 그러나 이 교주본에는 위의 『사고전서총목제요』에서 언급한 호유용의 서문이나 개제의 발문도 보이지 않는다. 『사고전서총목제요』 편수관들의 지적이 정확한 것으로 보인다.

이른바 저자 주치중(周致中)의 인적 사항은 전혀 알려진 바 없다. 다만 이 책은 1534년 진간이 인용했다는 점에서 약간의 실마리를 얻을 수 있을 것이다. 진간은 "유구는 건안(建安)의 동쪽에 마주하고 있는데, 물길로는 500리이고, 땅에는 산과 동(峒)이 많으며, 동(峒)에는 소왕이 있으며, 각기 부대를 이루어 서로 구원하지 않는다. 국조[명나라]

에 무시로 조공했고, 왕자와 신하의 아들들이 모두 태학에 들어와 공부하여 예우가 매우 두터웠다(琉球當建安之東, 水行五百里, 土多山峒, 峒有小王, 各爲部隊而不相救援. 國朝進貢不時, 王子及陪臣之子皆入太學讀書, 禮待甚厚)"라고 인용하였다. 한편 『이역지』(이문광독본, 25b)에서는 "**대유구국(大琉球國)은 건안의 동쪽, 바다로 500리 떨어져 있다.** 이 나라에는 산과 동(洞)이 많고, 각 부락의 추장은 모두 소왕(小王)이라 하며, [그들끼리는] 몹시 소원하며 서로를 모른다. 항상 중국에 조공했고, 왕의 아들과 신하들이 모두 태학에 들어와 공부했다(大琉球國在建安之東, 去海五百里. 其國多山洞, 各部落酋長皆稱小王, 至生分彼此不知. 常入中國貢, 王子及陪臣皆入太學讀書)"라고 했다.

편집하는 사람에 따라 가감된 편차는 있었겠지만, 이들은 같은 책이며, 현재로서는 진간이 가장 일찍 이 책을 인용하고 있고, 처음 서명인 '나충록'이라 쓰고 있는 점으로 보아 진간이 본 『나충록』이 가장 원본에 가깝다고 추론할 수 있다. 진간은 이 기술을 고증하며 "아들이나 조카를 태학에 들인 일은 단지 홍무 22년(1389)에 처음 보인다(至于令子侄入太學, 僅于洪武二十二年而創見之)"라고 하였으므로, 적어도 1389년 이후에 『나충록』이 저술되었음이 분명하다.

마지막으로 진간은 '유구'의 옛 기록들을 당시와 가까운 시기부터 인용하며 고증했는데, 첫 번째가 바로 『대명일통지』였고, 두 번째가 바로 『나충록』이며, 세 번째 자료가 『성사승람』이다. 따라서 『대명일통지』는 1461년에 완성되었고, 『성사승람』은 1436년에 쓴 자서(自序)가 딸려 있다. 그렇다면 『나충록』은 1436~1461년 사이에 저술되었을 것이다. 그러나 루쥔링의 교주본에는 '대유구국'이 먼저 기술되었고, 이어서 '소유구국'이 보인다. 진간의 『사유구록』에도 언급된 '소유구'는 '대유구국'을 전제한다. 아래에서 다시 보겠지만, 진간은 '대유구국'이란 지칭을 사용했다. 이 『나충록』이 앞서 고증한 대로 1436~1461년에 지어졌거나 유통되었다면, '대소'로 오키나와 유구와 타이완 유구를 구분한 것은 우리가 찾아볼 수 있는 가장 이른 언급이다. 이러한 구분의 필요성은 원나라 말부터, 구체적으로 말하자면 『원사』 편찬 시기부터 제기되었다.

사실, 『이역지』의 '대유구국'이 기술한 내용은 타이완 유구와 오키나와 유구 정보가 뒤섞여 있다. 주치중은 '소유구국(小琉球國)'에 대하여(『이문광독』본, 26a) "대유구국과 같다. 그 사람들은 거칠고 저속하며, 중국에 들어오는 [사람들은] 적다. 풍속은 왜이(倭夷)와 서로 비슷하다(與大琉球國同. 其人粗俗, 少入中國. 風俗與倭夷相似)"라고 기술하고 있다. 주치중의 기록에 따른다면, 대유구국은 타이완, 소유구국은 오키나와를 가리키는 것처럼 보인다. 확실히 주치중은 정확하게 구분했다고는 보기 어렵다. 어쨌든 여기 진간이 채록한 정보는 『이역지』의 '대유구국' 기록이다. 이에 대해 진간은 다음과 같이 변증했다.

> [V-11] 복주(福州) 매하(梅花) 출항지에서 순풍에 7일 밤낮을 항행해야 유구에 이를 수 있다. 물길로 계산하면 거의 1만 리에 달한다. 건안(建安)이라면 건녕(建寧)의 속읍이자, 복주의 서북쪽에 있다. 물길로 500리를 간다고 하는데 어느 바다에서 출항하는지 모르는 데다가 그렇더라도 어찌 그렇게 가깝고 쉬울 수 있겠는가. 유구에는 원래 산이 많지만 높은 산의 촌락[崆峒]은 적다. 왕의 자

제가 비록 여러 산의 출신이라 할지라도, 징집에 응하지 않은 적이 없고, 왕을 제사하거나 왕을 책봉하는 등의 날이라면, 각기 부락의 군사들을 거느리고 대오를 지어 호위했으니, 어떤 일이 있을 때 서로 구원했음을 알 수 있다. 나라에 복종해 오던 초기에 조공은 원래 정해진 기일이 없었으나 지금은 2년에 한 번 조공한다. 아들이나 조카를 태학에 들인 일은 단지 홍무 22년(1389)에 처음 보이고, 뒤에는 단지 신하의 아들을 보내 국자감에서 공부하도록 했는데, 대사성(大司成)이 시를 외우고 예를 학습하는 것을 가르쳤고, 참관하는 객관에 여름에는 갈옷, 겨울에는 털옷, 아침저녁 식사로 처우했는데 예우가 그렇게 두터웠겠는가. 가까이는 채정미(蔡廷美), 정부(鄭賦), 양재(梁梓), 채한(蔡瀚) 등이 모두 준수하여 가르칠 만했고, 증북(曾北)은 도성에서 명유(名儒)에게 학업을 받아 지금은 모두 장사(長史), 도통사(都通事) 등의 관직에 보임되었다. 이를 볼 때 의례가 틀리지 않고 말에는 법도가 있었던 것은 분명 독서에서 나오지 않음이 없다. 나머지는 예법의 구속과 의관의 속박을 힘들어했다(福州梅花所開洋, 順風七晝夜始可至琉球, 以水程計之, 殆將萬里矣. 若夫建安, 則建寧屬邑也, 又在福州之西北, 而云水行五百里, 不知自何洋以發舟而若是乎其近易耶. 琉球固多山, 而崆峒則少, 王之子弟雖出分各山, 而未嘗不聽徵調, 如祭王封王等日, 則各率所部戎服而列伍以防衛, 則其有事而相爲救援可知矣. 歸附國家之初, 朝貢固無定期, 今每二年而一舉. 至于令子侄入太學, 僅于洪武二十二年而創見之, 嗣是唯遣陪臣之子進監讀書, 大司成教以誦詩學禮, 處以觀光之館, 夏葛而冬裘, 朝饔而夕飧, 禮待不亦厚乎. 邇如蔡廷美·鄭賦·梁梓·蔡瀚等皆俊秀可教, 曾北學中國授業名

儒, 今皆補爲長史·都通事等官. 進見之時, 儀不忒而言有章, 未必不自讀書中來也. 其他則苦禮法之拘, 衣冠之縛矣).

앞서 언급한 대로 주치중의 『이역지』에서는 '대유구국'을 타이완에 놓고 있는 것 같았다. 그가 말한 '500리'는 대략 계산해보면 196km 정도인데, 푸저우 해안에서 타이베이 북쪽 해안까지는 200km 남짓이다. '대유구국'을 타이완으로 놓고 봤을 때는 그럴법하다. 여기서도 진간에게 타이완 유구는 안중에도 없다. 그에게는 오직 오키나와 유구만 있었다. 바꾸어 말하자면, 진간의 대유구국은 오키나와였고, 소유구국은 타이완 북부였다.

한편 『조선왕조실록』을 참고하자면, 1594년 선조가 윤근수(尹根壽), 최립(崔岦) 등과 명나라에 군량과 원병을 논의하는 기사가 실려 있다. 윤근수가 먼저 "명나라에서 보내올 수군(水軍)들은 분명 남직예(南直隷), 영파부(寧波府), 절강(浙江), 소주(蘇州)와 항주(杭州)에서 올 터인데, 제주도와는 얼마나 떨어져 있는지 모르지만, 일찍이 『유구록(琉球錄)』[『사유구록』을 말함]을 보니 '순풍일 경우는 복주(福州)에서 7일 [항행하면] 이르렀고, 순풍이 아닐 경우는 10여 일 [항행하면] 이를 수 있다'라고 했습니다"라고 논의하자, 최립은 "왜(倭)가 복건[閩]과 광동으로 갈 때는 반드시 '대소유구(大小琉球)'를 거쳐야 한다고 합니다"라고 하였다.[16] 결국 일본에서 중국 남해로 갈 때는 대유구국과 소유구국을 거쳐야 한다는 정보로부터, 우리는 대유구국이 오키나와, 소유구국이

16 『조선왕조실록』, 선조 27년 8월 20일 두 번째 기사.

타이완을 가리켰음을 알 수 있다.

그렇다면 왜 중국의 동남해에서 가장 가깝고 큰 섬은 타이완인데, '소(小)'자로 지칭하고, 훨씬 더 멀고 작은 섬에 불과한 오키나와에 '대(大)'자를 붙인 것인가? 여기에서는 한나라 시대 서북쪽의 월지(月氏)를 떠올리면 쉽게 이해할 수 있다. 이들은 흉노에게 밀려 중앙아시아로 대규모로 이주했다. 결국 한나라 측에서는 두 '월지'를 구분해 부를 필요가 있었다. 그들이 원래 중국 가까이 있었던 '월지'는 '소월지'라고 불렀고, 그들이 멀리 이주해 간 곳의 월지는 '대월지'라고 불렀다. 다시 말해 크고 작음의 개념이 아니라 중국에서부터 원근의 개념으로 적용된 지칭이다. 마르코 폴로도 실제로 수마트라섬이 더 큰데도 '소자바'로 지칭했고 그보다 작은 자바섬은 오히려 '대자바'로 지칭했다. 분명히 주치중처럼 '대소'의 구분을 섬의 크고 작음의 개념으로 이해해서는 곤란하다.

세 번째로 진간이 인용하여 고증한 『성사승람(星槎勝覽)』의 텍스트는 앞서 본 2권본(천일각본) 『성사승람』의 정보와 거의 일치한다. 다만 산물에 '유황(硫黃)'이 빠져있고, 비신의 마지막 문장인, 교역하는 상품 목록만 채록되지 않았다. 또 미세한 차이라면, 술을 만드는 재료로 2권본은 '감자(甘蔗, 사탕수수)'로 되어 있지만, 진간은 같은 발음의 '감자(柑樜)'로 표기했다.

> [V-12] 유구국의 산형(山形)은 남북으로 하나의 띠처럼 이루고 있지만 그다지 껴안은 모양은 아니고, 취록 등 네 산의 명칭은 없었

으며 형세는 야트막하고 높이 솟아 있지도 않고 숲의 잡목들이 무성하거나 빽빽하지 않다. 그곳의 농토는 모래와 자갈로 비옥하지 않아 오곡은 자라더라도 번성하거나 크지 않다. 기후는 항상 덥지 않고 비가 내리면 썰렁하며, 가을과 겨울에도 서리, 눈이 내리는데, 그곳이 북쪽과 가깝기 때문이다. 법령[政令]은 간편하고, 각기 나누어 준 땅으로 살므로 "추장이 이치에 따라 백성들에게 [세금이나 부역을] 부과하지 않는다"라고 한다. 술을 빚을 때는 물에 쌀을 담가 하룻밤 두었다가 부인들에게 입으로 씹고 손으로 비벼 그 즙을 내어 '미기(米奇)'라는 술을 만든다. [그러므로] '감자(柑蔗)'로 빚는 것이 아니며, 미녀들이 쌀을 머금어서 만드는 것도 아니다. 남번(南番)의 술은 시암[暹羅]에서 나는데, 중국의 소주[露酒]처럼 진하다. 신하의 자제들과 백성 중 우수한 자들은 중국 책을 익히고 읽게 하여 훗날 장사(長史)나 통사(通事)의 쓰임에 대비하고 그 나머지는 단지 왜(倭)의 불학[僧學]을 따르며 자신들의 글자[番字]를 쓸 따름이다. 옛 그림이나 동기(銅器)는 그들이 좋아하는 것이 아니라, **그들이 좋아하는 것은 철기(鐵器)와 면포(棉布)이다**. 아마도 그곳에는 철이 나지 않고, 땅에는 면화를 심지 않아 민간에서는 밥을 지을 때 대부분 소라 껍데기를 사용하며, 베짜는 여인[紅女]들은 소매를 달거나 삼실[麻縷]을 잣을 뿐이다. 솥이나 시루에 밥을 짓거나 철기로 농사를 지으려면, 반드시 왕부(王府)를 통해 교역한 이후에 써야 한다. 그렇지 않으면 금기를 어겨 벌을 받는다. 작시(作詩), 즉 문묵(文墨)을 가지고 노는 일은 불법에 참선하는 자들 사이에서도 능하지만, 반드시 당나라 시체를 모방하는 것은 아니었다. 그곳에는 황금이 나지 않고, 황랍(黃蠟)이나 파리(玻璃) 등의 산물도 나지 않는다. 나라 간에 하는 교역에는 일본(日本)에서 주조한 동전을 사용하는데, 얇고 작으며 문양이 없고 10개가 [중국 동전] 하나에 해당하고, 1관은 [중국 동전] 100개에 해당하여, 거의 송나라 시기의 아안전(鵝眼錢)이나 연환전(綖環錢)과 같았다. 일찍이 이 나라에서는 해파(海巴)를 사용한다고 들었는데, 지금은 사용하지 않는다. 그러나 이러한 동전을 사용하는 것과 해파를 사용하는 것 중에서 어느 편이 돈[貝]에 미치겠는가!(琉球國之山形, 雖南北一帶而生, 不甚抱合, 亦無翠麓等四山之名, 且形勢卑小, 不高聳, 林木樸樕不茂密. 厥田沙礫不肥饒, 是以五穀雖生而不見其繁碩也. 氣候不常熱, 雨過即涼, 秋冬亦雨霜雪, 其地近北故也. 政令簡便, 各食分土, 故曰酋長遵理, 不科民下. 造酒則以水漬米越宿, 令婦人口嚼手搓, 取汁爲之, 名曰米奇, 非柑樜所釀, 亦非美姬含米所製. 其南番酒則出自暹羅, 釀如中國之露酒也. 陪臣子弟與凡民之俊秀者, 則令習讀中國書, 以儲他日長史·通事之用, 其餘但從倭僧學書番字而已. 古畫·銅器非其所好, 其所好者唯鐵器·綿布焉. 蓋其地不產鐵, 土不植綿, 故民間炊爨多用螺殼, 紅女織袵, 惟事麻縷. 如欲以釜甑爨, 以鐵耕者, 必易自王府而後敢用之, 否則犯禁而有罪焉. 至于作詩, 則弄文墨, 參禪乘者間亦能之, 而未必唐體之效矣. 地不產金, 亦無黃蠟及玻璃等物. 通國貿易, 惟用日本所鑄銅錢, 薄小無文, 每十折一, 每貫折百, 殆如宋季之鵝眼·綖貫錢也. 曾聞其國用海巴, 今弗用矣, 然與其用是錢, 孰若用海巴之猶涉於貝哉).

우리는 비신이 왕대연의 『도이지략』을 대부분 채록하며 "중국 책을 잘 익히고 읽으며, 옛 그림과 청동 기물을 좋아하고, 당나라 시체를 모방하여 시를 짓는다(能習讀中國書, 好古畫·銅器, 作詩效唐體)"라는 정보만 더 추가했다. 진간이 왜 주치중과 같은 알려지지 않은 사람의 책을 인용하면서도 왕대연의 『도이지략』을 참고하지 않았는지는 의문이다. 『도이지략』은 확실히 타이완 유구였다. 그렇다면 여기 『성사승람』의 내용을 변증하면서 두 나라를 하나의 나라로 생각하는 일은 없었을 것이다.

진간이 네 번째로 참고한 자료인 『집사연해(集事淵海)』는 하버드 옌칭 도서관에 소장되어 있는 『군서집사연해(群書集事淵海)』를 말한다. 익명의 이 자료에는 홍치(弘治) 을축년(1505) 8월에 쓴 유건(劉健, 1433~1526)의 「서」와 같은 시기 이동양(李東陽, 1447~1516)의 「후서」와 사천(謝遷, 1449~1531)이 쓴 「발(跋)」이 수록되어 있다. 총 47권으로 구성된 이 자료는 1~6권은 군(君), 7~8권은 후비(后妃), 9~26권은 신(臣), 27권은 외척(外戚), 28~37권은 인물(人物)[유(儒), 불(佛), 도(道)], 38~42권은 성행(性行), 43권은 환자(宦者), 44권~46권은 기이(紀異), 47권은 이적(夷狄)에 관한 정보들을 채록하면서, 주제별로 오로지 역사서에서만 채록한 일종의 유서(類書)이다.

여기 진간이 채록한 문장은 권47, 외국의 풍속을 기술한 단락에 수록되어 있다(75a~b). 47권의 원문에는 '유구국(瑠求國)'으로 표기하고 『송사』에서 채록했음을 밝히고 있다. 왜 진간은 더욱 권위 있는 『송사』에서 직접 채록하지 않았을까? 그는 이전 정보들의 잘못된 점을 조목조목 반박하고 고증하는 글을 붙이고 있었기 때문에 소위 '정사'

를 정면으로 반박하는 것은 큰 부담으로 작용했을 것이다. 『집사연해』의 '유구국' 기술은 『송사』의 내용과 같다. 앞서 본 것처럼 『송사』에서는 유구국에 대해 조여괄의 『제번지』와 『문헌통고』를 채록했다. 진간이 인용한 문장은 자신이 검증한 정보들만 다음과 같이 자기 식으로 편집하여 재구성했다.

"유구(琉球)는 천주의 팽호(彭湖)라는 섬과 연기와 불빛을 서로 바라볼 수 있다. 그 사람들은 날래고 건장하며, 도(刀), 삭(稍), 시(矢), 검(劍), 고(鼓)를 병장기로 사용한다. [이 나라의] 옆으로 비사야국(毗舍邪國)이 있는데, 언어가 통하지 않고, 나체에 눈을 치켜뜨고 노려보며, 거의 사람 모습이 아니다(琉球, 與泉州之島, 曰彭湖者, 煙火相望, 其人驍健, 以刀·稍·矢·劍·鼓爲兵器. 旁有毗舍邪那國,[17] 語言不通, 袒裸盱睢, 殆非人類)"라고 필요한 정보만 채록했다.

[V-13] 땅이 서로 떨어져 있을 때, 가까우면 볼 수 있지만, 멀면 봐도 볼 수 없다. '유구(琉球)'는 팽호와 수천 리 이상 떨어져 있다. 산천이 구름을 피우고, 조개들의 기운[蜃氣]이 안개를 이르면 광경은 감춰지는데, 연기와 불빛을 어찌 서로 바라볼 수가 있겠는가? 복건[閩]의 사대부들은 '갠 날 고산(鼓山)에 오르면 유구(琉球)를 볼 수 있다'라고 한다. 아마도 보이는 것은 '소유구(小琉球, 타이완)'이지, '대유구(大琉球, 오키나와)'라면 이루(離婁)의 눈을 가졌더라

17 『사유구록』에는 '나(那)'자로 표기하고 있지만, 여기서는 진간이 채록한 『집사연해』와 『송사』에 따라 '야(邪)'자로 바로잡는다.

도 어찌 만 리의 먼 곳을 환히 볼 수 있겠는가. 그들이 날래고 건장하다고 한 것은 사실 그러하다. 태어나면서부터 체력이 좋아, 기갈(飢渴)과 힘든 일을 견디며, 열벽산(熱壁山)에서 배를 끌 때, 온종일 굶고 밤에 잠을 자지 못해도 병이 났다고 말한 적은 없었다. 천한 사람들만 이런 것은 아니다. 추장처럼 존귀해도 습관적으로 부지런하다. 태풍과 폭우에는 밤에도 반드시 일어나 무리와 함께 가서 항구 가에 맨몸으로 서서 배가 파도에 휩쓸리지 않게 방비하며, 춥고 습한 날씨도 그들을 병들게 하지 못한다. 나라에는 의약(醫藥)이 없어도 백성들은 요절하지 않으며, 장년이나 노년에 처음 천연두에 걸리기도 한다. 그곳은 지대가 낮고 습하지만, 늙어 쇠약해진 사람을 보지 못했다. 이 어찌 하늘이 내려준 것이 아니겠는가. 또한 맛 좋은 음식을 적게 먹고 욕심을 줄여, 원기가 탄탄하고 피부가 탱탱했다. 다만 사람들은 화를 내고 다투는 것을 높이 사, 공평하지 않은 점이 있으면, 칼로 사람을 죽이고, 법으로 벗어날 수 없으면 배를 갈라 자결한다. 그들이 사용하는 칼, 검, 그리고 활과 화살 같은 병장기 또한 매우 날카롭고 강하다. 활과 창은 처마를 받치는 나무[握檐]처럼 길고, 활을 쏠 때는 땅에 심어 두 손으로 당겨 쏘면, 화살은 200보쯤 갈 수 있다. 투구와 갑옷은 문양이 있는 가죽으로 만들었으며, 진퇴(進退)에는 쇠북[金鼓]을 쳐, 이웃 나라 사람들의 눈에는 강한 적으로 보였다. 이 나라의 서남쪽은 시암[暹羅]이고 동북쪽은 일본이다. 듣자니 동쪽 모퉁이에는 새의 발을 하고 귀신 모습의 사람이 있어 서로 왕래하지 않는다고 하는데, 어찌 그곳이 이른바 비사야국이겠는가(地

之相去, 近則可望, 遠則視之而弗見也. 琉球去彭湖不下數千里, 山川出雲, 蜃氣作霧, 則光景且伏矣, 煙火可得而相望乎. 閩中士夫常曰, 霽日登鼓山, 可望琉球. 蓋所望者小琉球也, 若大琉球, 則雖離婁之目, 亦豈能明見萬里之遠哉. 若曰其人驍健, 則誠是也, 蓋生有膂力, 耐饑渴勞苦, 熱壁挽舟之時, 雖終日不食, 終夜不寢, 而亦未嘗告病. 匪直賤者若是, 雖酋長之貴亦慣勤動, 大風暴雨, 雖夜必興, 相與徒行露立于港邊, 以防舟之漂蕩焉, 而寒濕不能使之疾也. 國無醫藥, 民亦不夭札, 或壯或老, 始生痘. 地雖卑濕, 而不見有疲癃殘疾之人. 是豈盡出于稟賦哉, 亦由其薄滋味寡嗜慾, 元氣固而腠理密也. 第人尙忿爭, 有不平即以刃殺人, 度不免亦剖腹自斃. 所用兵器如刀·劍·弓矢之類, 亦嚴利勁直. 弓·稍長如握檜, 射則樹于地而兩手彎之, 矢可至二百步許. 盔甲製以文革, 進退節以金鼓, 鄰國目爲勍敵焉. 其國西南則暹羅, 東北則日本, 聞東隅有人鳥語鬼形, 不相往來, 豈即所謂毗舍邪[那]國耶).

진간이 마지막으로 인용하고 변증한 자료는 두우(杜佑)의 『통전』이다. 그는 『두씨통전(杜氏通典)』이라 출처를 밝히고, "유구국(琉球國) 왕의 성은 환사(歡斯)이고, 이름은 갈랄두(渴剌兜)이다. 그곳 사람들은 그를 가로양(可老羊), 아내를 다발도(多拔荼)라고 부른다. 사는 집은 16칸 크기이다. 왕은 나무로 만든 짐승[木獸]을 타고 좌우의 사람들이 들게 한다. 연회에서 술을 잡은 사람은 반드시 호명한 뒤에 마시는데, 왕에게 술을 올리는 사람 또한 왕의 이름을 부른 연후에 입에 대고 함께 마신다. 발을 구르며 노래하며 그 소리는 상당히 애절하다. 여자의 상박(上膊)을 부축하여 손을 흔들며 춤을 춘다. 또한 민가의 문에는 반드시 짐승의 머리를 안치한다(琉球國王姓歡斯氏, 名渴剌兜, 土人呼之爲可老羊,

妻曰多拔茶. 居舍大十有六間. 王乘木獸, 令左右輿之. 凡宴會, 執酒者必得呼名而後飲, 上王酒者亦呼王名, 然後啣杯共酌. 歌呼蹋蹄, 音頗哀怨. 扶女子上膊, 搖手而舞. 又曰民間門戶必安獸頭)"라고 하였다. 인용한 방식은 앞의 방식과 같이 논의에 필요한 부분만 재구성하여 채록했다.

[V-14] 유구국의 왕위를 계승한 왕의 성은 상(尙)이고 이름은 청(淸)이며, 아버지의 이름은 진(眞), 할아버지의 이름은 원(圓)이다. 윗세대부터 모두 한자로 명명했고, 왕비는 모두 민간 여자 중에서 선발하여 충당했다. 그곳 사람들은 왕은 '오나(敖那)', 왕비는 '찰라(札喇)'라고 불렀고, **가로양(可老羊)과 다발도(多拔茶)라는 호칭은 없었다.** 모시는 신하들은 성씨가 없고, 단지 선세(先世)와 관할하는 땅을 성명으로 삼았다. 예를 들어 왕친 공가미익기(王親孔加迷益器), 법사관 영고안단(寧沽安丹)은 모두 지명이다. 대부 금량(大夫金良), 장사 채한(蔡瀚), 채정미(蔡廷美), 도통사(都通事) 정부(鄭賦), 양재(梁梓), 임성(林盛) 등처럼 성이 있는 자들은 하사받은 36개 성씨의 후예들이다.

왕이 사는 집은 남쪽으로 향한 7칸, 서쪽으로 향한 7칸인데, 남향인 건물은 옛날 제도상 풍수에 불리하여 오히려 서향인 건물을 정전(正殿)으로 삼았다. 전각(殿閣)은 2층으로 위에는 침실, 가운데는 조회하는 곳이며 끝은 신하와 함께 앉거나 섰다. 전각의 문은 오색의 토주(土珠)로 주렴과 난간을 만들었고, 중간 세 칸은 대략 금벽(金碧)을 더했고, 옆에는 측루(側樓)가 있었다. 난층의 집도 있었는데, 모두 판자로 기와를 대신했고, 측면은 땅과 멀지 않았으나 계단은 역시 섬돌과 가까웠다. 다만 나라 공후(公侯)의 집들도 법제를 넘어서지 않았다.

왕이 출입할 때는 나무로 만든 짐승[木獸]이 아니라 견여(肩輿)를 탔고, 16명이 매었다. 일산은 오색을 사용했고 따르는 사람 수백 명이 앞에서 고취(鼓吹)하며 인도하고 뒤에서는 창과 방패로 호위했다. 이어서 토주(土珠)로 만든 작고 둥근 부채, 네 자루에는 마주 보도록 한 쌍의 황금 호로(葫蘆)를 붙여 의장[儀衛]으로 삼았는데, 무슨 의미를 취한 것인지 모르겠다.

수시로 잔치하며 예법 또한 단순하다. 신하들에게 좋은 일이 있을 때마다 술을 올려 왕을 축수하고 왕도 그들과 같이 앉아 함께 마시는데, 호명하지는 않았다. 음악은 현가(絃歌)를 사용하여 소리가 상당히 애절했다. 일찍이 그 노래를 번역한 것 중에는 '사람은 늙어 소년이 아니네(人老不少年)'라는 구와 [『시경』 국풍(國風)의] 당풍(唐風)의 「산유추(山有樞)」처럼 때가 되면 즐긴다[及時爲樂]는 의미도 있었다. 동자 네 사람이 딱따기[柝]를 치고 발은 가볍게 들며[婆娑] 춤을 추었는데, 소위 발로 구르는 노래나 여자의 놀이라는 말은 모두 아니었다.

대체로 유구(琉球)의 풍속은 소박하고 충직했고, 백성들은 가난하나 절약했고, 부귀한 사람들만 두세 칸의 기와집을 가졌고, 나머지는 모옥(茅屋)에 흙 계단으로, 풍우를 이겨내지 못하고 날려가는 우환이 있었다. 사람들은 질그릇에 능하지 않았고, 왕의 집에도 짐승 머리가 없었는데, 하물며 백성의 집에는 어떠했겠는가. 전하는 사람의 잘못일 것이다(琉球國嗣王姓尙氏, 名淸, 父名眞, 祖

名圓, 自上世以來皆命名以漢字, 妃皆選自民間女子充之. 土人稱王曰敖那, 稱妃曰札喇, 無可老羊并多拔荼之稱也. 至于陪臣則無姓氏, 但以先世及以所轄之地爲姓名, 如王親孔加迷益器, 法司官寧沽安丹也, 皆地名也. 若大夫金良, 長史蔡瀚、蔡廷美, 都通事鄭賦·梁梓·林盛等, 凡有姓者皆出自欽賜三十六姓者之後裔焉. 王之居舍向南者七間, 向西者七間, 以南者舊制不利于風水, 反以西者爲正殿. 閣二層, 上爲寢室, 中爲朝堂, 末與臣下坐立. 凡閣門, 俱五色土珠爲簾櫳, 中三間罣加金碧, 傍有側樓. 亦有平屋, 皆以板代瓦, 廉不遠地而階亦近除, 僅如國公侯之宅, 無越制也. 王出入乘肩輿, 非木獸, 以十六人扛之. 傘蓋用五色, 從者數百人, 鼓吹導前, 戈矛擁後, 仍以土珠小團扇四柄, 貼金葫蘆一對爲儀衛, 不知何所取義焉. 宴會不時, 禮亦簡樸, 陪臣遇吉, 每稱觴以壽王, 王亦與之坐而共飮, 但不至于呼名也. 樂用絃歌, 音頗哀怨, 嘗譯其曲有人老不少年之句, 亦及時爲樂之意, 如唐風之山有樞也. 更以童子四人手擊柝而足婆娑以爲舞焉, 所謂蹋蹄之歌, 女子之戲, 皆非也. 大抵琉球俗樸而忠, 民貧而儉, 富室貴家僅有瓦屋二三間, 其餘則茅茨土堦, 不勝風雨飄搖之患. 人不善陶, 雖王屋亦無獸頭, 況民間乎. 傳者訛矣).

이상 진간은 명나라 이전의 '유구'와 명나라의 '유구'를 같은 나라로 상정했지만, 이전 정보의 오류들을 일일이 고증했다. 그의 세밀한 관찰 덕분에 우리는 명나라 이전 '유구'가 타이완 유구임을 확인할 수 있었다. 그의 타당한 추론과 검증은 16세기 오키나와 유구를 가장 믿을 만한 자료로 자리하게 했다. 14년 전 황성증(黃省曾)의 기록과는 차원이 다른 새로운 접근이었다. 신간의 기록은 지봉(芝峯) 이수광(李睟光, 1563~1629)이 『지봉유설(芝峯類說)』에서 '외국'을 기록할 때 저본이

서보광(徐葆光), 1720년 『중산전신록(中山傳信錄)』(북경대 소장본), 권2(37a). 유구 국왕의 인장. "순치(順治) 10년(1653) 국왕 상질(尚質)이 와서 죽은 이전 왕의 인장을 바치며, 다시 책봉해 줄 것을 청했다. 강희(康熙) 원년(1662), 비로소 책봉사가 그 나라에 이르러 이 인장을 하사했다. 인장에는 '유구 국왕지인(琉球國王之印)'이란 여섯 글자가 새겨져 있다. 왼쪽은 만주어이고 오른쪽은 전서(篆書)로, '중산(中山)'이라 칭하지 않았다"라고 설명하고 있다.

되었던, 정효(鄭曉)의 『오학편(吾學編)』에 수록된 『황명사이고(皇明四夷考)』에서 고스란히 채록되었고,[18] 정효의 책을 보완한 모서징(茅瑞徵, 1577~?)의 『황명상서록(皇明象胥錄)』(1629년 간행본)으로 이어졌다. 또한

18 『지봉 이수광의 외국설 주해』, 유구 조목을 참고하시오.

원나라 말과 명나라 초에 제기된, '유구'를 '대소'로 구분하는 지칭이 정확히 확정되게 되었다. 다시 말하자면, 1534년 이후의 '유구'는 '대유구' 즉 오키나와를 가리켰다. 진간이 제기한 지리 정보들은 오키나와나 일본을 기술한 전문서의 근거가 되었다.

4. 16세기 유구로 가는 길

진간이 1533년 책봉 사신으로 오키나와 유구에 간 여정은 정약증(鄭若曾, 1503~1570)의 『정개양잡저(鄭開陽雜著)』, 권4에 기술된 「사왜침경도설(使倭針經圖說)」, '복건(福建)에서 일본으로 가는 침로(福建使往日本針路)'의 천주에서 대유구(大琉球), 즉 오키나와에 이르는 항로의(49a~50b) 기술에서 확인된다. 이 텍스트는 호종헌(胡宗憲, 1512~1565)의 『주해도편(籌海圖編)』(사고전서본, 권2, 11b~12b)에도 보인다.[19] 『정개양잡저』의 정확한 저술 시기는 알려지지 않았고, 강희(康熙) 32년(1639)에 간행되었다는 정보는 확인된다. 반면 『주해도편』은 이미 1562년 간행본이 존재한다.

---

19 『주해도편』의 저자가 호종헌(胡宗憲)이냐 정약증(鄭若曾, 1503~1570)이냐를 놓고 논란이 있다. 『주해도편』의 판본은 여럿이지만, 주로 천계본(天啓本)과 사고전서본이 중심에 있다. 이 두 판본에 따르면, 저자는 모두 호종헌(胡宗憲)으로 되어 있다. 이는 『사고전서총목제요』의 편수관들도 일치한다. 우리가 인용할 일본으로 가는 항로는 『정개양잡저(鄭開陽雜著)』의 내용이 더 자세하고 정확하다. 정약증은 이렇다 할 관직을 역임하지 않았다. 진간이 오키나와 유구에 사신으로 갔을 당시, 국자감에서 학업을 닦는 공생(貢生) 시기를 끝낸 이후로, 『사고전서총목제요』에 따르면, 호종헌(胡宗憲)의 막부에서 보좌관으로 활동하며 왜구를 소탕하는 데 이바지했다고 한다.

⑴ [복건, 천주] “매화(梅花) 동쪽 외산(外山)에서 출항하여 진(辰, 120도), 을진(乙辰, 115도), 또는 진손(辰巽, 135도) 방향으로, 10경(600리)을 [항행하면] 배는 소유구(小琉球)에 이른다. 소유구 북단에 배가 이르면 계롱서(雞籠嶼)와 화병서(花瓶嶼), 팽가산(彭加山)이 보인다(梅花東外山開船, 用單辰針·乙辰針, 或用辰巽針十更, 船取小琉球. 小琉球套北過船, 見鷄籠嶼及花瓶嶼·彭嘉山).” 천주에서 115~135도의 방향으로 항행하면 타이완 타이중 해안 남쪽일 것이다. 그곳까지는 직선거리로 대략 187km이므로 600리와 편차는 크지 않다. 결국 항로는 타이완 서안 타이중 해안에서 북상하여 타이완섬 북단을 돌면 ‘계롱(雞籠)’ 즉 현 지룽의 섬들이 보이고, 그 근해에는 화병서와 팽가산이 있다는 정보이다. 취안저우항에서 출발했다면 70~80도 방향으로 항해하면 곧바로 타이완 북부에 닿는다.[20]

⑵ “팽가산(彭加山) 북변을 지나, 배가 정남풍을 만나면, 을묘(乙卯, 95도), 또는 묘(卯, 90도), 또는 을(乙, 105도) 방향으로 [항행하고], 서남풍이면 묘(90도), 동남풍이면 을묘(95도) 방향으로, 10경(600리)을 [항행하면] 배는 조어서(釣魚嶼)에 이른다(彭嘉山北邊過, 船遇正南風, 用乙卯針, 或用單卯針, 或用單乙針, 西南風用單卯針, 東南風用乙卯針, 十更, 船取釣魚嶼).” 바

20 『순풍상송(順風相送)』이란 책에 기록된 항로를 보면 “태무(太武, 장저우 항구)에서 출항하여 갑인(甲寅, 65도) 방향으로 7경(更)[420리]을 [항행하면] 배는 오구(烏坵, 푸젠, 진먼, 우추향)에 닿는다. [오구에서] 갑인 방향과 갑묘(甲卯, 85도) 방향으로 가다가 정 남쪽 동장(東墻)에서 바다로 나간다. 을진(乙辰, 115도) 방향으로 [항행하면] 소유구(小琉球) 끝에 이른다(太武放洋, 用甲寅針七更船取烏坵. 用甲寅並甲卯針正南東牆開洋. 用乙辰取小琉球頭)”라고 하였다. 확실히 정약증의 방향 설정은 잘못되었을 것이다. 『사고전서총목제요』 편수관들은 “[그가] 일본에 관한 고찰한 것들은 모두 조언을 받고 연구하여 그 실제 근거로 얻은 것들이다(日本諸考皆咨訪考究, 得其實據)”라고 했지만, 이 부분의 방향 고찰에는 문제가 있다.

람의 방향에 따라 자세한 방향을 기술하고 있지만, 결국 배는 90~105도 사이로 항행하여 천주에서 타이완 북부까지의 거리만큼 항행하면 '조어서'에 이른다는 정보이다. 현 지도로 따라가 보면 상당히 정확한 기술이다.

(3) "조어서 북변을 지나 10경(600리)을 [항행하여] 배가 남풍일 경우는 묘(90도) 방향으로, 동남풍일 경우 묘, 또는 을묘(95도) 방향으로 4경(240리)을 [항행하면] 배는 황마서(黃麻嶼)에 이른다(釣魚嶼北邊過, 十更, 船南風用單卯針, 東南風用單卯針, 或用乙卯針, 四更, 船至黃麻嶼)." 조어서에서 동쪽 90~95도 방향으로 840리(대략 329km)를 항행하면 '황마서'란 곳에 이른다는 정보이다. 이에 따른다면, 동쪽으로 대략 330km 지점에 있는 현 오키나와 구메지마(久米島) 섬에 해당할 뿐이다.

(4) "황마서 북변을 지나면 배는 바로 적서(赤嶼)에 [이르는데] 5경(300리)을 [항행하여], 배가 남풍일 경우 갑묘(甲卯, 85도), 동남풍일 경우 묘(90도), 서남풍일 경우 갑(甲, 75도) 또는 을(乙, 105도) 방향으로 10경(600리)을 [항행하면] 배는 적감서(赤坎嶼)에 이른다(黃麻嶼北邊過, 船便是赤嶼, 五更, 船南風用甲卯針, 東南風用單卯針, 西南風用單甲針, 或用單乙針, 十更, 船至赤坎嶼)." 구메지마에서 75~105도 방향으로 900리(대략 350km)에 해당하는 지점은 가고시마현 아마미시(奄美市) 정도이다. 구메지마에서 오키나와 나하(那覇)까지는 90km 남짓이다. 방향도 95도 정도이다. 거리를 기술하면서 정약증의 착오를 상정할 수밖에 없다.

(5) "적감서 북변을 지나, 배가 남풍일 경우 묘(90도)와 갑인(甲寅, 65도) 방향으로, 서남풍일 경우 간인(艮寅, 55도), 동남풍일 경우 갑묘(甲卯, 85) 방향으로 15경(900리)을 [항행하면] 고미산(古米山)에 이른다(赤

坎嶼北邊過, 船南風用單卯針及甲寅針, 西南風用艮寅針, 東南風用甲卯針, 十五更, 至古米山)." 여기 고미산(古米山)이 바로 앞서 본 오키나와 구메지마(久米島)이다. 음역도 일치한다. 이 항로대로라면 조어서와 구메지마 사이에 황마서(黃麻嶼), 적서(赤嶼), 적감서(赤坎嶼)가 있어야 한다. (4)와 (5)의 방향과 거리가 완전히 잘못되었음을 알 수 있다. 황마서는 조어서 45도 방향으로 대략 27km 떨어져 있는 쿠바시마(黃尾嶼)로, 적감서(赤坎嶼)는 쿠마시바에서 90도 방향으로 약 90km 떨어져 있는 타이쇼지마(赤尾嶼)에 해당시킬 수밖에 없다. 따라서 적서(赤嶼)는 적감서(赤坎嶼)을 지칭하는 말이 되어야 한다. 타이쇼지마에서 구메지마(고미산)까지는 90도 방향으로 대략 230km이다.

(6) "고미산 북변을 지나면, 배는 암초를 만나는데 알아서 피해야 한다. 남풍이면 묘(90도)와 갑인(甲寅, 65도) 방향으로 5경(300리)을 [항행하면] 배는 마기산(馬齒山)에 이른다(古米山北邊過, 船有礁, 宜知避. 南風用單卯針及甲寅針, 五更, 船至馬齒山)." 65~90도 방향으로 300리(대략 117km)를 가면, 마기산(馬齒山)에 이른다고 하지만, 앞서 언급한 대로 구메지마에서 오키나와 나하(那覇)까지는 90km 남짓이다. 따라서 정약증의 거리에는 문제가 있다. 방향으로만 보면 구메지마에서 36km 정도 떨어진 도나키(渡名喜) 섬일 것이다.

(7) "마기산(馬齒山)에서 남풍일 경우 갑묘(85도), 또는 갑인(65도) 방향으로 5경(300리)을 [항행하면] 배는 대유구(大琉球)에 이른다(馬齒山, 南風用甲卯針, 或甲寅針, 五更, 船至大琉球)." 대유구(大琉球), 즉 오키나와의 항구는 나하(那覇)이다. 마기산이 도나키섬이라면, 방향은 100도 정도이며, 대략 50km 남짓이다.

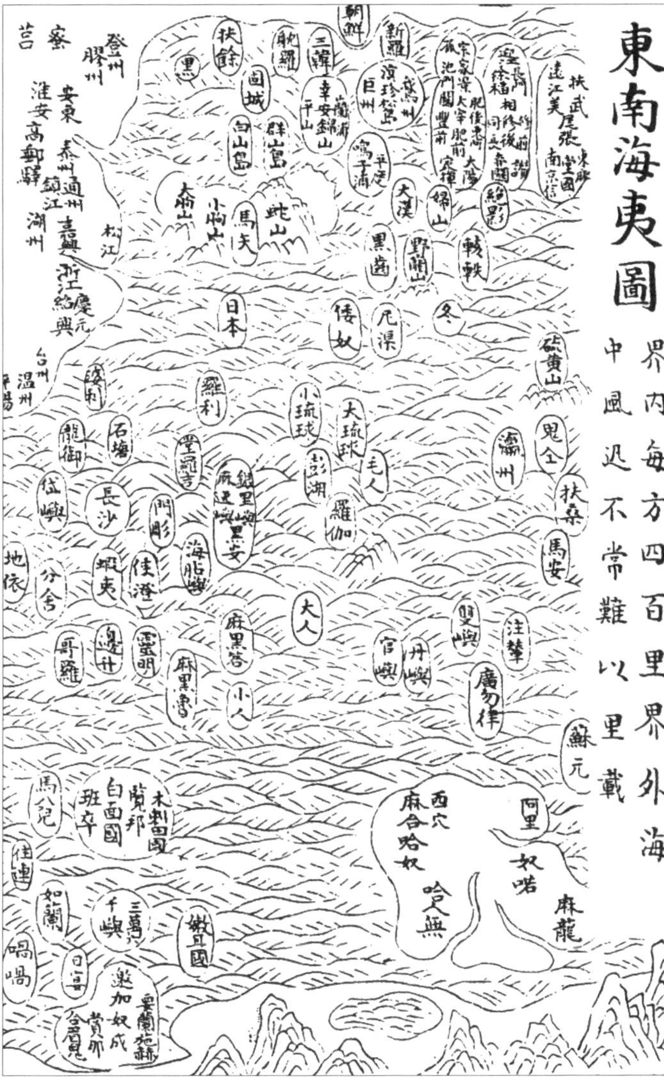

장황(章潢, 1527~1608)이 1577년 완성한 『도서편(圖書編)』(사고전서본, 권51, 17a). 카르투슈로 표기된 나라들의 위치는 상당히 부적절하지만, '소유구(小琉球)'와 '대유구(大琉球)'의 구분이 적용된 지도이다. 확실히 소유구가 중국 본토와 가깝게 그려져 있다. 장황은 '유구(琉球)'를 별도의 항목으로 기술하지 않았다.

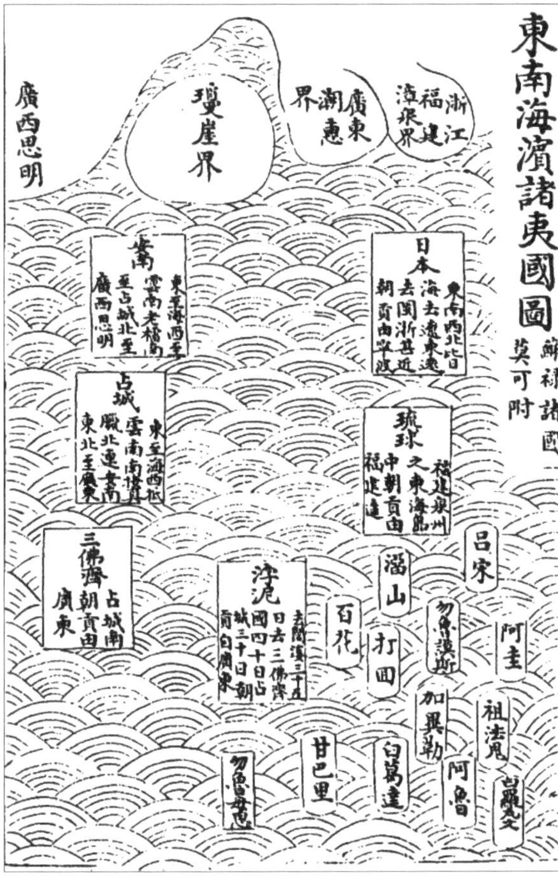

장황의 『도서편』(사고전서본, 권51, 18a). 카르투슈로 표기된 나라의 위치들은 정확하지 않다. 여송(呂宋, 루손) 10시 방향에 표기된 '유구(琉球)'는 위치상 타이완 유구로 보이지만, 카르투슈의 내용은 "복건, 천주의 동쪽 바다 섬이다. 중국에 조공해 올 때는 복건에서 이르렀다"라는 설명이 보인다. 이는 『대명일통지』에 보인다. 『대명일통지』는 타이완 유구 정보와 오키나와 유구 정보가 혼재된 지리서였다.

이상 정약증의 기록은 방향과 거리를 기입하고 있어 상당히 그럴법하게 보이지만, 사실 방향과 거리에 있어 상당한 착오가 있었다. 장저우 항구에서 오키나와까지의 항로를 기술하고 있는 『순풍상송』에는 오구(烏坵, 푸젠, 진먼, 우추향)까지만 거리를 표기하고, 이후 오키나와까지는 방향만 제시하고 있다.[21] 어쨌든 정약증의 기록을 통해, 우리는 타이완 유구와 오키나와 유구를 구분하는 '소유구'와 '대유구'란 명칭이 정착되었음을 알 수 있다.

이러한 항로를 확인해 주는 또 다른 자료는 『순풍상송(順風相送)』이다. 『순풍상송(順風相送)』은 캔터베리 대주교 윌리엄 로드(1573~1645)가 1639년 옥스퍼드 대학에 기증한 저자 미상인 필사본의 표지 명칭이다. 샹다(向達, 1900~1966)가 1935년 『지남정법(指南正法)』과 함께 베껴오면서 알려졌다. 샹다는 이 필사본을 정리하며, 첫 면에 아무런 표식 없이 시작되는 문건을 '서(序)'로 제목을 붙여 옮겼는데, 그 마지막 문단에 "영락(永樂) 원년(1403) 황명을 받은 사신들이 이전 서양(西洋)의 나라에 가서 조서를 전하면서…(永樂元年, 奉差前往西洋等國開詔…)"라고 하였기 때문에, 이 필사본이 1403년의 책일 것으로 오인되어왔다. 하지만 이 첫 번째 텍스트는 서문이 아닐 것이다. 기술된 침로(針路)에서 '불랑(佛郎)' 또는 '불랑선(佛郎船)' 등의 표현이 보이는 것으로 보아, 유럽인들이 동남아에 진출한 16세기 전반 이후의 자료일 것이다. 이는 우리가 살펴볼 복건에서 유구로 가는 항로에서 언급된 오키나와 유구와 구분하여 타이완을 지칭하는 '소유구'의 개념은 그 전에도 제기되었지만, 1534년 진간의 『사유구록』를 통해 확정되었다. 따라서 이 필사본이 작성된 시기가 1403년일 가능성은 거의 없다. 이 필사본에는

21 『양종해도침경교주』, 95~96쪽.

'복건에서 유구(琉球)로 갈 때(福建往琉球)'를 다음과 같이 기술했다.

태무(太武, 장저우 항구)에서 출항하여 갑인(甲寅, 65도) 방향으로 7경(420리)을 [항행하면] 배는 오구(烏坵, 푸젠, 진먼, 우추향)에 닿는다. [오구에서] 갑인 방향과 갑묘(甲卯, 85도) 방향으로 가다가 정 남쪽 동장(東墻)에서 바다로 나간다. 을진(乙辰, 115도) 방향으로 [항행하면] 소유구(小琉球) 끝에 이른다. 또 을진 방향으로 [항행하면] 목산(木山, 타이완 지룽시)에 이른다. [목산에서] 북풍이 불 때 동용(東湧)으로 나가 갑묘(甲卯, 85도) 방향으로 [항행하면] 팽가산(彭加山)에 이른다. [팽가산에서] 갑묘 방향과 묘(卯, 90도) 방향으로 [항행하면] 조어서(釣魚嶼)에 이른다. [목산에서] 남풍이 불 때 동용으로 나가 을진 방향으로 [항행하면] 소유구의 끝에 이르고, 팽가[산] 화병서(花瓶嶼) 안에 이른다. 정 남풍이 불 때는 매화(梅花)에서 바다로 나가 을진 방향으로 [항행하면] 소유구에 이른다. [소유구에서] 을(乙, 105도) 방향으로 [항행하면] 조어서 남변에 이른다. [조어서 남변에서] 묘(卯) 방향으로 [항행하면] 적감서(赤坎嶼)에 이른다. [적감서에서] 간(艮, 45도) 방향으로 [항행하면] 고미산(枯美山)에 이른다. 남풍이 불 때, 진(辰, 120도) 방향으로 4경[240리]을 [항행하여] 순풍을 타고 갑(甲, 75도) 방향으로 11경(660리)을 [항행하면] 고파산(古巴山)에 이르는데, 바로 마치산(馬齒山), 마산역서(麻山亦嶼)이다. [그곳에서] 갑묘(甲卯, 85도) 방향으로 [항행하면] 정확히 유구국(琉球國, 오키나와)에 이른다(太武放洋, 用甲寅針七更船取烏坵. 用甲寅並甲卯針正南東牆開洋. 用乙辰取小琉球頭. 又用乙辰取木山. 北風

東湧開洋, 用甲卯取彭家山. 用甲卯及單卯取釣魚嶼. 南風東湧放洋, 用乙辰針取小琉球頭, 至彭家花瓶嶼在內. 正南風梅花開洋, 用乙辰取小琉球. 用單乙取釣魚嶼南邊. 用卯針取赤坎嶼. 用反針取枯美山. 南風用單辰四更, 看好風單甲十一更取古巴山, 即馬齒山, 是麻山赤嶼. 用甲卯針取琉球國爲妙).[22]

1935년 샹다가 『순풍상송』과 같이 찾은 『지남정법(指南正法)』 또한 항로를 기술하고 있는 필사본으로, 16권의 병법 관련 자료집(7책) 맨 마지막에 부록처럼 1책으로 묶여 있다. 첫 번째 책인 『손자(孫子)』에는 강희(康熙) 을묘년(1675)의 서(敍)가 들어 있다. 이 '지남정법'으로 표제된 이 자료에는 연대를 추정할 수 있는 확실한 근거는 없지만 18세기 초반일 것이라고 샹다는 추정했다. 이 자료에는 '복주에서 유구(琉球)로 가는 침로(福州往琉球針)'가 다음과 같이 기록되어 있다.

매화(梅花)에서 출항하여 을진(乙辰, 115도) 방향으로 7경(420리)을 [항해하면] 규롱장(圭籠長)에 이른다. [규롱장에서] 진손(辰巽, 130도) 방향으로 3경(180리)을 [항행하면] 화간서(花矸嶼)[23]에 도착한다. [화간서에서] 묘(卯, 90도) 방향으로 6경(360리)을 [항행하면] 조어대(釣魚臺) 북변을 지난다. [조어대 북변에서] 묘(卯, 90도) 방향으로 4경(240리)을 [항행하면] 황미서(黃尾嶼) 북변에 이른다. [황미서 북변에서] 갑묘(甲卯, 85도) 방향으로 10경(600리)을 [항행하면] 고

22 『양종해도침경교주』, 95~96쪽.
23 화간서(花矸嶼)는 『순풍상송』에 기록된 복건(福建)에서 유구(琉球)로 가는 항로[針路]에 보이는 화병서(花瓶嶼)일 것이다.

미산(枯美山)에 이른다. [고미산에서] 바람을 살펴 남북풍이 잦아 들면, 갑인(甲寅, 65도) 방향으로, 때에 따라 변통하여, 을묘(乙卯, 95도) 방향으로 7경(420리)을 [항행하면] 마치[산](馬齒[山])[24] 북변을 지난다. [마치산에서] 갑묘(甲卯, 85도) 방향으로 [항행하면] 호파항(濠灞港)에 이르는데, 바로 유구(琉球)이다(梅花開舡, 用乙辰七更取圭籠長. 用辰巽三更取花矸嶼. 單卯六更取釣魚台北邊過. 用單卯四更取黃尾嶼北邊. 甲卯十更取枯美山. 看風沉南北用甲寅, 臨時機變. 用乙卯七更取馬齒北邊過. 用甲卯寅取濠灞港, 即琉球也).[25]

이상 두 항로 기록을 통해 우리는 명나라 시기의 유구(琉球)는 대유구(大琉球)로 오키나와 유구를, '소유구'로는 타이완 북부를 지칭했음을 다시금 확인할 수 있다. 확실히 오키나와 유구와의 통교와 통상은 타이완 유구 남부와 교역의 필요성을 점차 엷게 만들었다. 한편 오키나와 유구는 일본의 진출을 막는 일종의 전초기지로, 오키나와 유구와의 긴밀한 관계 설정은, 어떠한 비용을 들여서도 유지되어야 했다. 이 오키나와의 존재는 일본의 간섭 없이 중국, 타이완 북부의 계롱산(雞籠山), 오키나와 유구, 조선의 남해를 이을 수 있는 중요한 항로였다.

진간(陳侃)[1534년] 이후로 오키나와 유구에 대한 정보는 매우 정확해

---

24 마치산(馬齒山)은 정약증이 『정개양잡저(鄭開陽雜著)』에 기록해 놓은 '복건(福建)에서 일본으로 가는 침로(福建使往日本針路)'에 보이는 마기산(馬岊山)일 것이다. 샹다는 이곳을 오키나와현 게리마 제도로 추정했다(『양종해도침경교주』, 168쪽).

25 『양종해도침경교주』, 168쪽.

졌고, 의고주의적 글쓰기 형태에서 상당히 벗어났다. 그러나 그의 견문록 이후에도 이전 정보에 대한 막연한 신뢰는 간혹 기술의 정확도를 크게 떨어뜨렸다. 말하자면 의고주의적, 중화주의적 기록 관습은 쇄신되지 못했다. 단적인 예로, 정약증(鄭若曾)은 앞서 소유구(小琉球)을 거쳐 대유구(大琉球)로 이르는 항로를 자세히 채록하고, 토산과 조공품까지 기술한 다음, '유구(琉球)'란 나라의 연혁을 기술할 때는, 여전히 『수서』에서 『문헌통고』에 이르는 이전 정보들로 채우며, 같은 하나의 나라로 기술했다(『정개양잡저』, 권6, 63a~65b). 조금 뒤 엄종간(嚴從簡)이 1583년 완성한 해외 인문지리서인 『수역주자록(殊域周咨錄)』 권3에 채록된 것 역시 이러한 의고주의에서 벗어나지 못했다(고궁박물관 소장본, 권3, 30a~b).

> 그곳의 섬[山]으로 원벽서(黿鼊嶼)【나라의 서쪽】, 팽호도(彭湖島)【나라의 서쪽으로, 복주(福州)의 네 현, 장주와 천주 등 네 군과 가깝다. 날씨가 맑을 때는 운무처럼 보인다】가 있다. 천(川)으로 낙제(落漈)【수심이 팽호(彭湖)에 이르면서 점차 낮아져, 고깃배들이 많이 표류하여 돌아오지 못한다. 기록에는 이러한 물이 없다고 한다】가 있다. 그 산물로, 투루수(鬥鏤樹)【귤나무와 비슷하고 잎이 조밀하다】, 유황, 후추, 곰류[熊羆], 이리류[豺狼], 새로는 갈매기, 백로, 구관조, 메추라기 등도 간간이 있다. 그 조공품으로 말, 유황, 소목, 후추, 소라 껍데기[螺殼], 해파(海巴), 도(刀), 생홍동(生紅銅), 주석[錫], 소가죽[牛皮], 탁자선(擢子扇), 칼을 가는 돌[磨刀石], 마노(瑪瑙), 오목(烏木), 강향(降香), 목향(木香)이 있다. 이곳은 복건 천주

의 동쪽에 있고, 복주에서 보면 동남쪽에 있다. 이곳으로 올 때는 반드시 맹하(孟夏), 돌아갈 때는 계추(季秋)라야 바람을 타기에 편리하다. 조공은 2년에 한 번이고, 선박당 100명으로 150명을 넘을 수 없으며, 그 [조공하는] 길은 복건에서 경사로 이르렀다. 생각건대, 유구(琉球)의 승덕(承德)과 유번(維藩, 번국)은 조선이 해마다 [바치는] 꾸준함에는 미치지 못하지만, 그 공경함은 다르지 않았다. 배신의 자제들이 태학에 들어와 둘러보고 예를 익히는 일은 지금까지 끊이지 않고 있으니 왕의 법도를 지키고 문교(文敎)를 중시하는 것이라고 말할 수 있다. 만력(萬曆, 1573~1620)으로 연호가 바뀌자 마침 국왕 상원(尙元)이 죽었다. 이제 그 세자 상영(尙永)이 슬픔을 아뢰며 책봉을 청해 오자, 상(上)께서 예부에 전례에 비추어 살피도록 했다. 그런즉 조서를 받든 사행(使行)에는 본시 기한이 있지만, 바다로 나간 기록은 또한 경신될 수 있었다(其山曰黿鼊嶼【國西】, 曰彭湖島【國西近福四漳泉四郡界. 天氣晴朗, 望之若霧】. 其川曰落漈【水至澎湖漸低, 漁舟多漂不回. 錄中謂無此水】. 其產, 鬥鏤樹【似橘, 密葉】·硫黃·胡椒·熊羆·豺狼, 鳥則鷗·鷺·鴿·鶉之類, 亦間有之. 其貢, 馬·硫黃·蘇木·胡椒·螺殼·海巴·刀·生紅銅·錫·牛皮·擢子扇·磨刀石·瑪瑙·烏木·降香·木香. 其地在福建泉州之東, 自福州視之則在東南. 來必孟夏而去必季秋, 乘風便也. 其貢二年一期, 每船百人, 不得越一百五十人, 其道由福建達於京師. 按琉球之承德維藩, 雖不克如朝鮮之每歲廷實, 而亦恪恭不二. 其陪臣之子弟來入太學觀光習禮者, 迄今不絕, 可謂守王章重文教者矣. 萬曆改元, 適國王尙元卒. 今世子尙永告哀請封, 上命禮部照例行勘, 則詔使之行, 固將有期, 而浮海之錄, 亦且更新矣乎).

밑줄 친 기술들은 모두 이전 자료에서 아무런 고증 없이 그대로 채록한 것들이다. 이처럼 명나라에서 오키나와 유구로 보낸 책봉 사신들의 견문 기록에도 불구하고, 사신들 또한 과거의 타이완 유구를 버리지 못하고 하나의 나라로 기술함으로써, 중화의 정당성과 역사성을 확보하려 들었다. 위의 조공 품목들은 모두 정약증(鄭若曾, 1503~1570)의 『정개양잡저』, 권60(사고전서본, 62a~b)에서 채록한 것이다. '탁자선(擢子扇)'은 여기에서 처음 언급되었다. 1604년의 하자양(夏子陽)과 왕사정(王士禎)의 『사유구록』에는 '도자선(櫂子扇)'으로 되어 있다(대만문헌총간본, 266쪽). '손수 변'이냐 '나무목 변'이냐는 필사본들에서 아주 흔히 보이는 혼동이다. '탁'자의 상고음은 [ȡʱɔk], 민남어 발음은 [tsɔk]이고, '도(櫂)'자의 상고음은 [ȡʱau], 민남어 발음은 [tsiau]이다. 종성 'k'의 유무가 다르다. 중국의 한 백과사전에는 '도자선(櫂子扇)'으로 표기하고 '접선(摺扇, 접이식 부채)'이라 풀이했다. 그렇다면 '탁'자나 '도'자는 모두 '접(摺)'자의 오기로 봐야 한다.

5. 『동번기(東番記)』의 타이완

17세기에 타이완을 지칭하는 '유구'는 완전히 사라졌다. 이제 타이완은 동번(東番), 소유구(小琉球), 또는 계롱산(雞籠山), 북항(北港) 등으로 불렸다. 17세기 초 우리는 '동번'을 기록한 훌륭한 견문 자료를 참고할 수 있다. 바로 푸젠 롄상(連江) 출신의 진세(陳第, 1541~1617)가 쓴 『동번기(東番記)』이다. 진제는 1602년 일본 해적을 소탕하기 위해 오서도사(浯嶼都司)[26]를 수행하여 동번(東番, 타이완) 대원(大員, 타이난 안핑항)에 상륙했다. 근 1년간 타이난, 가오슝 일대, 특히 평포족(平埔族) 분포 지역을 살펴보고 『동번기(東番記)』를 남겼는데, 이 자료는 명나라 시기 타이완 서안 중남부를 자세하게 기록한 유일한 증언이다. 말하자면 왕대연의 『도이지략』보다 한층 깊이 있는 기술이라고 할 수 있다. 타이완 북부에서 가오슝에 이르는 서안 전역을 견문한 자료로 유일한 이 텍스트는 장섭(張燮, 1574~1640)이 1617년 『동서양고(東西洋考)』의 계롱산(雞籠山) 기술과 하교원(何喬遠, 1558~1632)이 1620년에 완성한 『민서(閩書)』, 동번(東番) 조목, 그리고 『명사』에서 대부분 채록되었다. 텍스트의 중요성 때문에, 전문을 여기에 역주한다. 특히 1장에서 발췌해 인용한 네덜란드 점령 시기, 캉디디우스의 기록과 비교하면, 진제의 기술이 얼마나 정확했는지 충분히 알 수 있을 것이다.

> 동번(東番)의 이인(夷人)들이 언제부터 그곳에 살았는지는 모르지만, 팽호(彭湖) 밖 대양에 있는 섬으로 망항(魍港)[27]과 가로만(加老

26 오서(浯嶼)는 현 진먼도이다.

27 망항(魍港)은 정사 기록으로, 『명사』, 권222, 「능운익전(淩雲翼傳)」(5861쪽)에 따르면 1573년(만력 원년)경, 임봉(林鳳)이 "팽호에서 동번(東番) 망항(魍港)으로 달아났는데 그곳은 복건총병관 호수인(胡守仁, 1531?~1592)이 패한 곳이다(遂自彭湖奔東番魍港, 爲福建總兵官胡守仁所敗)"라는 기록이 보인다. 이로써 16세기 후반에 이미 '망항(魍港)'이라 불렸음을 알 수 있다. 그러나 『명사』의 편수는 1737년에 완성되므로 당시 편수관들의 지명 조정이 있었을 수 있다.
대략 타이완 서쪽 해안 지역을 지칭한 동번(東番)에 관하여 장섭(張燮)은 1617년 『동서양고』(사고전서본, 권9, 12b)에서 "사람들은 [동번을] '소동양'이라고 한다. 팽호에서 하룻밤이면 망항(魍港)에 이르고, 또 하룻밤이면 타구자(打狗仔)에 이른다. 또 진손(辰巽, 130도) 방향으로 15경(900리)을 항행하면 교리림(交里林)에 이르고, 계롱(雞籠)과 담수(淡水)에 이른다(人稱爲小東洋. 從彭湖一日夜至魍港, 又一日夜爲打狗仔. 又用辰巽針, 十五更, 取交里林, 以達雞籠·淡水)"라고 하였다. 사실 이 정보로는 망항의 위치를 특정하기 어렵다. 장섭의 기록에 따르면 팽호에서 처음 타이완에 이른 곳이 망항이다. 이 망항에서 타구자, 즉 가오슝까지는 팽호와 망항 사이의 거리라고 한다. 문제는 어디에서 진손 방향이냐 하는 문제로 귀결된다. '교리림'은 진제가 말하는 가리림(加哩林, 타이난 자리佳里)일 것이고, '계롱'은 타이베이 지룽, '담수'는 단수이로 두 곳 모두 타이완 북부이다. 130도로 출발한 곳이 팽호이건, 타구자이건, 방향이 전혀 맞지 않는다. 망항의 위치 추적에 큰 도움이 되지 않는다.

두진(杜臻, 1633~1703)의 『월민순시기략(粵閩巡視紀略)』(사고전서본, 권6, 19b)에서 "신강 촌락[新港社, 타이난 신스구 일대]에서 서남쪽으로 50리를 가면 마두(麻豆) 촌락에 이른다. 강물이 서쪽으로 나오는데 바로 망항(莽港)으로, 진제가 말한 망항(魍港)이다(自新港社西南五十里至麻豆社. 水西出, 曰莽港, 即陳第所謂魍港也)"라고 하였는데, 여기서 기술한 거리로 볼 때, 강물은 바로 얼런강[二仁溪] 입구 가오슝 북단 자딩(茄萣)을 가리킨다.

롄헝(連橫, 1878~1936)이 1920년 출간한 『대만통사(臺灣通史)』(대만문헌총간본)에, "옛날 대만 고시에 '대만은 일명 북항(臺灣一名北港)'이라는 말이 있다. 북항은 윈린(雲林)현 서쪽에 있으며 또한 망항(魍港)으로도 불린다"라고 하였다(권1, 7쪽). 또한 『방여기략(方輿紀略)』이란 책에서 "팽호(澎湖)는 장주(漳州), 천주(泉州)의 문이며 북항(北港)은 팽호의 입술과 이빨이다. 북항을 잃는 것은 순망치한(脣亡齒寒)으로, 단지 팽호만 우려스러울 뿐 아니라, 장주와 천주도 걱정스럽다. 북항은 팽호의 동남쪽에 있으며, 그곳을 대만(臺灣)이라고도 부른다(澎湖爲漳·泉門戶, 而北港即澎湖之唇齒. 失北港則唇亡齒寒, 不特澎湖可慮, 即漳·泉亦可憂也. 北港在澎湖東南, 亦謂之臺灣)"라고 인용하고, "북항은 망항(魍港)이라고도 하는데, 지금의 분항(笨港)으로, 윈린현 서쪽에 있다. 옛날 해선들이 출입하는 입구로 왕래하는 사람들이 결국 북항을 '대만'으로 불렀다"고 설명했다(권1, 24쪽). 여기 『방여기략(方輿紀略)』은 고조우(顧祖禹, 1631~1692)가 1678년 130권으로 완성한 역사 지리서, 『독사방여기요(讀史方輿紀要)』이다. 인용 문장은 권99, 복건(福建) 5, 5a에 보인다. 이상의 설명대로면, 망항(魍港)=북항(北港)=분항(笨港)=대만(臺灣)이다.

1847년(도광 27)의 서문을 갖춘 정소의(丁紹儀)의 『동영식략(東瀛識略)』(대만문헌총간본) 권1(9쪽)에 따르면, 자이현은 "서쪽으로 분항(笨港) 해구 30리에 이른다(西至笨港海口三十里)"라고 하였고, 권5(52쪽)에서는 자이현에 있는 네 곳의 항구를 언급하며 "[자이현] 북쪽은 염수항, 남쪽은 분항(笨港)이라 하는데, 그 사이 문항(蚊港)과 후두항(猴頭港)이 그 사이에 있다(北曰鹽水港, 南曰笨港, 而蚊港·猴頭港介其間)"라고 하였다. 여기 청나라 시기의 문항(蚊港)이 바로 명나라 시기의 망항(魍港)이다. '문(紋)'자의 민남어 발음이 [mɐn], [maŋ]에 해당한다. 어쨌든 정소의는 분항(笨港)과 문항(蚊港)이 같은 자이현에 있지만, 다른 항구로 기술했다. 그러나 '분(笨)'자의 타이완 발음은 [bun]으로 앞서 본 '문(紋)'자의 천주와 장주 발음 또한 [bun]이다. 발음의 근접성과 같은 현(縣)에 있었다는 점은 혼동을 불러올 만하다.

그러나 북항(北港)은 발음의 근접성과 지역성에서 벗어나 있다. 장섭은 『동서양고』(사고전서본, 권5, 18a)에서 "계롱산(雞籠山)의 담수양(淡水洋)은 팽호서(彭湖嶼)의 동북쪽에 있어 북항(北港)이라 하고, 동번(東番)이라고도 한다(雞籠山淡水洋在彭湖嶼之東北, 故名北港, 又名東番云)"라고 하며 현 신베이 단수이를 '북항'이라고 기술하고 있다. 이는 1751년 『중수대만현지(重修臺灣縣志)』(대만문헌총간본, 권1, 2쪽)에서도 확인할 수 있다. 또한 '북항'이 타이완 서안 동북쪽에 있다는 증언으로, 1736년 간행된 황숙경(黃叔璥, 1682~1758?)의 『대해사사록(臺海使槎錄)』(사고전서본, 권1, 22b)에 따르면, 북항(北港)에서 내북투(內北投, 신베이 베이터우)를 거쳐 가면 지룽까지 220리이고, 북항에서 외북투(外北投, 신베이 단수이)를 거쳐 가면 지룽까지 242리이다(自北港水路由內北投至雞籠二百二十一里, 北港上岸由外北投至雞籠二百四十二里)라고 한다. 그렇다면 북항은 대략 신주(新竹)현 서안에 있어야 한다. 어쨌든 자이현의 '북항(北港)'은 아니다.

대만(臺灣)은 '대원(大員)', '대원(臺員)'의 다른 표기로, 1624~1634년 네덜란드 요새[Fort

灣)[28]에서 시작하여 대원(大員, 타이난 서쪽 안핑), 요항(堯港),[29] 타구서(打狗嶼, 가오슝 구산鼓山), 소담수(小淡水),[30] 쌍계구(雙溪口),[31] 가리림(加哩林, 타이난 자리佳里), 사파리(沙巴里, 신베이 단수이)[32], 대방갱(大

Zeelandia]가 세워졌던 현 타이난 안핑 일대를 가리키는 것이 확실시된다. 이곳은 앞서 본 『독사방여기요』에서 "북항은 팽호의 동남쪽에 있으며, 그곳을 대만(臺灣)이라고도 부른다"라는 기술과 일치한다. 따라서 망항(魍港)과 분항(笨港)은 같은 곳으로 볼 수 있지만, 북항(北港), 대만(臺灣)과는 다른 곳이다. 1629년 피터 나위츠(Pieter Nuyts, 1598~1655)가 총독과 연합 동인도회사 위원회에 올린 중국과의 교역 보고에 따르면, "포르모사라는 섬에 당신들께서는 '사캄(Sakam)' 요새를 가지고 있습니다. 그곳을 중국인들은 폭칸(Pockan)이라 부릅니다. 그런데 그곳은 타이우안(Tayouan)에 속한 작은 섬으로 우리는 젤란디아(Zeelandia)라고 부릅니다"라고 하였다(WM. Campbell, F.R.G.S., 『Formosa under the Dutch』, London, 1903, 52쪽). 여기 '폭칸(Pockan)'은 바로 북항(北港)을 표기한 것이고, 타이우안은 바로 대원(大員) 즉 대만(臺灣)이다. 결국 북항=대만=젤란디아=타이난 안핑 지역이므로, 망항(魍港)과는 다른 항구이다.

28 유량벽(劉良璧)이 1741년 5월에 완성한 『중수복건대만부지(重修福建臺灣府志)』(대만문헌총간본, 권3, 51a)에 따르면, 가로만항은 "대만(臺灣府) 치소 서쪽 녹이문(鹿耳門, 타이난 서북쪽 해변) 북쪽에 있다. 한줄기 모래톱이 굽이져 있어, 큰 선박은 정박할 수 없다. 서남쪽은 대양이다(在府治西鹿耳門北. 沙線一條, 灣曲, 不堪泊巨舟. 其西南爲大洋)"라고 하였다.

29 두진(杜臻, 1633~1703)의 『월민순시기략(粵閩巡視紀略)』(사고전서본, 권6, 18a)에 만단호(萬丹湖, 타이완 남부 가오슝과 핑동 경계)의 옆에 있는 "항구 동쪽으로 들어가면 그곳을 '요항(蟯港)'이라 하는데, 바로 진제가 말한 '요항(堯港)'이다(湖之旁有港東入, 曰蟯港, 即陳第所謂堯港也)"라고 한 것을 보면, 둥강(東港) 인근일 것으로 보인다.

30 『월민순시기략(粵閩巡視紀略)』(사고전서본, 권6, 19a)에 "적산자(赤山仔, 가오슝 츠산)에서 또 남쪽으로 80리를 가면 상담수(上淡水)에 이르고, [그곳에서] 다시 20리를 가면 하담수(下淡水)에 이르는데, 이곳이 소위 '남담수(南淡水)'라는 곳으로, 적들이 둔영을 둔 곳이며 진제가 말한 소담수(小淡水)이다(自赤山仔, 又南八十里至上淡水, 又二十里至下淡水, 此所謂南淡水, 寇置戍處也, 陳第謂之小淡水)"라고 하였다. 거리상 핑동 린볜(林邊)과 자둥(佳冬) 사이의 강변 지역으로 보인다.

31 『복건통지대만부(福建通志臺灣府)』(대만문헌총간본, 권6, 71a)에 "분항(笨港, 윈린현 베이강)은 현[자이]의 서쪽 30리에 있다. 수원은 아리산 남쪽 삼첩계(三疊溪)【현의 북쪽 20리에 있으며 분항의 상류를 형성한다】에서 나와 쌍계구(雙溪口)【현의 북쪽 20여 리에 있는 타묘(打貓), 윤자장(崙仔莊)】에 이른다(笨港在縣西三十里, 源出阿里山之南曰三疊溪【縣北二十里, 爲笨港上流】, 至雙溪口【縣北二十餘里打貓·崙仔莊】)"라고 설명하는데, 여기 윤자장(崙仔莊)은 현 자이현 시커우향(溪口鄉) 경내에 있다.

32 사파리는 대체로 현 신베이(新北) 단수이(淡水) 일대로 보지만, 진산(金山), 완리(萬里) 일대, 또는 지룽(基隆) 런아이(仁愛)구로 보는 설도 있다. 단수이는 스페인 도미니코회 수사 마르티네스(Bartolome Martinez)가 1628년 포교를 한 곳이다.

幫坑)[33]에 이르기까지 모두 그들이 사는 곳으로, 1,000리를 끊어졌다 이어졌다 하며 종족들이 매우 많았다. 나뉘어 촌락[社]을 이루고 사는데, 한 사(社)에는 1,000명, 또는 500~600명이 있었다. 추장은 없었고, 자녀가 많은 사람을 우두머리로 삼아 그의 명령에 따랐다(東番夷人不知所自始, 居彭湖外洋海島中, 起魍港·加老灣, 歷大員·堯港·打狗嶼·小淡水·雙溪口·加哩林·沙巴里·大幫坑, 皆其居也. 斷續凡千餘里, 種類甚繁蕃. 別爲社, 社或千人·或五六百, 無酋長, 子女多者衆雄之, 聽其號令).

성격은 용맹함을 좋아하여 싸움을 즐긴다. 일이 없을 때는 밤낮으로 달리기를 익힌다. 발바닥[足蹋] 가죽의 두께는 몇 푼에 달하여 가시 같은 것을 평지처럼 밟고 다니는데, 빨리 달리는 말에 뒤지지 않으며 종일 쉬지 않고 달릴 수 있어, 내버려 두면 수백 리를 갈 수 있다(性好勇, 喜鬪, 無事晝夜習走, 足蹋皮厚數分, 履荊刺如平地, 速不後奔馬, 能終日不息. 縱之, 度可數百里).

이웃 촌락[社]과 불화[隙]가 있으면 병사를 징발하여, 기일을 정한 뒤에 싸운다. 진력하여 서로 죽이고 상해를 입히지만, 이튿날이면 곧바로 원한을 풀고 처음처럼 왕래하며 서로를 원수로 여기지 않는다. 벤 머리는 살을 발라내고 뼈만 남겨 문에 거는데, 대문에 해골을 많이 걸은 사람을 '장사(壯士)'라고 칭송한다(鄰社有隙則興兵, 期而後戰, 疾力相殺傷, 次日即解怨, 往來如初, 不相讎. 所斬首, 剔肉存骨, 懸之門, 其門懸骷髏多者, 稱壯士).

---

33 대방갱(大幫坑)에 관하여 대만학자들은 대체로 현 신베이 바리(八里)로 추정하는데, 이 지역은 앞서 '사파리(沙巴里, 단수이)'로 언급되었으므로 중복된다.

땅은 따뜻하여 겨울이든 여름이든 옷을 입지 않고 부녀자들만 풀을 엮은 치마로 하체를 조금 가릴 뿐이다. [그들에게] 읍하거나 무릎 꿇고 절하는 예법은 없다(地暖, 冬夏不衣, 婦女結草裙, 微蔽下體而已. 無揖讓跪拜禮).

그들에게 역법이나 문자는 없어, 달이 둥글면 한 달로 치고, 열 달을 1년으로 치는데, 오래되면 까먹으므로 대부분 나이를 기억하지 못했다. 나이가 많은 사람들[艾耆老耄]에게 물어보면 모른다고 했다. 교역할 때는 끈을 묶어 인식했다(無曆日文字, 計月圓爲一月, 十月爲一年, 久則忘之, 故率不紀歲, 艾耆老耄, 問之弗知也. 交易, 結繩以識).

무논이 없고 밭은 개간하여 벼를 심었다가, 산꽃들이 피면 갈이하고, 벼가 익으면 그 이삭을 벤다. 쌀알은 중국 쌀보다 조금 길며, 감미롭고 향기롭다(無水田, 治畬種禾, 山花開則耕, 禾熟, 拔其穗, 粒米比中華稍長, 且甘香).

고초(苦草, 고추?)를 따서 밥[米]과 섞어 [술을] 빚는데, 간혹 좋은 것은 한 말을 다 마실 수 있다. 잔치할 때는 큰 술독[罍]을 놓고 빙 둘러앉아 각자 대나무 통으로 마시며 안주를 놓지 않는다. 즐거우면 일어나 춤을 추는데 가곡처럼 입으로 '오오(烏烏)'라는 소리를 내기도 한다(採苦草, 雜米釀, 間有佳者, 豪飮能一斗. 時燕會, 則置大罍團坐, 各酌以竹筒, 不設肴. 樂起跳舞, 口亦烏烏若歌曲).

남자들은 머리카락을 자르되 몇 촌만 남겨 풀어 늘어뜨리고, 여자들은 그렇지 않다. 남자들은 귀를 뚫고, 여자들은 치아를 부러뜨리는 것을 장식으로 여긴다(男子剪髮, 留數寸, 披垂, 女子則否. 男子穿耳, 女子斷齒, 以爲飾也).

그곳에는 대나무가 많다. 큰 것은 몇 아름에 길이는 10장이나 된다. 대나무를 베어 집을 짓고 띠로 지붕을 덮는데, 폭과 길이는 몇 치(雉)[34]이다. 종족들도 같이 거주하는데, 한 구역에서 조금 큰 [집을] 공해(公廨)[35]라고 한다. [이곳에] 장가가지 않은 청년들이 모여 산다. 회의는 반드시 공해에서 이루어지는데 징발이 쉽기 때문이다(地多竹, 大數拱, 長十丈. 伐竹搆屋, 茨以茅, 廣長數雉. 族又共屋, 一區稍大, 曰公廨. 少壯未娶者, 曹居之. 議事必於公廨, 調發易也)

장가들 때, 아내로 삼고 싶은 여자를 보면, 사람을 보내어 마노(瑪瑙) 구슬 한 쌍을 주는데, 여자가 받지 않으면 그만이다. [여자가] 받으면 밤에 그녀의 집으로 가서, 문을 두드리지 않고, 구금(口琴)을 타며 그녀를 유혹한다. 구금(口琴)은 얇은 쇠로 만들었는데, 입에 물고 그것을 치면 쇳소리[錚錚]가 난다. 여자가 듣고, [마음에 들면] 받아들여 묵게 하되, 날이 밝기 전에 떠나, 여자의 부모를 만나지 않는다. 이때부터는 밤에 왔다가 새벽에 떠나, 반드시 밤에 이루어지는데, 세월이 지나도 고치지 않는다. 자식을 낳을 때가 되어서 부인은 비로소 남편 집에 가서 남편을 맞이한다. 친영(親迎) 가서야 남편은 여자의 부모를 처음 만난다. 결국 그녀의 집에 살면서 여자 부모를 종신토록 봉양한다. 원래 부모는 아들을 얻을 수 없으므로 사내 낳는 것보다 딸 낳는 것을 배로 좋아한다. 왜냐하면 딸은 뒤를 이을 수 있지만, 아들은 대를 잇기에

34 치(雉)는 고대에 면적을 계산하는 단위로, 길이 3장, 높이 1장을 '1치(雉)'라고 한다.

35 '공해(公廨)'는 사전적으로 관아 또는 그에 속한 부속 건물을 지칭하지만, 여기서는 원주민들이 모여 회의하는 곳을 말하는 것 같다.

충족하지 못하기 때문이다. 아내가 죽으면 [남자는] 다시 장가간다. 남편이 죽으면 [여자는] 다시 시집가지 못하는데, 이를 '귀신이 죽는다[鬼殘]'라고 하며, 끝내 제사를 지내지 못하게 된다(娶則視女子可室者, 遣人遺瑪瑙珠雙, 女子不受則已. 受, 夜造其家, 不呼門, 彈口琴挑之. 口琴薄鐵所製, 齧而鼓之, 錚錚有聲. 女聞, 納宿, 未明徑去, 不見女父母. 自是宵來晨去必以星, 累歲月不改. 迨產子女, 婦始往婿家迎婿, 如親迎, 婿始見女父母, 遂家其家, 養女父母終身, 其本父母不得子也. 故生女喜倍男, 爲女可繼嗣, 男不足著代故也. 妻喪復娶, 夫喪不復嫁, 號稱鬼殘, 終莫之醮).

집에 죽은 사람이 있으면 북을 치고 통곡하며, 땅에 시신을 놓고 활활 타는 불을 빙 둘러 말리는데, 다 마르면 집 안에 그대로 드러내 놓고 관에 넣지 않는다. 집이 무너지거나 [집을] 다시 지을 때, 집터 아래 구덩이를 파, [시신을] 매장하며 봉분을 세우지 않고 집을 그 위에 짓는다. 집을 [새로] 짓지 않으면 시신을 매장하지 않는다. 그러나 대나무 기둥에 띠로 지붕을 덮어 [수명이] 대부분 10여 년쯤이므로 결국 흙으로 돌아가는 셈이다. 제사는 지내지 않는다(家有死者, 擊鼓哭, 置尸於地, 環煏以烈火, 乾, 露置屋內, 不棺. 屋壞重建, 坎屋基下, 立而埋之, 不封, 屋又覆其上, 屋不建, 屍不埋. 然竹楹茅茨, 多可十餘稔, 故終歸之土, 不祭).

밭갈이할 때는 말도 하지 않고 살생도 하지 않는다. 남편과 아내가 함께 들[山野]에서 일할 때도 묵묵히 일만 한다. 길에서 [연장자를] 만나면, 젊은 사람은 등지고 서서 연장자가 지나가게 하며 문답하지 않는다. 중국 사람이 모욕을 주어도 화내지 않는다. 벼가 익을 때도 밭갈이할 때처럼 한다. 이처럼 하지 않으면 하늘이 보우하지 않고, 신이 복을 주지 않아 흉년이 들어 수확하지 못하는 해가 있다고 한다. 여자들이 건장하게 일하므로 여자들은 항상 수고롭고 남자들은 항상 한가하다(當其耕時, 不言不殺, 男婦雜作山野, 默默如也. 道路以目, 少者背立, 長者過, 不問答. 即華人侮之, 不怒. 禾熟復初. 謂不如是, 則天不祐, 神不福, 將凶歉, 不獲有年也. 女子健作, 女常勞, 男常逸).

도적질은 엄격히 금지하여, 도둑질하면 촌락[社]에서 도륙하므로 밤에도 문을 닫지 않으며, 벼를 마당에 쌓아 두어도 절대 도둑맞지 않는다(盜賊之禁嚴, 有則戮於社, 故夜門不閉, 禾積場, 無敢竊).

기물로 상(床)은 있으나 궤안(几案)은 없어 땅에 자리를 깔고 앉는다(器有床, 無几案, 席地坐).

곡물에는 대두(大豆)와 소두(小豆), 참깨[胡麻]가 있고, 또 의인(薏仁)이 있어, 그것을 먹으면 장려(瘴癘)를 멎게 한다. 맥(麥, 밀?)은 없다(穀有大小豆·有胡麻, 又有薏仁, 食之已瘴癘, 無麥).

채소에는 파[蔥], 생강[薑], 번서(蕃薯), 준치(蹲鴟, 토란)가 있지만 다른 채소는 없다(蔬有蔥·有薑·有蕃薯·有蹲鴟, 無他菜).

과실에는 야자[椰], 모시(毛柿, Diospyros blancoi), 불수감(佛手柑), 사탕수수[甘蔗]가 있다(果有椰·有毛柿·有佛手柑·有甘蔗).

가축에는 고양이, 개, 돼지, 닭은 있지만, 말, 나귀, 소, 양, 거위, 오리는 없다(畜有貓·有狗·有豕·有雞, 無馬·驢·牛·羊·鵝·鴨).

짐승으로 호랑이, 곰, 표범, 사슴이 있다. 날짐승으로 꿩, 까마귀, 비둘기, 참새가 있다(獸有虎·有熊·有豹·有鹿. 鳥有雉·有鴉·有鳩·有雀).

산은 사슴에게 최적지로, [사슴이] 낳이 떼를 시어, 천수백 마리가 무리를 짓는다. 사람들은 표창을 잘 사용한다. 표창은 대나무

자루에 쇠촉을 달아 길이는 5척 9치로, 매우 날카롭다. 가지고 다니면서 자기 뜻에 따라, 사슴에게 던지면 사슴이 죽고, 호랑이에게 던지면 호랑이가 죽는다. 평소에는 사사로이 사슴을 잡지 못하도록 하고, 겨울에 사슴 무리가 나오면, 대략 백십여 명이 나가, 끝까지 추적하여 포위하여 가운데로 몰아, 표창으로 명중시켜 언덕 높이로 [사슴을] 포획하니 촌락마다 사슴으로 배부르지 않은 사람이 없다. 나머지 고기를 잘라 말린다[離而臘之]. 사슴 혀, 생식기[鞭], 힘줄도 말리고, 사슴 가죽과 뿔은 쌓아 용마루까지 채운다. 사슴은 잘 길드는데, 길들이면 사람과 아주 친밀하다. [사람들은] 습관적으로 사슴을 즐겨 먹는데, 그 내장을 갈라 '백초고(百草膏)'라고 하는 [사슴이] 막 먹은 풀이나 아직 똥이 되지 않은 것과 기름[旨]을 물리지 않고 먹는다. 중국 사람들이 보면·곧바로 구역질한다. 돼지는 먹지만 닭은 먹지 않아 닭들은 자유롭게 생장하도록 내버려 두고 그 꼬리털을 뽑아 깃발을 장식한다. 꿩을 잡아도 그 꼬리털만 뽑는다. 중국 사람들이 닭이나 꿩을 먹는 것을 보면 곧바로 구역질한다. 누가 진짜 맛을 알겠으며, 어찌 같은 입맛이 있겠는가(山最宜鹿, 儦儦俟俟, 千百爲群. 人精用鏢, 鏢竹棟·鐵鏃, 長五尺有咫, 銛甚. 出入攜自隨, 試鹿鹿斃·試虎虎斃. 居常, 禁不許私捕鹿. 冬, 鹿群出, 則約百十人即之, 窮追既及, 合圍衷之, 鏢發命中, 獲若丘陵, 社社無不飽鹿者. 取其餘肉, 離而臘之, 鹿舌·鹿鞭·鹿筋亦臘, 鹿皮·角委積充棟. 鹿子善擾, 馴之, 與人相狎. 習篤嗜鹿, 剖其腸中新咽草·將糞未糞者, 名百草膏, 旨, 食之不饜. 華人見, 輒嘔. 食豕不食雞, 蓄雞任自生長, 惟拔其尾飾旗. 射雉亦只拔其尾. 見華人食雞雉輒嘔, 夫孰知正味乎, 又惡在口有同嗜也).

섬 안쪽에 사는 [사람들은] 배에 능하지 못하고 바다를 몹시 두려워하여 물고기를 잡을 때는 계곡에서만 하므로 늙어 죽을 때까지 다른 이(夷)들과 서로 왕래하지 않는다. 영락(永樂, 1403~1424) 초에 정(鄭) 내감(內監)이 항해하여 여러 이(夷)를 타일렀으나 동번(東番)만 유독 멀리 달아나 약속에 따르지 않아, 이에 집마다 청동 방울 하나를 주어 목에 채우도록 하여 개처럼 여겼는데, 지금까지도 전하며 보배로 여긴다(居島中, 不能舟, 酷畏海, 捕魚則於溪澗, 故老死不與他夷相往來. 永樂初, 鄭內監航海諭諸夷, 東番獨遠竄不聽約, 於是家貽一銅鈴, 使頸之, 蓋狗之也, 至今猶傳爲寶).

처음에는 모두 바닷가에 살았으나 가정(嘉靖, 1522~1566) 말에 왜(倭)가 불태우는 약탈을 당해 산 후면으로 피해 살았다. 왜(倭)는 조총에 능했고, 동번은 오직 표창에만 의지했으므로 상대가 되지 못했다(始皆聚居濱海, 嘉靖末, 遭倭焚掠, 迺避居山. 倭鳥銃長技, 東番獨恃鏢, 故弗格).

산 후면에 살면서 중국과 통하게 되어, 지금은 나날이 번성하여, 장주(漳州)와 천주(泉州)의 혜민(惠民), 충룡(充龍), 열서(烈嶼) 같은 항구 사람들이 종종 그들의 말을 통역하여 교역했다. 마노(瑪瑙), 자기(磁器), 베[布], 소금, 청동 비녀나 반지 같은 것으로 사슴 말린 고기, 가죽, 뿔과 교역했다. 간혹 [중국인들이] 입던 옛 옷을 보내주면 좋아하며 간직했다가, 중국 사람을 만날 때면 한 번 입고 곧바로 벗어버렸고, 천을 얻어도 간직했다. 관(冠)을 쓰거나 신발을 신지 않았고, 나체로 다니며 스스로 쉽고 간단하다고 생각했다고 한다(居山後, 始通中國, 今則日盛, 漳·泉之惠民·充龍·烈嶼諸澳, 往往譯其語, 與

貿易. 以瑪瑙·磁器·布·鹽·銅簪·環之類, 易其鹿脯·皮·角. 間遺之故衣, 喜藏之, 或見華人一著, 旋復脫去, 得布亦藏之. 不冠不履, 裸以出入, 自以爲易簡云).

재야 사가들은 다음과 같이 말한다. "기이하도다! 동번은 열서(烈嶼)의 여러 항구에서 북풍을 타고 항해하여 하루 밤낮이면 팽호에 이르고, 또 하루 밤낮이면 가로만(加老灣)에 이르니 가까운데, 일월도 없고, 관리나 장도 없이 나체로 끈을 묶어 [사용하는] 사람이 [있으니] 또한 기이하지 않은가! 게다가 바다에 있으면서 어로를 하지 않고, [남녀가] 섞여 살아도 희롱하지 않으며, 남녀의 위상이 바뀌어 무덤과 함께 거처하고, 한 해 내내 사슴을 잡아도 사슴이 고갈되지 않는다. 여러 섬을 합쳐도 겨우 중국의 한 현(縣)에 달하지만 상생하며 서로 봉양하여 지금까지 역법이나 문서가 없이도 빠진 것이 없으니 어찌 기이하지 않으랴! 남왜(南倭)나 북로(北虜) 모두 새 발자국이나 옛날 전서 같은 문자가 있었으니 당초 달통한 사람의 제정이 있지 않았겠는가. 그러나 이들은[동번은] 어떠한가? 그래도 배불리 먹고 즐겁게 놀며 자득(自得)하며 화락하니 또한 달통한 사람이 어찌 필요하겠는가. 아마도 무회씨(無懷氏)나 갈천씨(葛天氏)의 백성들이로다. 중국과 통하면서 상당히 애호하는 감정을 가지게 되었고, 간사한 사람들 또한 쓸데없고 나쁜 물건으로 속여, 저들도 점차 깨달아 가면 [그들의] 순박함이 날로 사라질 것이다(野史氏曰, 異哉. 東番從烈嶼諸澳乘北風航海, 一晝夜至彭湖, 又一晝夜至加老灣, 近矣. 迺有不日不月, 不官不長, 裸體結繩之民, 不亦異乎. 且其在海而不漁, 雜居而不嬲, 男女易位, 居瘞共處, 窮年捕鹿, 鹿亦不竭. 合其諸島, 庶幾中國一縣, 相生相養, 至今曆日書契無而不闕, 抑何異也. 南

倭·北虜, 皆有文字, 類鳥跡古篆, 意其初有達人制之耶. 而此獨無, 何也. 然飽食嬉遊, 于于衎衎, 又惡用達人爲. 其無懷·葛天之民乎. 自通中國, 頗有悅好, 姦人又以濫惡之物欺之, 彼亦漸悟, 恐淳朴日散矣).

만력 임인년(1602) 겨울에 왜(倭)가 또 이 섬을 차지하여 이인(夷人), 상인, 어부들이 번갈아 골병이 들었다. 오서(浯嶼) 심 장군(沈將軍)이 토벌하러 갈 때, 나는 마침 바다를 관광하는 흥미가 있어 함께 갔다. 왜(倭)를 격파하고 대원(大員)을 수복하여 정박하자, 오랑캐 두목[夷目] 대미륵(大彌勒)이 무리 수십 명을 거느리고 와서 배알할 때, 사슴을 바치고 술을 올리며 왜구의 해침에서 벗어난 것을 기뻐했다. 내가 직접 그 사람들과 일을 [견문하고] 돌아와 온릉(溫陵) 진지재(陳志齋) 선생에게 말해 주자, 기록하지 않을 수 없다고 하여 그 대략을 가려 [기록했다](萬曆壬寅冬, 倭復據其島, 夷及商·漁交病. 浯嶼沈將軍往勦, 余適有觀海之興, 與俱. 倭破, 收泊大員, 夷目大彌勒輩率數十人叩謁, 獻鹿餽酒, 喜爲除害也. 予親其人與事, 歸語溫陵陳志齋先生, 謂不可無記, 故掇其大略).

진제(陳第)가 『동번기』를 기술한 시기, 즉 17세기 초, '유구'는 모두 오키나와 유구를 지칭했다. 과거 타이완을 지칭했던 '유구'는 단독으로 한 차례도 사용되지 않았다. 타이완은 이제 '동번(東番)', '계롱산(雞籠山)', 소유구(小琉球), 가끔 '북항(北港)'으로도 불렸다. 이 장을 마무리하면서, 『원사』가 편찬되기 전, 일러야 14세기 후반부터 과거 타이완 유구와 새로 부상한 오키나와 유구가 같은 명칭 때문에, 하나의 나라로 간주되었고, 정보들이 혼재하기 시작했다. 그 대표적인 예가 『대

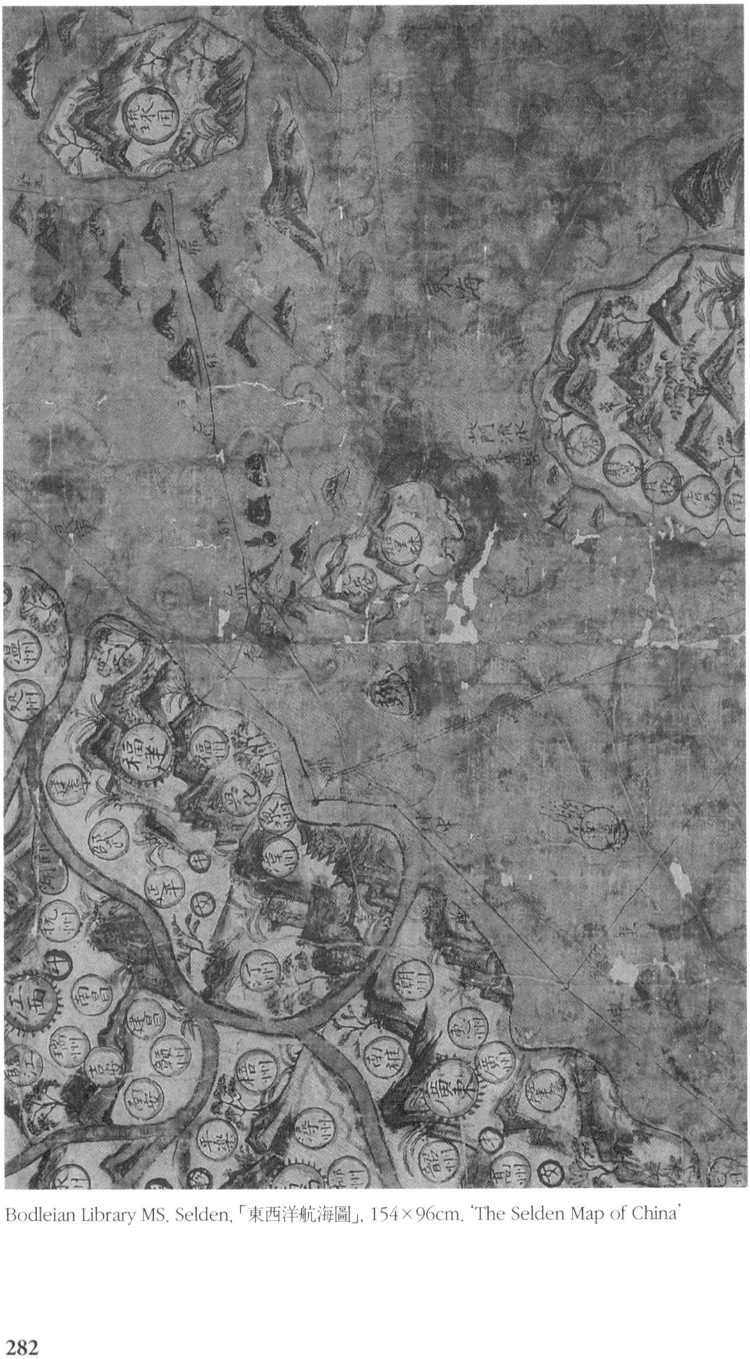

Bodleian Library MS. Selden, 「東西洋航海圖」, 154×96cm. 'The Selden Map of China'

명일통지』, 『서양조공전록』, 그리고 우리가 '조선의 유구' 장에서 다룰 『방여승략외이』이다. 결과적으로 진간(陳侃)의 『사유구록』이 나타나면서(1534년), 중국 사람들은 두 '유구'를 구분하기 시작했지만, 의고주의와 명확한 고증의 부재로, 타이완 유구와 오키나와 유구를 하나의 나라로 보는 인식은 바뀌지 않았다. 이 점이 후세인들에게 많은 혼란을 부추겼다. 게다가 중국 저자 또는 편집자들의 의고주의적 성향과 관찬(官撰) 성격의 권위는 혼동의 일익을 담당했다. 한편 현재 중국, 타이완, 일본 학자들이 자국 중심의 연구를 쏟아내면서 많은 설들이 분분해졌다. 그러나 그들에 비해 조선은 객관적인 입장을 견지할 수 있었고, 유구에 관한 정확한 역사적 기록이 있으며, 많은 표류인들의 증언이 남아 있으므로, 우리는 유일하게 어느 한쪽에도 치우치지 않고 '유구'를 변증할 수 있다. 해외의 학자들은 조선의 자료에 주목해야 할 것이다. 조선의 자료만이 가장 사실적으로 당시 오키나와 유구의 실체를 보여주기 때문이다. 조선의 자료를 섭렵하지 않은 유구 변증론들은 무의미했고, 그러할 것이다.

제5장

조선의 '유구'

14세기 말[고려 말]부터 언급되기 시작한 조선의 '유구'는 아무런 혼동 없이 모두 오키나와 유구였다.

1. 만년(萬年)과 정록(丁祿)의 유구[1450년] — 'A'

유구국(琉球國)이 우리 역사 기록에 나타난 것은 고려 창왕(昌王) 원년(1389)으로, 중국 정사에서 최초의 조공 기록인 1372년과 비교하면 그다지 늦지 않은 출현이다. 『고려사』의 기록에 따르면, 유구국의 중산왕이 '10,000리'나 멀리 떨어져 있는데도, 잡혀간 고려인을 송환하며 예물을 갖추어 준 일에 대해 고려는 감사의 마음을 전하기 위해 직접 전객령(典客令) 김윤후(金允厚), 부령(副令) 김인용(金仁用)을 유구국(琉球國)에 사신으로 보냈다. 직접 사신을 보낸 것으로 말하면 명나라보다 빨랐다. 이후 유구국은 주로 표류민 송환 문제로 우호 관계를 유지했으며, 문종 1년(1451) 문종의 생일까지 유구국 사람들이 하례하고 있다. 그만큼 유구에 관한 구체적인 정보들은 명나라 기록보다 많았을 것이다. 실제로 오키나와 유구에 관한 15세기 정보는 조선이 훨씬 이르며, 정확했다.

조선이 실제 유구국의 정보를 기록하기 시작한 것은 1453년(단종 1), 유구국 중산왕 상금복(尙金福)의 사신 도안(道安)이 부산포에 도착하여 조선인 두 사람을 송환해 주었을 때부터이다. 도안의 설명에 따르면, 1450년 조선인 네 사람이 와사도(臥蛇島, 코카라 열도 가자섬)에 표류했는데, 이 섬은 사쓰마(薩摩)와 유구국이 나누어 관할하여 유구국에서 두

명을 데려오게 되었다고 한다. 이어서 도안은 자신의 나라인 유구국에 관하여 "유구국은 땅이 따뜻하여 무논의 곡식은 1년에 두 번 익고, 토산으로 마·저(麻·紵)만 있지만, 상선이 네 척이 있어 사방의 산물을 갖추지 않은 것이 없습니다. 조정 신하의 의복은 중국인과 다름이 없고, 관직이 없는 사람의 옷은 소매 입구가 조금 넓고 유색의 실로 소매 입구에 수를 놓아 존비(尊卑)를 구분합니다(琉球國地暖, 水田之穀, 一年再熟, 土産則只有麻苧, 而商船四隻[集], 故四方之物, 無不備焉. 朝官衣服, 則與中國人無異. 無職人之衣, 袖口稍寬, 以色絲刺繡袖口, 以別尊卑)"라고 소개했다. 이어서 『단종실록』의 편수관들이 송환되어 온 만년(萬年)과 정록(丁祿)의 진술을 다음과 같이 기록했다. 이 기록은 편의상 'A'로 표기한다.

① 유구국의 땅은 따뜻하여 겨울철에도 얼음이나 눈이 없다. 매년 9월에 파종하고, 11월에 이양하며 5~6월에 베어 수확한다. 기름진 전토에서는 두 번 열매를 맺고, 척박한 전토에서는 이미 베어내고 남은 뿌리에서 부수로 싹이 필 뿐입니다. 또 곡물이 익으면 이삭은 베어내고 짚은 남겨두어 그 전토의 거름으로 삼는다(琉球國地煖, 冬月無氷雪. 每年九月播種, 十一月移種, 五六月間刈穫[獲], 肥田則再種結實, 瘠田則已刈之根, 生蘖發穗而已. 且穀熟則刈穗留稾, 以糞其田).

② 땅은 평평하거나 넓지 않고, 길에는 오르막과 내리막이 많아 수레가 없다(地不平廣, 路多高低, 無車輛).

③ 부모가 죽으면 상복을 입지 않고 여느 때처럼 고기를 먹으며 곡하여 애도하지 않고, 제사를 지내지도 불사(佛事)를 행하지도 않는다(父母死, 不服喪, 食肉如常, 哭不哀, 不祭, 不作佛事).

④ 조선인 60여 명이 유구에 표류했으나 모두 죽고[物故], 연로한 다섯 사람이 생존해 있었다. 그들의 딸과 아들들은 모두 그 나라 사람들과 혼인하여 재산이 넉넉했다. 그 노인들은 조선의 말을 대략 이해했다(朝鮮人六十餘, 漂到琉球, 皆物故, 只有年老五人生存. 其女子, 皆與國人交嫁, 家産富饒. 老人等略曉朝鮮語).

⑤ 유구 국왕은 한두 달 만에 한 번 조회하거나 한 달에 두 번 조회하기도 했다. 조회할 때는 3층의 전각에 앉아 있고, 군신들은 관대를 갖추고 뜰 아래에서 절했다(琉球國王, 或一二月一受朝, 或一月內再受朝. 朝會時, 坐于三層殿上, 群臣具冠帶, 拜于庭下).

⑥ 중국 사신이 탄 두 배가 면(麵), 밀(蜜), 양(羊), 술 등의 물품을 가지고 나라에 이르면, 중산왕의 아우가 군사들을 거느리고 북과 깃발, 일산을 갖추어 교외에서 영접하여 전각으로 안내해 잔치를 열어 위로했다(中原使臣二船, 持粫·蜜·羊·酒等物到國, 中山王弟率軍士, 備旗鼓、雨傘, 出迎于郊, 入殿內宴慰).

⑦ 남자들은 평소 장삼처럼 소매가 넓은 옷을 입었다. 존귀한 사람은 소매 입구와 상의 위에 오색의 실로 짐승 문양을 수놓았고, 옷의 색은 검거나, 희거나, 붉거나 했다. 부인들은 장삼처럼 소매가 넓은 옷을 입거나 짧은 상의와 치마를 입기도 했는데, 수를 놓지 않았고, 짧은 상의는 우리나라와 비슷했으나 조금 길었다. 승려들의 장삼은 역시 우리나라와 비슷했다(男子常服袖廣如長衫. 尊者, 袖口及衣上, 以五色絲繡獸形, 衣色則或黑, 或白, 或紅. 婦人或着廣袖衣如長衫, 或着短襖及裙, 無繡, 短襖之制, 似我國而差長. 僧人長衫亦似我國).

⑧ 토산으로는 마(麻)와 저(紵)만 있었고 목면(木綿)은 없었다. 가

구의 10분의 1이 양잠하지만 역시 성실하지 않았다(土産則只有麻·苧而無木綿, 人戶十分內, 一分養蚕, 然亦不實).

⑨ 남자의 머리카락은 왼쪽 귀 위에 묶고 나머지 머리카락은 오른쪽 귀 위에 고리처럼 묶은 다음 회회인(아랍인)들처럼 흰 베로 싸맨다. 부인의 머리카락은 우리나라 향리의 상투처럼 뒤로 쪽을 짓는다. 소녀들은 뒤로 늘어뜨렸다. 겨울에도 따뜻한 겹옷을 입지 않았다. 소와 말은 사계절 푸른 풀을 뜯었다(男子頭髮, 結于左耳上, 餘髮環結于右耳上, 以白布裹之, 如回回之形. 婦人髮, 向後作髻, 如我國鄕吏之髻, 小女向後垂之. 冬月不着煖襖衣. 牛馬, 四時抹以青草).

이상 아홉 가지의 유구국 기술은 15세기 유구국 기술 중 유일하며 가장 이른 증언이라는 점에서 중요하다. 돌아온 두 사람이 목격한 나라는 오키나와 유구의 중산국이다. 이 나라에서 나는 것이라고는 마저(麻紵)뿐이었고, 주변국들과의 해상교역을 통해 삶을 영위하고 있었다. 특히 ③의 상례에 관한 풍습과 ⑨의 머리 모양에 관한 진술은 이후 보게 될 증언들과 엇갈린다. 분명한 점은 조여괄의 『제번지』나 왕대연의 『도이지략』에 기술된 '유구'[타이완 유구]와는 완전히 다른 나라라는 것이다.

2. 양성(梁成) 등의 유구[1456년] — 'B'

이러한 오키나와 유구의 실제 견문 기록은 흥미롭게도 『세조실록』, 권27, 세조 8년(1462) 2월 기사에 집중되어 있다. 첫 번째 『실록』은 2

월 16일 두 번째 기사에서 1456년 1월 25일 제주를 출항했다가 바람 때문에, 유구국으로 표류한 양성(梁成) 등의 증언이 사관의 손을 통해 다음과 같이 기록되었다. 이 기록을 편의상 'B'로 표기하자.

> 1456년 1월 25일 수군 양성(梁成) 등이 제주에서 출항했다가 바람을 만나 2월 2일 유구국 북쪽 '구미(仇彌)'라는 섬으로 표류했다. 섬의 둘레는 60리 정도였고 섬 안에는 작은 석성(石城)이 있었고, [성안에는] 도주가 혼자 살았고, 촌락은 모두 성 밖에 있었다. 섬은 그 나라[其國]와 순풍에 이틀 항해해 가는 거리[二日程]에 있었다. 양성 등은 섬에 한 달 머물다가 조공선을 타고 나라[國]에 도착하여 바닷가 공관(公館)에 머물렀다(丙子年正月二十五日船軍梁成等濟州發船逢風, 二月初二日漂到琉球國北面仇彌島. 島周回可二息, 島內有小石城, 島主獨居之, 村落皆在城外. 島距其國, 順風二日程, 梁成等留島一月, 載貢船到國, 住水邊公館).
>
> 공관에서 왕도까지는 5리 남짓이었고, 공관 옆으로 토성(土城) 100여 가구가 있었다. 모두 우리나라와 중국 사람들이 살게 한 곳으로, 각 집에서 돌아가며 양성 등에게 음식을 주게 했다. 1개월이 지나 왕성으로 보내졌다[歸王城](館距王都五里餘, 館傍土城有百餘家, 皆我國及中原人居之, 令每家輪日餉成等. 過一月歸王城).
>
> **왕성은 삼중으로** 바깥 성에는 창고와 마굿간이 있었고, 가운데 성에는 호위군 200여 명이 살게 했고, 안쪽 성에는 2~3층의 전각(殿閣)이 있었다. 대체로 근정전(勤政殿)과 같았으며 왕은 길일을 택해 거주했다. 그 전각은 판자로 덮었고, 판자에는 납과 주석을

합친 납(鑞)으로 빛나게 했다. 위층에는 진귀한 보물을 두었고 아래층에는 술과 먹을 것을 두었다. 왕은 시녀 200여 명과 함께 가운데 층에 거주했다(王城凡三重, 外城有倉庫及廐, 中城侍衛軍二百餘居之, 內城有二三層閣. 大概如勤政殿, 其王擇吉日往來居之. 其閣覆以板, 板上以鑞沃之. 上層藏珍寶, 下層置酒食, 王居中層, 侍女百餘人).

이 나라의 지세는 중앙이 협소하여 30~60리였고, 남북으로 넓어 그 끝은 보지 못했지만, 대략 장고[長鼓] 같은 모양이었다. 나라에는 큰 강이 없었고, 도성에서 동북쪽으로 5일 거리에 큰 산이 있었는데, 산에는 잡다한 짐승은 없었고 돼지만 있었을 뿐이다(其國地勢中央狹小, 或一二息, 南北廣闊不見其際, 大概如長鼓之形. 國無大川, 國都東北距五日程, 有大山, 山無雜獸, 只有猪耳).

섬 안에는 군현을 두고 석성을 세워 지키는 관리 한 사람이 있었다. 도로는 30리, 60리, 또는 15리 떨어져 있었다. 사는 사람들이 조밀한 곳도 있었고 드문 곳도 있었으며, 마을[里]마다 각각 이장이 있었고, 공·사간의 집들은 크고 작음이 없었고, 그 형식은 두르거나 어긋남 없이 일자형이었고 띠로 덮었다(島內置郡縣築石城, 有官守者一人, 道路相距, 或一息, 或二息, 或半息. 居民或稠或稀, 每里各有長, 公私家舍無大小, 其制皆如一字無回互, 覆以茅草).

이 나라는 항상 따뜻하여 서리와 눈이 없었고, 한겨울도 4월 같아 초목이 시들지 않아 옷도 면 솜[綿絮]으로 만들지 않고, 항상 싱싱한 풀[青草]로 말을 먹였다. 여름에는 해가 정북쪽에 있었다[夏日在正北](其國常暖無霜雪, 冬寒如四月, 草木不彫落, 衣不綿絮, 喂馬常用青草, 夏日在正北).

양성 등은 유구국 북쪽 '구미(仇彌)'라는 섬에 도착했고, 그 섬이 속한 나라, 즉 왕도(王都)까지는 순풍에 이틀 여정이라고 증언하고 있다. 사실 현 지도상 오키나와 북쪽으로 '구미'로 발음될 만한 섬은 보이지 않는다. 다만 오키나와 나하에서 동쪽으로 약 90km 떨어져 있는 '구메[久米]'라는 섬이 보인다. 이곳은 '고미산(孤米山)' 또는 '고미산(枯美山)'으로도 표기된 바 있다. 양성 등이 증언하면서 '동쪽'을 '북쪽'으로 잘못 진술했다고 하더라도, 14세기 중반의 항해 기술로 90km도 못 되는 거리를 이틀간 항해했다는 진술은 이해하기 어렵다. 그러나 이들은 조공하기 위해 왕래하는 선박을 얻어타고 왕도로 갔다고 하였다. 그렇다면 '구메'섬은 확실히 오키나와와 중국 간의 항로에 있다.[1] 따라서 '이틀'이라는 항해 거리에 크게 혐의점을 둘 필요는 없다. 이어서 사관은 양성 일행이 증언한 사실들을 31개 항목으로 기록해 두었다. 이 기록을 전부 여기에 옮겨 두는 이유는 우리가 다룰 신숙주의 『해동제국기』 중 「유구국기」의 근거 자료가 되었기 때문이다.

① 명절[節日]과 설[元日]에는 짚은 왼쪽으로 꼬아 문에 걸어 놓고, 나무를 쪼개 묶어 쌓은 모래 위에 두고, 그 가운데 떡 그릇[餠器]을 놓는다. 또 소나무를 묶은 나무 사이에 꽂아 두었다가 닷새가 되면 그쳤다(節日·元日以藁左索懸於門上, 又剖木爲束, 置於積沙之上, 加餠器

1 한편 이후 '최한기의 유구' 장에서 다시 다루겠지만, 『해국도지(海國圖志)』와 『영환지략』에서는 유구국을, 수리(首里), 구미(久米), 나패(那覇) 등 세 도[路]로 나누었다. 『해국도지』에 실린 지도에 따르면 구미는 오키나와섬 북부 지역으로 표기되어 있다. 따라서 여기 배를 타고 이동했다는 설과 부합하지 않는다.

於其中, 又以松木挿於束木之間, 至五日乃止. 其俗謂之祈禳, 且置酒相娛).

② 7월 15일 절에 가서 죽은 부모의 성명을 써서 책상에 놓고, 쌀을 상에 올린 다음 댓잎으로 땅에 물을 뿌리면, 승은 불경을 읽고 속인들은 예배한다(七月十五日上佛寺, 記亡親姓名, 置於案上, 奠米於床, 以竹葉灌水於地, 僧則讀經, 俗則禮拜).

③ 노비로, 일본인들은 가까운 친족이라도 모두 팔아 노비로 삼았고, 국왕의 가까운 심부름꾼[使令]들은 모두 사들인 사람들이다. 혹 여국(女國) 사람들이 와서 노비로 증여한 사람도 있었다(奴婢日本人, 雖切族皆賣爲奴婢, 國王親近使令, 皆所買也. 或有女國人來贈奴婢者).

④ 장인으로 주조공[鑄匠], 목수만 쓰였고 나머지는 모두 보지 못했다(工匠, 只用鑄匠木手, 餘皆未見).

⑤ 깔개[鋪陳]는 중국처럼 왕골[莞草]로 짠 것이었고, 중국에서 사 온 것도 있었다(鋪陳. 莞草織席如本朝, 或於中原買來).

⑥ 의복, 음식으로, 남자 복장은 중국의 직령(直領) 같은 형식이었으나 소매가 넓었고, 검은색이나 흰색을 선호했다. 여자 복장은 윗도리, 아랫도리가 우리나라와 같았다. 군신 상하가 모두 관이나 건을 쓰지 않았다. **맨발로 다녔으며 신발[靴鞋] 같은 것이 없었다.** 소나 말의 가죽은 모두 관에 바쳐 갑옷을 만들었다. 음식에는 수저가 없이 억새[蒻草]를 잘라 젓가락처럼 썼다(衣服·飮食, 男服則如本朝直領之制, 但袖廣闊, 色尙黑白, 女服則衣裳一如我國, 君臣上下男女, 皆不冠巾. 徒跣而行, 無靴鞋等物. 凡牛馬之皮, 皆納官造甲, 其食無匙筯, 折蒻草如筯而食).

⑦ 남자들은 항상 말을 탔고, 부인들은 말을 탈 때 두 다리를

나란히 내리고 말 등에 앉았는데 의자[交床]에 앉아 가는 것 같았다(男子騎馬如常, 婦人騎馬時竝垂兩脚踞坐馬背, 如坐交床而行).

⑧ 주화[錢貨]. 유통하는 것은 주화지만 주조하는 방법을 몰라 모두 중국에서 얻어 사용했으나, 정축년(丁丑年, 1457) 중국 사람들이 처음 와서 주조법을 가르쳐, 10문(文)을 쌀 1되[升] 기준으로 했다(錢貨. 所興用者錢貨, 然不知鑄成之法, 皆得於中原而用之, 丁丑年中原人始來教之, 十文準米一升).

⑨ 상인들은 강 연안 배를 정박하는 곳에 있다. 일본과 여국(女國)의 사람들도 와서 교역했다(商賈在沿江船泊處, 日本. 女國之人亦且來市).

⑩ 두승(斗升)으로, 승(升)은 우리나라와 같았고, 두(斗)에는 5승, 또는 10승, 또는 30승짜리가 있었다(斗升, 升則如我國, 斗則或容五升, 或容十升, 或容三十升).

⑪ 시간을 측정하는 방법[更點]으로, 궐 남문에 나무로 물시계[漏器]를 만들어 두었는데, 그 물시계 본체는 둥글고 가운데가 비어 있다. 배[腹]에 구멍을 뚫고 물을 달아 흘리는데, 물이 다 흘러내리면 1경이라 하고, 경의 수대로 북을 쳤다. 통금[人定]과 해제[罷漏]는 중국과 다름이 없었다(更點, 闕南門, 以木爲漏器, 器體圓虛其中, 穿穴其腹, 量水爲注, 以水盡爲度謂之一更, 遂擊鼓, 鼓數如其更數, 人定. 罷漏無異本朝).

⑫ 조회에서는 먼 지방의 읍장(邑長)들이 길일을 택해 잔치를 마련하여 대궐 뜰에 바치면, 국왕은 층각(層閣)에 머물며 내려오지 않았다. 군신이 뜰에서 음식을 먹었으나 음악도 없고 바치는

술잔도 없었다(朝會, 遠方邑長擇吉日辦宴供進闕庭, 國王在層閣不下, 群臣在庭而飮食, 無音樂, 無獻爵).

⑬ 조서와 칙서를 맞을 때, 중국의 조칙과 우리나라의 서계(書契)가 나라에 이르면, 배가 정박한 곳에 깃발[旗纛]과 덮개[蓋] 등으로 의장(儀仗)을 갖추었다. 또 군사들이 갑옷과 투구를 갖추고 나와 조칙을 맞이했다. 조칙이나 서계는 가마[輦轎]에 안치하고, 곁에서 따라가며 북과 징을 치고 태평소를 불며 왕국으로 맞아 들어갔다. 왕은 붉은 옷[絳衣]에 관을 쓰고 절을 한 다음 꿇어앉아 문서를 열어 읽었다. 국왕은 항상 층각에서 내려오지 않고, 부인들에게 명을 전하게 했다. 풍속에 관복은 없었고 모두 모배(膜拜)했으나, 이때가 되면 뜰에 내려와 절하고 무릎을 꿇는 것이 대체로 예법에 맞았다(迎詔勅, 中原詔勅及我國書契到國, 船泊初面以旗·纛·蓋等物爲儀仗. 又軍士具甲胄出迎, 安詔勅書契於輦轎, 從傍擊鼓·錚, 吹太平簫, 迎入王宮. 王服絳衣着冠而拜之, 坐開讀. 國王常在層閣不下, 使婦人傳命, 俗無冠服, 皆行膜拜. 至此下庭拜跪, 略如禮焉).

⑭ 상례(喪禮)로, 그 나라의 왕이 죽으면 한결같이 호위하며 주민들은 삼베 관[麻冠], 삼베옷[麻衣]을 입고 곡하며 애도를 다하여, 14일[二七日]이 되면 마친다. 백성들이 부모의 상을 당했을 때, 친족들이 상가에 모여 조문하고 곡한다. 상을 당한 사람은 흰옷을 입고 3일 뒤에야 고기를 먹으며 7일 동안 살생하지 않는다(喪葬, 本國王死, 一應侍衛, 住民着麻冠·麻衣, 哭之盡哀, 二七日而除. 凡民遭父母喪, 族親聚喪家, 弔哭, 喪人着白衣, 皆三日後食肉, 七日內不殺生).

⑮ 국왕의 장례는 바위를 파서 구덩이를 만들고, 구덩이 안 사

방에 판자를 짜서 세운 다음 관을 놓고 판자로 문을 만들어 자물쇠로 채워두고, 묘 앞과 양쪽에 집을 지어 묘지기들이 살게 한다. 묘를 둘러 문이 하나인 석성을 지었다. 보통 사람의 장례는 구덩이를 파서 관을 넣는 것은 같았으나, 집을 짓거나 성을 쌓는 일은 없었다(國王葬禮, 鑿巖爲壙, 壙內四面編板立之, 遂定棺作板門以鑰鎖, 使之墓前及兩傍, 構屋守墓人居之. 環墓築石城, 城有一門. 凡人葬禮鑿壙定棺同, 但無構屋築城等事).

⑯ 혼례[婚嫁]로, 결혼할 때는 남자 집에서 먼저 중매를 통해 택한 날을 약정한 다음 남자 쪽 가족 중 여자들을 신부의 집으로 보내, 신부를 데리고 [남자 집으로] 돌아와 혼례를 행한다. 그날 밤 양가의 가족들이 모여 음주하고 헤어진다(婚嫁, 婚姻之時, 男家先媒約定擇日, 男家族女歸婦家, 率新婦還家行禮, 其日夜兩家族聚飮而散).

⑰ 제사로, 그 나라에서는 제사를 지내는 일이 없었다(祭, 其國無祭享).

⑱ 조정 관리로, 사람을 등용하는 것은 자리에 있는 사람의 천거에 따르며, 관에서 노비, 농토, 집과 군비 등의 물품을 지급한다. 유능하지 않으면 쫓아내고, 지급한 물품을 모두 거두어들인다. 항상 100여 명이 궐 안에서 일을 처리하며 5일마다 교대한다. 또 너덧 명은 장기 근무하며 밖으로 나오지 못한다. 임의대로 자주 출입하게 되면 위와 같이 쫓아낸다. 입번(入番)했을 때는 모두 녹봉[公廩]을 받고, 그중 한 사람이 수장으로 지내며 총괄했다(朝官, 凡用人聽在位人薦擧, 官給奴婢·土田·家舍及軍器等物. 如不能黜之, 幷收其所給之物. 常時百餘人在闕內治事, 五日相遞, 又有四五人長番不出, 若以己

意數行出入, 則黜之如上. 其入番之時, 皆受公廩, 其中一人居首總理).

⑲ 도적으로, 본국에는 **도적이 없었다**. 일본에서 팔려 온 자들이 종종 다른 사람의 재물을 훔치는데, 그들을 체포하고 심문하여 [죄가] 크면 베어 죽이고 작으면 다른 섬에 유배시켰다. 심문하는 법에는 태장(笞杖)이 없었고 다만 땅에 판자 두 개를 겹쳐 놓고 죄인의 다리를 끼워 양쪽에서 결박한 다음 사람이 올라가 움직이게 하되, 한쪽에는 세 사람이 넘지 않게 했다(盜賊, 本國無盜賊, 自日本見賣而往者, 往往竊人財物, 捕鞫之, 大則戮之, 小則流于他島. 其推鞫之法, 無笞杖, 但重置兩板於地, 挾[浹]罪人之脚, 結其兩端, 使人登而搖之, 一端不過三人).

⑳ 농상(農桑)으로, **여러 곡물이 모두 있었으나 소두**(小豆)**, 대맥**(大麥)**, 녹두**(菉豆)**만 없었다**(農桑, 諸穀皆有, 但無小豆·大[木]麥·菉豆).

㉑ 뽕, 삼마, 목면은 없었고, 다만 **생모시**[生苧]**만 있었다**. 그 길이는 2장으로 1년에 세 번 채취했다(無桑·麻·木綿, 但有生苧, 其長二丈, 許一年三取之).

㉒ 한전과 수전에는 쟁기[耒耜]를 사용하지 않고 손으로 일했고, 매년 10월에 조종하여 이듬해 정월에 모를 나누어 심는데, 5월이 되어 익으면 이삭만 베어내고, 줄기는 베지 않고 두면, 싹이 다시 번성해져 10월에 다시 수확한다. 밭갈이에는 삽만 사용하고 쟁기는 사용하지 않는다(旱田·水田不用耒耜, 以手治之, 每於十月苗種, 翼年正月分苗種之, 及五月而熟, 刈其穗, 不取其藁, 其孼苗又盛, 十月再收之. 治田但以鍤, 不用耒耜).

㉓ 산물로, 금과 은이 나지 않아 남만, 일본에서 사서 썼다(所産

金銀不産, 買於南蠻·日本用之).

㉔ 금수로, **가축에는 소, 말, 돼지, 닭, 개가 있었고**, 날짐승으로는 까마귀[鴉]와 참새[雀]가 있었다. 그곳 사람들은 앵무새 완상을 좋아하여 항상 중국에서 사 왔다(禽獸, 其畜則有牛·馬·猪·雞·犬, 其禽則有鴉·雀, 其俗好玩鸚鵡, 常於中原買來).

㉕ 물과 뭍에서 나는 산물로, 물에서 나는 것으로는 어물(魚物)뿐이었고, **뭍에서 나는 것은 유자[柚], 귤[橘], 감[柑]뿐이었다**(水陸産, 産於水者, 但魚物耳, 産於陸者, 柚·橘·柑耳).

㉖ 군사로, 100여 명의 군사를 정원으로 하고, 날을 바꾸어 숙직했다. 그러나 원래의 수는 자세히 알기가 어려웠다. 군장, 갑옷, 투구는 본조(本朝)와 다름이 없었으나 단지 쇠로 종이처럼 얇게 편(片)을 갑옷[甲領]에 붙여 목을 보호하는 것 같았다. 또 쇠로 사람 얼굴을 만들어 얼굴에 가면처럼 썼다. 환도(還刀), 방패, 창은 본조(本朝)와 다름이 없었으나, 단지 쇠로 굴곡진 모양으로 네 갈래의 날을 만들고 2장쯤 되는 나무로 자루를 만들어 사용했는데, 사람들은 그것을 '구(拘)'라고 했고, 멀리서 죄인을 참하는 병장기였다(軍士, 以軍士百餘爲額, 更日遞直, 然其原數則未易悉知. 但軍裝甲胄無異本朝. 以鐵作片, 其薄如紙, 附於甲領, 如護項之樣. 又以鐵作人面, 着於面上, 形如假面. 環刀·楯·槍無異本朝, 但以鐵爲四枝之刃, 其形屈曲, 以木二丈許作柄用之, 其俗謂之拘, 斬遠處罪人之兵).

㉗ 화통(火筒)은 크기와 형식이 본조(本朝)와 같았다(火筒, 其大小及體制一如本國之制).

㉘ 활과 화살은 뽕나무로 활을 만들었고, 저(紵)로 시위를 만들

었고, 화살은 본조(本朝)의 마전(磨箭)과 같았으며 대나무로 촉을 만든 것도 있었다(弓矢, 以桑木爲弓, 以苧爲絃, 矢則如本朝磨箭, 或有以竹爲鏃者).

㉙ 교린(交隣)으로, 중국, 일본국, 여국과 서로 통교했으나 잦지는 않았다(交隣中原及日本國·女國相通, 然不數數).

㉚ 중국으로 가는 길[程途]은 동남풍일 경우 배로 7일을 항행하면 도착하고, 일본으로 가는 길은 서풍을 따르면 18일 항행하면 도착한다(中原程途因東南風舟行七日乃到, 日本程途順西風舟行, 十八日乃到).

㉛ 전투[攻戰]로, 나라의 동쪽에 하나는 지소(池蘇)이고 하나는 오시마(吾時麻)라는 두 섬이 있었는데, 모두 복종하지 않았다. 오시마는 토벌하여 복종한 지, 지금으로 이미 15년이 넘었고, 지소는 매년 토벌해도 여전히 복종하지 않고 있었다(攻戰, 國東有二島, 一曰池蘇, 一曰吾時麻, 皆不降附. 吾時麻則攻討歸順, 今已十五餘年, 池蘇則每年致討, 猶不服從).

1429년 말부터 오키나와 유구의 세 왕국[산남, 중산, 산북]은 '중산국'으로 통일되었고,[2] 도읍은 현 나하시 슈리성이었다. A의 만년과 정록

---

2 『명사』, 권323, 「유구전」, 8364쪽. "산남은 [선덕(宣德)] 4년부터 두 차례 조공해왔지만, 선덕제의 시대가 끝날 때까지 더는 조공해 오지 않았다. 역시 중산에 합병되었을 것이다. 이로부터 중산 한 나라만 끊임없이 조공해 왔다(山南自四年兩貢, 終帝世不復至, 亦爲中山所併矣. 自是, 惟中山一國朝貢不絶)"라고 하였다. 그러나 『선종장황제실록(宣宗章皇帝實錄)』에 따르면 산남왕은 선덕 2년(1427)부터 4월에 두 번, 선덕 4년 4월과 10월 두 차례 조공을 조공했다. 결국 선덕제 시기 총 네 차례의 조공 기록이 있다. 따라서 산남왕의 마지막 왕인 타로매(他魯每)는 1429년 10월까지는 재위했음을 알 수 있다. 산북왕 번안지(攀安知)의 마지막 조

은 유구국 중산왕의 사신 도안이 송환했다. 그러므로 그들이 본 나라는 중산국일 것이다. 그러나 A의 ③과 B의 ⑰은 일치하지만, B의 ⑭ 정보와는 완전히 배치된다. 또 A의 ⑧과 B의 ㉑ 정보는 일치한다. 이는 A와 B의 기술이 과연 같은 나라인 중산국의 기술로 볼 수 있느냐는 의문을 남긴다. A와 B는 모두 중산국의 도읍을 기술하고 있고, 중산국의 풍습을 증언하고 있는데도 말이다. 이 점에 관해서는 아래 C의 증언을 보고 다시 논하자.

분명한 점은 『수서』의 전통을 잇고 있는 『문헌통고』의 '유구'는 아니라는 점이다. B의 진술에서 주목할 만한 용어는 '여국(女國)'이라는 미스터리의 나라이다. 관건은 이 나라가 양성 일행의 입에서 나온 것인지, 아니면 그들의 말을 듣고 사관들이 '여국'이라 판단해 기록한 것인지일 것이다. 이는 이 기록의 신빙성과 직결된다. 중국 '정사'에서 여국(女國)은 거의 비슷한 시기 중앙아시아와 왜국(倭國, 일본) 쪽에서 동시에 나타난다. 『위서(魏書)』, 「우전국전(于闐國傳)」(2262쪽)에서 우전(호탄)은 남쪽으로 '여국'과 2,000리 떨어져 있다고 한다. 이 중앙아시아 '여국'이 오키나와 유구까지 교역하러 왔을 리는 없으므로, 논의에서 제외한다.

해상에 있는 '여국'은 『후한서』, 권85, 「동옥저전(東沃沮傳)」(2817쪽) 끝에, "또 바다 가운데에는 '여국'이 있는데, 남자는 없다고 한다. 혹 전하기를 그 나라에 신비로운 우물[神井]이 있는데, 들여다보면 곧 아이를 낳는다고 한다(又說海中有女國, 無男人. 或傳其國有神井, 闚之輒生子

공 기록은 영락 13년(1415) 4월이었다.

云)”라고 하였다. 또 『양서(梁書)』에서는 「동이(東夷)」에, 고구려, 백제, 신라, 왜국, 문신국(文身國), 대한국(大漢國)에 이어 「부상국(扶桑國)」을 기술하면서 혜심(慧深)이란 승려의 진술을 옮기며(809쪽), “부상의 동쪽 1,000여 리에 여국이 있다. [사람들은] 용모가 단정하며 [피부]색은 뽀얗고 몸에는 털이 나 있었으며, 머리카락은 길어 땅에 끌었다. 2~3월이면 다투어 물에 들어가는데 곧바로 임신하여 6~7월이면 아이를 낳았다. 여인의 가슴에는 유방이 없었고, 목 뒤에 난 털은 모근이 희었는데 털에서 즙이 나와 자식에게 수유했다. 100일이면 걸을 수 있고, 3~4년이면 성인이 되었다. 사람을 보면 놀라 피했고, 특히 남자를 두려워했다. 함초를 먹는 것이 금수와 같았다(扶桑東千餘里有女國, 容貌端正, 色甚潔白, 身體有毛, 髮長委地. 至二·三月, 競入水則任娠, 六七月產子. 女人胸前無乳, 項後生毛, 根白, 毛中有汁, 以乳子, 一百日能行, 三四年則成人矣. 見人驚避, 偏畏丈夫. 食鹹草如禽獸)”라고 기록하고 있다.

사실 ‘부상국’이 어디에 있는지 전혀 모른다. 다만 ‘중국의 동쪽 오랑캐[東夷]’라는 점을 알 수 있을 뿐이다. 내용적인 측면에서도 동옥저의 해상에 있는 ‘여국’이나 부상국에서 1천여 리 떨어져 있다는 ‘여국’이나 신화 소설 수준이다. 한편 『태평어람』(사고전서본, 권782, 3a)에서 인용한 『위지(魏志)』에서 왜국(倭國)에 붙여 ‘여국’을 기술하며, “대방(帶方)에서 ‘여국’까지는 12,000여 리이며, 그들 풍속에 남자는 크고 작고 할 것 없이 모두 얼굴과 몸에 문신한다. 옛말을 들어보니 자신들이 태백(太伯)의 후예라고 했다(自帶方至女國萬二千餘里, 其俗男子無大小, 皆黥面文身. 聞其舊語自謂太伯之後)”라고 하였다. 여기 태백은 고공단보(古公亶父)의 장자로, 오(吳)나라의 시조로 전해진다. 말하자면 이 기록은 중국 동남쪽 해안의 오나라가 '여국'과 바닷길을 통한 모종의 연관성을 암시하고 있다. 그것뿐이다. 이후 중국 정사들은 중앙아시아의 '여국'만 언급했다.

해상의 '여국'이라는 전설의 나라는 1178년 주거비(周去非)의 『영외대답(嶺外代答)』(사고전서본), 권2, 「해상제번국(海外諸蕃國)」 조목(10b)에서 다시 언급되기 시작했다. "자바[闍婆]의 동쪽은 동대양해(東大洋海)이다. 수세가 점차로 낮아지는 지점에 여인국이 있다(闍婆之東, 東大洋海也. 水勢漸低, 女人國在焉)"라고 하였고, 다시 권3, 「동남해상제잡국(東南海上諸雜國)」 조목(6a)에서는 "또 동남쪽에는 여인국이 있는데, 물이 항상 동쪽으로 흘러 수년에 한 번 물이 불어난다. 혹 강물에서는 연육(蓮肉)이 나는데 길이가 1척 남짓이다. 핵도(核桃)는 길이가 2척이나 되어 사람들이 그것을 얻으면 여왕에게 헌상한다. 옛날에 배가 표류하여 이 나라에 이르면 여인들이 잡아 돌아가는데, 수일 만에 죽지 않는 자가 없다. 한 지혜로운 자가 밤에 배를 훔쳐 도망하여 가서 이 사실을 전했다. 이 나라 여인들은 남풍이 세게 불 때, 나체로 바람을 쐬면 곧바로 여자아이를 낳는다(又東南有女人國, 水常東流, 數年水一泛漲, 或流出蓮肉長尺餘, 桃核長二尺, 人得之則以獻於女王. 昔嘗有舶舟飄落其國, 群女攜以歸, 數日無不死. 有一智者, 夜盜船亡命得去, 遂傳其事. 其國女人, 遇南風盛發, 裸而感風, 咸生女也)"라고 한 것을 들 수 있다. 이 기록은 1225년 조여괄(趙汝适)의 『제번지(諸蕃志)』에도 고스란히 인용되었다(『제번지역주』, 249~250쪽). 1349~1350년 왕대연(汪大淵)의 『도이지략(島夷志略)』의 마지막에는 기이한 소문을 모아두고 있는데, "저 여인국 같은 나라에서는 우물을 보면 자식을 낳는다(他如女人國, 視井而生育)"라는 짧은 기록이 보인다. 후지타 도요하치는 이 문장을 『사림광기(事林廣記)』, 권5에서 “그 나라에는 남자가 없고 우물을 볼 때마다 [여자아이를] 낳는다(其國無男, 每視井即生也)”라고 한 문장을 확인해 주고 있다(『도이지략역주』, 510쪽).

이상 12~13세기는 자바를 기준으로 동쪽, 또는 중국의 ‘동남해상’이라고 했을 뿐 위치를 특정할 수 있는 정보는 전혀 없다. 이 미스터리의 ‘여국’은 마침내 15세기 중반 『조선왕조실록』에도 언급되기에 이르렀다. 그러나 실록의 ‘여국’은 사실상 우리가 지금 다루고 있는 ‘양성표류기’에만 등장한다. 뒤에 보게 될 이계손과 유구 사신과의 대화에서처럼 ‘여국’은 존재하지 않는 나라로 결론짓게 된다. 사실 『명청실록』에 ‘여국’은 보이지 않는다. 그러나 이 ‘여국’은 이규경(李圭景, 1788~1856)이 변증론까지 쓸 정도로 일본에 사신으로 다녀온 조선 문인들 사이에서 지속적으로 언급되었다. 이수광(李睟光, 1563~1628)도 『지봉유설』 외국편에서 양만세(楊萬世)의 진술을 인용하여, 여국은 일본과 가깝다는 언급을 남겼다.[3] 조선의 문인 사이에서 ‘여국’은 확실히 일본 근처에 있는 여인의 나라였다. 이규경은 변증론에서 청천(靑泉) 신유한(申維翰, 1681~1752)의 『신제술해유록(申製述海遊錄)』 하에 딸린 「견문잡록(聞見雜錄)」(해행총재본, 318쪽)을 인용하여 결론지었다. 신유한은 대마도(對馬島) 서기(書記)인 우삼동(雨森東)과 문답한 내용을 다음과 같이 기록했다.

3 자세한 사항은 필자의 『지봉 이수광이 바라본 세계』, 일본 [06] - ㉟를 참고하시오.

또 동해 가운데에는 여인의 나라가 있는가? 혹 견문한 것이 있느냐고 묻자, 우삼동은 "일본은 바다 여러 나라와 물길로 통합니다. 여인국이 있었다면 1천수백 년 동안 옛사람들이 전하는 말에, 어찌 한반도 그 사람들을 보지 못했겠습니까. 일본 동남쪽 바다에는 팔장도(八丈島)가 있는데, 그곳의 땅은 크고 사람은 많지만, 대개 여자들로, 남자는 열에 두셋입니다. 그래서 사람들은 '여자의 고을[女子鄕]'이라고 하는데, 옛날 '여인국'이라 한 것은 바로 여기에서 나온 것 같습니다. 그러나 지금은 일본의 강역이 되었습니다"라고 했다(又問東海中有女人之國, 或有見聞否. 東曰, 日本與海中諸國, 水路相通. 若有女人國, 則千百年故老相傳之言, 豈無一見其人乎. 日本東南海中, 有八丈島, 地大民衆, 而皆是女子, 男則什二三, 俗號爲女子鄕. 古所謂女人國, 似出於此, 而今爲日本封域云).

신유한(申維翰)의 기록을 통해 이규경은 '여인국'이 팔장도(八丈島)일 것이라고 추론했다. 팔장도는 요코하마에서 대략 250km 남쪽 해상에 있는 하치조섬이다. 하치조섬에서 오키나와까지는 대략 1,400km 거리이다. 이곳의 여인들이 오키나와까지 배를 타고 와 교역했을 수도 있을 것이다. 그러나 양성 일행이 어떻게 '여국' 사람임을 알았을까? 신유한의 기록대로라면, 일본 사람들조차 '여국'을 알지 못했다. 그렇다면, 『세조실록』 편수관들은 양성 등이 진술한 내용을 토대로 '여국'이라 판단하여 기록했을 것이다. 흥미로운 점은 양성 일행의 표류보다 6년 뒤인 초득성 일행의 표류 증언에 '여국'은 전혀 등장하지 않는다는 것이다.

3. 초득성(肖得誠) 등의 유구[1462년] — 'C'

『세조실록』 편수관들은 같은 날 같은 기사에서[권27, 세조 8년(1462) 2월 16일], 먼저 1456년 양성 등의 표류 기록을 기술한 다음, 그해 즉 1462년 초득성(肖得誠) 등 8인이 유구국에 표류했다가 돌아와 증언한 내용을, 앞의 양성 등의 진술(B)과 비교라도 하는 것처럼 기록해 두었다. 편의상 이 진술을 'C'로 표기하자. C는 양성 등의 증언(B)과 같이 오키나와 유구국의 왕도와 풍속을 설명하면서, B와 공통적인 부분보다 다른 부분이 많다.

> 초득성(肖得誠) 등 8인이 올해(1462년) 1월 24일 나주에서 출항했다가, 2월 4일 유구국(琉球國), 미아괴(彌阿槐)라는 섬으로 표류했다. 섬사람들은 술과 고기로 대접하고 이 섬에 머물도록 하며, 섬사람들이 돌아가며 숙식을 제공해 주었다. 섬의 길이는 60리, 폭은 30리쯤이었다. [이 섬에서는] 2월에 대맥(大麥)은 이미 베었고, 소맥은 모두 익었으며, 과류[瓜]와 가지는 이미 열매가 맺혀 있었다. 4월 16일 유구국 상선을 얻어 타고 이달 27일에 본국(本國)에 도착했다. 국왕은 궁궐 안 남쪽 행랑(行廊)에서 접대하게 하고, 매일 불러 후하게 대접했다. 7월 6일에 출발하여 돌아왔다(肖得誠等八人, 今年正月二十四日, 羅州發船, 二月初四日, 漂到琉球國 彌阿槐島. 島人載酒肉來饋, 引留此島, 島人輪辦供給. 島長二息, 廣一息許. 二月大麥已收刈, 小麥皆熟, 瓜茄已結實. 至四月十六日, 附趁琉球國商船, 本月二十七日, 到本國. 國王於宮內南行廊接置, 日日召見厚饋. 七月六日發還).

초득성 일행이 표류한 끝에 도착한 곳이라 지명한 '미아괴(彌阿槐)'라는 섬은 어디일까? 이들이 어디로 향해 가다가 표류한 것인지가 언급되지 않아, 위치를 특정하기가 매우 막연하다. 일행은 유구국 상선을 얻어 타고 11일 만에 유구국 본국에 도착했다고 한다. 유구국에 속한 섬으로 상선을 타고 11일을 항해해 가는 거리의 섬이라면 선택의 범위 또한 막연해진다. 상선이므로 중간 지점에서의 교역이나 기후의 악조건을 고려하더라도, 실제 항해 거리가 명시되지 않았으므로 어떤 추정도 무의미하다. 다만, 음성적으로만 볼 때, 현 오키나와시 동쪽 해상에 있는 '미야기(宮城)'라는 섬이 보인다. 만약 이곳에서 오키나와 남단 서쪽에 있는 나하[那覇]까지 섬 지역을 돌아서, 교역하며 간다면 10일 여정이 그렇게 무리한 것은 아닐 수도 있다. 그러나 나주에서 표류했다면 결국 오키나와 북부에 이르러야 하고, 일본과의 항로도 북부에 위치한다. 어떻게 '미야기'라는 섬으로 표류하게 되었는지 이해하기 어렵다. 초득성 일행은 국도(國都)에 도착하여 그곳의 상황을 24개의 항목으로 나누어 진술했다.

① 성(城)은 삼중으로 모두 석성(石城)이었다. 성은 우리나라 도성처럼 높았으나 조금 더 높았고, 성문 또한 우리나라와 같았다. 성은 곡수(曲水)처럼 [물이] 돌아 흘렀고, 두 성의 거리는 베 한 필 길이였다(城有三重, 皆石築, 城高如我國都城而稍高, 城門亦如我國. 其城回互如曲水, 兩城相距如一匹布長).

② 국왕은 2층의 전각에 살았고, 선삭들은 모두 붉은 배[丹艭]처럼 생겼고, 판자로 덮었으며, 망새[鷲頭]마다 주석으로 빛나게

했다. 부속 건물[廊廡]들이 연이어 빙 둘렀는데, 그 칸 수는 자세히 알 수 없었다. 그곳에 군사들이 유숙하면서 조회나 죄인 심문 때, 군사들이 갑옷을 입고 호위했다. 또 가면처럼 얼굴에도 갑(甲)을 썼는데, 쇠로 사슴뿔처럼 양쪽에 뿔을 만들고 금은으로 빛나게 했다. 쇠로 각반[行縢]을 만들어 두 다리를 묶었다(國王居於二層閣, 其閣皆著丹雘, 覆以板, 每鴛頭以鑞沃之. 廊廡周回連接, 間數不能知悉. 軍士留宿焉, 朝會及罪囚鞫問時, 軍士着甲侍衛, 又着面甲如假面形, 以鐵作兩角, 狀如鹿角, 沃以金銀. 以鐵作行縢, 束其兩脚).

③ 국왕은 나이가 33세였다(國王年三十三歲).

④ 국왕은 아들 넷이 있었는데, 장자는 나이가 15세가량이었고, 나머지는 모두 어렸다. 장자가 출입할 때는 10여 명의 군사가 그를 호위하며 따랐다. 왕자는 국왕과 같은 곳에 살지 않고, 별도의 다른 곳에 살았다(國王有子四人, 長子年十五許, 餘皆幼. 長子出入時, 軍士十餘人侍從之. 王子不與國王同處, 別在他所).

⑤ 옛날 궁궐은 사는 궁성의 남쪽에 있었다. 층각과 성곽의 규모나 체제는 사는 궁궐과 같았다. 수시로 왕래하며 2~3일 혹은 4~5일 그곳에 머물렀다. 국왕이 행차할 때는 호위 군사 약 300명이 모두 갑옷을 입고 말을 탔다. 지닌 병장기로, 활과 화살, 창, 검, 갈고리[鉤] 같은 유가 있었고, 앞뒤로 뒤섞여 행진했다. 국왕은 가마를 타거나 말을 타기도 했다. 호위 군사들이 부르는 노래는 곡절이 농사지을 때 부르는 노래 같았다. 앞에는 나이 어린 세 아들이 있었고, 뒤에는 장자가 따랐다(舊宮在所居宮城南, 其層閣·城郭制度與常居宮同. 時時往來, 或二三日, 或四五日留居焉. 國王行時, 侍衛軍

士約三百餘, 皆着甲騎馬, 所執兵或弓矢·或槍·或劍·或有形如鉤者, 前後雜列而行. 國王或乘轎, 或乘馬, 侍衛軍士唱歌, 曲節如農歌. 年少三子在前, 長子於後從之).

⑥ 국왕은 일이 없이 있을 때는 붉고 흰 비단[紅白綃], 또는 검은 비단으로 머리를 싸매고 있고, 출입할 때는 본국(本國) 여자들이 쓰는 대나무 갓[竹笠] 같은 왜갓[倭笠]을 쓰는데, 안은 붉고 밖은 검었다. 복식은 조정 관리들과 다름이 없었다(國王燕居, 或用紅白綃, 或用黑綃裹頭, 若出入則着倭笠, 狀如本國女竹笠, 內紅外黑. 服飾與朝官無別).

⑦ 닷새마다 한 차례 조회한다. 좌우에는 큰 깃발을 세웠고, 다른 의장은 없었다. 조정 관리들이 뜰에 들어와 합장하고 세 번 절했다. 이날에는 백성들이 술통을 가져와 궁에 바치고, **생모시**[生苧]를 **공납했다**(每五日一朝會, 左右各立一大旗, 無他儀仗. 朝官入庭合掌三拜. 其日人民持酒桶來, 納於宮, 又納生苧).

⑧ 사는 사람들은 조밀하여 집을 나란히 하고 담장을 붙였다. 길은 매우 좁았고, 민가에서는 소나무나 종려나무 두 나무를 즐겨 심었다(民居稠密, 比屋連墻, 街路甚狹, 人家好種植松棕二樹).

⑨ 의복 제도는 왜의 복장과 같았으나 바지는 입지 않았다. 의복은 비단[段子], 명주실로 만든 얇은 비단[絲綃]과 저포(苧布)를 사용하며, 남녀가 같은 복장이었다(衣服制度一如倭服, 但不着袴. 其服用段子·絲綃及苧布, 男女同服).

⑩ 그곳 사람들은 항상 크고 작은 두 개의 칼을 차고 다니며, 음식을 먹거나 생활할 때도 몸에서 떼어 놓지 않았다. 칼은 본국(本國, 조선)의 환도(還刀)와 같았다(其俗常佩大小二刀, 飮食起居, 不離於

身. 刀形與本國環刀同).

⑪ 위나 아래의 남녀 모두 맨발로 다니며 신발 같은 것[靴鞋]이 없지만, 성 밖에서는 왜의 짚신[倭鞋] 같은 신을 신는다. 궁성에 들어오면 신지 않았고, 성 밖이라도 존장자를 만나면 또한 벗었다(上下男女竝皆徒跣, 而無靴鞋, 但城外着鞋如倭鞋. 入宮城不着, 雖城外若見尊長, 則亦脫去).

⑫ 남자들은 머리 왼쪽에 방망이 모양으로 상투를 틀고 여자들은 머리 뒤로 방망이 모양으로 쪽을 지었다. 항상 관이나 건을 쓰지 않았고, 비 오는 날에는 왜갓[倭笠] 또는 종려나무 잎, 또는 모직 적삼[氈衫], 또는 도롱이[蓑衣]를 착용한다(男子椎髻在頭左, 女子椎髻在腦後. 常當不冠巾, 雨日或着倭笠, 或着棕葉, 或着氈衫, 或着蓑衣).

⑬ 조정 관리의 녹봉은 5일마다 한 번씩 하사했다(朝官祿俸, 每五日一頒).

⑭ 바깥 성안에는 창고와 마구간[廐]이 있었는데, [마구간에서는] 항상 큰 말 여섯 필을 길렀다(外城內有倉庫及內廐, 常養大馬六匹).

⑮ 강가[江邊]에 성을 쌓고 안에는 술을 넣어 두는 방[酒庫房]을 설치하여, 그 안에는 큰 옹기를 배치하여 주료(酒醪)를 가득 채워 놓고, 1년, 2년, 3년으로 술 창고를 나누어 그 숫자를 써 놓았다. 또 군기고(軍器庫)를 설치하여 철갑(鐵甲), 창, 검, 활과 화살로 안을 채워 두었다(於江邊築城, 中置酒庫房, 內排列大甕, 酒醪盈溢, 一·二·三年酒庫分書其額. 又置軍器庫, 鐵甲·槍·劍·弓矢充牣其中).

⑯ 여러 곡물이 모두 있었다(諸穀皆有).

⑰ 가축에는 소, 말, 닭, 개가 있었고, 짐승으로 노루와 사슴이

있었으며, 날짐승으로 제비, 꾀꼬리, 까마귀, 비둘기[鳩], 노란 참새[黃雀]가 있었지만, **호랑이나 표범은 없었다**(其畜有牛·馬·雞·犬, 獸有獐·鹿, 禽有燕·鶯·鴉·鳩·黃雀, 無虎·豹).

⑱ 채소로는 파, 부추, 마늘, 생강, 무[蘿葍], 상치[萵苣], 바나나[芭蕉], 미오가 생강[蘘荷], 토란[芋], 참마[薯蕷]가 있었다(其菜, 有葱·韮·蒜·薑·蘿葍·萵苣·芭蕉·蘘荷·芋·薯蕷).

⑲ 선박들은 벌레가 먹는 것을 우려하여 강가에 풀로 이은 집을 지어 그 안에 넣어 두었다(船隻常患蛆食, 於江邊作草舍入置焉).

⑳ 강가에 있는 시장에는 남만(南蠻), 일본, 중국의 상선들이 와서 교역했다(市在江邊, 南蠻·日本國·中原商船來互市).

㉑ 나라의 정남쪽에 있는 남만(南蠻)은 순풍에 석 달 정도 [항행하면] 이르고, 나라의 동남쪽에 있는 일본국은 순풍에 5일 정도 [항행하면] 이르며, 나라 서쪽에 있는 중국은 순풍에 20일 정도 [항행하면] 이른다고 했다(南蠻在國正南, 順風則可三月乃到, 日本國在國東南, 順風則可五日乃到, 中原在國西, 順風則可二十日乃到云).

㉒ 단 도적들은 죽인다. 혹 국왕이 직접 심문하여 군사들이 잡아가 성 밖에서 죽였고, 혹 관청의 해당 관리가 치죄하여 죽이기도 했다(但凡盜賊或戮之, 或國王親鞫, 軍士拿去城外殺之, 或於官府有司治而殺之).

㉓ 수산물로는 물고기뿐이었고, 뭍에 있는 것으로 배나무, 밤나무, 복숭아나무, 종려나무, 소나무, 상수리나무, 왜귤나무[倭橘樹] 뿐이었다(水産惟魚物, 在陸者惟梨·栗·桃·棕·松·橡·倭橘樹而已).

㉔ 미아괴(彌阿槐)섬에 처음 도착했을 때, 그 섬사람들이 인근의

굴이마도(屈伊麻島), 일남포도(日南浦島), 시마자도(時麻子島), 우감도(于甘島) 등 다섯 섬의 사람들과 서로 왕래하며 술을 마셨다. 갈 때마다 반드시 초득성을 청하여 후하게 위로했다(初到彌抄阿槐島, 本島人與隣近屈伊麻島·日南浦島·時麻子島·于甘島五島人民互相往來飮酒, 每相往時, 必請肖得誠等厚慰之).

이상 24개의 정보 중에서 ① ~ ⑦은 왕궁과 국왕에 대한 기록이다. 초득성 일행은 1462년 당시 유구 중산국 왕의 나이가 33세이라며 네 명의 아들을 언급했다. 초득성 일행은 4월 27일에 오키나와에 도착했고 7월 6일 오키나와를 떠났다. 『영종예황제실록(英宗睿皇帝實錄)』, 권 339, 천순(天順) 6년(1462), 4월 26일 첫 번째 기사에, "이부 우급사중 반영과 행인사(行人司)의 행인 채철충을 정사와 부사로 임명하여, 유구국에 보내어 죽은 상태구를 제사하고, 아울러 그의 세자 상덕을 왕으로 책봉했다(吏科右給事中潘榮·行人司行人蔡哲充正副使, 往琉球國, 祭故王尙泰久, 并封其世子尙德爲王)"라는 기록이 보인다. 이로써 초득성 일행의 진술은 상당히 정확하다고 볼 수 있다. ③, ④, ⑤의 정보는 다른 자료에서 찾아보기 어렵다. ②에서 얼굴을 가면처럼 보호하는 갑(甲)은 B-㉖의 내용과 일치한다.

⑧ ~ ⑬은 일반 주민들의 생활상을 기록했다. 길이 좁고 집에는 소나무와 종려나무를 주로 심었다는 점, 바지를 입지 않고 남녀의 복장이 같다고 한 점, 두 자루의 칼을 항상 차고 다닌다는 정보는 C의 진술에서만 볼 수 있다. 맨발로 다닌다는 ⑪의 정보는 B-⑥과 일치한다. 『세종실록』, 세종 11년(1429) 8월 15일 네 번째 기사에, 울진현에 표류

해온 15명의 유구 사람들에게 신발을 제공했다는 기록이 보인다. ⑫의 왼쪽에 상투를 튼다는 정보는 A-⑨의 진술로 확인되는데 A-⑨ 정보가 더 자세하고 정확하다. 또 평소 관(冠)이나 건(巾)을 쓰지 않는다는 정보는 『수서』에 따른 『문헌통고』의 "남자들은 깃털로 관(冠)을 만들어 주패(珠貝)로 꾸미고 붉은 털로 장식했으나 형식은 같지 않다"라는 정보와 완전히 배치된다. 관리들은 5일마다 녹봉을 받는다는 ⑬의 정보는 상당히 이채롭고 유일하다.

⑭와 ⑮는 [슈리]성의 주변 시설을 기술했다. 중산국이 중국에 조공한 주요 품목은 말이었다. 큰 말들을 길렀다고 하는 점을 볼 때 조공용으로 왕국에서 별도로 사육한 것으로 보인다. ⑮에서 말하는 '강변'은 동에서 서로 흐르는 노하강과 나가도강이 현 나하시 동남쪽에서 합류하여 나하 항구로 흘러나온다. 이곳에 상당히 체계적인 '국영' 술창고를 마련해둔 것은 사신을 접대하고, 왕래하는 상인들에게 판매하기 위함이었을 것이다.

⑯ ~ ⑱은 유구국의 산물을 가장 자세하게 기술하고 있다. 모든 곡물이 다 있다는 정보는 B-⑳과 일치한다. 가축, 들짐승, 날짐승에 관한 정보는 B-㉔와 대략 일치하지만, 호랑이나 표범이 없다는 정보가 추가되었다. 이는 1534년 진간의 『사유구록』에서도 확인되는 사실이다. 그렇다면 『수서』에서 "모시[紵]를 짜서 갑옷을 만든다. 혹 곰이나 표범 가죽을 사용하기도 한다"라고 한 기술과 『제번지』에서 "표범 고기[豹脯]를 가져가서 삼서(三嶼)에 판다"라는 정보와 완전히 배치된다. 오키나와 유구의 채소를 기술한 ⑱은 유일하면서 자세하다.

⑲ ~ ㉑은 오키나와가 해양 교역으로 영위되는 나라임을 여실히 보

여준다. 그들은 배의 침식을 막기 위해 배를 띳집에 보관했다. 교역 상대국으로 남만(南蠻), 일본, 중국을 들었다. B-㉙에서는 중국, 일본, 여국(女國)이라 했었다. B의 '여국'이 여기서는 남만(南蠻)으로 바뀌어 있다. '남만'이란 중국 남부의 이민족을 일컬었던 명칭이다. 이미 중국이 언급되었으므로, 여기의 남만은 교지(交阯, 베트남 중북부), 점성(占城, 참파 베트남 중남부), 진랍(眞臘, 캄보디아), 말레이반도 동안의 나라를 지칭할 것이다. 한편 ㉑의 항해 정보는 우리가 B의 기술보다는 A와 C의 기술을 더 신뢰하게 만든다. 오키나와 유구에서 일본까지는 5일, 중국까지는 20일 걸린다고 했지만, B-㉚은 중국까지는 동남풍일 경우 7일, 일본까지는 서풍일 경우 18일 걸린다고 했다. 중국으로는 서남풍을 타고 가야 하고, 일본으로는 동풍을 타고 가야 한다. 더 가까운 일본이 B에서는 더 멀게 기술되었다.

도적질에 대한 형벌이 엄격하여 도적이 없다는 ㉒의 정보는 B-⑲에서도 확인된다. 이는 『제번지』에서 "다른 기이한 물품은 없고 노략질을 일삼기 때문에, 상인들이 통상하지 않는다"라는 기술과 완벽히 배치된다. 『수서』에서 『문헌통고』까지 기록한 '유구'는 타이완 유구였음이 이로써 확연히 드러난다.

㉓은 바다와 뭍에서 나는 산물을 증언한 것으로 B-㉕에서 "유자[柚], 귤[橘], 감[柑]뿐이었다"라는 정보와는 달리 배나무, 밤나무, 종려나무, 복숭아나무, 소나무, 상수리나무 등의 나무가 더 보인다. 그러나 주목할 점은 『수서』에서 『대명일통지』(1461년)에까지 보이는 산물인 투루수(鬬鏤樹)가 보이지 않는다는 것이다. 이 점에서 전혀 다른 두 곳을, 의고주의에서 벗어나지 못하고 하나의 나라로 읽으려 했던 중

국 문인들의 집요한 노력을 읽을 수 있다.

마지막으로 초득성 일행이 미아괴(彌阿槐)섬에 도착했을 때[2월 4일] 환대를 받았다는 인근의 굴이마도(屈伊麻島), 일남포도(日南浦島), 시마자도(時麻子島), 우감도(于甘島) 등 네 개 섬을 실마리로, 미아괴를 다시 추정해야 한다. 앞서 우리는 '미아괴'를 나하 동해에 있는 미야기섬으로 비정하기에는 무리한 점들을 살펴보았다. 우리는 오키나와 나하에서 약 280km 떨어져 있는 '미야코(宮古)'를 떠올릴 수 있다. 이곳에 둔다면 10여 일 만에 본국에 도착했다는 기술에도 어느 정도 부합한다. 확실히 '미야기'섬보다는 유리하다. '굴이마도(屈伊麻島)'는 미야코 섬 서남쪽에 붙은 작은 섬인 구리마(來間)와 음성적으로 일치한다. 또 '일남포도'는 미야코섬 동북쪽에 가까이 있는 '이라부(伊良部)'라는 섬과 상당히 근접한 발음을 보여준다. 세 번째 '시마자도'는 이부라섬 서쪽에 붙어 있는 '지모지(下地)'라는 섬과 발음이 일치하고, 마지막 '우감도'는 미야코섬 북단에 붙어 있는 아주 작은 섬인 '오가미(大神)'에 해당한다. 따라서 초득성 일행이 얻어 타고 오키나와 나하로 간 조공선은 바로 중국에서 본국으로 돌아가는 배였을 것이다.

4. 이계손(李繼孫)과 오키나와 유구 사신들 간의 문답 [1462년] — 'D'

조선의 '유구'는 모두 오키나와 유구였다. 『대명일통지』가 완성되었을 때, 이미 조선에서는 오키나와 유구가 타이완 유구가 아니라는 사실을 알고 있었다. 앞서 다룬 것처럼 마단림의 『문헌통고』는 가깝게는 조여괄의 『제번지』 정보를 채록했고, 멀리는 『수서』, 「유구전」의 전통을 잇고 있다. 따라서 『문헌통고』의 정보를 확인하면, 『수서』의 '유구'가 오키나와 유구가 아님을 확인할 수 있다. 타이완 유구와 오키나와 유구에 대한 혼동은 조선에서도 마찬가지였지만, 『조선왕조실록』은 이미 1462년 확실한 기록으로 두 나라가 다른 나라임을 증언해 주었다. 반면 명나라는 1534년이 되어서야 비로소 두 나라를 구분하게 되었다.

『세조실록』, 권27, 세조 8년(1462) 2월 28일 네 번째 기사에는 세조 7년(1461) 대마주 경차관(對馬州敬差官)으로 대마도에서 돌아온 이계손(李繼孫, 1423~1484)이 그해 12월 유구국 사신단을 접대하는 선위사를 맡아 기록한 '문견 사목(聞見事目)'의 내용이 수록되어 있다. 이 문건에 따르면, 이계손은 유구국의 정사 보수고(普須古)와 부사 채경(蔡璟)과 대화를 나누며 『문헌통고』에 기술된, 유구국에 관한 내용을 조목조목 들어 사실 여부를 확인했다. 이들의 문답을 편의상 'D'로 표기하자.

① 이계손이 유구국의 복식에 관해 묻자, 유구국 사신들은 "남자들은 저 수행원[伴人]들의 옷을 보면 알 수 있듯이 알록달록한[斑爛] 옷을 입고, 관(冠)은 당신 나라의 중[僧]이 쓰는 대나무 갓[竹笠]과 같다. 여자들의 의상은 하나같이 중국 여자[漢女]와 같지만, 다만 알록달록한 옷을 입되, 머리를 덮어서 내리며, 관은 남자의 갓[笠]과 같지만, 조금 크다"라고 하자, 이계손은 『문헌통고』의 문장을 들어 "그 풍속에, 남자들은 새 깃으로 관을 만들고, 주패(珠

貝)를 달고, 붉은 털로 장식하며, 부인들은 그물 문양의 흰 베로 모자를 만들고, 잡다한 깃으로 옷을 만든다(其俗男子鳥羽爲冠, 裝以珠貝, 飾以赤毛, 婦人以羅紋白布爲帽, 幷雜羽爲衣)"[4]라고 하던데, 왜 기술이 다른지 반문했다. 그러자 사신들은 그것은 모르겠지만, 어쨌든 지금은 그렇지 않다고 답했다고 한다.

② 병장기에 관하여, 이계손이 『문헌통고』에 따라 "그 풍속에 쇠칼이 적어 대부분 뼈나 뿔을 보충하고, 저(紵)를 짜서 갑옷을 만드는데 혹 곰이나 표범 가죽을 사용하기도 한다(其俗少鐵刀, 多以骨角助之, 編紵爲甲, 或用熊豹皮)"라고 한 사실을 묻자, 사신들은 "우리 나라에는 철이 많고, 곰과 표범은 희귀하다. 이는 정말 헛소리이다(我國多鐵稀熊豹, 此正謊說)"[5]라고 답했다.

③ 전투하는 방식에 관하여 『문헌통고』에 "나라 사람들은 서로 치고 찌르다가, 이기지 못하면, 사람을 보내 사례[致謝]하고 함께 화해한다. 그리고 싸우다 죽은 자를 수습하여 [사람들을] 모아 먹는다(國人互相擊刺, 如其不勝, 遣人致謝, 共和解, 收鬪死者聚而食之)"[6]라고 한 기록을 묻자, "그렇지 않다. 옛날이나 지금이나 세상에 어찌 사람을 서로 먹을 수 있겠으며, 또 이기지 못했는데 어찌 사례하겠는가(不然, 古今天下安有人相食之, 亦安有不勝而致謝)"라고 강하게 부인했다.

④ 형벌에 관하여, 이계손이 『문헌통고』에 "감옥에는 칼이나

---

4 제1장 I-5.
5 제1장 I-6.
6 제1장 I-8.

쇠사슬[枷鎖]이 없고 쇠 송곳으로 정수리 또는 목[項]을 찔러 죽인다(獄無枷鎖, 以鐵錐鑽項殺之)"[7]라고 한 것에 관해 묻자, 그런 가혹한 형벌은 없으며 모두 헛소문이라고 했다.

⑤ 식초, 술, 소금, 장(醬)에 관하여 묻자, "쌀을 깨끗이 씻어 밥을 지어, 누룩과 섞어 술을 빚는다. 다만 하루 만에 빚는 술[一日之酒]은 15세의 소녀가 입을 헹구고 밥을 씹어 [그것으로] 빚는데, 그 맛이 감미롭다. 초(醋) 또한 쌀로 빚는다. 소금은 바닷물을 끓여 만든다. [간]장은 소맥(小麥)으로 관리하여 만든다(淨洗米作飯, 和麴釀之, 但一日之酒, 則以十五歲處女漱口咬飯釀之, 其味甚甘. 醋亦以米釀之. 鹽則煮海爲之. 醬則用小麥董造)"라고 하였다. 이 또한 『문헌통고』의 내용을 확인해 준 것이다.[8]

⑥ 가무(歌舞)에 관해서는 "한 사람이 손뼉을 치며 노래하면 사람들이 모두 화답한다. 손을 흔들며 춤을 춘다. 조정의 정악(正樂)은 없다(一人擊掌而歌, 衆皆和之. 搖手而舞. 無朝廷正樂)"라고 하며 『문헌통고』의 정보를 확인해 주고 있다.[9] 사신들은 수행원들에게 가무를 보여주게 했는데, 이를 본 이계손은 "그 노래는 우리나라 농가(農歌)와 비슷했고, 춤은 야인(野人)의 춤과 같았다(其歌聲似我國農歌, 舞似野人之舞)"라고 기록하고 있다.

⑦ 상장례(喪葬禮)에 관하여, "산 암석 아래 실(室)을 짓는다. 여인의 남편이 죽으면 유골을 수습하여 함에 넣고 차례로 암실에 안

---

7 제1장 I-10.
8 제1장 I-14.
9 제1장 I-15.

치한다. 봄과 가을에 날을 골라 [암실의] 문을 열고 들어가 제사한다. 또 집의 대청[正廳]에 신주를 봉안하고, 아침저녁으로 먹을 것을, 살아 있는 것처럼, 제수로 올리고, 흰옷을 3년간 입는다. 중국 복건의 풍속에 따른다면, 죽음에 임했을 때, 몸을 붙잡아 앉은 채로 죽게 한다. 수은을 입에 부어 안색을 살아 있는 것처럼 하여 대청에 봉안하여 평소처럼 제사한다. 3년의 상기가 끝난 뒤에 화장하기도 한다. 상장례가 이처럼 두터워 사람들은 '양주(揚州)에서 나서, 복건에서 죽는다'라고 한다(於山上巖下作室. 女人家人死, 則燒收骨盛函, 次次置於巖室. 春秋擇日, 開門入室祭之. 且於家正廳奉安神主, 以朝夕所食之物, 祭如平生, 以白衣終三年. 若中朝福建之俗, 則臨死之時, 令左右持體, 使之坐死, 用水銀灌口, 顏色如平生, 奉安正廳, 奉祀如常, 三年喪畢後或燒葬. 喪葬之禮, 如此其厚, 故世人云, 生在楊州, 死在福建)"라고 설명했다.

⑧ 심는 곡물에 관해 묻자, "벼, 기장[粱], 밀보리[牟麥], 참깨[麻], 콩은 있지만, 소두(小豆)와 메기장[黍]은 없다(有稻·粱·牟麥·麻·豆, 無小豆及黍)"라고 답했고, 곡물의 파종과 수확에 관해서는 "무논은 11월에 파종하여, 3월에 모내기하고, 6월에 베고, 또 6월에 파종하여, 7월에 모내기하고 10월에 벤다. 늦벼[稺禾]라면 결실이 많이 줄어든다. 밭[旱田]은 3월에 파종하여 7월에 벤다(水田則十一月播種, 三月移秧, 六月刈之, 又六月播種, 七月移秧, 十月刈之. 若稺禾則收實太減. 旱田則三月播種, 七月刈之)"라고 이모작을 기술했다.

⑨ 천축주(天竺酒)[10]에 관해 묻자, 사신들은 "광랑나무 즙을 익

---

10 '천축주(天竺酒)'는 우리나라 사료에만 보인다. 『세조실록』, 권26, 세조 7년(1461) 12월 2일

혀 술을 만드는데, 그 맛이 향기롭고 강해 두 잔을 마시면 종일 취한다(桄榔樹漿燒成酒, 其味香烈, 飮二杯, 終日而醉)"라고 하였다.

⑩ 특산물에 관해 묻자, "황금, 산호, 호박, 유황, 주석, 철이 있다. 유황으로 말하자면, 한 해를 파내도 다시 그 구덩이가 채워져, 다할 이유가 없다(黃金·珊瑚·琥珀·硫黃·鑞·鐵, 若硫黃則堀之一年, 復滿其坎, 無窮盡之理)"라고 하였다.

⑪ 양잠과 방직에 관해서는 "양잠과 방직을 독촉하지만, 비단 짜는 것으로 말하자면 한 단자(緞子)도 짜지 못했고, 삼마는 있으나 베를 짜지 못하고 단지 끈으로 사용할 뿐이다. 저(紵)의 길이는 1장 남짓이며, 한 집에서 1년에 폭넓은 가는 베[細布] 한 필도 짜내지 못하니, 드는 수고가 많기 때문일 것이다(促勤蠶績, 織錦不織段子, 有麻而不織布, 只用爲繩。 紵長丈餘, 一家一年不過織闊細布一匹, 以其用功重也)"라고 자국 방직 기술이 부족함을 토로했다.

⑫ 지세(地勢)와 궁궐의 제도에 관해 묻자, "동남쪽은 평원이고 서북쪽은 산이 많다. 땅의 원근은 우리도 자세히 모른다. 왕궁은 건청전(乾淸殿)이라 하는데, 3층이고, 정문은 자단성(紫丹城)이라 하는데, 삼중이다. 좌우의 장사(長史) 두 사람이 왕명을 출납하고, 왕이 거둥할 때는 여관(女官)이 검을 짚고 호위하며, 대궐 안에는

두 번째 기사에 유구국 중산왕이 보수고(普須古)와 채경(蔡璟)을 보내왔을 때, '천축주' 한 정(埕)을 바쳤다는 기록이 보인다. 이어서 12월 12일에 이 사신들에게 잔치를 베풀고 이 천축주를 개봉했다는 기사에 따르면 "정(埕)을 대령하자, 독[埕]에는 송진이 발려 있어, 보수고 등이 불로 그을려 열어 보니 술이 아니라 사탕(沙糖)이었다(命埕, 埕塗以松脂, 普須古等薰火開視, 則非酒乃沙糖也)"라는 당황스러운 이야기가 기록되어 있다. 이계손은 이들과 대화를 나누고 있으므로, 1461년 이 당황스러운 술에 관해 물은 것으로 보인다. 어쨌든 '천축주'에 관한 정보는 여기의 기술이 유일하다.

항상 군사가 없고 성 밖에서만 군사들이 날을 바꿔 숙직한다. 오군 통제부(五軍統制府), 의정사(議政司), 육조(六曹)를 설치하여, 각기 당상관 4명을 두었으며, 낭청(郎廳)은 없고, 다만 통제부에만 낭청 두 명이 있다(東南平原, 西北多山, 地之遠近則吾未之詳. 王宮曰乾淸殿, 有三層, 正門曰紫丹城, 有三重. 左右長史二人出納王命, 凡王擧動女官杖劍侍衛, 闕內常無軍士, 只於城外軍士更日直宿. 設五軍統制府·議政司·六曹, 各有堂上四員, 無郎廳, 只於統制府有郎廳二員)"라고 설명했다.

⑬ 봄가을로 행하는 군사 훈련[講武]에 관해 묻자, "1년에 한 번 군사를 징발하여, 때가 되면 왕족 중 한 사람에게 훈련을 시키게 하며, 왕이 직접 행하지는 않는다(一年一度徵軍, 臨時特命王族一人講武, 王不親行)"라고 답했다.

⑭ 혼례에 관해서는 "남자 집에서 폐백으로 빙례를 행하여, 약정한 뒤에 남자가 먼저 여자 집에서 잔치하고 돌아오면, 여자가 또 남자 집에서 잔치한 다음 부부의 예를 행하고 끝낸다. 중매와 별도의 방에 자리를 마련하여 함께 마신 뒤에, 여자의 어미와 같이 흰 수건에 꽃[花]을 취한다. 부인에게 꽃이 없으면, 관청에 알려 쫓아내고 예물을 회수하는데, 처모(妻母)도 처를 심문하며 논죄한다(男家以幣帛行聘禮, 定約後男先設宴於女家而還, 女又設宴於男家, 仍行夫婦禮畢. 與媒人設席別房, 共飮後同女母, 取白帕取花. 若婦人無花, 告官赶出, 取回聘物, 妻母問妻坐罪)"라고 알려주었다.

⑮ 어떻게 신에게 제사하는지를 묻자 "나라에는 신당이 있는데, 사람들이 경외하며 다가가서 보지 못한다. 혐의가 있는 사람이 있을 때, 무당[巫人]을 초빙하여 신에게 축원하게 하는데, 무당

이 신의 말을 전하여 '그의 집을 불태울 것이다'라고 하면 곧바로 신의 불이 일어나 그 집만 태우고 잠시도 이웃집에 불이 붙지 않으니 경외함이 이와 같다고 할 수 있다. 남편이 술로 아내를 학대하여 아내가 신당으로 들어가 버리면 나라에서는 곧바로 그 남편을 참수하는데, 참수하지 않으면 먼 섬에 던져버리기 때문에, 남편들은 호랑이처럼 아내를 무서워한다. 또 신이 노하면 나라 안에 태풍이 불고 역질이 창궐한다. 나라 사람들이 함께 일심으로 기도해야 그친다. 또 해변에 천비낭랑전(天妃娘娘殿)을 지어 두고 출항할 때는 말과 돼지를 잡아 제사한다. 대양에 나갔을 때 풍랑을 만나기라도 하면 배에 타고 있던 사람들이 일심으로 천비를 외며 붓[筆]을 달아 놓으면, 그 붓이 저절로 떨어져 '평안 무사'라고 쓴다고 한다(國有神堂, 人畏之不得近而視之, 若有嫌人, 則憑巫人祝神, 巫傳神語曰, 當焚其家。卽起神火, 只焚其家, 暫不延燒隣家, 其可畏如此. 若男夫因酒虐妻, 妻卽入神堂, 則國家卽斬其男夫, 不斬則投諸遠島, 故男夫畏妻如虎. 且神怒則國內起大風, 興大疫. 國人共齊心祈禱, 乃止. 又於海邊, 作天妃娘娘殿, 若發船則斬馬·猪祭之. 泛舟大洋, 或遇風浪, 船中人共齊心念天妃懸筆, 則其筆自落自書云, 平安無事)"라고 했다고 한다. 이계손이 믿지 못하겠다고 하자, "우리도 듣고 믿지 않았는데, 우리가 배를 타고 다닐 때 여러 번 바람의 변고를 당했는데, 과연 이러한 징험이 있었으니 맹세코 허망한 말이 아니다(吾亦嘗聞而未信, 吾行船屢遇風變, 果有此驗, 誓不妄談)"라고 경험담을 말했다.

⑯ 중국에 하는 조공에 관해 묻자, "1년에 한 번 사신을 보내 유황 6만 근, 양마 40필을 조공하며, 주패(珠貝) 같은 물품은 수에

구애받지 않는다(一年一度遣臣朝貢, 硫黃六萬斤·良馬四十匹, 如珠貝等物, 不拘數)"라고 답했다.

⑰ 여국(女國)에 관해서 묻자, "여국이 있는 곳을, 우리는 아직 보거나 알지 못한다. 다만 서량(西良)의 땅에 있다고 들었는데, 물살에 힘이 없어 기러기 털을 던지면 곧 가라앉으니 사람들이 얕지 않을 것이라고 하지만, 그 나라의 풍토와 인물이 어떠한지는 모른다(女國在處吾未曾見知, 但聞在西良之地, 水流無力, 投鵝毛卽沈, 人不得淺. 未知其國風土·人物何如)"라며 여국을 알지 못했다. 그러자 이계손이 여국이 중국에 조공했다고 들은 소문에 관해 묻자, "그것은 터무니없는 소리다. 우리나라에는 중국인들이 많이 살고 있어 무슨 일인들 모르겠는가. 우리는 여국이 중국에 조공했다는 소문을 들은 적 없다. 단 영락(永樂) 연간에 시암[暹羅國]의 여관(女官)들이 중국에 조공했는데, 외부 사람들이 모르고 여국 사람으로 오인했을 것이다. 시암의 여색은 아주 아름답고, 향을 끓인 물로 목욕하며, 남자들은 검은 몸에 머리를 풀어 헤쳐, 머리털이 면양 같다고 한다(此是謊說, 我國則中朝人多住, 每年朝中朝, 何事不知. 未聞女國朝中朝. 但永樂年間暹羅國女官朝中朝, 外人不知, 誤以爲女國人. 其暹羅女色絶妙, 浴用煮香之水, 男則蓬頭黑身, 毛髮如緜羊)"라고 하며 사람들이 시암은 여국으로 오인한 것이라고 설명했다.

⑱ 사신들이 「유구국도(琉球國圖)」를 보고 "조선에서 유구국을 향해 갈 때 일본의 서쪽을 따라서 동남쪽으로 간다(自朝鮮發向琉球國, 則從日本西邊, 向東南去)"라고 하였는데, 이는 지도와 다르다고 지적했다. 이에 이계손이 "일본 서쪽을 따라 서남쪽으로 간다고

들었다"라고 하며 되묻자, 사신들은 "서남쪽으로 향하면 강남(江南)으로 가는 길이다(向西南去, 則江南路也)"라고 알려주었다고 한다. 또 이계손이 지도에 그려진 부상(扶桑), 영주(瀛洲), 나찰국(羅刹國), 대신(大身), 대한(大漢), 발초(勃楚), 삼불제(三佛齊), 흑치발해(黑齒勃海), 미거(尾渠) 등의 나라에 관해 묻자, 사신들은 "우리는 들어본 적 없다. 다만 우리나라 돌 표면에 '영주(瀛州)'라고 쓰여 있는데, 필시 호사가들이 행한 짓이라 생각한다. 또 일본과 우리나라를 '부상(扶桑)'이라고 하는데, 또 다른 '부상'이 있는지 모르겠다(吾未曾聞見. 但吾國石面書刻瀛洲, 吾以謂必是好事人所爲. 且日本及我國稱爲扶桑, 亦未知別有扶桑)"라고 대답했다.

5. 『해동제국기』[1471년]의 유구

1471년의 서문을 갖춘 신숙주(申叔舟, 1417~1475)의 『해동제국기(海東諸國記)』는 15세기에 유일하게 오키나와 유구를 기술한 자료이다. 사실 중국에도 이처럼 자세하고 정확한 기술은 전혀 없다. 15세기의 중국 자료는 타이완 유구와 오키나와 유구의 정보가 혼재하고 있는 1461년의 『대명일통지』가 고작이다. 신숙주는 「유구국기(琉球國紀)」에서 오키나와 유구를 조선의 관점에서 상당히 체계적으로 기술했다.

[VI-1] 국왕이 바뀐 순서[國王代序]: 국왕의 세습. 홍무(洪武) 23년(경오, 1390) 국왕 찰도(察度)가 사신을 보내 조공해 와 유구국 중산

왕(中山王)이라 한 이래로 해마다 사신을 보내왔다.[11] 그의 세자 무녕(武寧)도 방물을 헌상했다. 영락 7년(기축, 1409) 그의 손자 사소(思紹)가 사신을 보내와 유구국 중산왕이라 했다.[12] 그의 서신에 대략 "선조왕 찰도와 선부왕 무녕(武寧)이 연이어 죽어, 성채(城寨)마다 불화가 생겨, 해를 거듭하여 싸우느라 줄곧 소원했습니다만, 이제 대명(大明)의 황제가 왕작(王爵)을 책봉해 주시는 은혜를 입었습니다"[13]라고 하였다. 16년(무술, 1418) 또 사신을 보내와 유구국 중산왕 둘째 아들 하통 연우진(賀通連寓鎭)[14]이라 했다. 그 서신에 대략 "나의 형이 올래 갑자기 죽어 내가 처음으로 우호 관계[通聘]를 맺고자 합니다"[15]라고 하였다. 선덕(宣德) 6년(신해, 1431)에 유구국 중산왕 상파지(尙巴志)라고 칭하며 사신을 보내왔다.[16]

---

11 중산왕 찰도의 등장은 『태조고황제실록(太祖高皇帝實錄)』, 권77, 홍무 5년(1372) 12월 29일 두 번째 기사에 따르면 "중산왕 찰도가 아우 태기(泰期) 등을 보내와 표문을 바치고 방물을 헌상했다(中山王察度遣弟泰期等奉表貢方物)"라는 첫 번째 조공 기록에 나타난다.

12 『태종문황제실록(太宗文皇帝實錄)』, 권90, 영락 7년 4월 11일 첫 번째 기사에 "조선국왕 이방원, 유구국 중산왕 사소와 운남, 사천, 호광, 광서, 귀주의 여러 토관 또는 추장들이 사신을 보내 방물을 바치고 만수성절을 축하하여 초폐(鈔幣)를 차등에 따라 하사했다(朝鮮國王李芳遠·琉球國中山王思紹及雲南·四川·湖廣·廣西·貴州諸土官酋長等, 遣使貢方物, 賀萬壽聖節, 賜鈔幣有差)"라는 내용으로 확인할 수 있다.

13 『명사』, 권6, 「성조본기」, 7년 기록(87쪽)에 유구 중산과 산남이 조공을 들였다는 정보는 확인되지만, 중산왕이 유구 국왕으로 책봉되었다는 사실은 보이지 않는다.

14 『세종실록』, 권1, 1418년 8월 4일 세 번째 기사에는 "유구 국왕의 둘째 아들 하통이 연이어 사람을 보내 좌·우의정에게 서신을 올리고(琉球國王二男賀通連遣人致書于左·右議政)"라며, 방물을 바쳤다고 하였다. '하통'이란 이름은 『명사』에 전혀 언급되지 않았다. 조공한 품목을 보면 단목(丹木), 백반(白磻), 금란(金襴), 단자(段子), 청자기(靑磁器), 심황(深黃), 천궁(川芎), 곽향(藿香), 청자화병(靑磁花甁), 침향(沈香)을 바쳤다고 하는데, 모두 오키나와 유구의 산물로 알려진 것들이 아니다.

15 『명사』, 권7, 「성조본기」, 영락 16년의 기록에, 유구 중산이 두 차례 조공해 왔다고만 했다.

16 『선종장황제실록(宣宗章皇帝實錄)』, 권83, 선덕 6년 8월 19일 첫 번째 기사에 "유구국 중산왕 상파지가 사신 유남(由南), 결제(結制) 등을 보내 표문을 올리고 말과 방물을 바쳤다(琉球國中山王尙巴志遣使者由南·結制等, 奉表貢馬及方物)"라는 기록이 보인다.

경태(景泰) 4년(계유, 1453) 유구국 중산왕 상금복견(尙金福見)이 사신을 보내왔다.[17] [경태] 6년(을해, 1455) 유구 국왕 상태구(尙泰久)가 사신을 보내왔다.[18] 천순(天順) 2년(무인, 1458) 유구 국왕 견(見)이 사신을 보내왔다. 3년(기묘, 1459) 다시 '상태구'라 칭하며 사신을 보내왔다. 5년(신사, 1461) 사신을 보내 유구 국왕 상덕(尙德)이라 칭했다.[19] 성화(成化) 2년(병술, 1466) 또 상덕(尙德)을 칭하며 사신을 보내왔다. 7년(신묘, 1471) 겨울에 국왕은 자단서당(自端書堂)을 보내 조공해 왔다.[20] 자단(自端)이 이르기를, "상파지(尙巴志) 이상은 모르는 바이고, 상(尙)은 성이요, 파지는 호로, 이름은 억재(億載)입니다. 상금복견(尙金福見)의 이름은 금황성(金皇聖)입니다.

17 『영종예황제실록(英宗睿皇帝實錄)』, 권206, 경태 2년(1451), 7월 2일 첫 번째 기사에 "좌급사중 교의(喬毅), 행인 동수굉(童守宏)을 보내, 고 유구국 중산왕 상사달(尙思達)을 제사토록 하고, 그의 숙부인 상금복(尙金福)을 중산왕으로 책봉했다(遣左給事中喬毅·行人童守宏, 諭祭故琉球國中山王尙思達, 封其叔父尙金福爲中山王)"라고 기록했고 이후 경태 3년과 4년에도 상금복(尙金福)이 중국에 사신을 보내 조공한 기록이 보인다. '상(尙)'은 성씨이고, '금복'은 자(字)이고, '견(見)'은 이름으로 보인다. 어쨌든 '견'이 이름이든 자(字)이든 우리 자료에서만 보이는 부가 정보임에는 분명하다.

18 『영종예황제실록(英宗睿皇帝實錄)』에 따르면, 유구 국왕 상태구(尙泰久)는 경태 7년(1456)까지 유구 국왕 상금복(尙金福)의 아우로 기록되어 있고, 천순(天順) 원년(1457)부터 국왕으로 등장한다.

19 『영종예황제실록』에 따르면, 상태구는 천순 원년에 책봉되어 천순 6년(1462)에 죽은 것으로 보인다. 천순 6년 4월 26일 첫 번째 기사에 "이과 우급사중 반영과 행인사의 행인 채철(蔡哲)을 정사와 부사로 삼아, 죽은 상태구를 제사하고 아울러 세자 상덕(尙德)을 왕으로 책봉하게 했다(命吏科右給事中潘榮·行人司行人蔡哲充正副使往琉球國, 祭故王尙泰久, 并封其世子尙德爲王)"라고 하였다.

20 『헌종순황제실록(憲宗純皇帝實錄)』, 권88, 성화(成化) 7년(1471) 3월 11일 두 번째 기사에 따르면, "유구국 중산왕 세지 상원(尙圓)이 사신 채경(蔡璟) 등을 보내와 조공하며, 그 나라 왕 상덕(尙德)의 죽음을 알리고, 봉작을 청했다(琉球國中山王世子尙圓遣使臣蔡璟等來朝貢方物, 報其國王尙德薨逝, 及請封爵)"라고 하였다. 따라서 1471년 겨울의 유구 국왕은 상원(尙圓)이었을 것이다. '서당(書堂)'은 선종 사원에서 쓰는 '서당(西堂)'을 말하는지 모르겠다. 『중종실록』, 권51, 중종 19년(1524) 9월 2일 두 번째 기사에는 '인숙서당(仁叔西堂)'이란 사람의 말이 기록되어 있다.

상태구의 이름은 진물(眞物)입니다. 상덕(尙德)의 이름은 대가(大家)로 형제가 없습니다. 현재 왕의 이름은 중화(中和)나 아직 호를 붙지 않았으며 나이는 16세로, 종씨의 단봉전주(丹峯殿主)의 딸을 아내로 맞았습니다. 왕의 아우 어사(於思)는 13세이고, 둘째 아우 절계(截溪)는 10세입니다. 국왕이 사는 곳은 중산(中山)이라 하므로 중산왕이라 칭합니다"라고 하였다. 찰도(察度)부터 사신을 처음 보내온 이래로, [조공 사신이] 이어지며 끊어지지 않았으며, 방물을 바치는 것이 매우 성실했다. 직접 나라 사람을 보내기도 하고, 일본 사람으로 그 나라에 장사하러 온 사람을 사신으로 삼기도 했다. 그들의 글은 전(箋)이나 자문(咨文), 혹은 일반 서신[致書]으로 격식이 일정하지 않았다. 그들의 칭호와 성명도 일정하지 않았다. 유구는 우리나라에서 가장 멀리 떨어져 있어 자세한 사항을 살필 수 없어, 우선 조빙(朝聘), 명호(名號), 순서를 기록하여 훗날 고증을 기다린다(國王世襲. 洪武二十三年庚午, 國王察度遣使來朝, 稱琉球國中山王, 自是連歲遣使. 其世子武寧亦獻方物. 永樂七年己丑, 其孫思紹遣使, 稱琉球國中山王. 其書略曰, 先祖王察度及先父王武寧, 相繼薨逝, 以致各寨不和, 連年征戰, 一向疎曠, 今荷大明皇帝寵封王爵. 十六年戊戌, 又遣使稱琉球國中山王二男賀通連寓鎭. 其書略曰, 予兄今年淹逝, 予始通聘. 宣德六年辛亥, 稱琉球國中山王尙巴志而遣使. 景泰四年癸酉, 稱琉球國中山王尙金福見而遣使. 六年乙亥, 稱琉球國王尙泰久而遣使. 天順二年戊寅, 稱琉球國王見而遣使. 三年己卯, 復稱尙泰久而遣使. 五年辛巳, 遣使而稱琉球國王尙德. 成化二年丙戌, 又稱尙德而遣使. 七年辛卯冬, 國王使自端書堂來朝. 自端曰, 尙巴志以上, 所不知. 尙姓, 巴志號, 名億載. 尙金福見, 名金皇聖. 尙泰久, 名眞

物. 尙德, 名大家, 無兄弟. 今王名中和, 時未號, 年十六歲, 娶宗姓丹峯殿主女. 王弟名於思, 年十三歲. 次弟名截溪, 年十歲. 國王所居地名中山, 故稱中山王. 自察度道始遣使以來, 相繼不絶, 進方物甚謹. 或直遣國人, 或因日本人商販在其國者爲使. 其書或箋或咨或致書, 格例不一. 其稱號姓名亦不定. 琉球去我最遠, 不能究其詳, 姑記朝聘·名號·次第, 以待後考).

위의 밑줄 친 정보는 『해동제국기(海東諸國記)』에만 보이는 유일한 기술이다. 유구국은 1372년부터 명나라와 공식적인 조공 관계를 맺었고, 동시에 조선과도 공식적인 관계를 유지했다. 그런 결과로 이처럼 중국 자료에 언급되지 않는 기록이 남겨지게 되었다. 유구국이 15세기에 번성할 수 있었던 것은, 바로 이러한 다국적 외교에 있었기 때문일 것이다. 명나라 측에서는 유구를 통해 일본의 진출을 최전방에서 통제할 수 있었고, 조선은 유구가 중개하는 외국의 산물들을 확보할 수 있었으며, 역시 일본을 견제할 수 있는 대안이 되었다. 앞서 본 것처럼 임진왜란 당시 명나라 원군의 지원 경로로 복건 - 소유구(타이완 북부) - 대유구(오키나와) - 제주도로 이르는 수로가 대안으로 떠오르기도 했었다. 유구국 측에서도 일본 없이도 충분히 명나라, 조선과의 우호 관계를 맺어 일본에 대한 의존도 줄이고, 일본의 침략 또는 진출에 대해 최선의 안전장치로 삼을 수 있었을 것이다.

[VI-2] **유구국의 도성[國都]**: (1) 나라는 남해 가운데 있다. 남북으로는 길고 동서로는 짧다. 도읍에는 돌로 쌓은 성이 있다. 여러 섬이 별처럼 늘어서 있고 다스리는 곳은 36개의 섬이다. 땅에서

는 유황이 나는데, 파낸 지 1년이 되면 다시 갱(坑)이 채워져 채취해도 끝이 없다. 해마다 중국에 사신을 보내 유황 60,000근과 말 40필을 진공한다(國在南海中, 南北長而東西短. 都有石城. 諸島星列, 所治凡三十六島. 土産硫磺, 堀之一年, 復滿坑, 取之無窮. 歲遣使中國, 貢硫磺六萬斤·馬四十匹).

(2) 양회(梁回)는 선덕 5년(경술, 1430) 사신으로 와 조공했다. 서신에는 유구국 장사 양회라고 했다(梁回, 宣德五年庚戌, 遣使來朝, 書稱琉球國長史梁回).

(3) 이금옥(李金玉)은 성화(成化) 4년(무자, 1468) 사신을 보내 조공해 왔다. 서신에는 유구국 총수장(摠守將) 이금옥이라 했다(李金玉, 成化四年戊子, 遣使來朝, 書稱琉球國摠守將李金玉).

(4) 등민의(等悶意)는 성화(成化) 5년(기축, 1469)에 사신을 보내와 조공했다. 서신에는 유구국 중평전대도(中平田大島), 평주수(平州守) 등민의라고 하였다(等悶意, 成化五年己丑, 遣使來朝, 書稱琉球國中平田大島平州守等悶意).

(1)의 정보에서는 먼저 유구국의 위치를 조선을 중심으로 기술했다는 점에 주목할 필요가 있다. 둘째, 유구국이 36개의 섬으로 구성되어 있다는 정보는 별도의 언급이 필요하다. '36개의 섬'은 『대명일통지』(1461년)에서 팽호서(彭湖嶼)에 적용된 수치이다.[21] 한편 중국 자료로는 1719년 중국의 유구국 책봉 사신으로 다녀와 1720년 『중산

21 『명일통지』, 사고전서본, 권75, 6b.

전신록(中山傳信錄)』을 완성해 헌상한 서보광(徐葆光)의 기록이 있는데, "유구는 36개의 섬을 거느려, 물길로 남북은 3,000리이고, 동서로는 600리이다(琉球屬島三十六, 水程南北三千里, 東西六百里)"라고 하였다(대만문헌총간본, 권5, 131쪽). 이는 『해동제국기』보다 훨씬 뒤이다. 이러한 점에서 신숙주의 정보는 충분히 주목받을 만하다. 『대명일통지』의 팽호서 정보를 타이완 유구로 착각하고 오키나와 유구에 적용했을 가능성은 남아 있지만, 신숙주의 이 정보는 당시 최신 정보였음이 분명하다. 유황에 관한 정보는 1462년 이계손의 문답에서 확인할 수 있다(D-⑩).

(2)의 경우, 『세종실록』, 권50, 세종 12년(1430) 윤12월 26일 세 번째 기사에 양회(梁回)가 올린 서신의 내용이 보인다. 양회는 『선종장황제실록(宣宗章皇帝實錄)』, 권46, 선덕 3년(1428) 8월 21일 세 번째 기사에서, 중산왕 상파지(尙巴志)의 사신으로 이름이 처음 기록되었고, 『영종예황제실록』, 권256, 경태 6년(1455), 2월 14일 두 번째 기사에는 상태구(尙泰久)의 배신(陪臣)으로, 중국에 조공한 사신으로 갔다는 마지막 언급이 보인다. 따라서 '양회'가 사신으로 왔다는 이 기록은 확인된다.

(3)의 이금옥(李金玉)이란 이름은 『조선왕조실록』이나 『명실록』에서 전혀 보이지 않을 뿐만 아니라, '총수장(摠守將)'이란 관직명도 이해하기 어렵다. 유구국 사신으로 속여 말했을 가능성이 크다.

(4) 『조선왕조실록』에 등민의(等悶意)는 세 차례 언급되었다. 위의 정보는 『성종실록』, 권6, 성종 1년(1470) 6월 29일 세 번째 기사에 "유구국(琉球國) 중평전대도(中平田大島) 평주수(平州守) 등민의(等悶意)가 인수 화상(仁叟和尙) 등 6인을 보내어 와서 토산물[土宜]를 바쳤다"라고

한 일을 말한다. 또 『중종실록』, 권51, 중종 19년(1524) 9월 2일 두 번째 기사에는 유구국(琉球國)의 등민의(等悶意)가 보낸 도선주(都船主) 국차(國次)가 아뢴 내용이 보인다. 또한 권74, 중종 28년(1533) 5월 9일 두 번째 기사에는 예조의 공문이 실려 있는데, "등장국이 보낸 사신 융춘당(融春堂)이 전 국왕의 아우 등민의(等悶意)라고 운운하며 사칭했습니다. 국왕의 성은 상(尙)입니다. 상(尙)과 등(等)은 다르다고 캐묻자 다시 국왕의 매부(妹夫)라고 말을 바꾸었습니다(等長國使送融春堂, 在稱詐前國王同生弟等悶意云. 國王之姓, 尙也. 尙·等不同, 故問之, 則又變說以爲國王同生妹夫也)"라고 한 기록이 보인다. 여기 '등장국'은 한·중·일 자료 어디에도 보이지 않는다. '등민의'는 중국 자료에 전혀 언급이 없다. 이는 유구국 사신으로 속인 명백한 사례라고 볼 수 있다.

> [VI-3] **나라의 풍속**[國俗]: (5) ⓐ 땅은 좁고 사람은 많다. ⓑ 바다를 다니는 선박으로 장사하는 것을 생업으로 한다. ⓒ 서쪽으로는 남만(南蠻)과 중국과 통상하고, 동쪽으로 일본과 우리나라와 통상한다. ⓓ 일본과 남만의 장삿배들도 이 나라 도읍의 바다 포구에 모이므로, 나라 사람들은 포구 가에 술집을 차려두고 교역한다(地窄人多. 以海船行商爲業. 西通南蠻·中國, 東通日木·我國. 日本·南蠻商舶, 亦集其國都海浦, 國人爲置酒肆浦邊, 互市).
>
> (6) 국왕은 누각에 살지만, 다른 나라 사신들을 접대할 때마다 임시 누각[假樓]을 만들어 그들을 응대한다. 중국과 우리나라의 서신이 이르면, 깃발[旗纛]을 갖추어 맞이하러 나온다(國王樓居, 每宴他國使, 爲構假樓, 與之相對. 中國及我國書至, 具旗纛出迎).

(7) 좌우 장사(長史) 두 사람을 두어 왕명을 출납하게 하고, 또한 오군통제부, 의정사, 육조가 있다(有左右長史二人, 出納王命, 又有五軍統制府·議政司·六曹).

(8) 이곳은 항상 따뜻하며, 서리나 눈이 없어 초목이 시들지 않는다(地常暖, 無霜雪, 草木不凋落).

(9) 무논은 1년에 두 번 수확한다. 매년 11월에 파종하여 3월에 모내기하고, 6월에 수확한다. 곧바로 다시 파종하여 7월에 모내기하고 10월에 또 수확한다(水田, 一年再收, 每十一月播種, 三月移秧, 六月收穫. 卽又播種, 七月移秧, 十月又穫).

(10) 남녀의 의복은 일본과 대동소이하다(男女衣服, 與日本大同小異).

(5) ⓐ의 정보는 1462년 초득성 등의 표류 진술(C-⑧)에 보인다. ⓑ는 1453년 유구 국왕 상금복(尙金福)의 사신 도안(道安)이 "토산으로 마·저(麻·紵)만 있지만, 상선이 네 척이 있어 사방의 산물을 갖추지 않은 것이 없습니다"라고 한 진술에 보인다. ⓒ와 ⓓ는 1462년 초득성 등의 표류 증언(C-⑮와 ⑳)에서 확인된다. (6)의 정보는 1456년 양성 등의 표류 진술(B-⑬)에서 확인할 수 있지만, 임시 누각을 설치한다는 기술은 신숙주가 보완한 것으로 보인다.

(7)의 정보는 1462년 이계손이 오키나와 유구 사신들과 나눈 문답에서 가져왔다(D-⑫). (8)은 1450년 만년과 정록의 표류 증언(A-①)과 1456년 양성 등이 진술한 유구국 개술에서 확인된다. (9)는 1450년 만년과 정록의 표류 증언(A-①), 1456년 양성 등의 진술(B-㉒), 이계손이 유구국 사신들과 나눈 문답(D-⑧)에서 확인된다. 마지막 의복에 관

한 정보(10)은 15세기 중반 표류 증언을 통해 신숙주가 일본 복식으로 뭉뚱그려 기술한 것일 것이다. A, B, C, D에서 일본과 비슷하다는 증언은 보이지 않는다.

> [VI-4] **도로와 거리[道路里數]**: 우리 경상 동래현(東萊縣) 부산포(富山浦)에서 대마도(對馬島)의 도이사지(都伊沙只)까지 48리이다(自我慶尙東萊縣之富山浦, 至對馬島之都伊沙只, 四十八里). 도이사지에서 선월포(船越浦)까지는 19리이다(自都伊沙只, 至船越浦, 十九里). 선월포에서 일기도(一岐島)의 풍본포(風本浦)까지 48리이다(自船越浦, 至一岐島之風本浦, 四十八里). 풍본(風本)에서 모도이포(毛都伊浦)까지는 5리이다(自風本, 至毛都伊浦, 五里). 모도이(毛都伊)에서 비전주(肥前州)의 상송포(上松浦)까지는 13리이다(自毛都伊, 至肥前州之上松浦, 十三里). 상송포에서 혜라무(惠羅武)까지는 165리이다(自上松浦, 至惠羅武, 一百六十五里). 혜라무에서 대도(大島)까지는 145리이다(自惠羅武, 至大島, 一百四十五里). 대도에서 도구도(度九島)까지는 30리이다(自大島, 至度九島, 三十里). 도구도에서 여론도(輿論島)까지는 55리이다(自度九島, 至輿論島, 五十五里). 여론도에서 유구국 도성까지는 15리이다(自輿論島, 至琉球國都, 十五里). 모두 543리이다【우리나라 이수(里數)로 계산하면 5,430리이다】(都計五百四十三里.【以我國里數計則五千四百三十里】).

이상 부산에서 오키나와로 가는 여정의 정확한 위치와 그에 해당하는 이수를 부합하게 맞추기 어렵다. 『대동야승(大東野乘)』 권3에 수록된 조신(曺伸, 1454~1528)의 『소문쇄록(謏聞瑣錄)』에서는(717쪽), 『해동제국기』에서 유구국까지 이르는 여정을 인용하고 있다. 그 거리를 측정하기 위해, 앞서 제시된 이수(里數)를 참고해보면, 한양에서 장흥(長興)까지 975리, 진도(珍島)까지 900리, 울산까지 920리라고 한다. 이를 근거로, 대략적 거리를 직선거리로 계산하면, 장흥 370km, 진도 344km, 울산 310km로, 1리는 0.33~0.38km이다. 이를 기준으로 부산포에서 대마도 북부 도요사키(豊崎)까지는 조선의 이수로 480리이므로, 대략 184km이다. 현 부산에서 대마도 북부까지는 60km가 채 되지 않는다. 신숙주는 부산에서 유구국까지의 전체 거리가 5,430리라고 한다. 이는 위의 '0.33'으로 계산하더라도 1,790km를 넘는 거리이다. 그러나 부산에서 나하까지의 거리는 직선거리로 약 1,000km이다. 아무리 여러 지점을 들렀다고 하더라도 편차가 크다. 따라서 이 계산을 따르면 이수는 전혀 부합하지 않는다. 현재의 1,000km를 기준으로 계산하면, 1리=0.175~0.185km 정도이다. 이로써 최소 0.175km로 계산하면 도요사키는 부산에서 84km 지점에 있어야 한다.

선월포(船越浦)는 조선의 사신들이 일본을 왕래할 때 거친 주요 기항지이다. 이곳은 대마도 중부 고후나코시(小船越)와 오후나코시(大船越)를 연상시킨다. 이 두 항구 또는 포구는 남북으로 6km 정도 떨어져 있다. '선월'은 일본 발음을 그대로 한자로 표기한 것이 아니라, 의역하여 표기한 것 같다. 남용익(南龍翼)의 『부상일록(扶桑日錄)』(1655년)에 따르면(해행총재본, 270쪽), "선월포는 왜 발음으로 '후나고시'라고 한다. 좌하포(佐賀浦, 사가우라)에서 남쪽으로 30리 떨어져 있다. 양쪽의 암석이 갈라져 하나의 문[해협]을 이루어, 뱃길이 한 갈래로 좁다랗게

나 있고, 물살이 좁아지며 급해, 뱃사공들이 조심하고 두려워하며 쌀을 던져 행운을 빌며 지나갔다(船越浦倭音後羅古施. 距佐賀浦南三十里. 兩岸巖石, 坼作一門, 船路細分一條, 湍狹而急, 舟人戒懼, 投米祝禱而過)"라고 기록했다. 배가 좁은 수로를 통해 해협을 넘어가므로, '선월(船越)'이라 표현한 것으로 보인다. 대마도 북부에 있는 도요사키에서 선월포까지가 19리라면 조선의 이수로 190리이다. 앞의 계산대로라면, 33km에 달한다. 따라서 우리는 그 지점에서 선월포를 찾아야 한다면, 그곳은 '수미 요시세도(住吉瀨戶)' 같은 좁은 해협을 지칭한다고 볼 수 있다.

일기도(一歧島)는 바로 이키섬[壱岐島]이다. 카자모토우라(風本浦)는 10세기 일종의 일본 백과사전 『화명유취초(和名類聚抄)』에 따르면, 일기군(壱岐郡) 카자하야(風早) 또는 카자모토(風本) 향의 명칭에서 비롯되었고, 그곳은 현 가쓰모토우라(勝本浦) 일대로 추정하고 있다. 선월포에서 이 이키섬 북부 풍본포, 즉 현 가쓰모토우라까지는 부산포에서 도요사키까지의 거리인 48리, 즉 480리로 되어 있다. 대마도 오후나코시에서 가쓰모토우라까지는 직선거리로 60km 남짓이다. 이는 확실히 부산포에서 대마도 북부까지의 거리이다. 우리의 기준대로 계산하면, 선월포, 후나코시 지역에서 84km 떨어진 지점에 이키섬의 기지모토우리기 있어야 한다.

모도이포(毛都伊浦)는, 이키 시립 이키고쿠 박물관(一支国博物館)의 지명해설에 따르면, 이키섬 서안 고노우라항(郷ノ浦港) 서쪽 혼이우라(本居浦)라고 한다. 가쓰모토우라에서 이곳까지는 50리라고 하므로, 위의 계산대로, 8.75km이다. 섬의 서안을 돌아온다면, 대략 12km 정도이다. 편차는 크지 않다. 어쨌든 모도이포는 이키섬 서안에 있고,

그곳은 가쓰모토우라의 남쪽에 있는 항구임에는 분명하다.

비전주(肥前州)는 후쿠오카 서쪽, 나가사키 북쪽 지역을 말한다. 상송포(上松浦)는 현 마쓰우라(松浦)일 것이다. 이곳은 카미마쓰우라 씨(上松浦氏)가 세거한 곳으로 알려졌다. 도모이포, 즉 고노우라 항 인근에서 마쓰우라까지는 130리라고 한다. 0.175km로 계산하면 22.75km이다. 직선거리로 두 지점은 25km가 되지 못한다.

혜라무(惠羅武)란 곳은 어디인지 짐작하기 어렵다. 전 여정에서 가장 먼 코스로, 카미마쓰우라에서 이곳까지는 1,650리라고 한다. 우리의 계산대로라면, 288.75km이다. 이 거리에 해당하는 지점은 가고시마에서 7시 방향으로 약 100km 지점에 있는 쿠로시마(黑島)이다. 카미마쓰우라에서 쿠로시마까지는 남쪽으로 279km 떨어져 있다. '혜(惠)' 자와 '흑(黑)'의 혼동에서 비롯된 것인지도 모르겠다.

대도(大島)는 아마미오시마(奄美大島)를 가리킨다. 혜라무에서 아마미오시마까지는 1,450리라고 했으므로 위의 기준으로 계산하면 253.75km이다. 현 쿠로시마에서 아마미시까지는 대략 274km이다. 이로써 우리는 '혜라무'를 쿠로시마로 비정할 수 있겠다.

도구도(度九島)는 도쿠노시마(德之島)에 해당하는 음일 것이다. 아마미오시마에서 300리라고 했으므로, 위의 방식대로 계산하면, 52.5km이다. 아마미오시마섬과 노쿠노섬 사이의 최단 거리는 50km가 못 된다. 이곳과 요론섬[輿論島] 사이는 550리로, 직선거리로 97km 정도이다. 위의 기준대로 계산하면 96.25km이다.

여론도(輿論島)는 오키나와섬 북동쪽에 있는 요론섬을 말한다. 이곳에서 유구국까지는 150리라고 한다. 위의 방식대로 계산하면

26.25km에 해당한다. 오키나와 북단과 요론섬의 거리는 직선거리로 대략 25km이다. 이로써 볼 때, 여기 유구국까지의 거리가 110km가 넘는 유구국의 도성 나하까지를 말하는 것은 아닐 것이다.

이상의 항로를 따라가 보면, 부산 항구 $\xrightarrow{60\text{km}}$ 대마도(對馬島)의 도이사키(豊崎) $\xrightarrow{40\text{km}}$ 고후나코시(小船越) $\xrightarrow{65\text{km}}$ 이키섬 가쓰모토우라(勝本浦) $\xrightarrow{12\text{km}}$ 이키섬 고노우라항(郷ノ浦港) $\xrightarrow{50\text{km}}$ 히젠 마쓰우라(松浦) $\xrightarrow{72\text{km}}$ 쿠로시마(黑島) $\xrightarrow{253\text{km}}$ 아마미오시마(奄美大島) $\xrightarrow{50\text{km}}$ 도쿠노시마(德之島) $\xrightarrow{97\text{km}}$ 요론섬[輿論島] $\xrightarrow{25\text{km}}$ 오키나와 유구국에 이른다. 총 931km이다. 약간의 편차를 둔다면 930~950km일 것이다. 부산항에서 직선거리로 오키나와 동북단까지는 918km로 상당히 비슷한 값을 얻을 수 있다. 신숙주가 기록한 이수는 정확한 출발점과 도착점을 모르지만, 대략 1리는 175m 정도였다. 이로써 볼 때, 육로의 이수보다 해로의 이수는 거의 배로 짧아졌다.

이상 유구국으로 가는 여정을 기록한 다음에 신숙주는 일본국과 유구국 사신들을 응접하는 일종의 지침을 29개의 항목으로 자세하게 기록해 두었다. 『해동제국기』는 확실히 이 자료로 마무리되었다. 이후의 기록은 일종의 부록 형태로 두 자료가 실려 있다. 하나는 성화(成化) 9년(1473) 9월 2일에 작성해 올린 전산전(畠山殿)[22]의 부사[副官人]

---

22 『해동제국기』, 「일본국기」에 따르면, 황궁 주변 지역인 기나이(畿內) 5주 중에서 천황궁이 있는 아미시로주(山城州)에, 천황궁, 구니오도노(國王殿)에 이어서, 세 번째로 언급된 대부의 전각이다. 하타케야마 씨는 무로막치 막부(室町幕府)의 세 간료우(管領) 중 하나이다. "문명(文明) 2년 경인(1470, 성종 1년)에 사신을 보내왔다. 서장(書狀)에는 관제 전산 좌경대부 원의승(管提畠山左京大夫源義勝)으로 되어 있다." 한편 『성종실록』, 성종 4년(1473) 8월 25일

양심(良心)이 [예]조에서 음식을 하사하는 날에 올린 글[畠山殿副官人良心曹饋餉日呈書契]이고, 하나는 홍치(弘治) 14년(1501)년 4월 22일에 작성하여 승문원의 재가를 받아 붙인 자료로 유구국의 지리와 풍습에 관한 정보가 14개의 항목으로 기술되어 있고, 이어서 유구국의 말을 번역해두고 있다.

6. 성희안(成希顔)의 추가 정보[1501년] — 'E'

1501년 4월 22일 작성된 이 마지막 자료는 성희안(成希顔, 1461~1513)이 작성한 것으로 보인다. 『연산군일기』, 연산 7년(1501) 1월 22일 두 번째 기사에 따르면, 병조판서 이계동(李季仝, 1450~1506)이 "유구국 사신이 세조 때에 조공해 왔었는데, 올해 다시 왔습니다. 그 나라의 풍토, 사람들과 사물, [왕조의] 세대를 자세히 모르니, 선위사 성희안에게 침착하게 자세히 물어 [그 내용을] 『해동제국기』의 끝에 쓰도록 하여 이후 참고할 자료를 갖추시기를 바랍니다(琉球國使臣, 世祖朝來聘, 今年重來. 其國之風土·人物·世代未之詳知, 請令宣慰使成希顔從容詳問, 書于海東諸國記之末, 以備後考)"라고 건의하여 재가를 받았다는 기록이 보인다. 또

기사에 따르면 "일본국(日本國) 경성관령(京城管領) 전산전(畠山殿) 좌경대부(左京大夫) 원의승(源義勝)이 조린(照隣)을 보내와서 토산물을 바치고" 올린 서계(書契)의 내용이 기록되어 있다. 그 끝에는 승려 "조린(照隣)을 정사(正使)로 삼고 신사(信使) 양심(良心)을 특별히 부사(副使)로 임명하여, 삼가 보잘것없는 방물을 바친다"라고 하였다. 여기 9월 2일 일본의 전란 상황의 원인을 분석하여 올린 서계는 바로 이들이 가져온 것이다. 이 서계는 『성종실록』에 수록되지 않아, 자료의 가치가 크다. 『해동제국기』의 서문이 쓰인 시기 이후(1471년)이므로, 이후 추가된 자료일 것이다.

한 연산 6년(1500) 11월 8일 네 번째 기사에는 성희안이 유구국 사신의 선위사로 접대하고 그 과정을 자세히 아뢴 기록이 보인다. 성희안이 유구국의 지리와 풍습을 기록한 글은 『실록』에 실려 있지 않아, 여기 『해동제국기』에 추가된 내용과 같은 텍스트였는지 확인할 수 없지만, 전후의 상황은 상당히 믿을 만하다. 이 성희안이 추가한 정보를 편의상 'E'로 표기한다.

① 땅의 경계는 동서로 7~8일 정(程)이고, 남북으로 12~13일 정이다(地界東西七八日程, 南北十二三日程). 앞에서 나라의 도성을 개술하며 "남북으로는 길고 동서로는 짧다(南北長而東西短)"라고 하는 정보와 일치한다.

② 무논은 1년에 두 번 수확한다. 정월에 파종하여, 5월에 수확하고, 6월에 파종하여 10월에 수확한다. 밭[陸田]은 1년에 한 번 수확한다(水田一年再收. 正月播種, 五月刈穫, 六月播種, 十月刈穫. 陸田一年一收).

③ 남자들은 귀천이 없이 머리를 묶어 오른쪽에 상투를 튼다. 국왕은 항상 붉은 수건으로 머리를 싸매고, 관직이 있는 사람은 잡색의 수건을 사용하며, 서민들은 흰 수건을 사용한다. 옷은 모두 소매가 넓다. 중국의 사신이 오면, 국왕은 오사모(烏紗帽)를 [쓰고], 붉은 도포를 [입으며], 옥대(玉帶)를 [찬다]. 신하들은 품계에 따라 각기 자기들의 관복을 입는다. 모두 중국의 제도를 모방했다(男子無貴賤, 結髮爲髻於右. 國王常以紅巾包頭, 有職人用雜色巾, 庶人用白巾. 衣皆闊袖. 中朝使臣來, 則國王烏紗帽·紅袍·玉帶. 群臣隨品, 各服其服.

皆倣中朝之制).

④ 초하루와 보름에는 신하들이 반드시 잔치를 연다(朔望, 群臣必設宴).

⑤ 중국 사람으로 [그곳에] 와서 사는 사람들은 3,000여 가구로, 별도로 성(城)을 지어 살게 한다(中朝人來居者三千餘家, 別築一城處之).

⑥ 삼발사(三發司)에는 두 명이 있는데, 나라의 대신(大臣)에 해당한다. 정사의 크고 작은 일 모두 총괄하게 했다. 본국 사람이 아니면 이 관직에 임명되지 않는다(三發司有二員, 當國大臣也. 政無大小, 皆總之. 非本國人, 則不得除是職).

⑦ 장사(長史) 두 명, 정의대부(正義大夫) 두 명은 실무를 행하는 사람[用事者][23]으로, 모두 중국 사람이며, [그곳에] 와서 사는 사람이 맡게 한다(長史二員·正議大夫二員, 用事者也, 並以中朝人來居者爲之).

⑧ 조정의 관리는 직에 따른 땅[職田]을 받거나 장삿배를 품계에 따라 계산해 주어 [그 배들로부터] 세금을 받아먹게 한다(朝士有職田, 又以商販船, 隨品計給, 令收稅食之).

⑨ 국왕의 상에는 금은으로 관(棺)을 장식하고 바위를 파서 바깥 관을 만든다. 매장하지 않고, 산에 집을 만들어 안치했다가, 10여 일 뒤에 친족과 비빈들이 모여 통곡하고, 관을 열어 시신을 꺼내 살점을 모두 발라내어 물에 던지고 뼈를 다시 관에 넣는다. 관리나 서민의 상에도 이와 같이 하지만 석곽(石槨)은 하지 않는

23 '용사(用事)'의 의미가 애매하다. 이들 관직은 중국 사람이 담당하는 것으로 볼 때, 통사(通事)나 의전을 담당하는 사람을 의미하는 것으로 생각한다.

다(國王之喪, 用金銀飾棺, 鑿石爲槨. 不埋葬, 造屋于山以安之, 後十餘日, 親族·妃嬪會哭, 開棺出尸, 盡剔肥膚, 投諸水, 還骨于棺. 士庶人之喪, 亦如之, 但無石槨).

⑩ 부모의 상에 사대부는 100일, 서민은 50일 육식하지 않고 음주하지 않는다(父母之喪, 士大夫百日, 庶人五十日, 不食肉飮酒).

⑪ 부인에게 자녀가 없이 남편이 죽으면 스스로 목을 베어 남편을 따라가는 사람이 보통 열에 일고여덟이다. 왕도 [이를] 금하지 못한다(婦無子女而夫死, 則自刎從之者, 十常七八, 王亦不能禁).

⑫ 형벌에 유배와 참수는 있지만, 때리는 형벌은 없다(刑有流配處斬, 無笞杖).

⑬ 하늘과 땅에 제사하는 제단이 있어, 모든 기도는 반드시 그곳에서 제사토록 한다. 다른 나라에 사신으로 가는 사람들은 제단에 나아가 분향하고 타고 남은 재를 삼키며 "우리나라의 일을 저들에게 말하지 않겠다"라고 운운하며 맹세한 뒤에 출발한다(有天地壇, 凡祈禱必祭之. 奉使他國者, 詣壇焚香, 取香灰呑之, 誓曰, 我國之事, 當不說於彼云云, 然後發行.

⑭ 나라의 동남쪽, 물길로 7~8일 정(程)에 소유구국(小琉球國)이 있다. 그곳에는 군장(君長)이 없고, 사람들은 모두 장대하며, 의상의 복제가 없다. 사람이 죽으면 친족들이 모여 그 살을 베어 먹고, 그 두개골을 옻칠하고 쇠로 테두리를 둘러 음식 그릇으로 사용한다(國之東南, 水路七八日程, 有小琉球國. 無君長, 人皆長大, 無衣裳之制. 人死, 則親族會而割食其肉, 漆其頭, 廂以金, 爲飮食之器).

성희안이 추가한 정보에는 이전 자료들과 비교하여 크게 새로운 점은 보이지 않는다. 머리를 싸매는 수건으로 신분을 구분하고(③), 신하들은 초하루와 보름에 잔치를 열며(④), 남편이 죽으면 자식이 없는 부인은 십중팔구 남편을 따라 자결한다(⑪)는 기술만 새롭게 추가되었다.

주목할 만한 기술은 ⑭이다. 조선의 기록 자료 중에서 '소유구(小琉球)', 즉 타이완을 언급한 최초의 자료이다. 성희안이 유구국 사신들에게 들은 소유구의 정보는 우리가 『수서』의 '유구'를 떠올리게 하는 야만성을 담고 있다. 두개골을 식기로 사용한다는 정보는 어디에서 가져온 것일까?

주거비(周去非)의 1178년 『영외대답(嶺外代答)』(사고전서본, 권3, 6a), 중국의 동남쪽 해상의 여러 나라[東南海上諸雜國]에서 '근불국(近佛國)'을 기술하며 "또 동남쪽에는 근불국(近佛國)이 있는데, 야생의 섬[野島]들이 많아 '마라노(麻囉奴)'라는 오랑캐 도적[蠻賊]들이 그곳에 산다. 상선들이 표류하여 그 나라에 이르면, 사람들을 잡아 큰 대나무에 꿰어 구워 먹는다. 도적들의 수괴는 치아를 뚫어 황금으로 메운다. **사람의 두개골을 식기로 사용한다**. 이 섬에 들어가면 갈수록 도적들은 더욱 많아진다(又東南有近佛國, 多野島, 蠻賊居之, 號麻囉奴. 商舶飄至其國, 擒人以巨竹夾而燒食之. 賊首鑽齒, 陷以黃金. 以人頭爲食器. 其島愈深, 其賊愈甚)"라고 하였다. 이 단락은 조여괄의 『제번지』에도 그대로 채록되었다. 여기 '마라노'는 말레이 민족을 지칭하는 말라요(malayo), 또는 말라노(malano)와 비슷한 발음을 보여준다. 히어트와 록힐은 헨리 퍼니스(William Henry Furness, 1802~1896)의 『The home-life of Borneo head-hunters』(157쪽)를 참고하여, 보르네오와 수마트라섬의 부족들

사이에 여전히 남아 있는, 황금으로 앞니를 씌우는 풍습을 언급했다(『조여괄』, 151쪽). 또한 히어트와 록힐은 근불국(近佛國)의 '근불'은 '불서(佛逝)'의 오기라고 보고, 그곳을 실리불서(室利佛逝) 즉 수마트라섬으로 추정했다(『조여괄』, 150쪽). 이는 궁여지책으로 제기된 추측일 것이다. '근불국'은 타이완 남해, 보르네오섬 북부, 그리고 필리핀 제도에 활동하던 해상 유목민 중 하나로 읽어야, 여기 성희안이 추가한 정보와 연관성을 갖추게 될 것이다. 결국, 성희안의 이 정보는 16세기 초 조선의 타이완 인식이 『수서』의 기록에서 크게 벗어나지 못했음을 보여준다. 다시 말하자면, 타이완 유구에 대한 정보는 극히 빈약했음을 방증해 준다.

7. 지봉(芝峯) 이수광(李睟光)의 유구[1614년]

지봉(芝峯) 이수광(李睟光, 1563~1628)은 1614년 자신의 서문을 갖춘 『지봉유설(芝峯類說)』, 권2 「제국부(諸國部)·외국(外國)」에서 대략 40여 개국을 하나의 항목으로 기술했다. 그중 25개국의 정보는 정효(鄭曉, 1499~1566)의 총서 『오학편(吾學編)』에 수록된 『황명사이고(皇明四夷考)』를 저본으로 채록하며 자신만의 판단을 짧은 몇 문장으로 기록했다. 지봉은 17세기에 외국을 기록하면서 16세기의 자료를 활용하고 있는 셈이다. 여기 '유구'에 관한 기술도 이에 속한다. 『황명사이고』의 유구는 대체로 오키나와 유구를 기술하고 있지만, 사이사이 타이완 유구의 정보가 뒤섞여 있다.

지봉은 17세기 조선의 '유구'가 오키나와 유구임을 알고 있었다. 우리가 이후 보겠지만, 지봉은 1612년 오키나와 유구에서 온 사신을 북경에서 만나 그 나라에 대한 정보를 일일이 확인하고 있기 때문이다. 그러나 지봉은 『유설』에서 자신의 저본인 『황명사이고』의 정통성에서 벗어나지 못하고, 오키나와 유구와 타이완 유구의 정보를 뒤섞어 채록했다. 이는 17세기까지도 '유구'는 정확히 구분되지 않고, 하나의 나라로 인식되었음을 여실히 보여준다. 한편 지봉이 북경에서 오키나와 유구 사신들을 만나 얻은 최신 정보는 이미 작성된 『지봉유설』에 반영되지 못했다고 이해해야 할 것이다.

지봉은 정효의 『황명사이고』의 기술에서 중요한 정보만 발췌하여 채록했다. 사실 선택하지 않은 정보가 훨씬 많고, 그 채록하지 않은 정보들 대부분은 오키나와 유구를 가리킨다. 오키나와 유구와 타이완 정보가 혼재하고 있었기 때문에, 오키나와 유구에 해당하는 정보들을 버리고, 타이완 유구에 해당하는 정보들만으로 재구성한 것일까? 아니면 그 반대일까? 그렇다면 이는 지봉이 확실히 이들 '유구'가 명칭은 같지만 다른 곳임을 인식하고 있었다는 간접증거가 될 수 있다. 특히 조선에서도 간행된 바 있는 진간(陳侃)의 『사유구록(使琉球錄)』에 오키나와 유구의 내용이 모두 빠져 있다는 점은 이러한 추론을 뒷받침한다. 정효의 『황명사이고』의 전문은 다음과 같다(북경대 소장본, 권상, 23a~26a). 지봉이 재구성한 의도를 파악하기 위해 지봉이 채록한 정보들은 굵은 글씨로 표기한다.

유구는 바다 동남쪽에 있다. 복건 매화 항구에서 [출발하여] 순풍

이 배에 이로우면 7일이면 [그곳에] 이를 수 있다. 한나라와 위나라 시기에서 당나라, 송나라 시기까지 중국과 통교하지 않았다. 수나라 때, 군대를 보내 남녀 5,000명을 포로로 잡은 적이 있었다. 원나라가 사신을 보내 불러 타일렀지만 복종하지 않았다(疏球在海東南, 自福建梅花所開洋, 順颷利舶, 七日可至. 漢·魏至唐宋不通中國. 隋嘗遣兵, 虜其男女五千人. 元遣使招諭, 竟不從).

홍무(洪武, 1368~1398) 초, [이] 나라는 중산(中山), 산남(山南), 산북(山北)으로 나뉘어 세 왕으로 칭하며, 사신을 보내 조공해왔다. 15년(1382) 중산왕 찰도(察度), 산남왕 승종(承宗)에게 도금한 은 인장, 황금과 비단을 하사했다. 사신이 돌아와 세 왕이 패권을 다투며 서로 공격한다고 하여, 조서를 내려 타이르고, 아울러 산북왕 파사지(怕死芝)를 타일렀다. 16년(1383) 산북왕에게 인장과 문기(文綺)를 하사하고, 왕비, 조카, 승상, 성채 관리[寨官]들에게 각기 차등에 따라 [예물을 하사했다]. 25년(1392) 중산이 아들, 조카 그리고 배신(陪臣)의 자제들을 보내 [이들이] 국학에 들어갔다. 상(上)이 기뻐하며 예우를 유난히 후하게 하며, 민(閩)에 사는 사람들에게 36개의 성씨를 하사하고, 배를 잘 조정하는 자들에게 왕래하며 조공하게 했다(洪武初, 國分中山·山南·山北, 稱三王, 遣使朝貢. 十五年, 賜中山王察度·山南王承宗鍍金銀印·金幣, 使還, 言三王爭雄相攻, 賜詔諭之, 并諭山北王怕死芝. 十六年, 賜山北王印·文綺, 王妃·姪·相·寨官各有差. 二十五年, 中山遣子姪及其陪臣子弟, 入國學. 上喜, 禮遇獨優, 賜閩人三十六姓, 善操舟者, 令往來朝貢).

영락(永樂) 2년(1404) 찰도가 죽어, 조서로 그의 세자 무녕(武寧)

을 책봉하고 계승하게 했다. 이해, 산남왕 승찰도(承察度)가 아들이 없이 죽어 그의 사촌 동생 왕응조(汪應祖)가 국사를 대신 다스리게 했다. 왕응조가 사신을 보내와 지난 산북왕처럼 [책봉의] 명을 청해, 건 상서(蹇尙書)[24]를 사신으로 보내 왕응조에게 관복을 하사하고 산남왕을 잇게 했다. 9년(1411) 중산왕 사소(思紹)가 곤의감미(坤宜堪彌)에게 말과 방물을 바치게 하고, 그의 장사(長史) 정복(程復)이 와서 [황제를] 알현했다. 그 표문에 장사 왕무(王茂)가 보좌한 지 여러 해 되었으니, 국상(國相)으로 승진시켜 장사의 일을 겸하게 해주도록 청했다. 또 정복은 원래 중국 요주(饒州, 장시 포양현) 사람으로 선조 찰도(察度)를 40여 년 보필하면서 직무에 나태하지 않았으며, 올해로 81세이니 벼슬을 그만두고 고향으로 돌아가게 해줄 것을 간청했다. 상이 그에 따라, 정복을 유구국 재상이자 좌장사(左長史)로 승진시키되 벼슬을 내려놓고 고향으로 돌아가게 했으며, 왕무를 국상 겸 우장사로 승진시켰다[25](永樂二年, 察度卒, 詔封其世子武寧嗣王. 是年, 山南王承察度卒, 無子, 令其從弟汪應祖攝國事. 應祖使來, 請命如山北王故事, 諭蹇尙書遣使, 賜應祖冠服, 嗣山南王. 九年, 中山王思紹令坤宜堪彌貢馬及方物, 以其長史程復來見. 表言, 長史王茂輔導有年, 乞陞國相兼長史事. 又言, 復本中國饒州人, 輔臣祖察度四十餘年, 不懈[解]于職, 今年八十有一, 乞令致仕還其鄉. 上從之, 陞復琉球國相兼左長

24 건 상서(蹇尙書)는 『태종문황제실록(太宗文皇帝實錄)』, 권30, 영락 2년 4월 12일 첫 번째 기사에 따르면, 이부상서(吏部尙書) 건의(蹇義, 1363~1435)이다.

25 이상 영락 9년의 일은 『태종문황제실록(太宗文皇帝實錄)』, 권115, 영락 9년 4월 3일 첫 번째 기사에서 확인된다.

史, 致仕還饒, 茂國相兼右長史).

경태(景泰) 원년(1450) 중산왕 상사달(尙思達)이 사신을 보내 조공했고, 세 왕이 계승 책봉을 조정에 청해왔다. 산남과 산북이 중산에게 병합되자, 중산은 사신을 보내 조공해 와, 3년에 한 번 조공하되, 조공 [인원은] 150명을 넘지 않도록 했다. 찰도 이후 다섯 세대를 전하여 상원(尙圓)이 계승하여 죽고, 아들 상진(尙眞)이 계승했다(景泰元年, 中山王尙思達遣人朝貢, 三王嗣封皆請於朝已而. 山南·山北爲中山所并, 中山遣使朝貢, 令三年一貢, 貢無過百五十人. 察度後五傳, 至尙圓嗣王卒, 子尙眞嗣).

가정(嘉靖) 11년(1532) 상진이 죽고, 아들 상청(尙淸)이 계승을 청해와 좌급사중 진간(陳侃)과 사신[行人] 고징(高澄)을 보내, 삼생(三牲)의 제물[太牢]로 상진을 제사하고, 상청이 왕을 계승하도록 책봉하며, 왕비에게 관복과 비단 등의 예물[錦幣]을 하사하게 했다. 사신이 상소하기를, 홍치(弘治, 1488~1505), 정덕(正德, 1506~1521)에, 수찬 나륜(羅倫) 등이 안남(安南, 베트남 북부)에 갔을 때, 안남은 조칙이란 나라를 안정시키는 보배[鎭國之寶]라고 하며, 머물기를 간청하여, 나륜이 청하여 머물 수 있었다. 바로 유구(琉球)도 안남의 예와 같이 머물기를 청할 것인데, 바다 밖에 멀리 있어 [왕복할] 수 없으므로, 예관(禮官)들의 논의를 간청하자, 안남처럼 [사신의] 요청에 [따르도록] 논의했다. 이에 사신들이 그 나라로 가서 책봉해 주자, 왕은 절하고, 천조[중국]의 조칙을 간직한 금궤가 이에 여덟 세대라고 하며 머물기를 청해 사신들은 그에 따랐다. 돌아올 때, 왕의 친척 영길(寧吉)과 장사 채한(蔡瀚)이 표문을 올려 사례했다(嘉靖十一年, 尙眞卒, 子尙淸請嗣, 遣左給事中陳侃·行人高澄, 以太牢祀眞, 封淸嗣王, 賜王妃冠服·錦幣. 使臣疏言, 弘治·正德時, 修撰羅倫等, 嘗使安南, 安南乞留, 詔敕爲鎭國之寶. 倫爲請, 得留. 即琉球請留如安南, 海外遠不得, 即請乞下禮官議. 議請如安南. 使至國授封, 王拜曰, 天朝詔敕藏金匱者八葉于玆矣, 請留, 使許之. 比還, 遣其王親寧吉·長吏蔡瀚上表謝).

사신[陳侃]이 『사유구록(使琉球錄)』을 올려 『대명일통지(大明一統志)』에는 유구에 낙제(落漈)가 있고, 왕의 거처 벽 아래 해골을 모아둔다고 했는데 사실이 아니라고 했다. 『두씨통전(杜氏通典)』, 『집사연해(集事淵海)』, 『나충록(蠃虫錄)』, 『성사승람(星槎勝覽)』에 기술된 것들도 전하는 사람의 잘못이니 사관(史館)에 내려보내 [바로잡도록] 간청하자 그에 따랐다. '그들은 [달의] 차고 기움에 따라 그믐과 초하루로 여기고, 초목의 [시듦에] 따라 겨울과 여름으로 여긴다. 사람들은 모두 수염을 깎고 손에 문신하며, 깃털 관과 털옷을 입는다. 예절이 없고 약탈을 즐긴다'라고 하는데, 이미 사람을 보내 국학에서 배우면서 오랑캐의 습속이 조금씩 변화했고, 역법을 받들며, 관직을 설치했고, 관복을 입었으며, 주(奏), 장(章), 표(表)를 올리며, 시문을 지은 것에는 중화의 풍속이 있다. 지금 이 나라에는 왕 아래 정사에 참여하지 않는 왕친(王親)이 있고, 다음으로 형명(刑名)을 관장하는 법사관(法司官), 찰도관(察度官)이, 다음으로 전곡(錢穀)을 담당하는 나패항관(那霸港官)이, 다음으로 [여론을] 탐문하는 이목관(耳目官)이 있는데, 모두 토관(土官)으로 무직(武職)이며 윗세대와 관할지를 성명으로 삼는다. 대부(大夫), 장사(長史), 통사관(通事官)은 조공을 담당하는데, 정원이 있고 문관으로, 모두 36개의 성씨와 국학에서 배운 사람들이 한다. 왕은 해와 더불어 정사를 살피는데, 아침부터 점심 그리고 해가 기울 때까지 세 차례 본다. 군신들은 손을 비비며 모배(膜拜)하고, 존귀한 사람이나 가까운 사람들이 대전 안에 들어와 앉고 음주하며, [지위가] 낮고 [친연관계가] 먼 사람들은 이동할 때 항상 계단 아래에 무릎을 꿇었다. 원단(元旦), 탄신일[聖節], 하지[長至]에 왕은 뭇 관리들을 거느리고 관복을 갖추어 용정(龍亭)에 절하고 축하한다. 아들은 부모의 상을 당하면 수개월 동안 육식하지 않는다. 사람이 죽으면 7월 15일[中元]을 전후로 개울물에 시신을 씻겨 썩은 살을 제거하고 유골을 모아 천이나 비단으로 싼 다음 갈대로 싸서 흙에 묻는다. 왕과 신하들은 유골을 함에 넣어 산굴에 간직하고 구멍 낸 나무로 작은 창문을 만들어 둔다. 세시에는 제사하고 청소하며, 열어 살핀다. 그곳에는 상품[貨殖]이 없어 상인들이 통상하지 않는다. 조공할 때는 큰 배를 타고, 바다에서 물고기를 잡거나 소금을 채취할 때는 작은 배를 타며, 대나무 뗏목은 없다. 귀신을 믿고 경외한다. 부인을 시동으로 삼고 여자 무당[女巫]이라 하며, 이 여자 무당의 우두머리를 여군(女君)이라 부른다. 대낮에 휘파람을 불면 곧장 수백 명이 모여, 가지를 들고 풀을 머리에 쓰고 종횡으로 말을 타거나 걷는다. 이따금 왕궁에 들어가 음란하게 유희한다. 한 사람이 노래하면 모두 화답하는데 그 소리가 애절하다. 돌연 왕래하여 종적을 알 수 없다. 음란하고 우매함에 근거하여 화복으로 속임을 바로삼으니 왕, 세자, 그리고 배신들이 모두 머리를 조아리고 무릎 꿇어 절한다(使上使琉球錄言, 大明

一統志中載琉球有落際, 王居壁下聚髑髏, 非實事. 杜氏通典·集事淵海·蠃虫錄·星槎勝覽所述, 亦傳者妄也, 乞下史館. 從之. 其俗以盈虛爲晦朔, 以草木爲冬夏. 人皆去髭, 黥手, 羽冠毛衣. 無禮節, 好剽掠. 旣遣人學於國學. 夷習稍變, 奉正朔·設官職, 被服冠裳, 陳奏章表, 著作篇什, 有華風焉. 今其國中, 王下有王親, 不與政. 次法司官·次察度官, 司刑名. 次那霸港官, 司錢穀. 次耳目官, 司訪問. 皆土官, 爲武職, 以上世及所轄地爲姓名. 其大夫·長史·通事官司朝貢, 有定員, 爲文職. 皆三十六姓人及學於國學者爲之. 王并日視朝, 旦·中·昃凡三朝, 群臣搓手膜拜. 尊且親者入殿坐, 飮酒. 卑疏者移時長跪階下. 歲元旦·聖節·長至, 君臣冠服拜龍亭祝慶. 子爲親喪, 數月不肉食. 人死, 以中元前後日浴尸溪水, 去腐肉, 取骨, 纏以布帛, 裹葦草, 埋土中. 王及諸臣家, 匣骨藏山穴, 竅木爲小牖. 歲時祭掃, 啓視之. 地無貨殖, 不通商賈. 朝貢乘大航, 海上漁鹽泛小艇, 無竹筏. 信鬼畏神. 神以婦人爲尸, 號女巫. 女巫之魁, 稱女君. 白日呼嘯, 聚輒數百人, 攜枝戴草, 騎步縱橫. 時入王宮, 褻游狎戲. 一唱百和, 音聲淒慘. 倏忽往來, 莫可踪跡. 馮附淫昏, 矯誣禍福. 王及世子·陪臣, 皆頓首拜跪).[26]

왕은 산꼭대기에 산다. 나라의 문은 '환회(歡會)'라고 하고 부문(府門)은 '누각(漏刻)'이라 하며, 궁전의 문은 '봉신(奉神)'이라 부르는데, **소박하며 황금이나 옥 장식이 없다**(王居山巓, 國門名歡會, 府門名漏刻, 殿門名奉神, 樸素無金碧之飾).

세법은 정전법과 대략 같으며, 왕, 신하, 백성이 각기 땅을 나누어 식록으로 삼고 상하 간에 징수하는 것이 없다. 일이 있을 때

26 이상은 진간(陳侃)의 『사유구록』에서 『대명일통지』의 유구 기술의 잘못된 점을 고증한 진간의 글에 보인다. 정효가 채록하면서 축약하여, 전체의 내용은 앞의 8장을 참고하시오.

백성들에게 한결같이 거두고 일이 끝나면 그친다(賦法略如井田, 王臣民各分土爲祿食, 上下無徵斂. 有事一取諸民, 事已即已).

형벌의 적용은 매우 엄격하여, 도둑질하면 코를 벤다(用刑甚嚴, 盜竊即荆劓).

부귀한 사람들의 집은 2~3개의 기둥만 있는 기와집이나, 나머지는 모두 흙과 띠로 [지어] 비바람에도 날린다(家富貴者, 瓦屋不過二三楹, 餘皆茅土, 風雨飄搖).

소라 껍데기로 불을 피워 밥을 짓는다. 아궁이에는 솥이나 시루가 없고, 농사에는 철제 도구가 없다(以螺殼炊爨, 爨無釜甑, 耕無鐵).

부인들은 쌀을 씹어 술을 만들고 남자들은 바닷물을 끓여 소금을 만든다. 시장에서는 일본 엽전 10개를 1개로 사용하는데, 송나라 시대의 아안(鵝眼)과 연관(綖貫) 같다(婦人嚼米爲酒, 男子煮海爲鹽. 市用日本錢十當一, 如宋季鵝眼綖貫).

사람들에게는 귀천이 없고 **모두 용맹하고 건장하며 잘 달린다.** 힘든 고통과 기근 및 추위를 견디며 **의약을 모르고 질병이나 역병이 없다. 병장기와 갑옷은 견고하고 날카로우며, [활을] 쏘면 200보에 이른다. 진퇴에는 쇠[金]와 북이 있어 이웃 나라에서는 강적으로 여긴다. 걸핏하면 사납게 싸우다가, 곧바로 칼로 사람을 죽인다. 법도에서 벗어날 수 없으면, 곧바로 배를 갈라 자살한다**(人無貴賤, 皆驍健善走, 耐勞苦饑寒, 不知醫藥而無疾疫. 兵甲堅利, 射可至二百步. 進止有金·鼓, 鄰國視爲勍敵. 好爭狼鬭, 輒刃殺人. 度不能脫, 卽剖腹自斃).

이 나라 산천으로 원타서(黿鼉嶼), 팽호도(彭湖島)가 크다. 혹자는 나라 서쪽 고미산(古米山)에는 매우 위험한 암초가 있어 배가

이르면 곧바로 부서진다고 하는데, 바로 낙제(落漈)라고 한다(其山川黿鼊嶼·彭湖島爲大. 或曰, 國西古米山, 有礁甚險, 舟至輒敗, 卽落漈也).

말[馬], 해파(海巴, 카우리, 조개 화폐), 소가죽[牛皮], 숫돌[磨刀石], 유황(硫黃), 구리[銅], 주석[錫], 부채[扇]가 난다. **산에는 맹수가 없어 야생마,** 소, 돼지가 **많다.** 투루목(鬪鏤木), 소목(蘇木), 후추[胡椒] 등의 향은 이곳 산물이 아니다(產馬·海巴·牛皮·磨刀石·硫黃·銅·錫·扇. 山無猛獸, 以故多野馬·牛·豕. 鬪鏤木·蘇木·胡椒諸香, 非其產也).

또한 소유구(小琉球)가 있는데, 천주(泉州)와 가깝다. 민(閩, 광둥과 광시) 사람들은 갠 날 고산(鼓山)에 올라 바라보면 보인다고 한다. 입조(入朝)하기는 했으나 조공한 적은 없다. 혹자는 유구에 병합되었다고 한다(又有小琉球, 近泉州. 閩人言, 霽日登鼓山, 可望而見. 入國朝, 未嘗朝貢. 或曰, 并入琉球).

유구(琉球) 옆에는 비사나(毗舍那)가 있는데, 섬에 사는 소수 오랑캐[小夷]로, 새 같은 말을 하며 귀신 모습에 알몸으로 눈을 부릅뜨고 있어 **거의 사람이 아니다.** 중국과 통교하지 않는다(琉球旁有毗舍那者, 島中小夷, 鳥語鬼形, 袒裸盱睢, 殆非人類. 不通中國).

지봉은 이상 정효의 『황명사이고』의 정보를 다음과 같이 간략하게 채록했다.

ⓐ 유구국은 동남쪽 바다 가운데 있다. 복건 매화(梅花)[27] 항구[所

27 푸젠성 창러(長樂) 시 동북단 메이화(梅花).

開洋]에서 7일 만에 이를 수 있다. 왕은 소박하게 살며, 금이나 옥[金碧]의 장식이 없다. 세법은 정전법과 대략 같다. 왕, 신하, 국민이 각각 땅을 나누어 식록(食祿)으로 삼고 상하 간에 징수하는 것은 없다. 형벌은 매우 엄격하다. 소라 껍데기로 불을 피워 밥을 짓는다. 사람들 모두 용맹하고 건장하여, 의술이나 약을 모르며 질병이 없다. 병장기와 갑옷은 견고하고 날카롭고, 활을 쏘면 200보에 이른다. 걸핏하면 사납게 싸우다가, 곧바로 칼로 사람을 죽인다. 법도에서 벗어날 수 없으면, 곧바로 배를 갈라 자살한다. ⓑ 이 나라 산천으로 원타서(黿鼉嶼), 팽호도(彭胡島)가 있다. ⓒ 나라의 서쪽에는 고미산(古米山)이 매우 험하여 배가 이르면 바로 부서진다. 이 산에는 맹수가 없어 야생마가 많다. ⓓ 옆으로는 비사나(毗舍那)가 있다. 이 섬에는 작은 오랑캐가 사는데 새처럼 말하고 귀신 모습으로 거의 사람이 아니다. 생각건대, 한창려(韓昌黎)가 「정 상서를 전송하는 글[送鄭尙書序]」에서 말한 유구(流求)가 바로 이곳이다. 전하는 소문에 이 나라는 우리나라 제주의 남쪽에 있어, 날이 맑으면 제주에서 멀리 희미하게 보인다고 한다. 바닷길이 그렇게 멀지는 않기 때문일 것이다(琉球國在東南海中. 自福建梅花所開洋, 七日可至. 王居朴素, 無金碧之飾. 賦法略如井田, 王臣民各分土爲祿食, 上下無征斂. 用刑甚嚴. 以螺殼炊爨. 人皆驍健, 不知醫藥而無疾病. 兵甲堅利, 射至二百步. 好爭狼鬪, 輒刃殺人. 度不能脫, 卽剖腹自斃. 其山川有黿鼉嶼·彭胡島. 國西古米山甚險, 舟至輒敗. 山無猛獸, 以故多野馬. 旁有毗舍那者, 島中小夷, 鳥語鬼形, 殆非人類. 按韓昌黎送鄭尙書序所謂流求是也. 聞其國在我國濟州之南, 晴日則自濟州依俙望見云, 蓋海路不甚遠耳).

ⓐ의 정보들은 오키나와 유구를 말하고, ⓑ는 타이완 유구와 관련된 지명들이며, ⓒ의 정보는 오키나와 유구이고, ⓓ의 비사나(毗舍那) 즉 비사야(毗舍邪), 한유의 '유구'는 타이완 유구를 가리키고 있다. 정보의 혼재가 분명하지만, 지봉은 ⓓ에서 제주의 남쪽을 언급하며, 자신이 발췌하여 채록한 기준은 오키나와 유구에 있었음을 보여준다. 이상 『지봉유설』에서 제시한 '유구'이다. 지봉이 당시의 '유구'가 오키나와임을 보여주는 확실한 자료는 『지봉집(芝峯集)』에 보인다.

지봉이 1612년(광해군 4, 만력 40년) 북경에서 만난 유구국 사신들은 바로 오키나와 유구였다. 그 전말은 『지봉집』, 권9, 「유구사신증답록(琉球使臣贈答錄)」(4a~6a)에 수록되어 있다. 이 자료는 앞서 본 『지봉유설』보다 상세한 정보를 담고 있어, 여기에 붙여 언급할 충분한 의의가 있다. 이 「유구사신증답록」은 유구 사신과 주고받은 14수의 7언율시가 수록되어 있고, 또 유구 사신이 보내준 시, 칼 그리고 부채에 감사하는 지봉의 7언율시 1수가 들어 있다.[28] 이어서 보이는 후기[後]에 해당하는 글에 다음과 같은 뒷이야기와 문답한 내용(14개 항목)을 수록하고 있다.

> 유구국은 동남쪽 바다에 있다. 사신 채견(蔡堅)과 마성익(馬成驥), 그리고 수행하는 17인 모두 명나라[天朝]의 관복을 입고 있었다. 자신들은 "경술년(1610, 광해군 2) 9월에 본국을 떠나 물길로 5일 만에 복건에 도착했고, 복건에서 육로로 7,000리를 이동하여 신

28 이상 주고받은 시에 관한 번역과 주석은 고전번역원 DB를 참고하시오.

해년(1611) 8월 북경에 도착했다"라고 하였다.[29] [그들은] 침소에 온돌을 쓰지 않았고, 한겨울에도 반드시 목욕했으며, 용모와 언어는 대략 왜(倭)와 같았다. 우리가 객관에 도착하자, 상당히 은근한 마음을 내어 [우리가] 지어줄 시문으로 좋은 완상할 거리로 삼고자 청했다. 그리하여 그들이 응답하는 것을 보고자 [시를] 얽어 주었으나, [채]견 등이 작문에 능하지 않고, 시를 주고받기에는 부족했다. 또 소문을 듣고 우리나라 황필(黃筆, 족제비 꼬리털로 만든 붓)을 사려고 해서 붓 2자루와 먹 2개를 주자, [채]견 등도 칼과 부채 각각 하나로 사례했다. 채견은 중국어를 잘하여, 역관의 말로 아래와 같이 서로 묻고 답했다(琉球國在東南海中. 使臣蔡堅·馬成驥, 從人幷十七人, 皆襲天朝冠服. 自言, 庚戌九月離本國, 水行五日抵福建, 由福建陸行七千里, 辛亥八月達北京. 寢處不於炕突, 雖盛冬必沐浴, 狀貌言語, 略與倭同. 自僕等到館, 頗致慇懃之意, 願得所製詩文以爲寶玩. 故欲見其酬答, 略構以贈, 而堅等短於屬文, 不足與唱和耳. 且聞要貿我國黃筆, 乃以二筆·二墨贐之, 堅等亦以刀·扇各一爲禮. 蔡堅則能解漢音, 以譯語相問答如左).

① 귀국의 땅은 사방 몇 리입니까(貴國地方幾里)?

땅덩어리는 좁고 작아서 조선에서 포정사(布政司, 관찰사)가 관할

---

29 유구국의 사신으로 채견(蔡堅) 등이 1611년 8월에 북경에 도착해 활동한 기록은 중국 역사자료에는 보이지 않는다. 따라서 지봉의 이 기록은 명나라와 유구국의 조공 관계에 있어 중요한 정보이다. 『신종현황제실록(神宗顯皇帝實錄)』, 만력 43년(1615) 3월 9일 첫 번째 기사에 복건 순무 원일익(袁一驥)이 상주한 기록에 따르면, "유구국은 40년(1612) 제정한 '10년마다 한 번 조공'의 제한을 어기고, 41년(1613) 조공을 닦았고, 또 작년 겨울(1614) 11월 조공 사신 채견 등을 보내왔다. 그들이 진상한 것들은 유황, 마필로, 이미 여러 관리가 검사해도 해됨이 없었습니다(琉球違四十年題准十年一貢之限, 既以四十一年修貢, 復於去冬十一月遣貢使蔡堅等來. 其所進硫磺·馬匹, 已經多官驗詳無弊)"라고 하였다. 지봉의 기록이 정확하다면, 채견 등은 1612년 '10년마다 한 번 조공'이라는 원칙을 제정했던 주인공들이라고 추론할 수 있다.

하는 지역 한 곳에도 미치지 못합니다. 동서로 겨우 10,000리, 남북으로 7,000리입니다. 【『속문헌통고』에, "유구가 가장 작다"라고 하였으므로,[30] 땅이 사방 10,000리, 7,000리라는 것은 거짓말이다.】(壤地褊小, 不及朝鮮一布政所, 東西僅萬里, 南北七千里. 【續文獻通考曰, 琉球最小, 則地方萬里七千里之說, 謬矣】).

② 귀국은 유가의 가르침을 숭상합니까, 아니면 불가의 가르침을 따릅니까(貴國尙儒道乎, 釋道乎)?

공자의 도를 존중하지만, 불교도 반은 섞여 있습니다(尊尙孔子之道, 而釋子亦參半焉).

③ 과거로 사람을 뽑는 제도가 있습니까(科擧取人之規)?

3년에 한 번 시험을 치고, 문과와 무과 각각 120명을 뽑습니다. 나라에 경사가 있으면, 별도의 시험이 있습니다(三年一大比, 取文·武科各一百二十人. 國有慶事, 則有別擧. 俺等亦登第之人).

④ 풍토는 춥습니까, 따뜻합니까(風土寒暖)?

땅의 기운이 매우 따뜻하나, 북산 한 곳이 가장 따뜻하여 한 해에 벼가 두 번 익습니다(土氣甚暖, 而北山一都爲最, 稻一歲再熟).

⑤ 국왕의 성씨는 무엇입니까(國王姓氏)?

성씨는 상(尙)입니다. 【이름은 영(寧)이다】(姓尙.【名寧】).[31]

---

30 왕기(王圻, 1565년 진사)가 1586년 완성한 『속문헌통고(續文獻通考)』(사고전서본, 권238, 2a)에 "대개 유구는 중외 오랑캐 중에서 가장 작고 험하다고 했다(蓋琉球在外夷, 最小而險云)"라고 한 것으로 확인된다. 그러나 이 문장은 왕기가 밝힌 것처럼 『원사』에서 가져왔다. 『원사』, 권210, 「유구(瑠求)전」(4667쪽)에 "유구(瑠求)는 중외 오랑캐 중에서 가장 작고 험하다(瑠求在外夷, 最小而險者也)"라고 하였다.

31 『명사』, 권21, 「신종본기」(289쪽)에 따르면, 만력 40년(1612) "이해, 유구 중산왕 상녕이 사신을 보내 귀국을 알렸다(是年, 琉球中山王尙寧遣使報歸國)"라는 정보를 확인할 수 있다. 『명

⑥ 나라를 세운 이래 왕의 자리를 전한 것이 얼마입니까(立國以來傳祚久近)?

지금까지 250여 년 지나, 24세를 전했습니다(經今二百五十餘年, 傳二十四世).

⑦ 나라를 건국하기 전에는 어떤 나라였습니까(開國以前爲何國)?

나라는 '오기'라고 불렀고 나라는 겨우 100년 존속했습니다(國名吾氣, 享國僅百年).[32]

⑧ '오기' 이전에는 어떤 나라였습니까(吾氣之先爲何國)?

'오기' 이전에는 문자도 없어 기록된 서적이 없습니다(吾氣以前, 未有文字, 無書籍可記).

⑨ 일본과의 거리는 얼마입니까(距日本幾許)?

10,000여 리쯤 되는데, 그 사이에 여러 섬이 있고, 각기 자기들의 나라를 일구어 유구와 일본에 조공을 닦습니다. 【『속문헌통고』에 "살마(薩摩, 사쓰마, 가고시마현 서부)에서 배로 4일이면 유구에 이른다"라고 했으므로 이 말은 황당하다.】(可萬餘里, 其間有諸島, 各自爲國, 修貢于琉球·日本. 【續文獻通考曰, 自薩摩開船, 可四日到琉球, 則此說謊矣】).[33]

실록』 부록에 실린 『숭정장편(崇禎長編)』, 숭정 2년(1629) 윤4월 1일 첫 번째 기사에 보이는 예부상서 하여총(何如寵) 등의 상소문에 따르면, "유구국에서는 중산왕 상녕이 이미 죽고 아들 풍(豊)이 계승했다(琉球國已故中山王尙寧世子尙豊承襲)"라는 정보도 보인다.

32 지봉은 오키나와 유구와 타이완 유구에 관해 우리처럼 상당한 역사적 의문을 품고 있었던 것 같다. ⑤, ⑥, ⑦, ⑧, ⑨, ⑪의 질문은 확실히 이를 염두에 두고 있다. '오기(吾氣)'는 지봉의 기술에서만 보인다. 'おき'의 음역 표기로 보이며, '먼바다'를 뜻한다. 확실히 지봉이 만난 유구는 오키나와였다.

33 정약증(鄭若曾, 1503?~1570)은 『정개양잡저(鄭開陽雜著)』(사고전서본, 권2, 54a~b)에서 왜(倭, 일본)를 기술하며, 왜의 "서북쪽으로 고려(조선)에 이르는데, 반드시 대마도에서 바다

⑩ 귀국은 섬라[시암, 현 태국]와 서로 통교합니까(貴國與暹羅相通乎)?

멀어 통상할 수 없고, 도로도 얼마나 되는지 모릅니다(遠不能相通, 道路不知幾何).

⑪ 귀국은 어떤 나라와 가깝습니까(貴國與何國相近)?

명나라[上國]가 가장 가깝고, 귀국이 그다음으로 가깝습니다. 지난번 귀국에서 우리나라의 표류한 사람들을 송환해 주었는데, **그 사람들이 아직 북산에 살고 있습니다.**[34] 이로써 거리가 멀지 않음

로 나가 순풍이면 단 하루이틀 만에 도착한다. 남쪽으로는 유구(오키나와)에 이르는데, 반드시 살마주(薩摩州, 가고시마현 서부)에서 바다로 나가 순풍이면 7일이 [걸린다]. 조공 사신이 올 때는 반드시 후쿠오카현 하카타(博多)에서 바다로 나가 나가사키현 고토(五島)를 거쳐 중국으로 들어온다(其西北至高麗也, 必由對馬島開洋, 順風僅一日二日. 南至琉球也, 必由薩摩州開洋, 順風七日. 其貢使之來, 必由博多開洋, 歷五島而入中國)"라고 하였다. 이 기록은 1562년 완성된 호종헌(胡宗憲, 1512~1565)의 『주해도편(籌海圖編)』(사고전서본, 권2, 34a~b)에도 채록된 것으로 보아, 1562년 이전 정보임이 분명하다. 지봉이 『속문헌통고』(사고전서본, 권237, 21b)에서 발췌한 것도 이를 복제한 것이다. 모두 가고시마현 사쓰마에서 오키나와까지를 '7일'로 기록하고 있다. 아마도 판각이나 인쇄의 오류일 것이다.

34 굵은 글씨로 표기한 정보는 『지봉집』, 권9, 「유구사신증답록」, '지(識)'[8b~9a], 네 번째 단락에 다음과 같이 기술되어 있다. "살펴보건대, 고려 시대, 즉 홍무 22년(1389, 창왕 1)에 유구국 중산왕 찰도(察度, 1350~1395년 재위)가 사신 옥지(玉之)를 보내 표문을 올리고 신하를 칭하며 산물을 헌상했다. 왜의 포로가 되었던 [고려의] 사람들을 쇄환하여 순천부(順天府)에 도착하자, 영접하는 사신을 보내 그들을 접대하고, 전객시(典客寺) 영(令) 정윤후(鄭允厚, ?~1419) 등을 차출하여 유구국에 예방토록 했다고 한다. 내가 예년 유구 사신 채견(蔡堅) 등과 북경에서 교유할 때, 채견 등이 여러 차례 사신을 [두 나라가] 주고받은 일을 언급했는데, 아마도 이를 말하는 것이리라. 또 『용재총화(慵齋叢話)』에 성종조[成廟朝, 1469~1494년]에 유구국이 사신을 보내 조공을 들이고자 했고, 본집(本集)에 유구국이 백앵무를 진상한 표문이 들어 있다. 지금도 유구 사신을 접대한 사례들이 규정집[憲典]에 실려 있으나 성종조 이후 결국 관계가 끊어져 왕래하지 않았다. 선왕조 경인년(1590, 선조 23) 유구국 사람 요우(要宇) 등이 우리나라 지방으로 표류해와, 요동으로 압송[押解]하여, 돌려 송환을 아뢰도록 했는데, **'그 사람들이 여전히 북산에 살고 있다(其人尙在北山生住)'**라고 한 말이 이것이다(按高麗時, 洪武二十二年, 琉球國中山王察度遣使玉之, 奉表稱臣, 獻方物. 刷還被倭擄人口到順天府, 乃遣迎接使以待之, 差典客令鄭允厚等報聘于琉球國云. 余頃年遇琉球使臣蔡堅等遊北京, 則堅等屢言洪武時通聘之事, 蓋謂此也. 又慵齋叢話言, 成廟朝琉球遣使求貢, 本集中有琉球國進白鸚鵡表. 今琉球使臣接待事例, 載在憲典, 而成廟朝以後遂絶不通. 至先王朝庚寅, 琉球國人要宇等漂到本國地方, 押解遼東, 轉奏刷還, 所謂其人尙在北山生住者此也)."

을 알 수 있습니다(上國最近, 貴國次之. 曩者貴國送回敝邦漂海人口, 其人尙在北山生住, 以此知道里不遠).

⑫ 귀국에는 세 나라로 나뉘어 있는데, 모두 '유구'라고 합니까, 정말 그렇습니까(貴國有三國分立, 皆號琉球云, 信否)?

그렇지 않습니다. 본국은 현재 중산에 도읍해 있지만, 중산, 남산, 북산 세 곳에 모두 도읍이 있습니다. 이는 필시 전하는 말이 잘못되었을 것입니다(否. 本國方都中山, 而設都三處, 曰中山, 曰南山, 曰北山. 此必傳說之誤).

⑬ 귀[국의] 땅에 앵무새가 있습니까? 【조종조에 유구 사신이 앵무를 헌상했다고 들은 적이 있어 그것을 물은 것이다.】(貴地有鸚鵡乎. 【嘗聞祖宗朝, 琉球遣使獻鸚鵡, 故問之】).[35]

없습니다. 대모, 유황, 바나나 나무로 만든 베[芭蕉布] 같은 것이 토산품입니다(否. 如玳瑁·硫黃·芭蕉布, 是土產也).

⑭ 그 사신이 또 [우리] 역관에게 묻기를 "귀국의 [사람들은] 항상 사모(紗帽)와 망건(網巾)을 착용합니까(其使臣又問譯官曰, 貴國常着紗帽·網巾乎)"라고 물어, 역관은 "사모는 공식 모임에서 착용하고, 평소에는 모두 관을 씁니다. 망건은 귀천과 관계없이 항상 착용합니다"라고 답하자(譯官答言, 紗帽着於公會, 平居皆着冠. 至於網巾, 無貴賤常着), 그 사신은 "본국에서는 항상 망건과 관을 쓰지 않습니

35 『세조실록』, 권41, 세조 13년(1467) 3월 5일 여섯 번째 기사에서 "유구 국왕(琉球國王)이 사신을 보내어 앵무새를 바쳤다"라는 기록이 보인다. 또 권43, 같은 해 7월 13일 두 번째 기사의 "유구 국왕(琉球國王)이 중 동조(同照)·동혼(東渾) 등을 보내어 와서 앵부(鸚鵡)·대계(大雞, 타조)·후추[胡椒]·코뿔소 뿔[犀角]·서적(書籍)·침향(沈香)·인도의 술[天竺酒] 등의 물건을 바쳤다"라는 기록을 말하는 것 같다.

다"라고 하였다(其使臣曰, 本國則常時不着網巾與冠矣).

지봉은 조선의 학자로서는 처음 '유구'를 기술하며 정효(鄭曉, 1499~1566)의 『오학편·황명사이고』를 채록했다. 정효는 이미 타이완 유구와 오키나와 유구의 정보를 뒤섞어 놓았지만, 지봉은 그의 혼란을 최소화하며, 정효의 서술에 의문을 품고, 『문헌통고』, 『대명일통지』, 『해동제국기』, 『사유구록』 등의 자료를 읽었다. 그러한 독서로부터 지봉의 의문은 짙어졌다. 16~17세기의 '유구'는 더는 타이완 유구가 아님을 인식했다. 그는 1611년 북경에서 오키나와 유구에서 온 사신 일행을 만나 직접 확인했다. 이 점이 바로 **실사구시(實事求是)이며**, 지봉 이수광을 높이 평가해야 하는 이유이다. 지봉의 '외국' 기록은 한갓 전문(傳聞)을 무비판적으로 채록해 놓은 것이 아니라, 끊임없는 독서와 연구의 결실이었다. 지봉은 그것으로 **'중국적 세계관'을 극복하려 했고, 그렇게 이루어졌다.** 불행하게도, 조선의 문신 학자들은 지봉의 이러한 '유설(類說)'의 가치를 알아보지 못했다. 그렇게 『지봉유설』의 운명은 결정되었다. 그 결과는 참혹했다. 19세기 중후반에 이르면서도, 조선의 학자들은 '눈이 하나인 나라[一目國]', '몸이 셋인 나라[三身國]', '여자들의 나라[女人國]', '장이 없는 나라[无腸國]', 심지어 봉래산(蓬萊山), 방장산(方丈山), 영주(瀛州) 등등 『산해경(山海經)』에 등장하는 나라들로 소위 세계 지도인 '천하도(天下圖)'를 깨알같이 그려 유행시켰다.[36]

36 지봉이 기록한 외국에 관해서는 근간 『지봉 이수광이 바라본 세계』를 참고하시오.

8. 추재(秋齋) 조수삼(趙秀三)의 유구

추재의 「외이죽지사(外夷竹枝詞)」는 『방여승략외이』를 저본으로 창작되었다. 명나라 말, 17세기 정백이(程百二)가 찬집(纂輯)한 『방여승략(方輿勝略)』은 본권 18권과 「외이(外夷)」 7권[37]으로 구성된 지리서로, 금서(禁書)가 되어 『속수사고전서(續修四庫全書)』에도 실리지 않았다. 이 지리서가 '사고금훼서총간(四庫禁燬書叢刊)'으로 편집되어 알려진 것은 2000년이 되어서이다. 추재 조수삼이 이 금서를 18세기 말에 얻어, 그중 「외이」 6권을 저본으로, 82개의 '외이'들을 요약하고 시편으로 노래해 소개했다는 점은 관심을 끌 만하다.

추재는 정확히 이 책을 언제 얻었는지는 정확히 밝히지 않았다. 다만 서문에서 "나는 근래 신안(新安, 안후이 후이저우) 사람 정백이(程百二) 씨가 지은[撰] 『방여승략』을 얻었다(余近得新安程百二氏所撰方輿勝略)"라고 밝혔다. 사실 『방여승략』은 정백이가 지은 것이 아니라, 전체 25권 중 2권만 지었고, 나머지는 다른 사람의 책을 편집해 놓은 것이 있다. 따라서 '정백이 등찬(等撰)' 또는 '찬집(纂輯)'이라고 해야 정확하다. 정백이의 단독 저술은 『방여승략』 권1과 「외이」 권1뿐으로, 맨 앞에 이름이 올라있다.

정백이(程百二)의 생몰 연대는 알려지지 않았다. 그는 '『정씨총각

37 『방여승략외이』는 권수가 중복되어 나타난다. 첫 번째 '권1'은 당시승(唐時升), 초존생(焦尊生), 유일찬(劉一㷀), 정백이(程百二)가 공동으로 '산해여지전도(山海輿地全圖)'를 보고 지도에 표기된 정보들을 옮겨 놓았다(이를 '수권'으로 표기하자). 두 번째 '권1'부터 정백이가 찬(撰)한 1권의 '달단(韃靼)' 기술이 시작된다. 중심 편집자인 정백이의 의도인지 착오인지는 자세한 검토가 필요하다. 이에 대해서는 별도의 논고를 준비하고 있다.

(程氏叢刻)』'이란 총서명으로 9종의 예술 관련 서적을 1615년 간행했는데, 그 9종 속에는 자신이 지은 『품다요록보(品茶要錄補)』 1권도 수록되어 있다. 황우직(黃虞稷, 1629~1691)의 『천경당서목(千頃堂書目)』에 따르면(사고전서본, 권9, 37a), 그의 이름은 정백이(程伯二)로 되어 있다. 어쨌든 우리가 현재 참고할 수 있는 판본인 '사고금훼서총간(四庫禁燬書叢刊)'에서는 모두 정백이(程百二)로 쓰고 있으므로 이에 따른다.

현전하는 『방여승략』에는 정작 정백이의 서문이 없다. 맨 앞에는 종릉산인(鍾陵山人) 서래봉(徐來鳳)이란 사람이 쓴 '이끄는 말[引]'이 수록되어 있는데, 정진보(程進甫)의 형 '유여(幼輿)'가 『방여승략』을 가져와 '인(引)'을 썼다고 한다. 여기서 '진보'가 자(字)인 점으로 볼 때, '유여(幼輿)'는 바로 정백이의 자이다. 첫 번째 서문은 대필산인(大泌山人) 이유정(李維楨, 1547~1626)이 만력(萬曆) 38년(1610) 경술년 윤월에 썼다. "신안 정유여(程幼輿)가 [글을] 모아 『방여승략』으로 만든 것은 아마도 원래 우이(盱眙, 장쑤 쉬이) 풍 관찰의 지시였을 것이다(新安程幼輿匯爲方輿勝略, 蓋本盱眙馮觀察指授)"라고 하였다. 여기 '풍 관찰'은 풍응경(馮應京, 1555~1616)일 것이다. 그는 호광감찰어사(湖廣監察御史)를 지낸 적이 있다. 두 번째 서문은 서경(西京)의 남사중(南師仲, 1595년 진사)이 썼다. "지금 유여(幼輿)가 위포승 우이공(盱眙公, 풍응경)의 면명(面命)을 받아, 「산해여지전도(山海輿地全圖)」를 근거로 이 책에 이어 늘였다(今幼輿以韋布承盱眙公之面命, 爰本山海輿圖, 衍綴是書)"라고 하였고, 다음으로 만력[37] 기유년(1609) 담원거사(澹園居士) 초횡(焦竑, 1540~1620)이 쓴 제(題)에서도 유여가 그 실마리를 열었다고 한 것을 보아 『방여승략』은 풍응경의 지시에 따라 정백이가 짓고 편집한 책으로 추론할 수 있다. 이상으로 정백이는 신안 출신으로 자(字)가 유여(幼輿)이며, 그의 저술로는 여기 『방여승략』의 두 권과 『품다요록보(品茶要錄補)』 한 권이 있음이 확인된다. 이것이 정백이에 관해 알 수 있는 전부이다.

책의 완성 시기에 관하여, 「산해여지전도(山海輿地全圖)」는 1607년 간행되었고, 1609년 초횡의 제문(題文)이 있으므로, 1607~1609년 사이에 완성되었을 것이다. 장섭(張燮)의 『동서양고(東西洋考)』는 1617년에 완성되었는데, 장섭은 하항(下港, 자바섬) 기술에서 『방여승략』, 「외이」, 권5에 기술된 원나라 때의 명칭인 조와(爪哇)에 나오는 문장을 상당히 길게 인용하고 있으므로(사고전서본, 권3, 2a), 간행된 시기는 1610~1617년 사이가 될 것이다.

사실 『방여승략』「외이(外夷)」의 '수권(首卷)'을 제외한 나머지 6권은 차례로, 정백이(程百二), 이몽(李蒙), 손광우(孫光寓), 정본열(鄭本烈), 호방직(胡邦直), 오래봉(吳來鳳) 등이 저자로 이름을 올리고 있다. 이들은 한결같이 나왈경(羅曰褧)의 『함빈록(咸賓錄)』[유일혼(劉一焜)이 1591년에 쓴 서문이 있다. 이 판본은 중국 국가도서관에 소장되어 있다]를 채록했다. 한마디로 아무런 출처 표기 없이 표절한 자료이다.

19세기 조선의 '유구'는 아무런 혼동 없이 오로지 오키나와 유구를 가리켰다. 그러나 추재 조수삼은 자신이 얻은 『방여승략』이란 엉터리 자료를 너무 신뢰한 나머지, 19세기에 이르러 또다시 정보의 혼란을 재연했다. 중국 자료에 대한 무비판적 수용이라는 점에서 여기 '유구' 기술은 추재의 「외이죽지사」의 가장 큰 오점이다. 추재는 『조선왕조실록』도, 『해동제국기』, 심지어 『지봉유설』조차도 보지 않았다. 이는 당시 19세기 중반임에도 불구하고 해외 이국의 정보는 빈약했음을 방증하고, 한편 조선의 문인들은 관련 정보를 의도적으로 회피했다는 말로 이해될 수 있을 것이다.

우리의 관심사인 '유구'는 「외이」 권2에서 조선(朝鮮), 여직(女直), 일본(日本)에 이어 네 번째로 기술되었다. 「외이」 권2는 예장(豫章, 장시 난창) 출신 이몽(李蒙)이 찬(纂)하고 이극가(李克家)가 편집했다고 한다. 두 사람에 관해서는 아무런 인적 사항을 확인할 수 없다. 이몽은 이전 '유구'에 관련 자료를 다음과 같이 정리하여 채록했다. 전문을 다 옮겨 두는 것은 17세기 중국인들과 19세기 조선인들의 '유구' 인식을 가늠해 볼 수 있기 때문이다. 또한 추재의 문장은 이 긴 자료들 속에서 아주 간략하게, 정확한 지식 없이 발췌하여, 전문을 보지 않고서는 이해하기 어려운 문장들이 많기 때문이다. 추재가 채록한 정보들은 굵은 글씨로 표기한다. 아울러 이몽이 어떻게 나왈경의 저술을 표절하고 있는지를 알 수 있도록 각주로 처리한다.

유구는 동남해에 있는 대국이다. **수양제(隋煬帝, 604~618년 재위)는 주관(朱寬)에게 바다로 들어가 이속(異俗)을 찾게 했다.** [주관은] 유구가 [어디에 있는지를] 아는 하만(河蠻)을 얻어, 마침내 그와 함께 그 나라로 갔다. 언어가 통하지 않아 한 사람을 잡아 돌아왔다. 이듬해 주관에게 [그곳에] 가서 타이르게 했으나 따르지 않자 장수 진릉(陳稜) 등을 보내 토벌했다. 그들의 궁실을 불태우고, 남녀 1,000여 명을 포로로 잡아 왔다. 아울러 그곳 산물로 금형류목

(金荊榴木)[38] 수십 근(斤)을 얻어 왔는데, 그 색이 진짜 황금 같았고 매우 향기가 났다. 이때 그 나라 왕의 성은 환사(歡斯)였고, 이름은 갈랄두(渴剌兜)였는데 나라가 몇 세대에 걸쳐 있게 된 유래를 모른다(琉球東南海中大國也. 隋煬帝令朱宽入海求訪異俗, 得河蠻知有琉球, 遂與俱往其國, 言語不通, 掠一人而返. 明年令宽往撫之, 不從, 遣將陳稜等討之, 焚其宮室, 虜其男女千餘人并物產, 得金荆榴木數十斤, 色如眞金甚香. 是時其王姓歡斯氏, 名渴剌兜, 不知其由來有國世次也).[39]

유구 옆에 있는 비사야(毗舍邪)는 소규모 오랑캐[小夷]로, 새 같은 말을 하고, 나체로 사람 같지 않다. [그들은] 철기와 수저를 좋아한다. 문을 닫으면 들어오지 못하고 단지 그 문고리를 떼어서 간다. 수저를 던져주면 몸을 숙여 줍기 때문에 몇 걸음을 늦출 수 있다. 철갑의 말을 보면 다투어 그 갑옷을 떼어 가려고 머리를 나

38 금형류(金荊榴)에 관해서는 위의 I-2, 당나라(618~907)의 유구, 『조야첨재』의 기술을 참고하시오.

39 『방여승략외이』(사고금훼서총간본), 권2, 21b. 나왈경, 『함빈록』(중국 국가도서관 소장본, 권2, 33a~b): "유구는 동남해에 있는 대국이다. 한나라, 위나라에서 당나라, 송나라까지 통교하지 않았다. 중국 수양제는 주관(朱寬)에게 바다로 들어가 이속(異俗)을 찾게 했는데, 하만의 말을 듣고 유구(琉球)가 있음을 알게 되어 마침내 하만과 함께 그 나라로 갔다. 언어가 통하지 않아 한 사람을 잡아 돌아왔다. 이듬해 주관에게 [그곳에] 가서 타이르게 했으나 따르지 않자 **베로 만든 갑옷[布甲]을 얻어 돌아왔다**. 이에 장수 진릉(陳稜) 등을 보내 토벌했다. 그들 도읍에 이르러 궁실을 불 지르고 남녀 1,000여 명을 포로로 잡아 왔고, 잡다한 산물들과 함께 금형류목(金荊榴木) 수십 근을 획득했는데, 그 색이 진짜 황금 같았고 매우 향기가 났다. **마침내 군대를 데리고 돌아왔다**. 이때 그 나라 왕의 성은 환사(歡斯)였고, 이름은 갈랄두(渴剌兜)였는데 그 유래와 나라가 몇 세대에 걸쳐 있었는지 모른다. **진릉이 공략한 이후로 끊어져 소식이 들리지 않았다**(琉球, 東南海中大國也. 漢魏至唐宋不通. 中國隋煬帝令朱寬入海求訪異俗, 得河蠻言, 知有琉球, 遂與河蠻俱往其國. 言語不通, 掠一人而返. 明年令寬往撫之, 不從, 取其布甲而歸. 於是遣將陳稜等討之, 至其都, 焚其宮室, 虜其男女千餘人, 並雜物產得金荊榴木數十斤, 色如眞金甚香, 遂班師歸. 是時其王姓歡斯氏, 名渴剌兜, 不知其由來, 有國世次也. 自陳稜攻破之, 後絕無聞)."[굵은 글씨는 이몽이 채록하지 않은 정보이다]

란히 하여 살육하지만 뉘우칠 줄 모른다. 적을 마주하면 표창을 사용하는데 10여 장의 줄을 매어 조정한다. 쇠붙이를 아껴 차마 버리지 못하기 때문일 것이다. 배를 타지 않고 대나무를 묶어 뗏목을 만들어 병풍처럼 접을 수 있다. 급하면 여럿이 들고 물에 띄워 달아난다. 이들이 오랑캐[夷] 중에서 가장 작고 위험하다(琉球旁有毗舍那者, 小夷彝, 鳥語裸形, 殆非人類. 性喜鐵器及匙筯, 人閉戶, 則不入, 但剜其門環而去, 擲以匙筯, 則俯拾之可緩數步. 見鐵騎, 則爭剜其甲, 遂駢首就戮, 而不知悔. 臨敵用鏢鎗, 繫繩十餘丈爲操縱, 蓋愛其鐵不忍棄之. 不駕舟楫, 縛竹筏, 可摺疊如屛風, 急則羣舁之, 浮水而逃. 此夷之最小而險者也).[40]

원나라 때 양상(楊祥), 오지두(吳志斗), 완감(阮鑒) 등에 금은의 부절을 주어 유구에 사신으로 보냈으나 결국 그 요령(要領)을 얻지 못하고 돌아왔다(元命楊祥·吳志斗·阮鑒等, 並給金銀符, 使琉球, 竟不得其

40 『방여승략외이』(사고금훼서총간본), 권2, 22a. 나왈경, 『함빈록』(중국 국가도서관 소장본, 권2, 33b): "유구 옆에 있는 비사야(毗舍邪)는 소규모 오랑캐[小夷]로, 새 같은 말을 하고, 나체로 사람 같지 않다. **송나라 순희(淳熙, 1174~1189) 연간에 그 나라의 추장이 수백 명을 거느리고 갑자기 천주의 수오(水澳)와 위두(圍頭) 등의 마을 시장에 이르러 약탈하고 사람을 죽인 적이 있다.** 철기와 수저를 좋아하여, 문을 닫으면 들어오지 못하고 단지 그 문고리를 떼어서 간다. 수저를 던져주면 몸을 숙여 줍기 때문에 몇 걸음을 늦출 수 있다. 철갑의 말을 보면 다투어 그 갑옷을 떼어 가려고 머리를 나란히 하여 살육하지만 뉘우칠 줄 모른다. 적을 마주하면 표창을 사용하는데 10여 장의 줄을 매어 조정한다. 쇠붙이를 아껴 차마 버리지 못하기 때문일 것이다. 배를 타지 않고 대나무를 묶어 뗏목을 만들어 병풍처럼 접을 수 있어, 급하면 여럿이 들고 물에 띄워 달아난다. 이들이 오랑캐[夷] 중에서 가장 작고 위험하다(琉球旁有毗舍那者, 小夷也. 鳥語裸形殆非人類. 宋淳熙間, 其國之酋豪嘗率數百輩, 猝至泉之水澳圍頭等村肆, 行殺掠性. 喜鐵器及匙筯, 人閉戶則不入, 但剜其門環而去. 擲以匙筯則俯拾之, 可緩數步. 見鐵騎則爭剜其甲, 遂駢首就戮, 而不知悔. 臨敵用鏢槍, 繫繩十餘丈爲操縱, 蓋愛其鐵不忍棄之. 不駕舟楫, 惟縛竹爲筏, 可摺疊如屛風, 急則群舁之, 浮水而逃. 此夷之最小而險者也)." 우리가 제2장에서 살펴본 것처럼 비사야(毗舍邪)가 조여괄의 『제번지』에서 타이완 유구과 연관됨에도 불구하고 여전히 오키나와 유구와 연관 짓고 있다는 점은 중국 저자들의 의고주의적 성향을 여실히 보여준다.

要領而還).[41]

홍무(洪武, 1368~1398) 초에 사신[行人] 양재(楊載)를 유구로 보내자, 유구도 양재에 딸려 사신을 보내 조공을 들었다. 그 나라는 중산(中山), 산남(山南), 산북(山北)으로 나뉘어 세 사람이 왕을 칭했다. 각기 사신을 보내 요청하여 **중산왕 찰도(察度), 산남왕 승종(承宗), 산북왕 파사지(怕死芝)에게 인장과 예물을 하사했다**(洪武初, 遣行人楊載往琉球, 琉球遣使隨載入貢. 其國分中山·山南·山北, 稱三王各遣使請命, 詔賜中山察度·山南承宗·山北王怕死芝印·幣).[42]

---

41 『방여승략외이』(사고금훼서총간본), 권2, 22a. 나왈경, 『함빈록』(중국 국가도서관 소장본, 권2, 33b~34a): "원나라 **지원(至元, 1264~1294) 연간에 해선부만호(海船副萬戶) 양상(楊祥)이 6,000명의 군사로 가서 유구를 항복시키되, 명에 따르지 않으면 바로 정벌하겠다고 청하자, 쿠빌라이 칸[元主]이 그 청을 따랐다. 이어서 서생 오지두(吳志斗)란 자가, 상소하기를, 자신은 복건에서 나고 자라 바닷길과 그 이병(利病)을 잘 알고 있는데, [그들을] 귀부하게 하려면, '팽호(彭胡)'에 가서 배를 보내 타이르고, 수세(水勢)와 지리적 이로움을 살핀 연후에 군대를 동원해도 늦지 않다고 하였다.** 원나라는 마침내 양상, 오지두, 완감(阮鑒) 등에게 모두 금은의 부절을 주어 유구에 사신으로 보냈다. 결국 요령을 얻지 못하고 돌아왔다. **원정(元貞, 1295~1197) 초에 진무 장호(張浩) 등을 보내 토벌하고 포로 100여 명을 사로잡았으나 끝내 굴복하지 않았다**(元至元中, 海船副萬戶楊祥, 請以六千軍, 往降琉球, 不聽命, 則遂伐之. 元主從其請, 繼有書生吳志斗者上言, 生長福建, 熟知海道利病, 若欲收附, 且就彭胡發船往諭, 相水勢地利, 然後興兵未晚也. 元遂命楊祥·吳志斗·阮鑒等並給金銀符, 往使琉球. 竟不能得其要領而還. 及元貞初, 遣鎭撫張浩等討之, 禽生口百餘, 竟不服也)." 이 단락 역시 제3장에서 타이완 유구로 고증한 바 있다. 이들은 수나라 시기 진릉, 원나라 시기 양상 등의 원정을 모두 오키나와 유구로 동일시하고 있다. 이 두 원정은 명나라 시기, 오키나와 유구를 기술한 자료에서 꾸준히 같은 나라로 간주되었다.

42 『방여승략외이』(사고금훼서총간본), 권2, 22a~b. 나왈경, 『함빈록』(중국 국가도서관 소장본, 권2, 34a~b): "우리 왕조 홍무(洪武, 1368~1398) 초에 사신[行人] 양재(楊載)를 유구로 보내 타이르자, '일본(日本)'도 양재에 딸려 사신을 보내 조공을 들이자, **조서로 바친 방물을 모두 복건행성(福建行省)에서 검사하여 들이게 했다.** 얼마 뒤에 그 나라는 중산(中山), 산남(山南), 산북(山北)으로 나뉘어 세 사람이 왕을 칭했다. 각기 사신을 보내 황명을 요청하여, 중산왕 찰도(察度), 산남왕 승종(承宗), 산북왕 파사지(怕死芝)에게 인장과 예물을 하사했다(我朝洪武初遣行人楊載招諭, 日本還復遣往琉球. 琉球遣使者隨載入朝貢獻, 詔所貢方物, 俱於福建行省驗入. 頃之其國分中山·山南·山北, 稱三王, 各遣使請命詔, 賜中山王察度·山南王承宗·山北王怕死芝印幣)."

영락(永樂, 1403~1424) 연간에 중산왕 사소(思紹)가 조공하고 표문을 올려, 장사(長史) 왕무(王茂)는 중국 요주(饒州) 사람으로 조부 찰도(察度)를 40여 년 보필하면서 직무를 게을리하지 않았고, 올해로 이미 80세이니 환향(還鄕)하게 해 달라고 요청하여, 따랐다. **중산왕이 아들과 배신(陪臣)의 자제들을 보내 국학에 입학시키자,** 상은 기뻐하며 예우함이 유독 융숭했다. 배를 잘 조정하는 민(閩)의 36명에게 성씨를 하사하고, 배를 잘 다루는 사람들에게 왕래하며 조공하게 했다(永樂中, 中山王思紹入貢, 表言, 長史王茂中國饒州人, 輔臣祖察度四十餘年, 不懈于職, 今年已八十, 請命還鄕. 從之. 中山王遣子及陪臣子弟入國學. 上喜, 禮遇獨隆, 賜閩人三十六姓, 善操舟者令往來朝貢).[43]

경태(景泰, 1428~1457) 시대에 산남, 산북이 중산왕 상사달(尚思達)에게 병합되었다(景泰時, 山南·山北爲中山王尚思達所并).[44]

가정(嘉靖, 1522~1566) 초에 국왕 상청(尙淸)이 표문을 올려 책봉을 청했다. 급사중(給事中) 진간(陳侃)과 사신 고징(高澄)을 보냈다. 5월 초하루에 바다에 제사를 올리고 배를 타고 18일이 넘어 유구

---

43 『방여승략외이』(사고금훼서총간본), 권2, 22b. 나왈경, 『함빈록』(중국 국가도서관 소장본, 권2, 34b): "영락(永樂, 1403~1424) 연간에 중산왕 사소(思紹)가 조공하고 표문을 올려, 장사(長史) 왕무(王茂)는 중국 요주(饒州) 사람으로, 조부 찰도(察度)를 40여 년 보필하면서 직무를 게을리하지 않았고, 올해로 이미 80세이니 환향(還鄕)하게 해 달라고 요청하여, 따랐다. 중산왕이 아들과 배신(陪臣)의 자제들을 보내 국학에 입학시키자, 상은 기뻐하며 예우함이 유독 융숭했다. 민(閩)에 사는 사람들에게 36개의 성을 하사하고 배를 잘 조정하는 자들은 왕래하며 조공토록 했다. **세 왕이 봉호를 이을 때마다 조정에 청하며 항상 이르게 되었다**(永樂中, 中山王思紹遣使入貢, 表言, 長史王茂中國饒州人也, 輔臣祖察度四十餘年, 不懈於職, 今年已八十, 請命還鄕, 從之. 中山王遣子侄及其陪臣子弟入國學, 上喜, 禮遇獨優. 賜閩人三十六姓, 善操舟者令往來朝貢. 三王嗣封皆請於朝, 以爲常至)."

44 『방여승략외이』(사고금훼서총간본), 권2, 22b. 나왈경, 『함빈록』(중국 국가도서관 소장본, 권2, 34b): "경태(景泰, 1428~1457) 시대에 산남, 산북이 중산왕 상사달(尙思達)에게 병합하고, **사신을 보내 조공했다**(景泰時, 山南·山北爲中山王尙思達所並, 遣使朝貢)."

에서 300리 떨어져 있는 열벽산(熱壁山)에 이르렀다. 이인(夷人)은 이곳에 이르렀으니 이제 걱정을 면할 수 있다고 했다. 10일을 넘어 바야흐로 그 나라에 도착했다. 사신들을 맞이하는 예가 매우 공손했다. 삶고 조리한 맛은 모두 사신들의 주방 사람에게 빌린 것이지만, 전별연에 올린 것들은 궁에서 나온 것으로, 비빈들이 직접 만든 정결하고 향기로운 음식들로, 수십 가지에 지나지 않았다. 진간 등은 9월 13일 배로 돌아와 며칠을 항행하다가, 갑자기 회오리바람[颶風]이 불어 돛이 부러지고 키[舵]가 망가지자 뱃사람들은 천비(天妃)만 불렀다. 얼마 뒤에 붉은 광선이 하늘에서 비추자, 뱃사람들은 천비가 이르렀다고 했다. 배는 과연 안정되었다. 26일 문득 나비 한 마리가 배 안에서 선회하고, 노란 참새 한 마리가 돛대에 앉자, **뱃사람들은 또 나비와 참새는 신물로, 천비가 우리에게 바람을 알려주는 것이라고 했다. 잘 대비하고 있으니 그날 밤 과연 바람과 파도가 크게 일어나 배로 스며들자, 일제히 천비를 불렀다. 곧 수만의 나비들이 진흙을 물고 날아와 배를 메워주었다.** 이튿날 순풍을 만나 마침내 정해(定海)에 정박했다. 상청(尙淸)은 표문을 올려 "『대명일통지』에 실려 있는 유구에는 낙제(落漈)와 해골을 모으는 일이 있는데, 모두 사실이 아닙니다. 『두씨통전(杜氏通典)』, 『집사연해(集事淵海)』, 『나충록(蠃蟲錄)』, 『성사승람(星槎勝覽)』에 기록된 것도 잘못 넣은 것이니 사관(史館)에 [고치도록] 하명하시길 바랍니다"라고 하여, 그에 따랐다(嘉靖初, 國王尙淸上表請封, 給事中陳侃·行人高澄往, 以五月朔日, 祭海登舟, 越十八日至熱壁山, 離琉球三百里. 夷人曰, 至此始可免憂. 踰旬日, 方抵其國, 其

宴使禮甚恭. 凡烹調之味, 皆 假使者庖人, 惟奉餞則出自宮, 嬪親製, 精潔芳旨, 不過數十品. 侃等以九月十三日回舟, 行數日, 颶風聚作, 桅折舵壞, 舟人但呼天妃, 頃之有紅光燭天, 舟人曰, 天妃至矣. 果得安, 至二十六日忽一蝶飛繞舟中, 復有一黃雀, 立於桅上. 時舟人又曰, 蝶雀神類, 天妃遣來, 告我風也, 宜善自防. 是夕果風濤大作, 舟漏齊呼天妃, 尋有蝶數萬銜泥塞舟, 次日遇順颸, 遂泊定海焉. 尙淸上表, 言大明一統志載琉球有落漈, 及聚髑髏事, 皆非實. 杜氏通典·集事淵海·贏虫錄·星槎勝覽所述, 亦傳者妄也, 乞下史館. 從之).[45]

---

45 『방여승략외이』(사고금훼서총간본), 권2, 22b~23a. 나왈경, 『함빈록』(중국 국가도서관 소장본, 권2, 34b~36a): “**가정(嘉靖, 1522~1566) 초에 국왕 상진(尙眞)이 죽고, 세자 상청(尙淸)이 책봉을 청했다. 우리 왕조에서는 급사중 진간(陳侃), 행인 고징(高澄)을 보내 상진을 조문하고 상청을 중산왕으로 봉하게 했다.** 민(閩)에 이르자 상청은 장사 채승미(蔡承美) 등을 보내 맞이했다. 5월 삭일에 바다에 제사를 지내고 배에 오르니, **이때부터 바람과 파도가 호탕(浩蕩)하여 배가 가라앉을 뻔한 때가 수십 번이었다. 18일을 넘겨 열벽산(熱壁山)에 도착했는데, 이 섬은 유구에서 300리 떨어져 있었다.** 이인(夷人)들은 이곳에 이르렀으니 걱정할 것이 없다고 하여 그곳에서 정박했다. **얼마 뒤에 상청이 법사관(法司官)을 보내, 양, 술, 과일 등으로 맞이하며 이르기를, ‘천사가 멀리서 이르시니, 세자께서는 기쁨을 이기지 못하셨으나, 풍백(風伯)이 따르게 된 것에 놀라, 삼가 소신을 보내 진간 등을 맞이하게 했습니다’라고 하여 그 말이 아름다워 받았다. 열흘이 지나 그 나라에 도착했다. 내린 제례가 끝나고 7월 2일이 되어서 책봉 조서를 반포했다. 상청이 관복을 입고 궤배(跪拜)하는 의식이 모두 중국과 같았다. 아마도 이전에 익혀 잘 알고 있었을 것이다. 사신에게 연회를 베푸는 것도 매우 공손했고, 금고(金鼓)와 생소(笙簫)로 연주했으며,** 삶아 조리한 음식은 모두 사신의 요리사들을 빌려 만든 것이었으나, 전별연을 할 때는 궁의 비빈들이 나와 직접 만들어 헌근(獻芹)함을 표하니, 정성이 정결하며 향긋하고 맛있었으나 수십 가지에 불과했다. 진간 등은 9월 13일 귀선하자, **왕과 배신들이 강가에 전송 나와 이별에 울지 않는 자가 없었다.** 며칠 가다가 폭풍을 만나 돛이 부러지고 키가 망가졌다. 뱃사람들이 실색하여 천비(天妃)의 구원을 빌었다. 한참 뒤에 붉은 광선이 하늘에 닿자, 뱃사람들이 천비가 이르렀다고 했다. 배는 과연 안정될 수 있었다. 26일에 문득 나비 한 마리가 배를 돌며 날더니, **또 노란 참새 한 마리가 돛 위에 서자, 그때 뱃사람 중 유식한 자가 나비와 참새는 신령한 것들로, 천비가 보내 우리에게 바람을 알려주는 것이라고 했다.** 그날 저녁 과연 큰바람이 일고 파고가 크게 치더니, 배에 물이 새 들었다. 일제히 천비를 부르자, 곧바로 나비 수만 마리가 진흙을 물고 와 배의 새는 곳을 메우자 배는 다시 안정되었다. **이튿날 순풍을 만나니 배는 나는 듯 나아갔다.** 그다음날 마침내 정해(定海)에 이르러 정박했다**【외국에 사신으로 나가는 일 중에 유구가 가장 험난했으나 그 신령 또한 매우 영험하여, 상세히 그것을 기록해 둔다】**. 얼마 지나지 않아 상청이 표문을 올리고 [방물을] 헌상하며, 『대명일통지』에 유구에는 낙제(落漈)가 있고, 해골을 모은다는 기록이 있는데 모두 아니며, 실제로 『두씨통전』, 『집사연해』, 『나충록』, 『성사승람』에 기술된 것 또한 전하는

그곳에는 산과 동(洞)이 많고, 동(洞)에는 소왕(小王)이 있다. 종종 촌(村)이 있는데, 그 촌에는 조료수(鳥了帥)가 있다. 전투를 잘하는 자가 한 마을의 일을 처리하게 한다. 초창기 나라 풍습에, [달의] 차고 기움으로 그믐과 초하루[晦朔]를 알고, 초목으로 겨울과 여름을 안다. 사람들은 모두 수염을 깎고, 손에 문신하며, 깃털 모자에 털옷을 입는다(去髭, 黥手, 羽冠, 毛衣). 예절이 없고 약탈과 공격을 좋아한다. 전투에서 죽은 자는 수습하여 먹고, 해골을 왕에게 바친다. 왕은 관(冠)을 하사하고 부대의 장수로 삼는다. 범죄자는 죄가 가벼우면 장(杖)을 사용하고, 무거우면 결박하여 큰 쇠 송곳으로 정수리를 찔러 죽인다. 그 남쪽 변경에서는 사람이

것이 잘못되었으니 사관들에게 하명을 빌자, 그에 따랐다. **낙제란 유구의 강물이다. 그 강물이 가장 험하여, 배가 팽호에 이르러 폭풍우를 만나 표류하여 낙제에 이르면 돌아오는 자가 백에 한둘이다. 해골을 모은다는 것은 그 나라 국왕이 사는 곳 벽 아래 죽은 사람의 마른 뼈를 많이 모아 두는 것을 좋게 여겨, 사람들은 대문에 짐승의 머리뼈나 뿔을 놓는다고 하는데, 이는 『환우기』 등의 책에서 나와 『수서』와 『북사』에도 실려 있으므로 그 나라가 고쳐 없애고자 한 것을 말한다**(嘉靖初, 國王尙眞卒, 世子尙淸上表請封. 我遣給事中陳侃行人高澄往吊尙眞, 並封尙淸中山王. 至閩, 尙淸遣長史蔡承美等來迎. 以五月朔日祭海登舟, 自是風濤浩蕩, 幾汩舟者數矣. 越十八日至熱壁山, 山去琉球三百里. 夷人曰, 至此, 始可免憂, 遂泊焉. 頃之尙淸遣法司官, 具羊·酒·菜果等物來迎, 言, 天使遠臨, 世子不勝忻踊痛, 聞風伯爲從者驚, 敬遣小臣奉迓侃等, 以其詞雅, 受之. 逾旬日, 方抵其國. 先頒祭禮畢, 至七月二日, 乃頒冊封詔敕. 尙淸冠服之飾, 跪拜之儀, 悉如中國. 蓋其先期習之, 熟也. 其宴使者禮甚恭, 仍用金鼓笙簫樂, 凡烹調之味, 皆假使者庖人, 惟奉餞, 則出自宮嬪, 親制以表獻芹之, 意者精潔芳旨, 但不過數十品而已. 侃等以九月十三日回舟, 王及陪臣送至江滸, 無不相泣重別者. 行數日颶風驟, 作桅折舵壞. 舟人失色, 但呼天妃求救. 頃之有紅光燭天, 舟人曰, 天妃至矣. 舟果得安. 至二十六日, 忽一蝶飛繞舟中, 復有一黃雀立於桅上, 時舟人有識者曰, 蝶雀神類, 天妃遣來, 告我風也, 宜善自防. 是夕果大風作, 浪濤驚天, 舟漏. 齊呼天妃, 尋有蝶數萬, 銜泥塞舟, 舟復得安. 次日遇順飆, 舟行如飛. 又次日遂行至定海泊焉【出使外國者, 惟琉球最險, 而其神亦最靈, 故詳錄之】. 未幾尙淸上表貢獻言, 大明一統志中所載琉球有落漈及聚髑髏事皆非, 實杜氏通典·集事淵海·嬴蟲錄·星槎勝覽所述亦傳者之妄, 乞下史館, 從之. 落漈者, 琉球水也. 其水最險, 舟到彭湖, 遇颶風, 作漂至落漈, 回者百無一二. 聚髑髏者, 言其國王所居壁下多聚死人枯骨以爲佳, 而民間門戶上亦安獸頭骨角, 此言出自寰宇記諸書, 而隋史·北史亦載之, 故其國欲改去云)."

죽으면 마을 사람들이 함께 [시신을] 먹는다. 부인이 아이를 낳으면, 반드시 태반을 먹는다. 연로한 사람들의 머리털은 대체로 희지 않다(其地多山洞, 有小王, 往往有村, 村有鳥了帥, 竝以善戰者爲之, 理一村之事. 其初國俗以盈虛爲晦朔, 以草木爲冬夏. 人皆去髭, 黥手, 羽冠毛衣. 無禮節, 好剽掠攻擊. 鬪死者收聚食之, 仍以髑髏獻王, 王則賜之以冠, 便爲隊帥. 犯罪者輕則用杖, 重則繩縛, 以大鐵錐, 鑽頂而殺之. 其南境, 有人死, 邑里共食之. 婦人產子, 必食子衣. 老者髮多不白).[46]

귀신을 신봉하는데, 여자 무당이 가장 존귀하다. 여자 무당의 우두머리를 '여군(女君)'이라 한다. 대낮에 [그녀가] 부르면 곧바로 수백 명이 모인다. 가지를 들고 풀을 이고 종횡으로 치달린다. 이따금 왕궁으로 들어가 외설스럽게 놀이를 한다[褻游狎戲]. 한 사람이 노래하면 백 명이 화답한다. 화복으로 속임을 바로잡으니, 왕

46 『방여승략외이』(사고금훼서총간본), 권2, 23a. 나왈경, 『함빈록』(중국 국가도서관 소장본, 권2, 36a~b): "그곳에는 산과 동(洞)이 많고, 동(洞)에는 소왕(小王)이 있다. 종종 촌(村)이 있는데, 그 촌에는 조료수(鳥了帥)가 있다. 전투를 잘하는 자가 한 마을의 일을 처리하게 한다. 초창기 나라 풍습에, [달의] 차고 기움으로 그믐과 초하루[晦朔]를 알고, 초목으로 겨울과 여름을 안다. 사람들은 모두 수염을 깎고, 손에 문신하며, 깃털 모자에 털옷을 입는다(去髭, 黥手, 羽冠, 毛衣). 예절이 없고 약탈과 공격을 좋아한다. 전투에서 죽은 자는 수습하여 먹고, 해골을 왕에게 바친다. 왕은 관(冠)을 하사하고 부대의 장수로 삼는다. 범죄자는 죄가 가벼우면 장(杖)을 사용하고, 무거우면 결박하여 큰 쇠 송곳으로 정수리를 찔러 죽인다. **사람이 죽을 때, 숨이 끊어지려 하면 뜰에 들고 가, 시신을 씻어 베와 비단으로 묶고, 갈대로 싸매 흙으로 덮어 장례한다**. 그 남쪽 변경에서는 사람이 죽으면 마을 사람들이 함께 [시신을] 먹는 이들도 있다. 부인이 아이를 낳으면, 반드시 태반을 먹는다. 연로한 사람들의 머리털은 대체로 희지 않다(其地居海島中, 多山洞, 國有四五帥統諸洞, 洞有小王, 往往有村, 村有鳥了帥, 並以善戰者爲之, 各理一村之事. 其初國俗以盈虛爲晦朔, 以草木爲冬夏, 人皆去髭·黥手·羽冠·毛衣, 無禮節, 好剽掠, 自相攻擊, 鬥死者收取, 聚食之, 仍以髑髏獻至王所. 王則賜之以冠, 便爲隊帥. 犯罪者輕則用杖, 重則繩縛, 以大鐵錐鑽頂而殺之. 人死氣將絶時, 舉至庭, 浴其尸, 纏以布帛, 裹以葦草, 襯土而殯. 其南境有人死, 邑里共食之者. 男女相悅爲婚. 婦人產子, 必食子衣. 年老者髮多不白)."

과 세자 그리고 배신들이 모두 머리를 조아리고 절한다. 나라 사람들이 따르지 않으면 왕에게 알린다. 옛날 왜노(倭奴) 중에 중산왕을 해치려는 자가 있었는데, **신이 곧바로 그의 배를 움직이지 못하도록 하고, 물을 소금으로, 쌀을 모래로 변하게 하자 왜구들은 곧바로 살육되었다.** 그가 이 땅을 수호하기 때문에, 나라에서는 그를 공경하고 꺼린다(信鬼神, 女巫最尊, 女巫之魁, 曰女君. 白日嘯聚, 輒數百人, 携枝戴草, 騎步縱橫. 時入王宮, 褻游狎戲, 一唱百和, 矯誣禍福, 王及世子陪臣皆頓首拜跑. 國人不軏, 即告王. 昔倭奴有欲謀害中山王者, 神即禁錮其舟, 水變爲鹽, 米變爲沙, 寇尋就戮. 惟其守護斯土, 故國中敬且憚之).[47]

왕은 산꼭대기에 산다. 궁궐은 소박하다. 사는 사람들은 기와집, 띠로 얽은 집 등 일정하지 않다. 땅에서는 철이 나지 않아 소라 껍데기로 불을 때고, 밥을 짓는 솥이 없으며 밭갈이에 호미가 없다. 사람들은 모두 굶주림과 추위를 잘 참아 잔병에 시달리는 사람이 없어 의약을 모르고, 전염병이 생기지 않는다. 맛있는 것

---

47 『방여승략외이』(사고금훼서총간본), 권2, 23a~24a. 나왈경, 『함빈록』(중국 국가도서관 소장본, 권2, 36a~37a): "귀신을 신봉하는데, 여자 무당이 가장 존귀하다. 여자 무당의 우두머리를 '여군(女君)'이라 한다. 대낮에 [그녀가] 부르면 곧바로 수백 명이 모인다. 가지를 들고 풀을 이고 종횡으로 치달린다. 이따금 왕궁으로 들어가 외설스럽게 놀이를 한다[褻游狎戲]. 한 사람이 노래하면 백 명이 화답한다. 화복으로 속임을 바로잡아 왕과 세자 그리고 배신들이 모두 머리를 조아리고 절한다. 나라 사람들이 따르지 않으면 왕에게 알린다. 옛날 왜노(倭奴) 중에 중산왕을 해치려는 자가 있었는데, 신이 곧바로 그의 배를 움직이지 못하도록 하고, 물을 소금으로, 쌀을 모래로 변하게 하자 왜구들은 곧바로 살육되었다. 그가 이 땅을 수호하기 때문에, 나라에서는 그를 공경하고 꺼린다. **다만 사람을 죽여 그에게 제사한 적은 없었다**(事山海之神, 祭以酒肴, 鬥戰殺人, 即以其人祭神. 此皆其未通中國時俗也. 迨今遣人入國學, 夷習稍變, 有華風焉. 凡司刑法錢穀等官皆土人爲武職, 其大夫·長史·通事·官司朝貢爲文職, 皆三十六姓人及學於國學者爲之. 信鬼神, 女巫最尊, 女巫之魁曰女君. 白日呼嘯, 聚輒數百人, 擕枝戴草騎步縱橫, 時入王宮褻游狎戲, 一唱百和, 音聲淒慘. 倏忽往來, 矯誣禍福, 王及世子陪臣皆頓首拜跪云. 國人不軌神, 即夜以告王. 昔倭奴有欲謀害中山王者, 神即禁錮其舟, 水變爲鹽, 米變爲沙, 寇尋就戮. 惟其守護斯土, 故國中敬且憚之, 第未嘗殺人而祭之也)."

이 적고, 욕심을 줄인 효과이다. 남녀는 쪽을 짓고 오색의 베로 머리를 묶어 귀천을 구분한다. 여인들의 윗도리는 밖에 폭을 추가하여 휘장 같다. 사람들을 만나면 그것으로 얼굴을 가린다. **아랫도리는 가늘고 주름 있는 긴 치마를 입고 다리를 덮는다. 세법은 대략 정전법과 같은데, 이는 모두 근래 왕의 교화에 점차 물든 결과이다.** 다만 형벌은 엄격하여, 도둑질은 코를 자르고, 싸우다가 살인한 사람이 법을 벗어날 수 없으면, 배를 갈라 자결한다(王居山巓, 宮殿朴素. 居人瓦屋茅茨不等. 地不產鐵, 以螺殼爨炊無釜, 耕無鋤. 人皆耐飢寒, 無殘疾疲癃者, 不知醫藥, 不生疾疫, 其薄滋味, 寡嗜慾之驗也. 男女結髻用五色布纏頭, 以辨貴賤. 女人上衣外更加幅布如帷, 見人則取以蔽面, 下用細褶長裙以覆其足. 賦法略如井田. 此皆近日得王化之漸陶者. 第刑嚴峻, 盜竊則刵鼻. 爭鬬殺人, 度不能脫, 卽剖腹自斃).[48]

---

48 『방여승략외이』(사고금훼서총간본), 권2, 24a. 나왈경, 『함빈록』(중국 국가도서관 소장본, 권2, 37a~b): "왕은 산꼭대기에 산다. 궁궐은 소박하다. **또한 해골을 모으는 일은 듣지 못했다.** 부귀한 사람들 집에는 약간의 기와집이 있고, 나머지는 모두 띠로 얽은 집이다. 땅에서는 철이 나지 않아 소라 껍데기로 불을 때고, 밥을 짓는 솥이 없으며 밭갈이에 호미가 없다. 사람들은 모두 굶주림과 추위를 잘 참아, [그들을] 침범할 수 없으며, 또한 잔병에 시달리는 사람이 없다. 의약을 모르고, 전염병이 생기지 않는다. 병들어 위독한 사람들도 의약을 몰라도, **또한 요절하지 않으며** 전염병이 생기지 않는다. 맛있는 음식을 줄이고 욕심을 없앤 결과일 것이다. '남자'는 쪽을 짓고 오색의 베로 머리를 묶어 귀천을 구분한다. 여인들의 윗도리는 밖에 휘장처럼 베 한 폭을 추가한다. 사람들을 만나면 그것으로 얼굴을 가린다. 아랫도리는 가늘고 주름 있는 긴 치마를 입고 다리를 덮는다. **수염을 깎거나 털옷을 입거나 깃털 관을 하는 장식은 없고, 또한 자식을 낳으면 태반을 먹는 일도 없다.** 세법은 대략 정전법과 같은데, **왕과 신민이 각기 땅을 나누어 식록으로 삼는다. 징수하는 세는 없지만, 나라에 일이 있어야 거둔다.** 이는 모두 근래 왕의 교화에 점차 물든 결과이다. 다만 형벌은 엄격하여, 도둑질한 사람은 **발이나** 코를 자른다. **사람들은 모두 날래고 건장하여, 잘 달리고 활을 잘 쏘아, 이웃 나라가 강적으로 생각하지만, 전쟁과 결투를 좋아하여 단칼에 사람을 죽인다.** 법을 벗어날 수 없으면, 배를 갈라 자결한다(王居山巓, 宮殿朴素, 亦未聞聚髏事. 富貴家稍有瓦屋, 餘皆茅茨. 地不產鐵, 故以螺殼爨. 炊無斧, 耕無鋤, 人皆耐飢渴勞苦寒暑, 不能侵, 亦無殘疾. 疲癃者不知醫藥, 而亦不夭札, 不生疾疫, 蓋其薄滋味寡嗜欲之驗也. 男子結髻, 用五色布纏頭, 以辨貴賤. 女人上衣

역어(譯語)에 따르면 **하늘을 전니(甸尼), 땅을 지니(只尼), 태양을 비록(非祿), 달을 도급(都及)이라 한다**(其譯語, 天爲甸尼, 地爲只尼, 日爲非祿, 月爲都及).[49]

그곳 산천으로 원타서(黿鼉嶼), 고미산(古米山)【가장 험하여 배가 부서진다】, 팽호도(彭胡島)【복주, 천주, 장주, 흥주의 경계와 가깝다. 배가 이 섬에 이르러 폭풍을 만나면 낙제(落漈)에 이르는데, 100명 중에 한둘도 돌아오지 못한다】가 있다(其山川, 則有黿鼉嶼·古米山【最險, 損舟】·彭湖島【近福·泉·漳·興郡界, 舟到此山, 遇飄漂至落漈, 百無一二得回】).[50]

이 나라 옆에는 사화공국(沙華公國)이 있어 멋대로 돌아다니며 약탈하는데, 상선이 표류해 이르면 사람들을 잡아 구워 먹는다. 또 소유구(小琉球)가 있는데 또한 천주에서 가깝다. 갠 날에 고산(鼓山)에 오르면 멀리 보인다(其國旁有沙華公國, 肆行劫掠, 商舶漂至, 則

外, 更加幅布如帷, 見人則取, 以蔽面, 下用細褶長裙, 以覆其足. 無去髭·毛衣·羽冠之飾, 亦無產子必食子衣之事也. 賦法略如井田, 王及臣民各分土爲祿食. 無征稅, 國有事, 然後取之. 此皆近日風俗, 得王化之漸陶者. 第刑嚴峻, 盜竊即刵劓. 人皆驍健, 便走善射, 鄰國視爲勍敵, 然好爭狠鬪, 輒刃殺人, 度不能脫, 即剖腹自斃).”

49 『방여승략외이』(사고금훼서총간본), 권2, 24a. 나왈경, 『함빈록』(중국 국가도서관 소장본, 권2, 37b): “역어(譯語)에 따르면 하늘을 전니[dʰien-ni](甸尼), 땅을 지니[tɕiɐ-ni](只尼), 태양을 비록[pwɐi-luk](非祿), 달을 도급[tuo-giəp](都及)이라 한다(其譯語天爲甸尼, 地爲只尼, 日爲非祿, 月爲都及).” 1501년 『해동제국기』에 성희안이 추가한 정보인, ‘어음번역(語音飜譯)’에 따르면, 천(天)은 [텐]으로, 지(地)는 [지]로, 백일(白日)은 [피루], 내월(來月)은 [뎨왕과즈]로 되어 있다. 조선의 역관이 훨씬 정확한 발음을 표기하고 있다.

50 『방여승략외이』(사고금훼서총간본), 권2, 24a~b. 나왈경, 『함빈록』(중국 국가도서관 소장본, 권2, 37b~38a): “그곳 산천으로 원타서(黿鼉嶼), 고미산(古米山)【가장 험하여 배가 부서진다.】, 팽호도(彭胡島)【복주, 천주, 장주, 흥주의 경계와 가까워 **밝은 날씨에 바라보면 연무 속에 있는 것 같다**】가 있다(其山川黿鼉嶼·古米山【最險損舟】·彭胡島【近福·泉·漳·興四郡界, 天晴望之, 若煙霧中】.” 여기서도 타이완 유구와 오키나와 유구 정보를 뒤섞어 놓았다.

擒人燒食之. 又有小琉球, 亦近泉州, 霽日登鼓山, 可望而見).[51]

그곳 산물에 소, 양, 나귀, 말은 없고 단지 투루수(**鬪鏤樹**)【귤나무 가지와 비슷하며 베를 짤 수 있다】, **목피포**(**木皮布**)【폭은 2척이다】, **금형류**(**金荊榴**)【상이나 베개를 만드는데, 침향보다 낫다】만 있다(其産無牛·羊·驢·馬, 有鬪鏤樹【似橘, 條可織】·木皮布【布濶, 二尺】·金荊榴【作几枕, 勝沈香】).[52]

---

51 『방여승략외이』(사고금훼서총간본), 권2, 24b. 나왈경, 『함빈록』(중국 국가도서관 소장본, 권2, 37b): "이 나라 옆에는 사화공국(沙華公國)이 있어 멋대로 돌아다니며 약탈하는데, 상선이 표류해 이르면 사람들을 잡아 구워 먹는다. 또 소유구(小琉球)가 있는데 또한 천주에서 가깝다. 갠 날에 고산(鼓山)에 오르면 멀리 보인다. **그 사람들의 풍속은 조야하고, 중국에는 거의 들어오지 않는다**(其國旁有沙華公國, 肆行劫掠, 商舶漂至, 則擒人燒食之. 又有小琉球, 亦近泉州. 霽日登鼓山, 可望而見. 其人粗俗, 少入中國)."

나왈경과 이몽이 유구 옆에 사화공국(沙華公國)이 있다고 한 정보는 다른 어떤 자료에서도 확인되지 않는다. '사화공(沙華公)'이란 나라는 1178년 주거비의 『영외대답(嶺外代答)』(사고전서본, 권3, 6a)에 처음 기술되었다. 그에 따르면, "동남쪽 해상에는 사화공국이 있다. 그 사람들은 대부분 바다로 나가 약탈을 하고, 사람을 잡아 묶어 자바에 판다. 또 동남쪽에는 근불국(近佛國)이 있는데, 야도(野島)가 많아 오랑캐 도적들이 그곳에 살며 '마라노(麻囉奴)'라 한다. 상선들이 표류하여 이 나라에 이르면, 사람을 사로잡아 거대한 대나무에 끼워 구워 먹는다. 도적의 수괴는 치아를 잘라내고 황금으로 끼워 넣는다. 사람의 머리를 식기로 만들어 쓴다. 그 섬에 깊이 들어가면 갈수록 그 도적들은 더욱 많다(東南海上有沙華公國. 其人多出大海劫奪, 得人縛而賣之闍婆. 又東南有近佛國, 多野島, 蠻賊居之, 號麻囉奴. 商舶飄至其國, 擒人以巨竹夾而燒食之. 賊首鑽齒, 陷以黃金. 以人頭爲食器. 其島愈深, 其賊愈甚)"라고 하였다. 가브리엘 페랑(Gabriel Ferrand, 1864~1935)은 이 자료를 역주하면서 위의 '마라노(麻囉奴)'를 『나가라크르타가마(Nagarakṛtāgama)』에 보이는 보르네오 사라왁(Sarawak)에 있는 말라노(Malano)로 추정했는데(『지리서와 여행기의 관계: 8~9세기 극동과 관련된 아랍, 페르시아, 튀르크(Relations de voyages et textes geographiques: Arabes, Persan et Turks relatifs a l'Extreme-Orient du VIIIe au XVIIIe siècles)』(파리, 1913~1914, 649쪽), 지리적으로도 음성적으로도 따를 만한 추정이다. 이에 대한 자세한 사항은 『제번지역주』(247~8쪽)을 참고하시오. 만약 페랑의 추정이 정확하다면, 나왈경이 '사화공'과 결부시켜 알고 있었던 '유구'는 타이완일 가능성이 더 크다.

또한 '소유구(小琉球)'는 이미 진간의 『사유구록』에서 타이완을 지칭하는 명칭이었다. 위에서 진간의 증언을 참고했으면서 왜 이러한 오류를 범했는지 저자들의 해외 지식을 의심하지 않을 수 없다. 게다가 천주(泉州)와 가깝다고 하고, '고산(鼓山)' 즉 가오슝을 언급한 것은 결정적인 오류이다.

52 『방여승략외이』(사고금훼서총간본), 권2, 24b. 나왈경, 『함빈록』(중국 국가도서관 소장본, 권2, 37b~38a): "그곳 산물에 소, 양, 나귀, 말은 없고, 단지 투루수(鬪鏤樹)【귤나무 가지와 비

이상, 이몽이 지은 『방여승략외이』, 권2에 보이는 '유구' 기술이다. 이 정보는 17세기 초에 지어졌는데도, 타이완 유구와 오키나와 유구를 마치 하나의 나라로 간주하며, 이전 자료를 아무런 기준 없이 채록해 놓았다. 이몽의 근거는 나왈경의 『함빈록』에서 비롯되었다. 사실 나왈경은 정효(鄭曉)의 『황명사이고』와 진간(陳侃)의 『사유구록』을 근거했음에도 불구하고, '비사야(毗舍邪)'가 아니라 '사화공국(沙華公國)' 이라고 하는 잘못된 정보들까지 끌어다 붙인 오류를 범했고, 그 오류들은 이몽을 거쳐 추재의 손으로 이어졌다. 이 혼란스럽고 엉터리인 텍스트를 추재는 몹시 거칠게, 자신의 문장으로, 심지어 없는 말까지 지어내며 다음과 같이 재구성하고 노래했다.

> ⓐ <u>유구는 바다의 섬으로, 그곳은 일본(日本), 조선(朝鮮)과 가깝다</u>. 수나라 양제(煬帝, 604~618년 재위) 때, 중국과 처음 통했다. 명나라 영락(永樂, 1403~1424) 연간 처음으로 중산(中山), 산남(山南), 산북(山北)을 다스리며, 세 왕을 유구왕으로 삼고, 왕자와 신하들의 자제를 [국자감에] 입학시키도록 허락했다. 가정(嘉靖, 1522~1566) 초에 국왕 상청(尙淸)이 표문을 올려 책봉을 청한 뒤로

숫하며 짤 수 있다】, 목피포(木皮布)【**나무껍질을 짜서 베를 만드는데, 폭은 3척 남짓이다**】, 금형류(金荊榴)【상이나 베개를 만드는데, 침향보다 낫다】만 있다. **조공을 들일 때 여러 물품이 있지만, 모두 다른 나라와 교역하여 들여온 것으로, 본국에서 나는 것이 아니다**(其產無牛·羊·驢·馬, 惟鬬鏤樹【以橘條細可織】·木皮布【緝木皮爲布闊三尺餘】·金荊榴【可爲几枕, 勝於沈香】. 雖入貢時或有諸物, 皆自他國貿易來者, 非本國所產也)." 이 산물에 관한 채록은 모두 타이완 유구에 해당하는 것들이다. 저자는 진간의 『사유구록』을 왜 성실히 따르지 않았는지 의문이 들 정도이다. 결국 14세기 중반 이전의 기록들 모조리 소환함으로써, 모순되게 두 '유구'를 하나의 유구로 통일해 버렸다.

지금까지 상씨(尙氏)가 대를 이어가며, 해마다 조공을 들였다. ⓑ 그곳은 매우 따뜻하고 비옥하다. 그들은 옛날부터 무당을 신봉했다. 여자 무당을 여군(女君)이라 부르는데, 왕은 절을 하고 그녀를 맞이한다. 뱃사람들은 천비(天妃)라는 신을 신봉하고, 노란 참새[黃雀]와 나비[蝴蝶]를 신으로 여긴다. 사신들이 풍랑을 만났을 때, 천비를 일제히 부르며 기도하자, 한 마리 참새가 돛대에 앉더니 바람이 그쳤고, 또 나비 수만 마리가 진흙을 물고 와 배의 새는 곳을 메웠다. ⓒ 궁궐은 산을 따라 띳집으로 이었다. ⓓ 사람들은 모두 절풍건(折風巾)을 쓰고 가는 주름의 긴 치마를 입어 발을 가린다. 지금은 중화의 풍속에 점차 물들어, 부세는 정전제를 사용하고, 형벌은 오전(五典)을 사용하며, 의복과 문물 또한 볼만하다. 그곳 말로, 하늘을 '전니(甸尼)', 땅을 '지니(只尼)', 태양을 '비록(非祿)', 달을 '도급(都及)'이라 한다. 산천으로 원타서(黿鼉嶼), 고미산(古米山)이 있다. 전하는 바에 따르면, 옛날 중산왕이 난리를 당했을 때, 천비(天妃)를 부르자 쌀이 모래로 변했고, 물이 소금 같은 맛이 나자, 적들이 결국 물러났다고 한다. 물산에는 소, 양, 나귀, 말이 없고, 투루수(鬪鏤樹), 목피(木皮), 금형류(金荊榴)가 있다(琉球海島, 地近日本·朝鮮. 隋煬帝時, 始通中國. 明永樂中, 始統中山·山南·山北, 三王爲琉球王, 許王子及陪臣子弟入學. 嘉靖初, 國王尙清上表請封, 至今尙氏繼世, 歲歲入貢. 其地甚煖且肥饒. 其俗舊信巫, 號女巫爲女君, 王以下拜迎之. 舟人崇奉天妃神, 以黃雀·蝴蝶爲神. 使遇風浪, 頂祝齊呼天妃, 有一雀立桅上則風止, 復有蝶數萬啣泥塞舡漏處. 其宮闕依山苫茅. 人皆著折風巾, 被細褶長帬以掩足. 今則漸染華風, 賦用井制, 刑用五典, 衣冠文物亦可觀. 其語天爲甸尼, 地

爲只尼, 日爲非祿, 月爲都及. 山川則黿鼊嶼·古米山. 相傳古中山王遇亂, 呼天妃則米變爲沙, 水如鹽味, 賊遂退云爾. 物産無牛·羊·驢·馬, 有鬪鏤樹·木布·金荊榴).

가는 주름 긴 치마, 깃털옷으로 짜고　　細褶長帬織羽衣,
산꼭대기 궁궐 여군(女君)에게 돌아가네.　　山顚宮闕女君歸.
소라에 밥을 지으니 침향 불 필요 없고,　　螺炊不用沉香火,
[투]루수, 금형[류] 아름으로 크네.　　鏤樹金荊許大圍.

배의 진흙, 나비 날개로 붙였고,　　船上新泥蝶翅粘,
온 강의 풍랑, 참새 비행으로 점치네.　　滿江風浪雀飛占.
원타서 밖에 천비가 강림하니,　　黿鼊嶼外天妃降,
쌀은 모래처럼 변하고 물은 소금이 되었네.　　米變如沙水變鹽.

ⓐ의 판단은 추재가 '유구'를 오키나와로 읽고 있다는 증거이다. 마지막에 이몽의 텍스트를 그대로 채록한 물산을 제외하면, 추재가 채록한 정보들은 모두 오키나와 유구를 말한다. ⓑ의 정보는 이몽이나 나완경의 텍스트에 보이지 않는다. 아마 추재가 본 판본과 달랐을 수도 있지만(이몽은 『함빈록』을 베끼고 있으므로 그럴 가능성은 전혀 없다), 당시 추재의 상상으로 추가된 정보일 것이다. ⓒ에서 "궁궐은 산을 따라 띳집으로 이었다(其宮闕依山苫茅)"라는 문장은 완전히 잘못 채록했다. "궁궐은 소박하다. 사는 사람들은 기와집, 띠로 얽은 집 등 일정하지 않다(宮殿朴素. 居人瓦屋茅茨不等)"라고 고쳐야 한다. ⓓ의 절풍건(折風巾)

을 쓴다는 정보는 이몽이나 나왈경의 텍스트에 보이지 않는다. 도대체 이 정보는 어디에서 가져온 것일까? 추재는 지봉이 오키나와 유구 사신들과 나눈 문답조차 보지 않은 것일까? 지봉이 오키나와 유구 사신에게 망건이나 관을 평소 쓰는가 하고 질문하자 그들은 "본국에서는 항상 망건과 관을 쓰지 않습니다(本國則常時不着網巾與冠矣)"라고 분명하게 밝힌 바 있다. 결과적으로 추재는 이전 조선의 정보들을 자세히 상고하지 않았고, 그는 처음부터 잘못된 자료를 선택했다. 이 시기는 19세기였는데도 그때 겨우 구분되었던 타이완 유구와 오키나와 유구의 정보들이 여기서 다시 뒤죽박죽 어지러워졌다.

조선의 '유구'는 언제나 오키나와 유구였다. 추재의 이러한 의고주의적 글쓰기는 중국의 문인들 사이에서도 마찬가지였다. 1532년 오키나와 유구를 직접 견문한 진간(陳侃)도 수나라와 원나라 시기에 원정한 곳이 모두 오키나와 유구였다고 믿고 있으니 더는 말할 필요가 없을 것이다.

9. 최한기(崔漢綺)의 유구 — 『지구전요(地毬典要)』와 『영환지략(瀛環志略)』의 유구

19세기의 중국 지리서는 당연히 대만(臺灣)과 유구(琉球)를 명확히 구분했다. 타이완은 이미 청나라에서 대만부(臺灣府, 1684~1895년)를 두고 통치하고 있었기 때문에, 더는 외국에 들지 않은 시기였다. 따라서 19세기 지리서에 타이완은 별도로 기술되지 않았다. 19세기 세계의 지리를 다룬 학자로, 청나라에는 위원(魏源)과 서계여(徐繼畬)가 있다면, 조선에는 혜강 최한기(崔漢綺)가 있었다. 가장 방대하며 자세한 위원(魏源, 1794~1856)의 『해국도지(海國圖志)』는 1842년 50권으로 간행되었다가, 1847년에는 60권으로, 1852년에는 100권으로 증보되어 간행되었다.[53] 위원보다 한 해 늦게 태어난 서계여(徐繼畬, 1795~1873)는 『영환지략(瀛環志略)』의 초고를 1844년 완성해 두었다가 1848년 10권으로 간행했다.[54] 초고의 완성 시기로만 놓고 볼 때, 『해국도지』가 가장 이르다. 그로부터 약 10년 뒤, 최한기(崔漢綺, 1803~1879)의 『지구전요(地毬典要)』 13권이 1857년 자신이 쓴 서문과 함께 세상에 등장했다.[55]

최한기는 세계를 기술하며 『해국도지』와 『영환지략』을 채록했다. 그러나 최한기는 두 지리서를 그대로 채록하지 않고, '재구성'했다는 점에 방점을 두어야 한다. 『지구전요』에 기술된 유구(琉球)는 당연히 오키나와이다. 최한기는 두 참고 자료 중 어떤 책을 기준으로 했을까? 최한기는 『영환지략』의 유구를 선택했다. 최한기는 과거 타이완과 혼동될 수 있는 기록을 채택하지 않았다.

『해국도지』는 유구(琉球)를 기술하며 "유구는 '유규(流虬)'라고도 하는데, 옛날에는 중국과 통하지 않았다. 수나라 때 [그곳에 간] 해선(海船)이 있었으나 멀리서 바라봤을 뿐이다. 당나라와 송나라 이후 점차 중국과 통했다. 명나라 초에 조공을 들어, 명 태조(明太祖)가 민(閩)

53 『해국도지』의 판본은 『위원전집(魏源全集)』(岳麓書社, 2004년)에 수록된 교정표점본을 사용한다.
54 『영환지략(瀛環志略)』은 1848년 간행본을 활용한다.
55 본서에서는 하버드 옌칭 도서관에 소장된 필사본을 사용한다.

에 [사는 그 나라] 사람 중 배를 잘 조정하는 사람들에게 36개의 성씨를 하사하여, 조공을 아주 성실히 닦았다. 이후 일본에 멸망되어 소식이 끊어진 지 수십 년이 되었다. [유구의] 왕이 [왜에] 잡혀갔으나 끝내 굴복하지 않아 왜는 그의 나라로 송환시켰다(琉球, 一作流虬, 古未通中國, 隋時有海船望見之. 唐·宋後, 漸通中土. 明初入貢, 太祖賜以閩人善操舟者三十六姓, 修職貢甚謹. 後爲日本所滅, 不通音問者數十年. 已而王被執不屈, 倭送還國)"[631쪽]라고 시작한다. 확실히 위원(魏源)은 과거의 유구, 즉 타이완을 소환하여 하나의 나라로 잘못 인식했다. 최한기는 이 정보를 채록하지 않았다. 이것이 그가 『영환지략』을 선택한 이유였다. 부여된 번호는 『지구전요』의 기술 순서이고 이탤릭체 표기는 최한기가 채록하지 않은 문장들이다.

> *나라는 일본 살사마도(가고시마현 서부 사쓰마)의 남쪽에 있다.* ③ 주변의 36개 섬은 모두 바다 가운데 있는 돌무더기들이다. *나라가 도읍한 섬이 비교적 크다.* ③ 남북으로 400여 리이고, 동서로는 100리가 채 못 된다. 옛날에 산남(山南), 산북(山北), 중산(中山) 등 세 나라로 나뉘어 있다가 뒤에 중산 하나로 병합되어 '중산왕'이라 칭했다. ⑪ 왕은 상씨(尙氏)로 건국 이래로, 하나의 성씨로 전해져 바뀜이 없었다. *나라는 작고 가난한데, 일본과 아주 가까워, [일본에] 예속되어 심한 고통을 받았다.* ⑬ 이전 명나라 때부터 조공을 닦았고, 우리나라가 천하를 양육함에 그 보살핌이 더욱 지극하여, 조공선이 3년에 한 번 이르면, ⑨ 중국의 산물을 사고팔도록 허락하고, 관세를 면제해 주니, 온 나라가 이에 힘입어

살았다. ⑬ 왕이 죽으면, 세자를 사신으로 보내 고명(誥命)을 청했다. 전례에 따라 문신(文臣) 두 사람을 정사와 부사로 삼아, 1품의 관복을 하사하고, 부절을 들려, 항해토록 하여, 그 세자를 중산왕으로 책봉했으니, *그 나라의 풍토에 [우리] 말에 능한 자가 많았다.* ② 복주(福州)의 오호문(五虎門)에서 바다로 나가 묘(卯, 90도) 침으로 약 40경(更, 2,400리)을 가면, 고미산(孤米山, 구메지마)에 이르는데, 그 나라의 큰 섬이다. 다시 동쪽으로 가면 그 나라에 이른다. ④ 나라에는 수리(首里, 슈리), 구미(久米, 쿠메), 나패(那覇, 나하) 등 세 개의 도[路]가 있다. 내륙으로 가려면 나패항에 정박한다. 이곳은 상인들이 몰려드는 대도회(大都會)이다. ⑪ 왕은 수리산(首里山) 등성머리에 산다. ⑧ 나라의 [문자는] 중국과 같다. ⑫관리 중에서 가장 높은 자는 금자대부(金紫大夫)로, 해마다 100석을 녹봉으로 받아, 그 때문에, 차례로 번갈아 살해된다. 땅을 지키는 관리를 안사(按司)라고 하는데, 한 명의 안사는 약 6~7리를 관할한다. ⑥ 땅은 돌이 많고 척박하여 나는 쌀이 아주 적어, 지과(地瓜)【바로 번서(番薯)이다】를 주식으로 삼는다. 관리와 늙은이가 아니면 쌀을 먹지 못한다. ⑦ 마(麻)와 솜[絮]이 없어 '초(蕉)'로 베를 짜는데, '포(蒲)'를 짠 것과 비슷하다. 등에 지고 머리에 인 사람은 하체를 두르고, 나머지는 모두 몸을 드러낸다. ⑤ 바닷바람이 매우 강해, 지붕 기와가 항상 날아가므로, 지은 집들은 처마가 아주 낮아 어깨높이와 같다. 왕이 사는 곳과 사신들의 객관이 비교적 높은데, 큰 밧줄로 기둥에 묶고, 땅에 고정하여 바닷바람에 내비한다. ⑦ 사대부들은 누런 비단으로 관(冠)을 쓰는데, 불교 승려의 관과 비슷하며, 옷깃은 크고 소매는 넓으며 허리띠를 맨다(國在日本薩{山+司}馬島之南, 周環三十六島, 皆海中拳石. 其國都之島較大. 南北四百餘里, 東西不足百里. 舊分山南·山北·中山三國, 後並入中山爲一, 故稱中山王. 王尙姓, 自紀載以來, 一姓相傳, 無改步. 國小而貧, 逼近日本, 屬役良苦. 自前明世修貢職, 我國家煦育寰瀛, 體恤尤至, 其貢舟三年一至, 許其販鬻中土之貨, 免其關稅, 擧國賴此爲生. 王薨, 則世子遣使請命, 例遣文臣二人爲正副使, 賜一品服, 持節航海, 冊其世子爲中山王, 故其國之風土, 多能言之者. 由福州之五虎門放洋, 用卯針, 約四十餘更, 至孤米山, 其國之大島也. 再東卽至其國. 國分三路, 曰首里, 曰久米, 曰那覇. 由內地往, 收泊於那霸港. 其地商賈萃集, 爲大都會. 王居首里山之脊也. 國與中國同文. 官之最尊者爲金紫大夫, 歲得俸米百石, 以次遞殺. 守土之官曰按司, 一按司所轄約六七里. 土磽瘠, 產米絕少, 以地瓜爲食【卽番薯】, 非官與耆老不食米. 無麻絮, 以蕉爲布類織蒲, 負戴者圍下體, 餘皆裸露. 海風最烈, 屋瓦常飛, 故搆屋甚卑簷與肩齊. 王居與使館較軒昂, 以大繩繫柱而釘於地, 防海風也. 其士大夫以黃帛爲冠, 似浮屠氏之冠, 大領博袖繫帶).[56]

---

56 위원의 『해국도지』의 기술 또한 매우 비슷하다. 『영환지략』이 『해국도지』의 문장을 가져왔는지, 아니면 그 반대인지 확인하기 어려울 정도이다. 위원의 기록은 다음과 같다. "나라는 일본 살사마도(가고시마현 서부 사쓰마)의 남쪽에 있다. ③ 주변에 36개 섬이 두르고 있다. 남북으로 400여 리이고, 동서로는 100리가 채 못 된다. 옛날에 산남(山南), 산북(山北), 중산(中山) 등 세 나라로 나뉘어 있다가 뒤에 중산 하나로 병합되어 '중산왕'이라 칭했다. ⑪왕은 상씨(尙氏)로 건국 이래로, 하나의 성씨로 전해져 바뀜이 없었다. 나라는 작고 가난하여 일본에 예속되어 부림을 당했다. 조공선에 힘입어 사고팔며, 약간의 이윤을 남겨 자급(自給)한다. ② 복주(福州)의 오호문(五虎門)에서 바다로 나가 묘(卯) 침으로 약 40경(更)을 가면, 고미산(孤米山, 구메지마)에 이르는데, 그 나라의 큰 섬이다. 다시 동쪽으로 가서 그 나라에 이르면, 나패항에 정박한다. ④ 나라에는 수리(首里, 슈리), 구미(久米, 쿠메), 나패(那覇, 나하) 등 세 개의 도[路]가 있다. 중국의 문자를 사용한다. 본조(本朝)에 들어와 더욱 공순(恭順)하며 조공을 닦았다. ⑫ 관리 중에서 가장 높은 자는 금자대부(金紫大夫)이다. 땅을 지키는 관리를 안사(按司)라고 하는데, 한 명의 안사는 약 6~7리를 관할한다. ⑥ 땅은 돌이 많고 척박하여 나는 쌀이 아

이어서 『영환지략』은 주황(周煌, 1714~1785)의 『중산지(中山志)』의 내용을 채록한 다음, 다음과 같이 서계여(徐繼畬) 자신이 알고 있는 정보를 다음과 같이 기술했다.

내가 생각건대, 유구는 ① 동양(東洋)의 작은 섬으로 ⑨ 왜(倭)의 부림을 당해, 빈약하여 자존(自存)할 수 없었다. 단지 조공선에 힘입어 사고팔아, 약간 이윤을 남겨 생활한다. 자본은 모두 일본에서 빌리며, 사서 돌아온 상품을 일본으로 실어 가는 자가 열의 여덟아홉이다. *나라 사람들이 몹시 가난하여 살 수 없기 때문이다. 그 나라는 남오(南澳)나 평담(平潭) 섬보다 좀 크지만, 대만의 절반에도 미치지 못하니, 대양의 조 한 톨일 뿐이다. 그러나 대를 이어 조공을 닦고, 중국의 역법을 받아, 마침내 동해의 번신(藩臣)이 되어, 조선과 교지(交阯, 베트남 북부)와 나란히, 나라가 자립(自立)을 귀하게 여기니 어찌 믿지 않으리오*(余按琉球東洋小島, 受役於倭, 貧弱不能自存. 惟賴貢舟販鬻, 稍得餘資以糊口. 資本皆貸於日本, 販回之貨, 運往日本者八九. 國人貧甚, 不能買也. 其國比之南澳·平潭差大, 而不及臺灣之半, 蓋滄海之一粟耳. 然累世效貢職, 受正朔, 遂爲東海藩臣, 比於朝鮮·交阯, 國貴自立, 豈不信哉.).

주 적어, 지과(地瓜)【바로 번서(番薯)이다】를 주식으로 삼는다. 관리와 늙은이가 아니면 쌀을 먹지 못한다. ⑦ 마(麻)와 솜[絮]이 없어 '초(蕉)'로 베를 짠다. 등에 지고 머리에 인 사람은 하체를 두르고, 나머지는 모두 몸을 드러낸다." 위원은 이어서 『지리비고(地理備考)』를 인용하여 주변의 섬들을 기술했고, 또 『외국사략(外國史略)』을 인용하여 그 나라의 풍습과 산물을 기술했다. 최한기는 이러한 기록을 전혀 채록하지 않았다.

이상의 『영환지략』의 문장을 최한기는 다음과 같이 재구성했다.

① 유구(琉球)는 동양(東洋)의 소국이다. ② 복주(福州) 오호문(五虎門)에서 바다로 나가, 묘(卯) 침으로 약 40경(更)이면 고미산(孤米山)에 이른다. 이 나라의 큰 섬이다. 다시 동쪽으로 [가면] 그 나라에 이른다. ③ 남북으로 400여 리이며, 동서로는 100여 리가 채 못 된다. 주변으로 36개의 섬이 있는데, 모두 바다에 있는 돌무더기[拳石]들이다. 옛날에는 산남, 산북, 중산 삼국으로 나누었는데 뒤에 중산에 병합되어 하나가 되었으므로, 중산이라 불렀다. ④ 나라는 수리(首里), 구미(久米), 나패(那覇) 등 세 개의 도[路]로 나뉜다. 내륙으로 가려면 반드시 나패에 정박한다. 장사꾼들이 이곳에 몰려들어 대도시를 이룬다.

⑤ 날씨[風氣]: 바닷바람이 매우 강해 지붕 기와가 항상 날아가므로, 집을 지을 때는 처마를 낮게 하여 어깨높이로 짓는데, 왕이 사는 곳과 사신들의 객관은 비교적 높아, 밧줄로 기둥을 묶고 땅에 고정하여 해풍을 방비한다.

⑥ 물산: 땅에 돌이 많고 척박하여 쌀이 아주 적어 지과(地瓜)【바로 번서(番薯)[57]이다】를 생산한다. 관리와 늙은이가 아니면 쌀을 먹

57 조학민(趙學敏)이 1765년에 쓴 『본초강목습유(本草綱目拾遺)』(북경대 소장본, 권8, 54a) 감저(甘儲) 조목에서 '감저'는 "어떤 곳에는 '감서(甘薯)'로 되어 있고, '주서(朱薯)'라고도 부르는데, 지금은 민간에서 **'번서(番薯)'**로 통칭하거나 '번여(番茹)'라고도 부른다. 붉은 껍질과 흰 껍질 두 색이 있는데, 껍질이 붉은 것은 속이 노랗고 맛이 달다. 껍질이 흰 것은 속이 하얗고 맛이 담백하다. 남방의 각 성에서는 모두 이들을 심는다. 바다를 끼고 있는 지역이나 섬에 사는 사람들은 이것으로 곡물을 대용한다(一作甘薯, 又名朱薯, 以其皮有紅者也. 一名金薯, 今俗通呼爲番薯, 或作番茹. 有紅皮·白皮二色, 紅皮者, 心黃而味甜. 白皮者, 心白而味淡. 南方

지 않는다.

⑦ 의복: 땅에는 마(麻)와 솜[絮]이 없어 '초(蕉)'로 베를 만드는데 '포(蒲)'를 짠 것과 비슷하다. 등에 지거나 머리에 인 사람만 하체를 두르고 나머지는 모두 나체이다. 사대부는 누런 비단으로 관

各省俱植之, 沿海及島中居民以此代穀)"라고 하였다. 껍질이 붉은 것은 고구마를 지칭하고, 껍질이 흰 것은 '감자(potato)'를 지칭하는 것으로 보인다. 한편, 감서(甘薯)는 조금 더 거슬러 올라갈 수 있다.

1578년 이시진은 『본초강목(本草綱目)』(사고전서본, 권27, 40b)에서 진기창(陳祈暢)의 『이물지(異物志)』지를 인용하여 '감서'를 설명하고 있다. 진기창이 언제 사람인지 어떤 책인지 알 수 없지만, 『신당서』, 권58, 「예문지(藝文志)」에는 지리류 서적에 들어 있다. 이어서 이시진은 4세기 계함(稽含)의 『남방초목상(南方草木狀)』을 인용하여, "감서는 서여(薯蕷)의 종류인데, 혹 토란[芋] 종류라고도 한다. 뿌리와 잎도 토란 같다. 뿌리는 주먹이나 사발[甌] 만하다. 찌거나 삶아 먹는데, 맛은 서여(薯蕷)와 같다. 성질은 그다지 냉하지 않다. 주애(珠崖, 하이난) [사람 중] 농사를 짓지 않는 자는 이것만 심는다. 찌고 썰어 햇볕에 말려 그것을 식량으로 대용하는데 [그것을] '서량(薯糧)'이라 한다. 바다의 섬에 사는 사람들이 대부분 장수하는 것 또한 오곡을 먹지 않고, '감서'를 먹기 때문이다(甘薯, 薯蕷之類, 或云芋類也. 根·葉亦如芋. 根大如拳·甌, 蒸煮食之, 味同薯蕷. 性不甚冷. 珠崖之不業耕者惟種此, 蒸切晒收, 以充糧糗, 名薯糧. 海中之人多壽, 亦由不食五穀, 而食甘薯故也)"라고 하였다. 주목할 만한 설명은 잎이 토란과 비슷하다는 점이다. 토란은 콜로카시아(Colocasia) 속이고, '감자'는 솔라눔(Solanum) 속으로 전혀 다른 식물이다. 한편 '서여(薯蕷)'는 디오스코레아(Dioscorea)로 마에 속한다. 이 서여는 도홍경의 『명의별록(名醫別錄)』에 처음 보이는데, "2월과 8월에 뿌리를 채취하여 햇볕에 말린다(二月·八月采根曝乾)"라고 하였으므로, 오늘날 우리가 먹는 '감자'와는 다른 식물임을 알 수 있다. 다시 조학민이 설명한 '감저(甘儲)'로 돌아가 보면, 방이지(方以智)의 『물리소지(物理小識)』(사고전서본, 권6, 35a)에 따르면, 마찬가지로 『남방초목상』을 인용하여, "감저는 바로 서(薯, 마)이다(甘儲即薯也)"라고 하였다. 따라서 '감서(甘薯)-서여(薯蕷)-감저(甘儲)' 모두 디오스코레아 속에 속하는 식물로, 지금의 '감자'와는 전혀 다른 식물이다.

우리가 먹는 '감자'가 한자어에서 온 것인지 분명하지 않다. '감저(甘藷)'에서 '감자'로 발음된 것으로 보이지만, 감저(甘藷)는 바로 '감저(甘儲)'의 다른 표기이다. 그렇다면 중국인들처럼 고유종이었던 디오스코레아 속의 식물로 혼용해서 썼다는 말이다. '땅속의 오이'라는 의미의 '지과'는 주숙(朱橚)이 1406년에 쓴 『구황본초(救荒本草)』에 '지과아(地瓜兒)'라는 명칭으로 처음 보이는데, 지잠(地蠶, Labiatae)의 별칭으로 소개하고 있다. 이 '지과'란 의미가 막연하므로, 위원(魏源)과 서계여(徐繼畬)는 모두 '지과(地瓜)'를 '번서(番薯)'라고 설명했다. '번(番)'자는 토종이 아닌 '외래'의 의미에 붙이는 글자이다. 확실히 토종의 '서(薯)'에 '번(番)'자를 붙여 구분했음을 알 수 있다. '감자' 즉 '포테이토'는 스페인어 'patata'에서 나왔다. 감자의 유입은 유럽의 동방 진출과 연관되어 있다. 이는 중국 자료에서 '번서'라는 명칭이 18세기 조학민의 책에서 기술되고 있다는 점을 근거로 삼을 수 있을 것이다.

마지막으로 진간(陳侃)의 『사유구록(使琉球錄)』에는 오키나와 유구의 산물로 감자(柑樜)가 보이는데[5-1-9], 이는 감자(甘蔗) 즉 사탕수수를 말한다.

(冠)을 쓰는데, 불교 승려의 관과 비슷하다. 큰 옷깃에 소매는 넓고 허리띠를 매는데 **복장에 중국의 풍속이 있다. 평민은 일본과 다름이 없으나 다만 긴 옷을 입지만 바지가 없다**(**服色有中華俗, 平民則與日本無異, 但着長衣而無袴**).

⑧ 문자는 중국과 같다(文與中國同). **언어는 일본과 대략 같다**(**言語與日本略同**).

⑨ 상업: 나라는 원래 작은 섬으로 일본에 부림을 받는다. 빈약하여 자존하지 못하고, 다만 조공하는 배에 힘입어 물건을 사고팔아 약간의 이익을 남겨 먹고산다. 자본은 모두 일본에서 빌리고, 팔 상품을 일본으로 실어 가는 사람이 열에 여덟아홉이다. 관세를 면제해 주므로 온 나라가 이에 힘입어 살아간다(商國本小島, 受役於日本, 貧弱不能自存. 惟賴貢舟販鬻, 稍得餘資以糊口. 資本皆貸於日本, 販回之貨, 運往日本者八九. 販鬻中土之貨, 免其關稅, 擧國賴此爲生).[58]

⑩ 수공업: 기예를 높이 사, 온갖 장인들이 각기 한곳에 모여 살며, 서로 섞여 살지 않는다. 그들이 만든 것은 모두 정묘한데, 대모로 만든 빗, 띠로 짠 겹돗자리【색은 노랗고, 부드러우면서 질기고, 단단하면서 촘촘하다】 등이다(**工尙技巧, 百工各聚一所, 不相混居. 其所制作必精妙. 玳瑁梳·重茅席【色黃柔韌堅密可久】**).

⑪ 왕: 왕의 성씨는 상(尙)으로, 건국 이래 하나의 성씨로 전하며 바뀜이 없었다. 수리산(首里山) 등성마루에 도읍했다.

58 이 단락에 따르면, 관세를 면제해 주는 나라가 '일본'처럼 기술되어 있다. 위의 『영환지략』 문장처럼, 중국이 관세를 면제해 준 것으로 읽어야 할 것 같다.

⑫ 관리: 관리 중에서 가장 높은 사람은 금자대부(金紫大夫)로 해마다 쌀 100석을 녹봉으로 받기 때문에, 차례로 번갈아 가며 살해한다. 땅을 지키는 관리를 안사(按司)라고 하는데, 한 명의 안사는 약 육칠 리를 관할한다.

⑬ 사신: 이전 명나라 때부터 조공을 닦았다. 지금은 중조(中朝)를 받듦이 더욱 지극하여, 조공선이 3년에 한 번 이른다. 왕이 죽으면 세자를 보내 고명(誥命)을 청했다. 전례에 따라 문관(文冠) 2인을, 정사와 부사로 삼고, 1품의 관복과 부절을 하사하여, 바다를 건너가 그 세자를 중산왕으로 책봉하게 했다.

이상에서 굵은 글씨로 표기한 부분은 모두 『영환지략』이나 『해국도지』에 보이지 않는 정보들이다. 이들 정보는 신유한(申維翰, 1861~1752)이 1719년 4월부터 1720년 1월까지 일본에 사신으로 나가 견문하고 복명(復命)하기까지의 기록인 『해유록(海遊錄)』의 「문견잡록(聞見雜錄)」에서 가져왔다.[59] 신유한은 자신이 가보지 않은 '유구'에 관해 자신이 알고 있던 정보들을 확인하는 단락에서 다음과 같이 문제를 제기했다.

"유구국에는 대소 두 종족이 있다. 모두 일본의 서남쪽 바다에 있다. 그중 작은 것을 '중산주(中山主)'라 하는데,[60] 옛날부터 일본에 조공

59 여기서는 『해행총재(海行摠載)』본 『신재술해유록(申製述海遊錄)』을 따랐다.

60 이상의 정보에 따르면, 대유구(大琉球)와 소유구(小琉球)의 구분을 말한다. 이때 '대소'의 개념은 섬의 크기의 구분이 아니라, 중국으로부터 멀고 가까움의 의미였다. 따라서 대유구는 오키나와, 소유구는 타이완을 지칭했다. 하지만 여기 신유한의 정보는 거꾸로 이해하고 있다. 즉 소유구를 오키나와로 인식하고 있다. 오키나와 유구는 1609년 일본의 침략으로 속국이 되

했다. 나는 그들의 복장과 언어는 왜(倭)와 대략 같지만, 사신 중에 관직이 있는 자가 쓴 오사모(烏紗帽)는 우리나라[조선]와 같았으나 조금 작았고, 관복에도 단령(團領)의 제도가 있으며, 3년에 한 번 조공할 때는 사쓰마주[薩摩州]에서 뭍에 올라 에도[江戶]에 이르러 예를 행하고 돌아간다고 들었다." 이에 신유한은 일본인 우삼동(雨森東)에게 유구의 풍토와 인물(人物)에 관해 물었다. 그러자 우삼동은 다음과 같이 유구를 설명해 주었다.

"옛날 '대명(大明)' 고황제(高皇帝)가 황명으로 중국의 24개 성씨를 보내어 살게 했는데,[61] 그 자손이 지금도 10여 성씨가 남아 대대로 학문을 닦아[修文學], 관리가 되었다. **관인의 복장은 아직도 중화의 옛 풍속을 간직하고 있으나, 평민들의 [복장은] 일본과 다름이 없지만, 긴 옷만 입고 바지는 없다. 풍속에 기술[技巧]을 높이 사, 온갖 장인들이 모두 한 구역에 모여 살며 서로 섞여 살지 않는다. 그들이 만든 것들은 하나같이 모두 정교하고 묘하다. 지금 일본 사람들이 사용하는 대모로 만든 빗[玳瑁梳]과 띠를 짜 겹으로 만든 자리[重茅席]는 대부분 유구에서 나는 것이다(官人服色, 尙保中華餘俗, 而平民則與日本無異, 但着長衣而無袴. 俗尙技巧, 百工皆聚一區, 不相混居. 其所工作, 必皆精妙. 今日本所用玳瑁梳及重茅席, 多出琉球).**"

이어서 우삼동은 사신 객관에 있는, 유구 사람들이 짠 돗자리 하나

어 일본에 조공했다. 대략 '100년' 전이었으므로, '옛날[自古]'이라 기록했을 것이다.

61 우삼동이 알고 있는 이 정보는 오해이다. 명 태조가 중국인 24개 성씨를 유구에 보내어 살게 한 것이 아니라, 앞서 본 것처럼 민(閩) 지역에 사는 유구인들 중 배를 잘 다루는 사람들에게 24개의 성씨를 하사한 것이다.

를 가리켜 신유한에게 보여주었다. 신유한은 그 돗자리의 형식을 살펴보고, 왜국(倭國)의 자리와 비교해 볼 때 길이는 차이가 없었으나, **"띠의 색깔이 아주 노랬고 부드러우면서 질겼고, 단단하면서 촘촘했다(茅色甚黃, 柔韌堅密)**"라고 평가했다.

이상의 기록은 최한기가 『영환지략』을 중심에 두고 있지만, ⑦, ⑧, ⑩의 기술에서는 신유한의 기록을 끌어와 재구성했다는 점을 분명하게 보여준다. 이 정보는 『영환지략』과 『해국도지』와 100년이 넘는 이전 정보이고, 당시 일본에 들어온 두 가지 산물만 언급하고 있으며, 쌍방의 수요에 따른 것이므로, 전체를 일반화할 수는 없지만, 장인들이 한 구역에 모여 살며 상품을 만든다는 정보는 중국 자료에서는 보이지 않는 주목할 만한 사실이다.

정리하자면, 19세기까지도, 중국의 지리서들은 과거의 타이완을 지칭했던 '유구'에서 거의 벗어난 것처럼 보였지만, 그 흔적은 여전히 남아 있었다. 위원의 『해국도지』가 그러했고, 서계여의 『영환지략』이 인용한 주황(周煌)의 『중산지(中山志)』의 기술이 그러했다. 중국인들은 끝까지 '유구'를 하나의 나라로 보고자 했다. 당시 타이완이 그들의 수중에 있었기 때문에, 두 개의 나라로 인정할 수 없었을 것이다. 최한기는 그러한 흔적을 모조리 지워버렸다. 그리고 조선의 시선과 정보로 채웠다. 조선에게 유구는 오키나와였다. 다만 안타깝게도 조선에서는 '타이완'에 대한 인식이 거의 없었다.

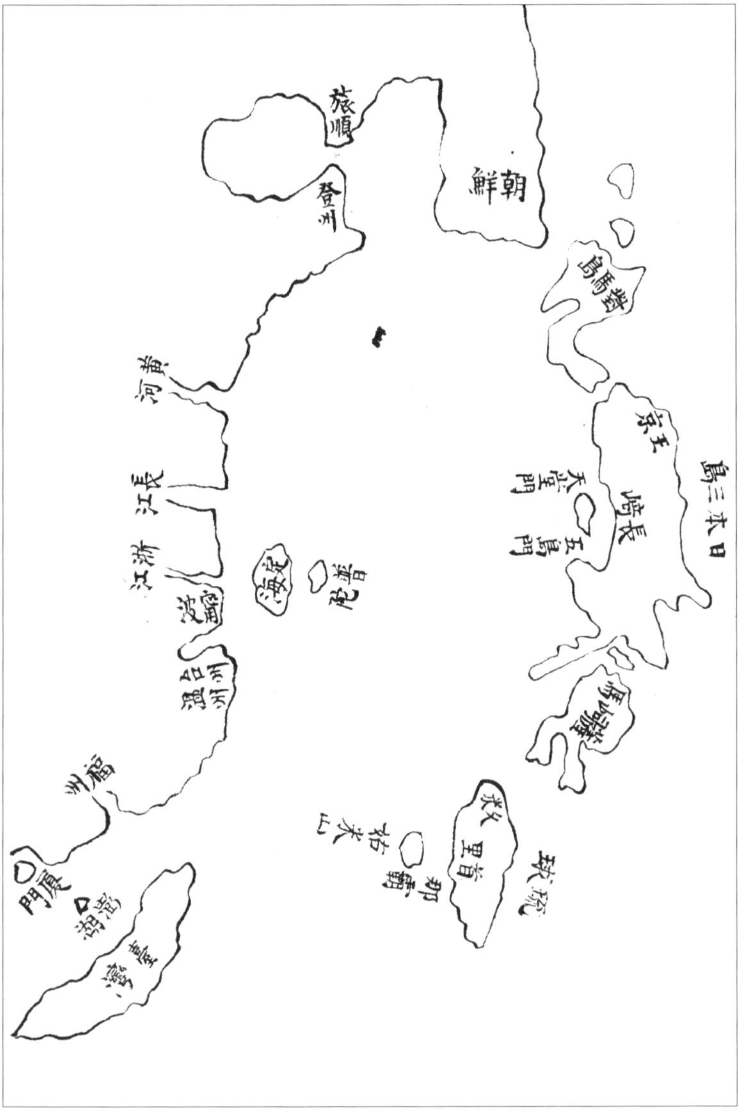

최한기(崔漢綺), 『지구전요(地毬典要)』, 7책 22면, 반환문화재(국립중앙도서관 소장본).

맺음말

『수서』(636년)의 '유구(流求)' 기록은 두우(杜佑)의 『통전』(801년), 11세기 악사(樂史)의 『태평환우기』, 정초(鄭樵)의 『통지』(1157년), 조여괄(趙汝适)의 『제번지』(1225년), 마단림(馬端臨)의 『문헌통고』(1307년)로 성실하게 채록되었다. 판본마다 약간의 다른 글자들이 있었으나, 전체적으로 기술된 '유구'의 거의 모든 기술이 모두 타이완 유구를 가리켰다. 이들 가운데 1225년의 『제번지』의 '유구'는 당시 새로운 정보를 담고 있었으나 역시 타이완 유구였다. 이로써 적어도 13세기까지 오키나와 유구는 중국에 등장하지 않았다고 말할 수 있다. 이는 중국에 알려지지 않았다는 말이지, 오키나와의 유구가 존재하지 않았다는 말은 아니다.

14세기 중반부터 이러한 '유구'에 관한 기록 전승은 새로운 차원의 견문으로 대체되었는데, 바로 왕대연(汪大淵)의 『도이지략』(1349~1350년)이었다. 그가 실제로 타이완 유구에 갔는지는 확인할 수 없지만, 그의 기록은 이전 자료에서 찾아볼 수 없다는 점에서, 그가 그곳에 갔거나 경유했을 가능성이 짙다. 이견 없이, 왕대연의 기록은 하나도 빠짐없이 모두 타이완 유구였다. 그러나 14세기 후반 『원사(元史)』의 기록부터 15세기 중반까지 조금씩 오키나와 유구의 정보가 혼재되기 시작했다. 그 대표적인 예가 왕대연의 『도이지략』의 정보를 가져온 비신(費信)의 『성사승람』이었고, 『대명일통지』였다. 이는 15세기 초 마환(馬歡)의 『영애승람』에 '유구'가 기술되지 않은 점으로 볼 때, 타이완이든 오키나와이든 정화(鄭和) 함대의 항로와는 벗어나 있었음을 시사한다.

명나라 사람들은 16세기가 되어서야 14세기 말부터 새롭게 국제무대에 부상한 오키나와 유구를 그들의 왕래를 통해 인식하기 시작했다. 정확한 인식의 출발은 1534년 진간(陳侃)의 『사유구록(使琉球錄)』이었다. 이때부터 명나라 저자들은 이전 타이완 유구와 오키나와 유구를 구분할 필요가 생겨났다. 급기야 '소유구'로 타이완을, '대유구'로 오키나와를 지칭하게 되면서 혼란은 일단락되었다.

중국인들이 16세기 중반이 되어서야 오키나와 유구를 정확히 인식했다면, 조선에서는 15세기 중반부터 타이완 유구와 어떠한 혼동도 없이, 오키나와 유구에 대해 명나라보다 이르게 자세한 유구 정보를 가지고 있었다. 따라서 조선의 '유구'는 중국 역대로 끊임없이 지속되어온 혼란에서 벗어나 있었다. 중국 자료들이 이러한 혼란이 지속된 데에는 의고주의적 글쓰기가 크게 작용했다.

확실히 명나라 말과 청나라 초, 더 정확히 말하자면 17세기 초에 접어들면서 이제 타이완 유구는 사라지고, 타이완은 동번(東番), 계롱산(雞籠山), 대원(大員) 등의 명칭으로 불렸다. 14세기 이전의 타이완 유구와 14세기 후반 이후의 오키나와 유구가 여실히 달랐음에도 불구하고, 중국인들 사이에서는 같은 한 나라로 보려는 억지스러운 '노력'은 계속되었다. 그 대표적인 경우가 추재 조수삼이 저본으로 삼았던, 17세기 『방여승략외이』, 권2였다. 특히 수나라 때의 진릉(陳稜), 원나라 때의 양상(楊祥) 등의 원정은 실제로 타이완 유구에 해당하였는데도, 언제나 오키나와 유구로 간주하고자 하는 저의를 감추지 않았다.

결과적으로 조선의 유구는 예외 없이 모두 오키나와 유구였고, 그것은 17세기 지봉 이수광의 고증을 통해 입증되었다. 그러나 중국 자료가 가진 의고주의적 정통성으로 인해 19세기 추재 조수삼에 이르러, 다시금 혼란이 재연되었으나, 그 영향은 크지 않았다.

이상으로 14세기 중반 이전의 중국 자료에서 언급한 '유구'는 타이완 유구였고, 14세기 후반부터 15세기 중반까지 약 1세기 동안은 이전의 타이완 유구와 오키나와 유구의 정보가 뒤섞이는 시기였으며, 15세기 중반 이후의 자료들에 보이는 '유구'는 대부분 오키나와 유구를 지칭했다. 따라서 14세기 중반 이전 자료의 '유구'는 타이완 유구를 가리킨다고 결론 내려도 큰 문제를 낳지 않을 것이다. 이는 새로운 자료가 발굴되지 않는 한 단정할 수 있다.

14세기 후반 오키나와 유구는 명나라와 조선의 역사서에 혜성처럼 등장했다. 우리가 살펴본 자료는 그들의 문화적 수준이 상당히 이전부터 발전해 왔음을 짐작하게 한다. 그곳은 조선과 일본이 바닷길로 중국과 인도차이나 지역으로 나아갈 수 있는 길목에 있었다. 남아 있는 자료가 없을 뿐, 아주 오래된 교역로였을 것이다. 그들은 중개무역을 통해 부족한 자원을 채웠고 국부를 늘려나갔을 것이다. 그러한 지혜는 왜 갑자기 14세기 후반이 되어서야 모습을 드러냈는가? 조선, 일본, 중국이 의도적으로 이들을 배척할 이유가 없었기 때문이다. 중국은 이 거점을 확보하여 일본의 신출을 동세해야 했고, 일본 또한 오키나와 유구를 확보해야만 교역로를 안정시킬 수 있었다. 이 점에 대해 필자는 해법을 찾고 싶었다. 아무런 근거도 제시하지 못하고, 삼별초의 항쟁, 원나라의 멸망, 그리고 고려의 멸망과 무관치 않을 것이라고 짐작했다. 확실히 그 실마리를 찾은 것 같다. 이에 대해서 종합적인 차원에서 실증적 답사와 연구가 이루어지길 고대한다.

19세기 중후반처럼 중국 중심의 사고에 매몰되어 더는 『산해경(山海經)』에 나오는 나라 명칭들로 세계 지도를 그리는 우를 반복하지 않아야 한다. 본서와 같은 이러한 작은 시도들이 모여야 우리는 중국 이외의 대안을 찾을 수 있을 것이다.

색인

ㅇ

ㅈ